Hartmut Kreikebaum/Dirk Ulrich Gilbert/Glenn O. Reinhardt

Organisationsmanagement internationaler Unternehmen

Hartmut Kreikebaum/Dirk Ulrich Gilbert/
Glenn O. Reinhardt

Organisationsmanagement internationaler Unternehmen

Grundlagen und moderne
Netzwerkstrukturen

2., vollständig überarbeitete
und erweiterte Auflage

Die Deutsche Bibliothek – CIP-Einheitsaufnahme
Ein Titeldatensatz für diese Publikation ist bei
Der Deutschen Bibliothek erhältlich

Prof. Dr. Hartmut Kreikebaum und **Dr. Dirk Ulrich Gilbert** sind an der EUROPEAN BUSINESS SCHOOL in Oestrich-Winkel in Forschung und Lehre tätig.

Dr. Glenn O. Reinhardt ist für den Zentralbereich Internal Auditing der ThyssenKrupp AG, Düsseldorf, weltweit tätig.

1. Auflage Juli 1998
Nachdruck Oktober 1998
2. Auflage Mai 2002
Nachdruck Februar 2003

Alle Rechte vorbehalten
© Betriebswirtschaftlicher Verlag Dr. Th. Gabler GmbH, Wiesbaden 2002

Lektorat: Ulrike Lörcher / Renate Schilling

Der Gabler Verlag ist ein Unternehmen der Fachverlagsgruppe BertelsmannSpringer.
www.gabler.de

Das Werk einschließlich aller seiner Teile ist urheberrechtlich geschützt. Jede Verwertung außerhalb der engen Grenzen des Urheberrechtsgesetzes ist ohne Zustimmung des Verlags unzulässig und strafbar. Das gilt insbesondere für Vervielfältigungen, Übersetzungen, Mikroverfilmungen und die Einspeicherung und Verarbeitung in elektronischen Systemen.

Die Wiedergabe von Gebrauchsnamen, Handelsnamen, Warenbezeichnungen usw. in diesem Werk berechtigt auch ohne besondere Kennzeichnung nicht zu der Annahme, dass solche Namen im Sinne der Warenzeichen- und Markenschutz-Gesetzgebung als frei zu betrachten wären und daher von jedermann benutzt werden dürften.

Umschlaggestaltung: Ulrike Weigel, www.CorporateDesignGroup.de

Gedruckt auf säurefreiem und chlorfrei gebleichtem Papier

ISBN-13: 978-3-409-23147-3   e-ISBN-13: 978-3-322-82878-1
DOI: 10.1007/978-3-322-82878-1

Vorwort zur zweiten Auflage

Wie im Vorwort zur ersten Auflage vor vier Jahren bereits erwähnt, stellt das Organisationsmanagement-Lehrbuch eine Gemeinschaftsproduktion dreier Autoren dar. Diese gemeinsame Urheberschaft kommt in der vorliegenden zweiten Auflage auch explizit zum Ausdruck. Der Ortswechsel signalisiert jedoch zugleich eine berufliche Veränderung. Nach der Emeritierung im Februar 1999 bezeichnet das INSTITUT FÜR INTERNATIONALE UNTERNEHMENSFÜHRUNG an der EUROPEAN BUSINESS SCHOOL, Schloss Reichartshausen, das neue Domizil meiner Forschungsaktivitäten. Dirk Ulrich Gilbert ist als Wissenschaftlicher Dozent ebenfalls an der EUROPEAN BUSINESS SCHOOL tätig und habilitiert sich dort. Glenn O. Reinhardt hat nach abgeschlossener Promotion die Goethe-Universität Frankfurt a. M. mit der Praxis getauscht.

Das Buch selbst wurde sowohl in der Organisationspraxis als auch bei den interessierten Fachkollegen freundlich aufgenommen. Aus diesem Grunde konnte auch die Rahmenstruktur im Großen und Ganzen beibehalten werden. Wie der neue Untertitel signalisiert, rücken allerdings die grenzüberschreitenden Netzwerkaktivitäten ihrer gestiegenen Bedeutung entsprechend stärker in den Vordergrund. Vor allem die Ausführungen zu strategischen und virtuellen Unternehmensnetzwerken sind deutlich erweitert worden. Erwähnenswert erscheinen auch die Ergänzungen zum neoinstitutionalistischen Ansatz sowie der Internationalisierungstheorie.

Recht herzlich danken wir Herrn Dr. Hans Reckers, Präsident der Landeszentralbank in Hessen, Frankfurt a. M., für die freundliche Übernahme des Druckkostenzuschusses durch eine Spende.

Ein herzlicher Dank gilt Frau Irmela Ginkel für die tatkräftige und engagierte Hilfe bei der Erstellung des Manuskripts der zweiten Auflage. Wie stets war auch die Zusammenarbeit mit dem Gabler-Verlag – vertreten durch Frau Ulrike Lörcher und Frau Renate Schilling – konstruktiv und angenehm.

Oestrich-Winkel, im Mai 2002   Hartmut Kreikebaum

Vorwort zur ersten Auflage

Dieses Lehrbuch geht auf eigene Erfahrungen in der Organisationspraxis und frühere Arbeiten zu einer dynamischen Theorie der Organisation zurück. Es gründet sich ferner auf die intensive Beschäftigung mit den betriebswirtschaftlichen Problemen grenzüberschreitend tätiger Unternehmen im Rahmen meiner Beurlaubung zur Übernahme des Lehrstuhls für Internationales Management an der EUROPEAN BUSINESS SCHOOL, Oestrich-Winkel, von 1993 bis 1997. Mit der Umwandlung der früheren privaten Fachhochschule in eine wissenschaftlichen Hochschule zu Beginn der 90er Jahre vollzog die EUROPEAN BUSINESS SCHOOL einen Wandel in Richtung einer stärkeren Forschungskonzentration. Das Organisationsmanagement-Buch entspricht diesem Anspruch in doppelter Weise. Einmal greift es Erkenntnisse aus der Organisationsforschung auf, die sich auf die Theorie der Internationalisierung beziehen. Zum anderen fließen Resultate aus der begleitenden Feldforschung und der Analyse von aktuellen Organisationsproblemen ein, die wir aus der regelmäßigen Durchführung von Workshops mit international tätigen Unternehmen gewonnen haben. In diesen wurden schwerpunktmäßig die organisatorischen Konsequenzen diskutiert, die sich aus einer Bewältigung der Globalisierung der Märkte ergeben.

Dieses Buch ist das Ergebnis einer Gemeinschaftsproduktion mit meinen wissenschaftlichen Mitarbeitern Dr. Dirk Ulrich Gilbert und Dipl.-Kfm. Glenn O. Reinhardt. Herr Dr. Gilbert unterstützte mich in stets engagierter, uneigennütziger Weise am Lehrstuhl für Internationales Management in Oestrich-Winkel. Sein dabei gewonnenes Expertenwissen floss insbesondere in die Konzipierung des fünften Kapitels ein. Herr Reinhardt entwarf in der ihm eigenen Akribie und unnachahmlichen Gründlichkeit das dritte Kapitel, wobei ihm bei der kritischen Sichtung der umfangreichen Literatur zur Internationalisierungstheorie die englische Muttersprache zu Gute kam. Mein sehr herzlicher Dank an die beiden Mitarbeiter gilt ihnen darüber hinaus auch für die Übernahme weiterer Aufgaben, die nun einmal mit der Abfassung eines solchen Lehrbuchs verbunden sind.

Frau Birgit Schulte und Frau Claudia Wolf waren als wissenschaftliche Hilfskräfte bei der Beschaffung von einschlägiger Literatur und deren Einordnung in kompetenter Weise behilflich. Ihre kritische Durchsicht des Manuskripts trug dazu bei, die studentische Perspektive bei der Abfassung des Werks noch pointierter zu berücksichtigen. Dafür danke ich ihnen ebenso herzlich wie Herrn Daniel Berndt, der sich auch um die Literaturbesorgungen kümmerte. Last but not least gilt ein herzlicher Dank Herrn Dr. Reinhold Roski und Frau Ulrike Lörcher vom Gabler-Verlag für ihre kooperative Unterstützung, Geduld und professionelle Begleitung der Buchentstehung.

Ich widme dieses letzte Buch meiner aktiven Lehr- und Forschungstätigkeit meiner Frau, die dessen Entstehung ebenso kritisch wie wohlwollend begleitete.

Frankfurt am Main, im Mai 1998   Hartmut Kreikebaum

Inhaltsverzeichnis

Abbildungsverzeichnis XI

Tabellenverzeichnis XIII

Abkürzungsverzeichnis XV

1. **Einleitung** 1
   1.1 Problemstellung und Zweck des Lehrbuches 1
   1.2 Begriffliche Grundlagen 3
       1.2.1 Organisationsmanagement 3
       1.2.2 International tätige Unternehmen 6
   1.3 Aufbau und Methodik des Lehrbuches 15

2. **Organisationstheoretische Ansätze** 19
   2.1 Vorbemerkungen 19
   2.2 Kontingenztheorie 22
   2.3 Entscheidungsorientierte Organisationstheorie 25
   2.4 Neue Institutionenökonomik (Organisationsökonomik) 28
       2.4.1 Transaktionskostentheorie 28
       2.4.2 Principal-Agent-Theorie 34
       2.4.3 Property-Rights-Theorie 36
       2.4.4 Zusammenfassende Gegenüberstellung 37
   2.5 Implikationen für das Organisationsmanagement 39

3. **Theorien der Internationalisierung** 47
   3.1 Vorbemerkungen 47
   3.2 Theorie des monopolistischen Vorteils 49
   3.3 Produktlebenszykluskonzept 58
   3.4 Theorie des oligopolistischen Verhaltens 63
   3.5 Internalisierungstheorie 65
   3.6 Eklektisches Paradigma als integratives Konzept 76
   3.7 Implikationen für das Organisationsmanagement 83

4. Rahmenbedingungen und Begründung eines Organisationsmanagements.... 93
4.1 Externe Rahmenbedingungen international tätiger Unternehmen 93
- 4.1.1 Angebots- und Nachfragebedingungen 93
- 4.1.2 Ökologische Umweltveränderungen 94
- 4.1.3 Politisch-gesellschaftliche Veränderungen 95
- 4.1.4 Interkulturelle Herausforderungen 96
- 4.1.5 Informationstechnologie und Wissensrevolution 96
- 4.1.6 Neue berufliche Anforderungen und Erwartungen 98

4.2 Anforderungen an international tätige Unternehmen 99
- 4.2.1 Unternehmensstrategien 99
- 4.2.2 Unternehmenskultur 101
- 4.2.3 Produkt- und Leistungsprogramm 103
- 4.2.4 Neue Managementtechniken 105

4.3 Begründung eines Organisationsmanagements 109
- 4.3.1 Die Globalisierung der Märkte als Herausforderung an das Organisationsmanagement 109
- 4.3.2 Organisatorische Gestaltung der Internationalisierung als unternehmerische Führungsaufgabe 110

5. Moderne Organisationsstrukturen international tätiger Unternehmen 113
5.1 Ausgangspunkte der Entwicklung 113
- 5.1.1 Vorläufer und geschichtliche Entwicklung international tätiger Unternehmen 113
- 5.1.2 Darstellung klassischer Organisationsstrukturen anhand des STOPFORD/WELLS-Modells 116
- 5.1.3 Anforderungen an die Gestaltung moderner Organisationsstrukturen 122

5.2 Holdingstrukturen 124
- 5.2.1 Begriffsbestimmung und Typen 124
- 5.2.2 Finanzholding 135
- 5.2.3 Strategische Managementholding 136
- 5.2.4 Operative Managementholding 139
- 5.2.5 Implikationen aus der Organisationsökonomik und der Internationalisierungstheorie 143

5.3 Netzwerkstrukturen als Reaktion auf den globalen Wettbewerb 147
    5.3.1 Intraorganisatorische Unternehmensnetzwerke 147
    5.3.2 Interorganisatorische Unternehmensnetzwerke 153
        5.3.2.1 Begriffsbestimmung und Typen 153
        5.3.2.2 Regionale Netzwerke 156
        5.3.2.3 Projektnetzwerke 158
        5.3.2.4 Strategische Unternehmensnetzwerke 159
        5.3.2.5 Virtuelle Unternehmensnetzwerke 178
    5.3.3 Implikationen aus der Organisationsökonomik und der Internationalisierungstheorie 188
5.4 Zum Verhältnis von Netzwerken und Holding-Konzernen 194

6. Die Implementierung einer Reorganisation in international tätigen Unternehmen 197
6.1 Ausgangspunkt des Implementierungsprozesses 197
6.2 Die Durchsetzung einer Reorganisation als Führungsaufgabe 199
6.3 Interkulturelle Aspekte der Implementierung 200
6.4 Die Bewältigung von Koordinationsproblemen 203
6.5 Einführung und Weiterentwicklung neuer Organisationsstrukturen 206

Literaturverzeichnis 211

Stichwortverzeichnis 239

Abbildungsverzeichnis

1. Aspekte des Organisationsmanagements 5
2. Aspekte international tätiger Unternehmen 6
3. Auslöser der Internationalisierungsentscheidung auf der Basis von Direktinvestitionen 10
4. Internationalisierungsformen und -sequenz 13
5. Leitfaden für den Aufbau des Lehrbuches 15
6. Inhaltlicher Zusammenhang des Lehrbuches 17
7. (Teil-)Theorien der Neuen Institutionenökonomik 21
8. Grundmodell der Kontingenztheorie 24
9. Klassifikation von Transaktionskosten 30
10. Internationalisierungsformen in Abhängigkeit von den Transaktionskosten 33
11. Wahl der übergeordneten Koordinationsform 42
12. Wahl der internen Organisationsstruktur 44
13. Entwicklungspfade von Internationalisierungstheorien 48
14. Argumentationslogik der Theorie monopolistischer Vorteile 52
15. Argumentationslogik der Internalisierungstheorie 68
16. Internationale Wertschöpfungsbeziehung bei Marktlösung und nach erfolgter Vertikalintegration 72
17. Katalog von Eigentumsvorteilen 77
18. Katalog von Internalisierungsvorteilen 78
19. Katalog von Standortvorteilen 79
20. Einfluss der Landeskultur auf die übergeordnete Koordinationsform 87

21. Einfluss der Unternehmenskultur auf die interne Organisationslösung 89
22. Hauptpfade der Organisationsgestaltung in international tätigen Unternehmen 90
23. Systematisierung von Wettbewerbsstrategien 100
24. Gestaltungsprinzipien und Organisationsmaßnahmen 108
25. Struktur-Stadien-Modell von STOPFORD/WELLS 117
26. Internationale Division 118
27. Weltweite Produkt-Divisionen 119
28. Gebiets-Divisionen 119
29. Dreidimensionale Globale Matrix 120
30. Gestaltungsvariablen des Organisationsmanagements 122
31. Zahl der Schnittstellen und Reaktionsfähigkeit in Holdingstrukturen 129
32. Grundmodelle internationaler Holdingorganisationen 133
33. Vergleichende Darstellung idealtypischer Holdingformen 142
34. Das transnationale Organisationsmodell nach BARTLETT/GHOSHAL 149
35. Typische Rollen nationaler Einheiten des transnationalen Unternehmens 150
36. Eine Typologie interorganisatorischer Netzwerke 156
37. Strategisches Netzwerk (Knoten und Kanten) 162
38. Die Bedeutung von Vertrauen für die virtuelle Organisation 183
39. Intermediäre Position strategischer Netzwerke zwischen Markt und Hierarchie 189
40. Möglichkeiten der Positionierung und Ausrichtung des Führungsverhaltens in Abhängigkeit von der dominanten Kultur, individuellen Einstellungen und Zielen 201
41. Vier Typen von Koordinationsformen 204
42 Zusammenhang zwischen Transaktionskosten, Spezifitätsgrad und Koordinationsform 205

Tabellenverzeichnis

1.	Neoinstitutionalistische Theorieelemente	38
2.	Erwartete Internalisierungseffekte als Entscheidungsgrundlage des Organisationsmanagements	70
3.	Checkliste zur Umweltanalyse	95
4.	Die technologischen Veränderungen	97
5.	Führungsaufgaben der Finanzholding	136
6.	Führungsaufgaben der strategischen Managementholding	137
7.	Führungsaufgaben der operativen Managementholding	141
8.	Beispiele für fokale Akteure in strategischen Unternehmensnetzwerken	163
9.	Merkmale strategischer Netzwerke	168
10.	Gegenstandsbereiche der Netzwerkregulation	170
11.	Koordination der interorganisatorischen Beziehungen in strategischen Netzwerken	173
12.	Unterschiede zwischen (Holding-)Konzernen und Netzwerken	195

Abkürzungsverzeichnis

Abb.	Abbildung
ABB	Asea Brown Boveri
ASEAN	Association of Southeast Asian Nations
Aufl.	Auflage
BGB	Bürgerliches Gesetzbuch
bzw.	beziehungsweise
COMECON	Council for Mutual Economic Aid
d. h.	das heißt
Ed.	Editor
edit.	edition
Eds.	Editors
EG	Europäische Gemeinschaft
et al.	et alii
f.	folgende
FDI	Foreign Direct Investment
FuE/F&E	Forschung und Entwicklung
GbR	Gesellschaft des bürgerlichen Rechts
HGB	Handelsgesetzbuch
Hrsg.	Herausgeber
HSBC	Hongkong and Shanghai Banking Corporation
i. d. R.	in der Regel
IMF	International Monetary Fund
IuK	Information und Kommunikation
ITU	international tätiges Unternehmen
Jg.	Jahrgang
KonTraG	Gesetz zur Kontrolle und Transparenz im Unternehmensbereich

MIT	Massachusetts Institute of Technology
MNC	Multinational Corporation
MNE	Multinational Enterprise
NAFTA	North Atlantic Free Trade Agreement
NFI	Neue Formen der Internationalisierung
No.	Number
Nr.	Nummer
pp.	pages
PublG	Publizitätsgesetz
S.	Seite
SAS	Scandinavian Airlines System
sog.	sogenannt
Sp.	Spalte
Tab.	Tabelle
u. a.	und andere/unter anderem
US	United States
USA	United States of America
u. U.	unter Umständen
v.	von
Vgl.	Vergleiche
Vol.	Volume
z. B.	zum Beispiel

1. Einleitung

1.1 Problemstellung und Zweck des Lehrbuches

Mit der vorliegenden Schrift soll eine Lücke in der deutschsprachigen Literatur geschlossen werden. Es existieren zwar Monographien und auch erprobte Lehrbücher sowohl zur Organisationslehre als auch zum Internationalen Management. In der Organisationsliteratur werden gleichwohl Internationalisierungsfragen überwiegend nur am Rande aufgegriffen. Ebenso finden sich in den bekannten Standardwerken zur Internationalisierung der Unternehmensführung zwar durchaus Hinweise auf organisatorische Aspekte. Es fehlt jedoch bisher ein Werk, das beide Aspekte stringent miteinander verbindet, und zwar aus der Sicht eines pragmatisch ausgerichteten Organisationsmanagements.

Eine solche Verknüpfung erscheint aus zwei Gründen aktuell und notwendig. Erstens ist die Globalisierung der Produkte und Märkte unbestritten zu einem wichtigen und kontrovers diskutierten gesellschafts- und wirtschaftspolitischen Problem geworden, das die internationalen Unternehmen unmittelbar angeht. Der von der weltweiten Öffnung der Märkte ausgehende Druck zwingt das Management dazu, über die Allokation von Ressourcen, die Verteilung von Kompetenzen und Standortfragen ständig neu nachzudenken. Dieses Reflektieren ist durch theoriegeleitete Untersuchungen zu unterstützen, nicht zuletzt auch deshalb, weil dem Standort Deutschland offensichtliche Schwächen anhaften. Zweitens resultieren aus der Sicht der neueren Organisationsökonomik Konsequenzen für die Behandlung internationaler Organisationsprobleme, die bislang kaum beachtet wurden. Die Theoriestränge der Neuen Institutionenökonomik - im Wesentlichen Transaktionskostentheorie, Property-Rights-Ansatz und Principal-Agent-Theorie - lassen sich nicht nur auf die Gestaltung der Organisation im Inland anwenden, sondern auch auf grenzüberschreitende Geschäftsaktivitäten. In Verbindung mit den Theorien der Internationalisierung ist nach einem Ansatz zu suchen, der die neuesten Erkenntnisse aus beiden Disziplinen miteinander verbindet. Allerdings stellt sich die Frage, warum ein solches Konzept in der Lage sein sollte, die drängenden Probleme der Praxis zu lösen?

Die potentielle Nutzenstiftung einer theoriegestützten Vorgehensweise erklärt sich aus dem Ziel des Organisationsmanagements: der Schaffung und Weiterentwicklung effizienter Organisationssysteme zur langfristigen Sicherung der Wettbewerbsfähigkeit international tätiger Unternehmen. Dabei lassen sich drei generelle Aufgabenbereiche klassifizieren:

1. **Deskription und Erklärung**
   Internationalisierungstheorien sollen im analytischen Sinne einen Beitrag zur Beschreibung und Erklärung des Phänomens grenzüberschreitender Unternehmenstätigkeit leisten.

2. **Bewertung und Handlungsanleitung**
Internationalisierungstheorien sollen im normativen Sinne für eine grenzüberschreitende Expansion der Unternehmensaktivitäten handlungsanleitend sein.
3. **Prognose und evolutionäre Gestaltung**
Internationalisierungstheorien sollen im prognostizierenden Sinne Unternehmensverhalten und -reaktionen in Bezug auf die Internationalisierung vorhersagen, um dadurch einen Beitrag zur evolutionären Unternehmensentwicklung leisten zu können.

Aus diesen Aufgabenbereichen lässt sich für das Organisationsmanagement eine mehrdimensionale Nutzenfunktion ableiten. Deskriptiv und erklärend schaffen Internationalisierungstheorien ein tieferes Verständnis für den komplexen Sachverhalt des Internationalisierungsprozesses von Unternehmen. Sie unterstützen das Organisationsmanagement bei einer Analyse der Determinanten und der Erklärung der Internationalisierung von Organisationssystemen. Normativ stellen sie für das Organisationsmanagement einen Handlungsrahmen zur Verfügung, der die Schaffung effizienter und wettbewerbsfähiger internationaler Organisationssysteme erleichtert. Prognostizierend unterstützen Internationalisierungstheorien die evolutionäre Weiterentwicklung von Organisationssystemen international tätiger Unternehmen. Sie leisten somit einen Beitrag zur proaktiven Gestaltung im Sinne einer *first mover*-Position. Die Beschäftigung mit Internationalisierungstheorien stellt für das Organisationsmanagement somit kein intellektuelles Gedankenspiel dar, sie trägt vielmehr zum besseren Verständnis realer Internationalisierungsphänomene des eigenen Unternehmens sowie der Konkurrenten bei und besitzt strategischen Wert.

Durch die zunehmende Globalisierung der Märkte und eine sich stark verändernde Wettbewerbsdynamik hat sich die Bedeutung der organisatorischen Leistungsfähigkeit für Unternehmen verändert. Neben den klassischen Indikatoren zur Messung des Unternehmenserfolges wie z. B. Gewinn, relative Kostenposition oder erreichte Marktanteile, rücken heute zunehmend auch organisatorische Effizienzmerkmale in den Mittelpunkt der Betrachtung, die Einfluss auf die Leistungsfähigkeit bzw. das Erfolgsniveau von Unternehmen haben. Von besonderer Bedeutung für international tätige Unternehmen sind in diesem Zusammenhang die Flexibilität der Entscheidung und Veränderungsgeschwindigkeit, das organisatorische Lernverhalten, der grenzüberschreitende Wissenstransfer und die Fähigkeit zur Selbststeuerung im Unternehmensverbund.[1] Die tiefgreifenden Veränderungen im Umfeld internationaler Unternehmen zwingen diese deshalb dazu, ein gezieltes Organisationsmanagement zu betreiben.

Aus der geschilderten Problemstellung resultiert eine doppelte Zwecksetzung des Buches. Primär ist es als Lehrbuch für die Studierenden der Betriebswirtschaftslehre gedacht. Es soll sie dazu befähigen, sich bereits während des Studiums mit den künftigen beruflichen Anforderungen zu beschäftigen, und sich gezielt auf diese vorzubereiten. Gerade in der Verknüpfung von Internationalisierungsproblemen und deren organisatori-

---

[1] Vgl. KUTSCHKER/SCHMID 2002, S. 316; RALL 1997, S. 665.

schen Voraussetzungen liegt ein intrinsisch-intellektueller Anreiz und eine individuelle Herausforderung.

Das Buch ist aber auch für diejenigen Praktiker gedacht, welche die Sprache der Theorie noch nicht verlernt haben und eine Auffrischung ihres Wissens für nötig halten. Die rasch voranschreitende Globalisierung zahlreicher Wirtschafts- und Verwaltungsbereiche macht deutlich, dass die Bereitschaft zur Veränderung durch individuelles Lernen die *conditio sine qua non* des Berufslebens geworden ist.

1.2 Begriffliche Grundlagen

1.2.1 Organisationsmanagement

Organisationsmanagement bezeichnet einen komplexen Vorgang, der nicht mit den klassischen Abgrenzungen der Aufbau- und Ablauforganisation identisch ist. Insbesondere vor dem Hintergrund der Entwicklung hin zu prozessorientierten Organisationsstrukturen halten wir diese Abgrenzung nicht mehr für ausreichend. Wir legen die folgende Arbeitsdefinition zugrunde: Organisationsmanagement umfasst die bewusste und proaktive Gestaltung von organisatorischen Lösungen, die sowohl aufbau- als auch ablauforganisatorische Aspekte berücksichtigen, um effiziente Organisationsstrukturen in international tätigen Unternehmen zu schaffen.

Unter Effizienz wird im Folgenden der Zielerfüllungsgrad verstanden, während sich die organisatorische Effektivität mit der Gestaltung der Organisationsziele selbst befasst. Als Maßstäbe der Effizienz gelten Kosten, Zeit und Qualität. Aus der Sicht der entscheidungsorientierten Organisationstheorie ist eine Alternative effizient, falls sie von keiner anderen dominiert wird.[2] Zu den Kriterien der Effektivität zählen die Marktorientierung, die Konzentration auf Kernkompetenzen sowie die Flexibilität. Das Resultat des Gestaltungsprozesses wird auch als Konfiguration bezeichnet. Die zentralen Instrumente der organisatorischen Gestaltung stellen die Differenzierung und die Integration dar.

Differenzierung geschieht durch Arbeitsteilung, d. h. durch die Zerlegung von größeren Aufgabenkomplexen in Teilaufgaben und die Zuweisung der Teilaufgaben an die einzelnen Organisationsmitglieder. Nach klassisch-traditionellem Verständnis erfolgt die Zerlegung anhand der Kriterien Verrichtung, Objekt, Rang, Phase und Zweckbeziehungen. Die Kompetenzverteilung der Zuständigkeiten auf die einzelnen Aufgabenträger beinhaltet Rechte, Pflichten und Verantwortung. Entscheidungszentralisierung liegt vor, wenn die Entscheidungskompetenzen bei einer Person oder wenigen Personen gebündelt werden. Im anderen Falle sprechen wir von Entscheidungsdezentralisierung. Die Inte-

---

[2] Vgl. AHN/DYCKHOFF 1997, S. 3; LAUX 1998, S. 87-101; BAMBERG/COENENBERG 2000, S. 35-36.

gration erfolgt z. B. durch eine Standardisierung (Programmierung) und die Formalisierung von organisatorischen Regelungen. In internationaler Perspektive bezeichnet die Integration die Abstimmung der geschäftlichen Aktivitäten in mehreren Ländern.

Die verschiedenen organisatorischen Strukturmodelle ergeben sich aus Kombinationen von Formen der Arbeitsteilung (Aufgabenstruktur) einerseits und der Leitungssysteme (hierarchische Struktur) andererseits. Eindimensionale Strukturmodelle weisen eine klare und eindeutige Hierarchiestruktur auf. Die funktionale Organisation und die divisionale Organisation stellen die wichtigsten eindimensionalen Strukturmodelle dar. Mehrdimensionale Organisationsstrukturen resultieren aus der Überlagerung von zwei verschiedenen Leitungssystemen im Unternehmen. Als zweidimensionales Strukturmodell ist die Matrixorganisation zu nennen, eine dreidimensionale Struktur wird als Tensororganisation bezeichnet.

Wie bereits angedeutet, stellt das Organisationsmanagement dabei nicht nur auf das Ergebnis der Organisationstätigkeit (Organisationsstruktur), sondern auch auf den Prozess des Organisierens selbst ab (Organisationsgestaltung). Der Organisationsgestaltung liegt eine instrumentelle Sichtweise des Organisationsbegriffs zugrunde. Sie beschäftigt sich mit dem Problem, effiziente Arbeitsabläufe in Unternehmen zu entwickeln und konkrete organisatorische Regelungen zu schaffen. Organisation ist nach diesem Verständnis ein Instrument der Führung, um ein Unternehmen zweckgerichtet zu steuern. Nach GUTENBERG hat die Organisation die Aufgabe, eine durch die Planung vorgegebene Ordnung gestaltend zu realisieren.[3] Träger des Organisationsmanagements ist das Top-Management. Es handelt sich insofern um eine echte Führungsentscheidung des dispositiven Faktors, der Geschäfts- und Betriebsleitung.

Der Begriff des Organisationsmanagements würde allerdings zu kurz greifen, wenn neben der instrumentellen Sichtweise nicht auch die institutionellen Aspekte von Organisationsstrukturen berücksichtigt würden. Der institutionelle Organisationsbegriff betrachtet Unternehmen als Institutionen, die eine gemeinsame Zweckorientierung, eine geregelte Arbeitsteilung und bestimmte Grenzen aufweisen. Er thematisiert Organisationen als soziale Gebilde, welche eine geplante Ordnung, aber auch ungeplante Prozesse hervorbringen.[4] Organisationen weisen stets mehr oder weniger klar definierte Grenzen auf, und es lässt sich eine organisatorische Innen- und Außenwelt unterscheiden. Das Organisationsmanagement legt in diesem Zusammenhang die Grenzen zwischen Unternehmen und Umwelt nicht willkürlich fest, sondern geplant.[5] Eine Entscheidung über die geplante Gestaltung der Unternehmensgrenzen impliziert auch die Grundsatzfrage nach marktlicher versus hierarchieinterner Abwicklung der zur Durchführung aller betrieblicher Transformationsprozesse benötigten Transaktionen. Unternehmen sind nach der Transaktionskostentheorie nur dann der marktlichen Koordination von Leistungs-

---

[3] Vgl. GUTENBERG 1983, S. 236.
[4] Vgl. BLEICHER 1991, S. 34-35.
[5] Vgl. SCHREYÖGG 1999, S. 10.

Begriffliche Grundlagen

austauschprozessen gegenüber im Vorteil, wenn sie die mit jeder Leistungserstellung verbundenen Koordinationsprobleme besser lösen können.

Schließlich beschäftigt sich Organisationsmanagement nicht nur mit den organisatorischen Gestaltungsproblemen in Unternehmen, sondern ebenfalls mit der evolutionären Weiterentwicklung von Unternehmensstrukturen unter Berücksichtigung der Markterfordernisse und der Umweltveränderungen.

Das Ziel des Organisationsmanagements in international tätigen Unternehmen ist die langfristige Sicherung der Wettbewerbsfähigkeit im Rahmen einer sich global entwickelnden Wirtschaft. Die Notwendigkeit für ein gezieltes Organisationsmanagement ergibt sich aus dem Umstand, dass der Internationalisierungsgrad von Organisationsstrukturen in international tätigen Unternehmen noch weit weniger entwickelt scheint als der von Strategieoptionen. Empirische Untersuchungen belegen, dass eine frühzeitige Abstimmung der Internationalisierungsstrategien mit den Organisationsstrukturen zu signifikant höheren Erfolgen bei Unternehmen führen kann.[6] Ein proaktives Organisationsmanagement greift diese Anforderung auf und setzt strategische Entscheidungen in organisatorische Strukturen um. Die wesentlichen Aspekte des Organisationsmanagements international tätiger Unternehmen sind in folgender Darstellung zusammengestellt (vgl. Abb. 1).

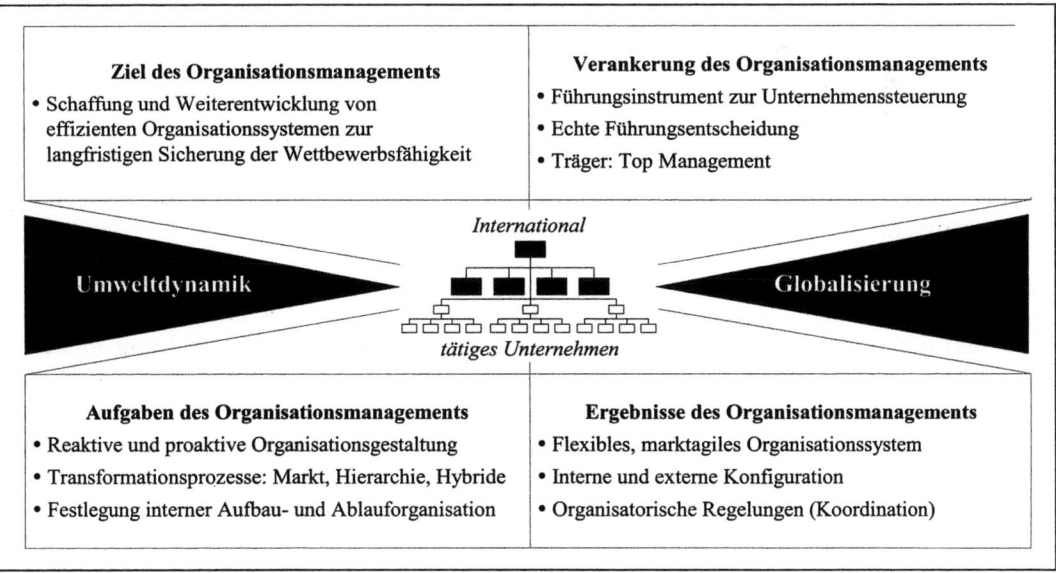

Abb. 1: Aspekte des Organisationsmanagements

---

[6] Vgl. BORRMANN 1997, S. 818-823.

1.2.2 International tätige Unternehmen

Das Phänomen international tätiger Unternehmen ist facettenreich und erfordert für ein Grundlagenverständnis eine Beschäftigung mit weiteren Aspekten, die über eine begriffliche Konkretisierung hinausgehen (vgl. Abb. 2).

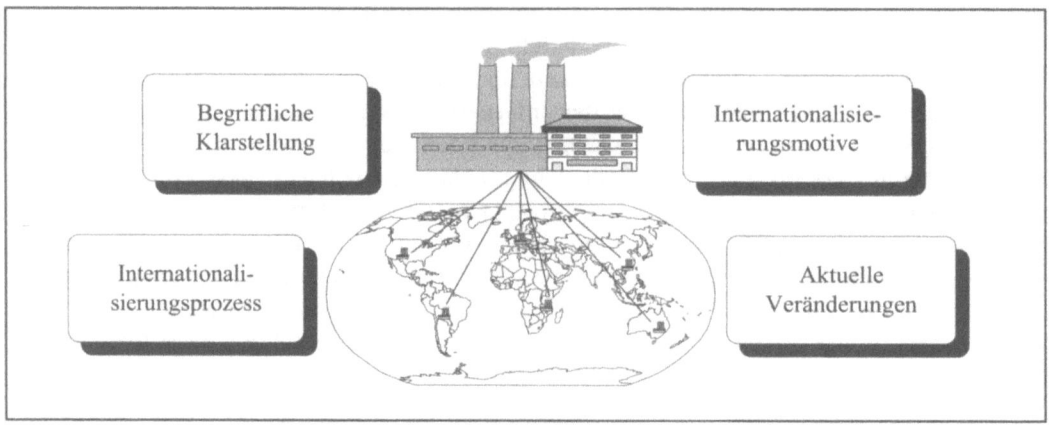

Abb. 2: Aspekte international tätiger Unternehmen

Begriffliche Klarstellung
Unter einem international tätigen Unternehmen (ITU) wird eine Institution verstanden, die Wertschöpfungsaktivitäten in mehr als einer nationalen Volkswirtschaft organisiert, steuert und überwacht.[7] Diese Arbeitsdefinition umfasst traditionell die folgenden Dimensionen:[8]

- **Kontrollbezogene Dimension**
  Ein international tätiges Unternehmen liegt vor, wenn es die Kontrolle über umsatz- und einkommensgenerierendes Firmeneigentum in mehr als einem Land in Form eines längerfristigen Engagements ausübt, also Direktinvestitionen getätigt hat. Auch dieser Begriff ist nicht einheitlich definiert,[9] enthält im Kern aber die Aspekte des Eigentums an sowie der Kontrolle über ausländische Unternehmen. Die

---

[7] Zur Heterogenität der Begriffserläuterung vgl. FAYERWEATHER 1989. Vgl. zur Definition selbst u. a. auch ALBACH 1981, S. 14; BUCKLEY 1989, S. 3; GILBERT/WÜRTHNER 1995, S. 2.

[8] Vgl. bereits AHARONI 1971, sowie später BUCKLEY 1981, S. 70-71; ähnliche Klassifikationen finden sich bei RUGMAN/LECRAW/BOOTH 1985, S. 7-8; CZINKOTA/RONKAINEN/MOFFETT 1994, S. 356-357.

[9] Siehe hierzu sowie zum daraus resultierenden Problem einer internationalen Vergleichbarkeit statistischer Daten IMF 1987, S. 35-44, und IMF 1992, S. 23-33. Vgl. zu einer Gegenüberstellung verschiedener Definitionen einer Direktinvestition z. B. IETTO-GILLIES 1992, S. 18-20.

tatsächliche Kontrolle über eine ausländische Einheit kann bereits bei einer Minderheitsbeteiligung in Höhe von 10% am Kapital dieses Unternehmens gegeben sein.[10]

- **Strukturbezogene Dimension**
  Die Internationalität wird in Bezug auf das Organisationssystem definiert, beispielsweise über die Nationalitätsstruktur der Anteilseigner und des Managements oder die internationale Ausrichtung der Organisationsstrukturen.[11]

- **Leistungsbezogene Dimension**
  Ein international tätiges Unternehmen wird über die in absoluten oder relativen Größen gemessene grenzüberschreitende Ausdehnung der Unternehmensaktivitäten definiert. Dazu zählt beispielsweise die Anzahl ausländischer Tochtergesellschaften als absolute Internationalitätsgröße oder der Anteil des im Ausland generierten Umsatzes am Gesamtumsatz. Andere Parameter sind z. B. die Beschäftigtenzahl oder der Gewinn. Die Bestimmung der Grenzwerte, ab denen ein Unternehmen als international tätig eingestuft werden kann, erfolgt willkürlich. Kritisch zu hinterfragen ist auch die überwiegend vorliegende Eindimensionalität dieser Größen.

- **Verhaltensbezogene Dimension**
  Ein international tätiges Unternehmen wird über die auf PERLMUTTER zurückgehende Klassifizierung in ethno-, poly- und geozentrisches Verhalten des Managements der Zentrale gegenüber den Tochtergesellschaften im Ausland definiert.[12]

Ausgehend von der einleitenden weiten Begriffsdefinition umfasst das Spektrum international tätiger Unternehmen einerseits die in der Theorie des internationalen Managements schwerpunktmäßig behandelten multinationalen Unternehmen. Auch dieser Begriff ist uneinheitlich definiert, umschließt vor allem aber die Global Players, also Großunternehmen wie GENERAL MOTORS, EXXON, NESTLÉ, oder DAIMLERCHRYSLER, SIEMENS und THYSSENKRUPP.[13] Ihre wirtschaftliche und politische Bedeutung erhalten diese Institutionen dadurch, dass sie circa ein Viertel der Weltproduktion generieren und knapp ein Drittel des Welthandels durch unternehmensinternen Austausch von Fertig-, Zwischen- und Dienstleistungsprodukten abwickeln.[14] Andererseits befinden sich am Ende des Kontinuums international tätiger Unternehmen diejenigen Klein- und Mittelbetriebe, die im regional grenzüberschreitenden Handelsverkehr tätig sind. Gerade diesen Unternehmen eröffnen sich durch neue Informations- und Kommunikationstechnologien, verknüpft mit Organisationsinnovationen, die Möglichkeit und das Potential

---

[10] Vgl. z. B. CAVES 1996, S. 1. CAVES legt die kontrollbezogene Dimension zur Definition multinationaler Unternehmen zugrunde. Das Kontrollmotiv ist in Verbindung mit dem Ertragsstreben maßgeblich für die Definition der Direktinvestitionen. Mithilfe von Direktinvestitionen strebt der Kapitalgeber an, die Geschäftstätigkeit eines ausländischen Unternehmens direkt zu beeinflussen. Vgl. IMF 1993, S. 86; ZENTES/SWOBODA 1997, S. 54.
[11] Vgl. zur Organisationsstruktur des *Weltunternehmens* bereits CLEE/DI SCIPIO 1959.
[12] Vgl. PERLMUTTER 1969.
[13] Vgl. VERNON 1977, S. 19; RUGMAN/LECRAW/BOOTH 1985, S. 13-22; KREIKEBAUM 1997.
[14] Vgl. BUCKLEY 1989, S. 113-114.

einer Intensivierung internationaler Betätigung. In diesem Zusammenhang kann von einer Demokratisierung der unternehmerischen Internationalisierung gesprochen werden.

Mit zunehmender Integration der Märkte auf globaler Ebene existieren in den wirtschaftlich intensiv eingebundenen Regionen kaum noch Unternehmen, die unabhängig von dieser ökonomischen Verflechtung agieren können.[15] Demnach erwecken die spezifischen Konfrontationsräume explizit internationaler Unternehmenstätigkeit besonderes strategisches und organisatorisches Interesse. Kennzeichnend für ein internationales Engagement sind folgende Konfrontationsdimensionen:

- Die Konfrontation mit internationalen **Wettbewerbsräumen**. Aufbauend auf dem Branchenstrukturmodell von PORTER erfordert sie eine unternehmerische Auseinandersetzung mit bestehenden und potentiellen Wettbewerbern, Lieferanten sowie Abnehmern auf den Beschaffungs- und Absatzmärkten im In- und Ausland.[16]

- Die Konfrontation mit internationalen **Währungsräumen**. Sie wird reflektiert durch Umsatz- und Gewinngenerierung in verschiedenen Währungen und damit verbunden einem grenzüberschreitenden Finanzkapitaltransfer, der das international tätige Unternehmen einem unterschiedlich hohen Wechselkursrisiko aussetzen kann.[17] So ergab beispielsweise eine Untersuchung über das internationale Investitionsverhalten japanischer Produktionsbetriebe für den Zeitraum von 1977 bis 1992, dass vor allem die starke Aufwertung des Yen gegenüber dem US-Dollar zu japanischen Direktinvestitionen in Nordamerika führte.[18]

- Die Konfrontation mit internationalen **Politikräumen**. Sie schließt den Kontakt mit politischen Systemen einzelner souveräner Nationalstaaten ebenso ein wie den Konflikt mit politischen Systemen auf supranationaler Ebene (z. B. Europäische Union oder Vereinte Nationen). Bedeutende Implikationen für die internationale Unternehmenstätigkeit beinhalten beispielsweise die durch einzelne Länder oder Regionalblöcke als Rahmenvorgabe gesetzte Wirtschafts-, Handels- und verstärkt auch Umweltpolitik, sowie die Gefahr des radikalen Wechsels politischer Systeme.

- Die Konfrontation mit internationalen **Kulturräumen**. Sie kann ein Auslandsengagement mit zusätzlichen Problemen und Kosten aus der Position des sozio-kulturellen Fremdseins auf diesen Märkten belasten.[19]

---

[15] Siehe hierzu stellvertretend das Fallbeispiel über mögliche Auswirkungen aus Wechselkursschwankungen auf rein national operierende Unternehmen bei SHAPIRO 1992, S. 234-235.
[16] Vgl. PORTER 1999, S. 25-61.
[17] Siehe zur Problematik des Wechselkursrisikoexposure z. B. HOLLAND 1993, S. 128-145; LEVI 1990, S. 185-224. Sie besteht auch nach Einführung des EURO in 12 europäischen Ländern zum 1. Januar 2002 unverändert weiter.
[18] Vgl. SAZANAMI/CHING 1997.
[19] Vgl. HOFSTEDE 1993.

Internationalisierungsmotive
International tätige Unternehmen setzen einen bereits eingeleiteten Internationalisierungsprozess voraus. Die Initiative zur grenzüberschreitenden Ausrichtung der Unternehmenstätigkeit erfolgt durch spezifische Internationalisierungsmotive.[20]

Nach AHARONI wird die Internationalisierungsentscheidung im Regelfall durch die Interaktion verschiedener interner und externer Motivatoren initiiert.[21] Ausgelöst durch Sättigungserscheinungen auf dem Heimatmarkt, kann die Internationalisierung durch die Suche nach neuen Absatzmärkten zusätzliches Umsatzpotential generieren (*market seeker*). Zu den weiteren Internationalisierungsmotiven zählen

- der Zugriff auf Ressourcenquellen (*resource seeker*),
- das Streben nach Fertigungseffizienz (*production efficiency seeker*),
- der Zugriff auf neue Technologien (*technology seeker*) oder
- die Verteidigung einer etablierten Position auf dem Heimatmarkt (*defender*).[22]

Das Ziel der Risikostreuung durch Internationalisierung (*risk avoider*) knüpft am Portfoliogedanken an und kann als weiteres Motiv einer grenzüberschreitenden Betätigung des Unternehmens gesehen werden. Auf Basis des Shareholder Value-Ansatzes[23] können alle zuvor genannten Internationalisierungsmotive in dem betriebswirtschaftlich rationalen Streben nach Schaffung eines Potentials zur Steigerung des Unternehmenswertes zusammengefasst werden.[24] Das international tätige Unternehmen erscheint dann in grenzüberschreitender Perspektive als ein *market value seeker*.

Die Internationalisierung des Unternehmens ist allerdings nicht ausschließlich durch ökonomische Rationalität begründbar. In einer frühen Analyse der auf Direktinvestitionen basierenden Internationalisierungsentscheidungen amerikanischer Unternehmen in der Zeit nach dem Zweiten Weltkrieg differenziert AHARONI in Initial- und Verstärkerfaktoren als auslösende Kräfte. Die Initialfaktoren haben unternehmensinternen oder -externen Ursprung. Die internen Initialfaktoren werden durch das persönliche Interesse der Unternehmensführung gebildet und beeinflussen maßgeblich den ursprünglichen Entscheidungsprozess für ein direktinvestives Auslandsengagement. Die nachfolgende Darstellung fasst die wesentlichen Faktoren zusammen (vgl. Abb. 3).[25]

---

[20] Siehe zu einem Überblick der Internationalisierungsmotive z. B. DUNNING 1992, S. 56-63; PAUSENBERGER 1994, S. 14; BALCET 1997, S. 71.
[21] Vgl. AHARONI 1966, S. 55-57.
[22] MOXON hat z. B. für die amerikanische Elektronikindustrie ein defensives Investitionsverhalten in Form der Errichtung von Offshore-Produktionsstätten in Entwicklungs- und Schwellenländern als Reaktion auf Importkonkurrenz zur Erhaltung der heimischen Marktposition empirisch nachgewiesen. Vgl. MOXON 1990, S. 373-378.
[23] Vgl. RAPPAPORT 1995, sowie zum Shareholder Value-Ansatz als eng gefasste Beurteilungsmöglichkeit einer Governance-Struktur, die zu erfolgreichen Entscheidungen sowie Unternehmensergebnissen führt, SCHMIDT 1997, S. 3.
[24] Siehe ähnlich ALIBER 1993, S. 181-182.
[25] Vgl. AHARONI 1966, S. 54-74.

Abb. 3: Auslöser der Internationalisierungsentscheidung auf der Basis von Direktinvestitionen

Diese Darstellung verdeutlicht die Heterogenität der Internationalisierungsmotive. Für den Entscheidungsprozess der Internationalisierung bedeutet dies eine Relativierung meist einseitig geführter Diskussionen über lohnkosteninduzierte Standortnachteile, die zudem häufig Produktivitätsunterschiede unberücksichtigt lassen.[26] Die Internationalisierungsmotivation der meisten Unternehmen ist in ihrer Struktur zu komplex, als dass eine Reduzierung auf einzelne Motive vorgenommen werden könnte. Dies wird auch durch empirische Untersuchungen bestätigt.[27]

Internationalisierungsprozess
Das Auslandsengagement international tätiger Unternehmen kann ein breites Spektrum an Alternativen beinhalten. Es schließt direkte und indirekte Exporte/Importe ebenso ein wie die Errichtung eines Unternehmensstandortes im Ausland in Form der 100%-igen Tochtergesellschaft als *greenfield investment* oder die Akquisition eines bereits existenten Lokalunternehmens. Auf der Basis unternehmenseigener Auslandsniederlassungen kann eine Diversifikation horizontal durch Produktion der gleichen Güter und Dienstleistungen an Standorten in anderen Ländern, vertikal durch Angliederung weiterer vor- und/oder nachgelagerter Produktionsstufen sowie lateral ohne vertikalen oder horizontalen Bezug der Wertschöpfungsaktivitäten erfolgen.[28] Zwischen den Extremen des unternehmensbezogenen Außenhandels ohne Kapitalbeteiligung und dem Auslandsengagement auf der Basis kapitalgebundener Mehrheitsbeteiligung stehen die sogenannten neuen Formen der Internationalisierung. Dazu zählen unter anderem Franchising und Lizenzierung, Joint Ventures, Subcontracting, Technologie- und Managementverträge, aber auch strategische Allianzen und Netzwerke sowie weitere Kooperationen ohne kapitalmäßige Verflechtung.[29]

Bereits in den siebziger Jahren haben JOHANSON, VAHLNE und WIEDERSHEIM-PAUL versucht, gestützt auf Fallstudien bei vier schwedischen Unternehmen, ein Muster der Internationalisierung zu erkennen.[30] Dabei wurde folgender inkrementaler Internationalisierungsprozess angenommen und durch die Fallstudien weitgehend bestätigt:[31]

1. Unregelmäßige Exportaktivitäten.
2. Exporte mittels unabhängiger Verkaufsagenten.
3. Errichtung einer Vertriebsgesellschaft im Auslandsmarkt.
4. Aufbau einer Produktionsstätte im Ausland.

---

26 Vgl. dazu die ähnliche Position bei MUCCHIELLI/SAUCIER 1997, S. 11.
27 Vgl. u. a. BASSEN/BEHNAM/GILBERT 2001, S. 413-432 und MEYER/QU 1995, S. 7-11.
28 Vgl. CAVES 1971, S. 3; CAVES 1996, S. 2.
29 Vgl. Kutschker/Schmid 2002, S. 475-531; BORNER 1986, S. 39-43; VERNON/WELLS 1991, S. 22, sowie Kapitel 5.3.2.
30 Es handelte sich dabei um SANDVIK, ATLAS COPCO, FACIT und VOLVO.
31 Vgl. zum Ursprung des Uppsala Internationalisierungsmodells JOHANSON/WIEDERSHEIM-PAUL 1975. Die Autoren selbst sprechen allerdings von einer *establishment chain*. Eine zusammenfassende Darstellung des Modells findet sich z. B. bei JOHANSON/MATTSON 1990, S. 467-468.

Unternehmen wählen danach für den Eintritt in psychosozial weit distanzierte Auslandsmärkte einen sukzessiven Internationalisierungsprozess. Das Ausmaß der psychosozialen Distanz wird durch die Intensität einer Anzahl von Störfaktoren des Informationsflusses zwischen dem Auslandsmarkt und dem Unternehmen determiniert, zu denen Sprach- und Kulturbarrieren sowie Unterschiede der politischen Systeme, im Ausbildungsniveau oder auch im Stand der industriellen Entwicklung zählen.[32] Der inkrementale Charakter der Internationalisierung drückt sich in einem dynamischen Modell aus, in welchem das Ergebnis eines Zyklus den Input des nächsten Zyklus bildet. Es wird unterstellt, dass mit zunehmendem Marktwissen der Umfang der im Ausland alloziierten Ressourcen (Marktcommitment) steigt und eine wechselseitige Beeinflussung zwischen Marktcommitment und Marktwissen einsetzt.

Das ursprüngliche Modell wurde nicht zuletzt aufgrund seines didaktischen Wertes im Zeitablauf durch zusätzliche Internationalisierungsformen ergänzt (vgl. Abb. 4).[33] Es ist hervorzuheben, dass dieser Prozess der Internationalisierung eines Unternehmens nicht deterministisch verläuft, beginnend mit der Aufnahme von Exportgeschäften und endend mit der Gründung einer Auslandsgesellschaft mit Mehrheitsbeteiligung unter der vollständigen Kontrolle der Unternehmenszentrale des Stammlandes. Darauf verweisen bereits JOHANSON und WIEDERSHEIM-PAUL selbst: *"Of course we do not expect the development always to follow the whole chain. First, several markets are not large enough for the resource demanding stages. Second, we could expect jumps in the establishment chain in firms with extensive experience from other foreign markets."*[34] Resümierend lässt sich festhalten: Die Internationalisierungssequenz mag für die ursprünglich betrachteten schwedischen Unternehmen zwar zutreffend gewesen sein, eine Verallgemeinerung ist jedoch nicht möglich.[35]

Als Kritikpunkt erscheint die implizierte Ausschließlichkeit des gewählten Auslandsengagements auf einem spezifischen Markt. Exporte und Direktinvestitionen treten hier als Substitute auf. Nach GRAHAM ließ sich diese Annahme im Zusammenhang mit amerikanischen Direktinvestitionen anhand von empirischen Untersuchungen für den produzierenden Sektor nicht bestätigen. Seine Ergebnisse stützten vielmehr die Hypothese der Komplementarität von Direktinvestitionen und Exportaktivitäten amerikanischer Unter-

---

[32] Vgl. JOHANSON/WIEDERSHEIM-PAUL 1975, S. 307-308; JOHANSON/VAHLNE 1977, S. 24.
[33] Siehe dazu beispielsweise KUMAR 1989, Sp. 918-921; MEISSNER/GERBER 1980, S. 223-225; SCHENK 1992, S. 166.
[34] JOHANSON/WIEDERSHEIM-PAUL 1975, S. 307.
[35] Siehe zur kritischen Diskussion des Uppsala-Modells z. B. MELIN 1992, S. 104; ANDERSEN 1993. Eine Widerlegung der graduellen Internationalisierung am Beispiel von Unternehmen der europäischen Papierindustrie findet sich bei SULLIVAN/BAUERSCHMIDT 1990. Vgl. dagegen zur grundsätzlichen Bestätigung einer inkrementalen Internationalisierung amerikanischer Unternehmen KWON/HU 1995; zu einem Überblick weiterer empirischer Untersuchungen, die eine inkrementale Internationalisierung bestätigen, siehe CAVUSGIL 1980.

nehmen.[36] Die dort nachgewiesene exportfördernde Wirkung von Direktinvestitionen widerlegt das generelle Ausschließlichkeitsprinzip herkömmlicher Internationalisierungsmodelle.

Schließlich ist auch eine Umkehr der Internationalisierungsrichtung denkbar, die beispielsweise die Aufgabe einer ausländischen Tochtergesellschaft mit anschließender Bedienung des entsprechenden Auslandsmarktes via Export beinhaltet. Dieser Entwicklungsschritt wird in den gängigen inkrementalen Internationalisierungsmodellen zumeist ausgeschlossen. Die in Abbildung 4 aufgezeigten Internationalisierungsformen lassen sich, mit Ausnahme des Exports und der vollbeherrschten Tochtergesellschaft, auch in ein *inter*organisatorisches Netzwerk einflechten.[37] Die ausländische Tochtergesellschaft wiederum kann Bestandteil eines *intra*organisatorischen Netzwerkes sein. Die in Netzwerken organisierbaren Alternativen sind in der Grafik deshalb mit einer Schattierung unterlegt.

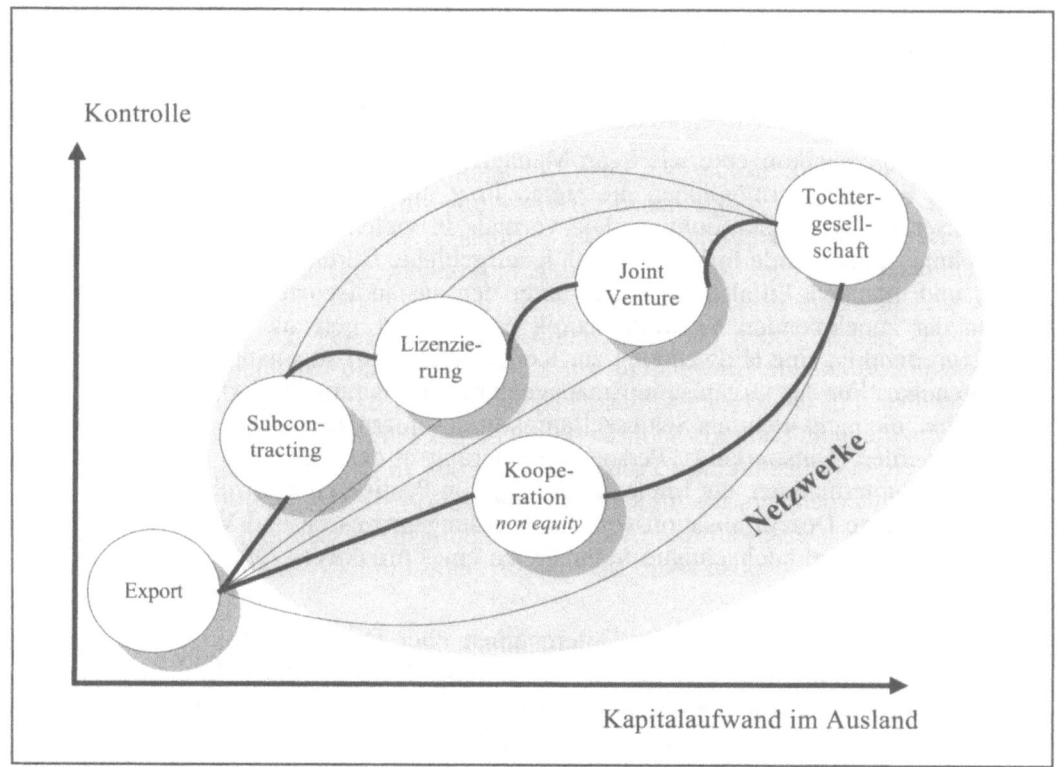

Abb. 4: Internationalisierungsformen und -sequenz

---

[36] Vgl. GRAHAM 1997; siehe zu ähnlichen Untersuchungsergebnissen für japanische Produktionsbetriebe SAZANAMI/CHING 1997.

[37] Zu den unterschiedlichen Internationalisierungsformen vgl. WELGE/HOLTBRÜGGE 2001, S. 104-111.

Aktuelle Veränderungen
Das ITU klassischer Prägung wird zunehmend erweitert um moderne Strukturalternativen der Organisation. Dynamische Veränderungen der externen Organisationssituation, allen voran das Phänomen der Globalisierung, bewirken einen Wandel der strukturellen Wesenszüge von international tätigen Großunternehmen. Damit verbunden sind Chancen und Notwendigkeiten zugleich, den Handlungsspielraum des Organisationsmanagements signifikant zu vergrößern.

Zur Entwicklung im Einzelnen: Die zunehmende Deregulierung weltweiter Handelspolitik, insbesondere der Abbau von Barrieren erfordert nicht mehr zwingend die klassischen Organisationsstrukturen eines international tätigen Großunternehmens, um Märkte global durchdringen zu können. Führungswissen, inkorporiert in modernen Managementmethoden, gilt nicht mehr als das längerfristige Exklusiveigentum der großen ITU. Es verbreitet sich schnell über Unternehmensgrenzen hinweg und kann auch von kleinern und mittleren Akteuren imitiert werden. Innovationen von netzwerkartigen Informations- und Kommunikationstechnologien (IuK-Technologien) erlauben auch kleinen und mittleren Unternehmen den Zugang zu internationalen Märkten. Begünstigt wird dies durch den ständigen Preissturz für die Anschaffung und Nutzung der IuK-Technologien. Skalenerträge verlieren an Bedeutung in vielen Branchen.

Neuere Managementkonzepte wie Lean Management, Just in Time oder die computerintegrierte Fertigung ermöglichen die Herstellung differenzierter Produkte zu Kosten und Preisen der Massenproduktion. Die vormals in vielen international tätigen Großunternehmen existierende Inflexibilität, d. h. aufgeblähte Bürokratien mit geringer Kreativität, und intensive Filialstreitigkeiten unter den ausländischen Tochtergesellschaften werden der zunehmenden Umweltdynamik nicht länger gerecht. Branchen- und länderübergreifend ist eine Hinwendung zur Konzentration auf sogenannte Kernkompetenzen erkennbar. Für das Organisationsmanagement folgt daraus die Externalisierung von Aktivitäten, die nicht mehr als Schlüsselfähigkeit des international tätigen Unternehmens beurteilt werden (Outsourcing). Personalreduzierung in den Zentralen der international tätigen Großunternehmen, die Implementierung von Profit Center-Strukturen, allgemein die internationale Dezentralisation von Entscheidungsprozessen und Verantwortlichkeiten, sind weitere real beobachtbare Maßnahmen eines proaktiven Organisationsmanagements.

Traditionell internationalisierte ein Unternehmen über Direktinvestitionen oftmals im vertrauten, quasifamiliären Ausland. Ein wesentliches Merkmal dieser Einheiten bestand in der einheitlichen Leitung durch die Unternehmenszentrale. Der Weg in die Auslandsmärkte führt auch heute noch häufig über Direktinvestitionen. Zunehmend ist aber eine echte globale Streuung von Auslandsaktivitäten zu beobachten. Dies bedeutet, dass Verantwortung dorthin verlagert wird, wo die größte Expertise vorliegt.

Ein Beispiel bildet die Softwareentwicklung im für europäische oder amerikanische Unternehmen kulturell fremden Indien. Unter dem Stichwort der Lokalisation findet Produktentwicklung vor Ort, eben auch im Ausland, statt. Dabei entstehen grenzenlose interne und externe Netzwerkstrukturen mit vielfältigen Ausprägungen. Sie optimal zu konfigurieren und zu koordinieren rückt immer mehr in den Fokus eines Organisationsmanagements international tätiger Unternehmen. Als neuer Gesichtspunkt erscheint dabei die Auflösung von Unternehmensgrenzen durch Kooperationen in einem kompetitiven Wettbewerbsumfeld: ehemalige Konkurrenten können zu Verbündeten werden.[38]

1.3 Aufbau und Methodik des Lehrbuches

Der Aufbau des Lehrbuches orientiert sich an der vorgegebenen Problemstellung: Wir untersuchen, welchen Beitrag Internationalisierungstheorien für den Prozess der Internationalisierung im Unternehmen leisten können und wie dieser Prozess zu strukturieren ist. Der folgende Leitfaden zeigt unseren Ansatz in zusammengefasster Form. Ausgehend von den drei skizzierten Aufgabenbereichen lässt der Überblick erkennen, welchen Aussagewert die Beschäftigung mit Internationalisierungstheorien für das internationale Management hat und welche Konsequenzen daraus für das Organisationsmanagement abzuleiten sind (vgl. Abb. 5).

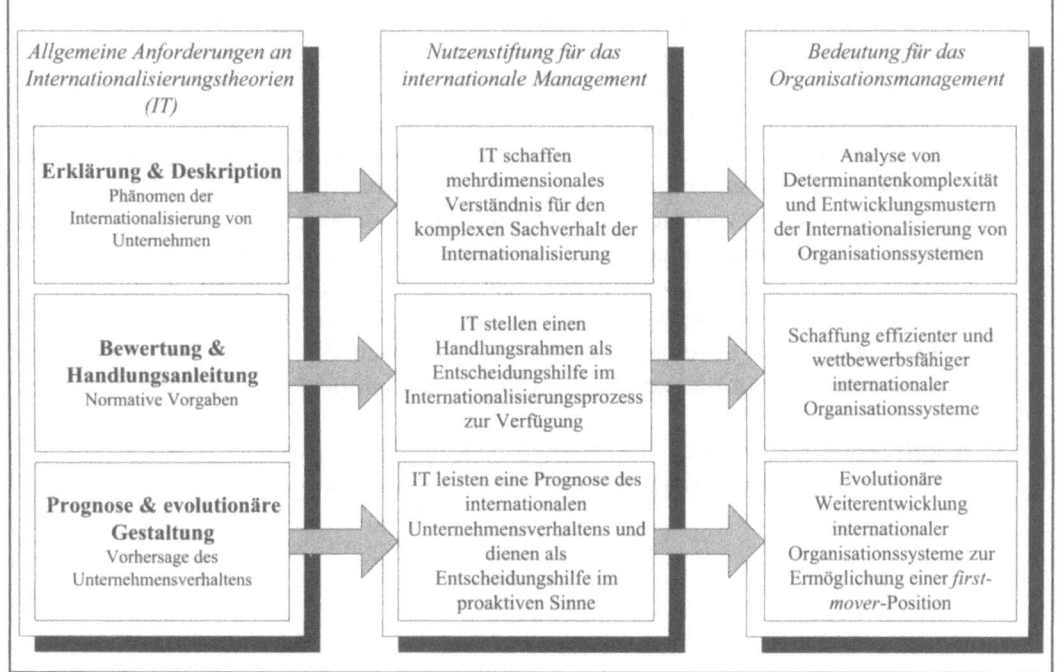

Abb. 5: Leitfaden für den Aufbau des Lehrbuches

---

[38] Vgl. dazu PICOT/REICHWALD/WIGAND 2001 sowie Kapitel 5.3.2.

Die vorstehende Abbildung lässt eine dem Lehrbuch zugrundeliegende Logik erkennen, die sich allerdings nicht unmittelbar in der sukzessiven Aufteilung in einzelne Kapitel niederschlägt.

Der **inhaltliche Zusammenhang** des Lehrbuches sei anhand der nachstehenden Abbildung verdeutlicht (vgl. Abb. 6). Das Buch besteht aus zwei großen Blöcken, dem die ersten drei Kapitel umfassenden theoretischen Teil und den Kapiteln 4 bis 6, die auf die Praxis des Organisationsmanagements abzielen:

- In **Kapitel 2** untersuchen wir zuerst, welchen Beitrag einzelne organisationstheoretische Ansätze zur Fundierung eines praxistauglichen Organisationsmanagements leisten. Dabei fokussieren wir vor allem auf die Neue Institutionenökonomik (Organisationsökonomik), welche uns in diesem Lehrbuch als theoretische Grundlage bzw. erkenntnisleitende Theorie dient.
- In **Kapitel 3** schließt sich die Diskussion der wichtigsten Theorien der Internationalisierung an. Deren Grundverständnis ist Voraussetzung dafür, Entscheidungsprozesse im Rahmen der internationalen Unternehmenstätigkeit besser zu verstehen und adäquate Organisationsmodelle zu entwickeln.
- Auf der theoretischen Basis der ersten Abschnitte erfolgt in **Kapitel 4** die Darstellung der Rahmenbedingungen und die Begründung eines Organisationsmanagements. Vor allem externe Rahmenbedingungen beeinflussen Organisationsentscheidungen und determinieren Anforderungen an international tätige Unternehmen.
- **Kapitel 5** widmet sich ausführlich der Deskription moderner Organisationsstrukturen für international tätige Unternehmen. Nach einer geschichtlichen Herleitung und der Vorstellung traditioneller Organisationskonzepte zeigen wir zunächst, welche Bedeutung Holdingstrukturen im Rahmen des Organisationsmanagements zukommt. Da die meisten international tätigen Unternehmen konzerniert sind, ist die Kenntnis unterschiedlicher Typen von Holdingstrukturen eine wichtige Voraussetzung für ein proaktives Organisationsmanagement. Im Anschluss daran, tragen wir der Erkenntnis Rechnung, dass grenzüberschreitende Tätigkeiten internationaler Unternehmen immer stärker durch Vernetzungen geprägt werden, die zur Bildung von intra- und interorganisatorischen Unternehmensnetzwerken führen. Wir stellen die wichtigsten Strukturalternativen vor und zeigen, in welchem Verhältnis Netzwerke und Holding-Konzerne stehen.
- In **Kapitel 6** des Lehrbuches diskutieren wir abschließend, welche Aspekte im Rahmen der Implementierung einer Reorganisation in international tätigen Unternehmen von Bedeutung sind.

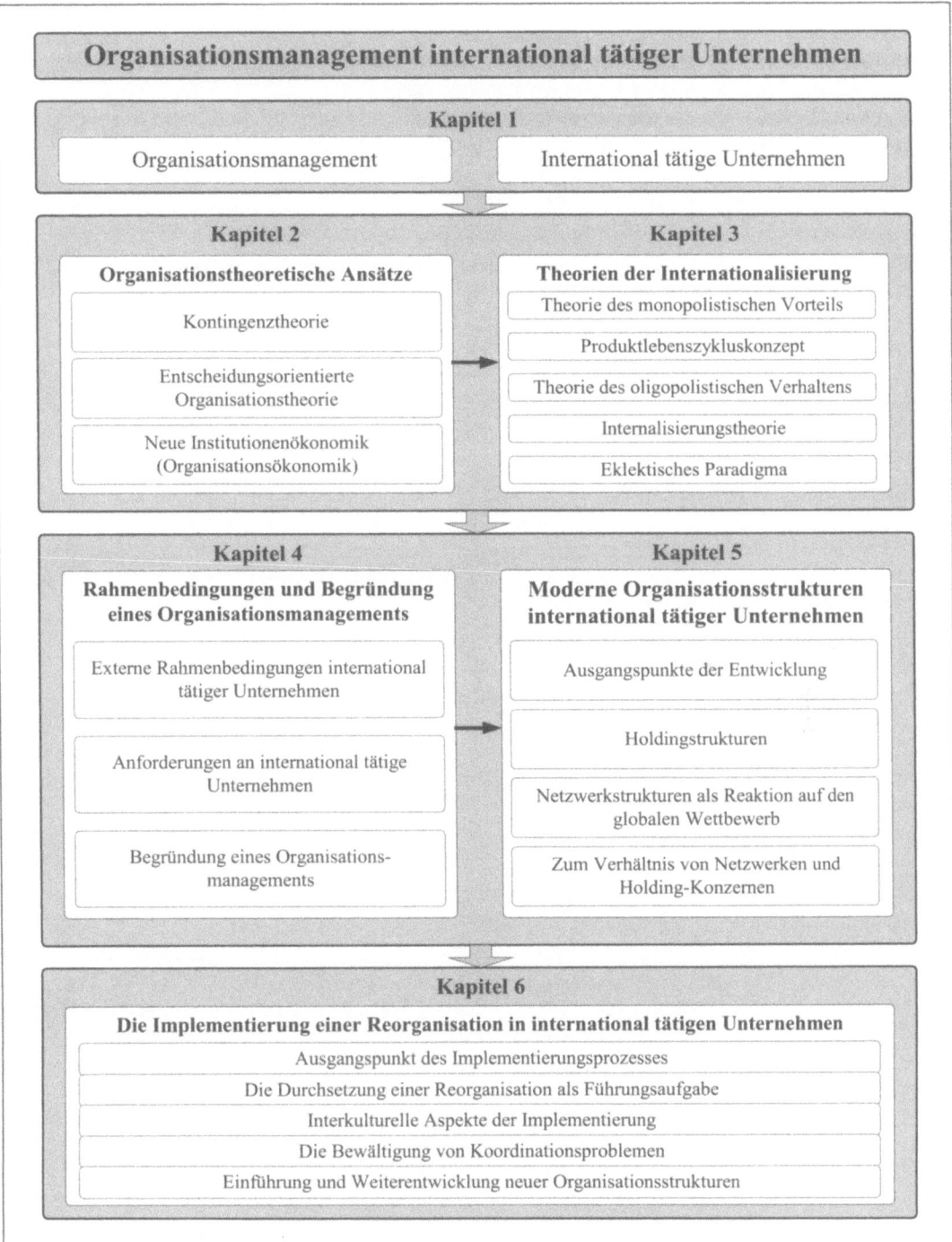

Abb. 6: Inhaltlicher Zusammenhang des Lehrbuches

2. Organisationstheoretische Ansätze

2.1 Vorbemerkungen

Wir befassen uns im Folgenden mit ausgewählten ökonomischen Organisationstheorien. Ihr verbindendes Merkmal ist die Einbettung der Organisationsproblematik in eine ökonomische Perspektive. Ihre Wurzeln finden sich in zahlreichen Ansätzen der Organisationsforschung, von denen nachfolgend einige zunächst kurz skizziert werden.

Zu einem Vorläufer der Organisationsforschung zählt die Analyse der Arbeitsteilung bei ADAM SMITH in seinem Werk *An Inquiry into the Nature and Causes of the Wealth of Nations* von 1776, in dessen Tradition im weitesten Sinne auch der Ingenieur FREDERICK W. TAYLOR steht.[1] In den Motivationstheorien werden die Einflüsse auf die Produktivität und Effizienz analysiert, die sich aus der individuellen Leistungsbereitschaft und Antriebsstruktur ergeben.[2] Mit der Untersuchung der unternehmerischen Funktionen und hier vor allem der Koordinationsaufgabe leitet CHESTER BARNARD eine Betrachtungsweise der Organisation ein, die sich bis in die moderne Entscheidungstheorie verfolgen lässt.[3] Die Anreiz-Beitrags-Theorie beleuchtet die Verhaltensweisen der Organisationsmitglieder unter dem Gesichtspunkt der von der Organisation gebotenen Anreize materieller und immaterieller Art einerseits und der mit den Leistungsbeiträgen der Mitarbeiter verbundenen Kosten andererseits.[4] Auf JACOB MARSCHAK geht die Entwicklung der Teamtheorie zurück.[5] Sie beruht auf der Prämisse identischer Ziele des Teams und der Teammitglieder und macht Aussagen über die optimale Zuordnung von Informations- und Entscheidungsstrukturen.

Die genannten Ansätze stellen Ausgangspunkte der Entwicklung von ökonomischen Organisationstheorien dar. Zu einer weiteren Unterteilung der ökonomischen Organisationstheorie gelangt man durch ergänzende Aussagen über den Informationsstand der Organisationsträger. Neoklassik und Industrieökonomik gehen von der Arbeitshypothese vollständiger Information und unbegrenzter Rationalität der Akteure aus. Die neoklassische Mikroökonomik orientiert sich am Modell des Wettbewerbsmarktes. Die Verbindung zu organisatorischen Aspekten erfolgt über die Betrachtung der Wettbewerbsorganisation und eine an unterschiedlichen Effizienzkriterien (z. B. der Effizienz der Ressourcenallokation oder der produktionswirtschaftlichen Gesamteffizienz) orientierte

---

[1] Vgl. TAYLOR 1903 und TAYLOR 1911.
[2] Vgl. zusammenfassend V. ROSENSTIEL 1992.
[3] Siehe BARNARD 1938.
[4] Den Grundstein legten MARCH/SIMON 1958.
[5] Siehe MARSCHAK 1954/55. Vgl. auch MARSCHAK/RADNER 1972.

Beurteilung der Ergebnisse des Marktprozesses.[6] Die vor diesem Hintergrund entwickelte Konzeption einer entscheidungsorientierten Organisationstheorie befasst sich mit den geeigneten strukturellen Voraussetzungen komplexer Objektentscheidungsprobleme. Sie untersucht die Organisationsentscheidungen, die beispielsweise bei der Koordination von Produktion und Absatz oder von Investitionsentscheidungen auftreten.[7]

In der vorliegenden Arbeit schließen wir uns einem Verständnis von Organisations- und Entscheidungsträgern an, das deren Wissen und Wissensverarbeitung als stets begrenzt ansieht. In prägnanter Weise kommt diese Einstellung im Konstruktivismus zum Ausdruck.[8] Die prinzipiell beschränkte Sicht der Wirklichkeit schränkt auch die Rationalität des Handelns auf die jeweilige Betrachtungsweise einer bestimmten Situation ein. Aus diesem Grund behandeln wir, neben den neoinstitutionalistischen Ansätzen, auch den Kontingenzansatz. Damit wird eine Auswahl von Konzepten getroffen, die am ehesten in der Lage sind, eine auf die realen Entscheidungen des Organisationsmanagements bezogene theoretische Grundlage zu schaffen. Für die neoinstitutionalistischen Ansätze hebt COASE den Realitätsbezug treffend hervor: *"Modern institutional economics should study man as he is, acting within the constraints imposed by real institutions. Modern institutional economics is economics as it ought to be."*[9]

Neoinstitutionalistische Ansätze, als theoretischer Richtungswechsel durch Erweiterung neoklassischer Annahmen, unterstellen eine Rationalitätsbegrenzung der Entscheidungsträger und versuchen, diese durch den Entwurf von Institutionen zu kompensieren.[10] Damit widerspricht die Neue Institutionenökonomik der neoklassischen Annahme exogen vorgegebener Institutionen. Durch ihren Einfluss auf ökonomisches Handeln werden Institutionen als Alternativen zum Markt relevant.[11] Da die Schaffung und die Inanspruchnahme von Institutionen den Einsatz von Ressourcen erfordert, erfolgt die Verbindung zu organisatorischen Aspekten ebenfalls über eine an verschiedenen Effizienzkriterien ausgerichtete Beurteilung alternativer Organisationsformen.

Es ist darauf hinzuweisen, dass auch die entscheidungstheoretische Organisationstheorie Konzepte der Neuen Institutionenökonomik einbezieht. So geht z. B. FRESE bei der Diskussion der Vorteile einer Spartenorganisation auf die transaktionskostentheoretischen Argumente von WILLIAMSON ein.[12] Bei LAUX und LIERMANN werden ebenfalls Elemente der neoinstitutionalistischen Theorien berücksichtigt.[13]

6	Vgl. PICOT/DIETL/FRANCK 1997, S. 43-53.
7	Vgl. LAUX/LIERMANN 1997, S. 19-21.
8	Vgl. v. FOERSTER 1994; v. GLASERSFELD 1994; WATZLAWICK/BEAVIN/JACKSON 1990.
9	COASE 1984, S. 231.
10	Vgl. hierzu FRANCK 1995, S. 21.
11	Vgl. COASE 1937, S. 388.
12	Vgl. FRESE 2000, S. 399-426.
13	Vgl. z. B. LAUX/LIERMANN 1997, S. 511-519.

Im Theoriegebäude der Neuen Institutionenökonomik steht die Institution als Einrichtung zur Koordination und Gestaltung des Verhaltens ihrer Mitglieder im Zentrum der Betrachtung.[14] Eine ausschließliche Konzentration auf Unternehmen greift allerdings zu kurz. Auch Märkte, Vertragsregelwerke, Gesetze und Verordnungen sowie im weiten Sinne auch die Familie oder Sprachen stellen verhaltenssteuernde Institutionen dar. Die Basis der Schaffung von Institutionen bilden Informationsstrukturen, die typischerweise durch das Merkmal der Asymmetrie gekennzeichnet sind. Als Institutionen werden in unserem Kontext vor allem das international tätige Unternehmen sowie Märkte angesehen. Neben der Transaktionskostentheorie, bilden dabei die Principal-Agent-Theorie, die Property-Rights-Theorie sowie die Vertragstheorie die weiteren Elemente der Neuen Institutionenökonomik (vgl. Abb. 7).

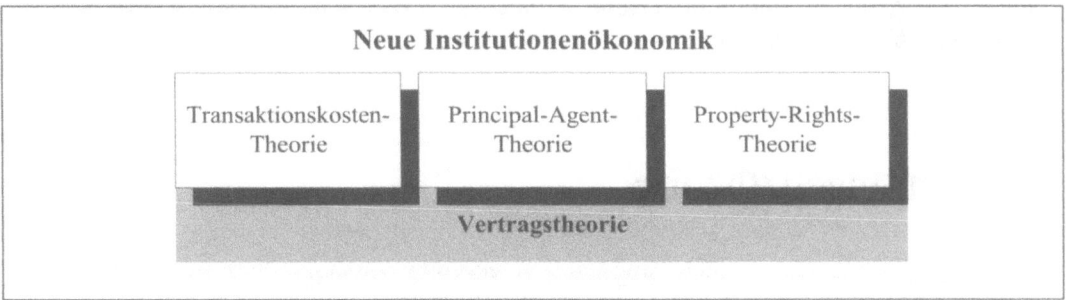

Abb. 7: (Teil-)Theorien der Neuen Institutionenökonomik

Abschließend sei hervorzuheben, dass das Unternehmen zunehmend als ein Geflecht unvollständiger Verträge im Sinne von interpersonellen Vereinbarungen über den Güter- und Leistungsaustausch interpretiert wird.[15] Es lassen sich zwei Ausprägungen der Vertragstheorie unterscheiden: die ökonomische und die konstitutionalistische Vertragstheorie.[16] Die ökonomische Vertragstheorie im engeren Sinne umfasst eine rechtssoziologische Typologie von Vertragsformen sowie die vertragstheoretische Ergänzung der Transaktionskostentheorie und Principal-Agent-Theorie. In der konstitutionalistischen Vertragstheorie werden die rechtsphilosophischen Überlegungen zum Gesellschaftsvertrag (*contrat social*) weitergeführt und ökonomisch interpretiert. Beide Ausprägungen lassen sich zu einer vertragstheoretisch begründeten Organisationslehre integrieren.[17]

Nach der rechtssoziologischen Vertragstheorie werden drei Arten von Verträgen unterschieden: klassische, neoklassische und relationale Verträge.[18] Klassische Verträge sind

---

[14] Eine zusammenfassende Darstellung der Neuen Institutionenökonomik findet sich z. B. bei ORDELHEIDE 1993; SCHNEIDER 1997, S. 20-27.
[15] Vgl. MILGROM/ROBERTS 1992.
[16] Vgl. PICOT/REICHWALD/WIGAND 1996, S. 51-56.
[17] Vgl. WOLFF 1994.
[18] Vgl. PICOT/DIETL/FRANCK 1997, S. 19; MACNEIL 1978, pp. 854-905.

zeitpunktbezogen und vollständig (z. B. einfache Kaufverträge). Neoklassische Verträge beziehen sich auf einen Zeitraum und sind teilweise unvollständig (z. B. Franchising- und Rahmenverträge). Beiden Vertragsarten liegen explizite, vollständig spezifizierte Absprachen zugrunde. Relationale Verträge regeln auf Dauer angelegte Beziehungen und sind unvollständig: Beispiele aus dem Organisationsbereich sind interne Entwicklungskooperationen zwischen einzelnen Geschäftsbereichen oder unternehmensexterne Koordinationsmuster.[19] Relationale Verträge enthalten implizite Vereinbarungen, die auf gegenseitigen Abmachungen sowie gemeinsamen Wertvorstellungen der Vertragspartner beruhen. Es kann sich bei ihnen um hierarchische (z. B. Arbeitsverträge) oder hybride Koordinationsformen (z. B. Kooperations- und Lizenzverträge) handeln. Letztere werden zwischen rechtlich selbständigen, wirtschaftlich aber teilweise voneinander abhängigen Vertragspartnern geschlossen. Als Beispiele aus dem Aktionsfeld international tätiger Unternehmen sind Strategische Allianzen, Arbeitsgemeinschaften oder Strategische Netzwerke zu nennen.

2.2 Kontingenztheorie

Die Kontingenztheorie versucht, empirisch gehaltvolle Aussagen über die Beziehungen zwischen Situationsbedingungen, Organisationsstrukturen, dem Verhalten der Organisationsmitglieder sowie dem Zielerfüllungsgrad der Organisation zu entwickeln. Das auch als situativer Ansatz bekannt gewordene Forschungsprogramm geht zurück auf Vorarbeiten von TOM R. BURNS und GEORGE M. STALKER, JOAN WOODWARD, PAUL R. LAWRENCE und JAY W. LORSCH sowie von der an der University of Aston in Birmingham etablierten Forschungsgruppe unter der Leitung von DEREK S. PUGH (The Industrial Administration Research Unit).[20] Die Forschungsarbeiten unterscheiden sich sowohl in theoretischer als auch in methodischer Hinsicht. Theoretische Unterschiede bestehen je nach Erkenntnisinteresse, Analyseebene und Untersuchungsvariablen sowie in der formalen Hypothesenstruktur und der Interpretation der empirischen Forschungsbefunde. Methodische Unterschiede ergeben sich insbesondere bei den Forschungsstrategien sowie der Konzeptionalisierung und Operationalisierung der Untersuchungsvariablen.

Zu den allgemeinen Forschungszielen des situativen Ansatzes werden die empirische Erfassung von Organisationsstrukturen, die Erklärung einer beobachtbaren organisationsstrukturellen Varianz sowie die Ableitung von praxisorientierten Empfehlungen für die

---

[19] Vgl. dazu die Fallstudien bei GERYBADZE/MEYER-KRAHMER/REGER 1997.
[20] Siehe zu den frühen Untersuchungen BURNS/STALKER 1961; WOODWARD 1965; LAWRENCE/LORSCH 1967; PUGH/HICKSON 1976. Vgl. allgemein zu einem Überblick über kontingenztheoretische Studien KHANDWALLA 1977, pp. 237-248; WOLLNIK 1980, Sp. 598-608; FRESE 2000, S. 447-461; KIESER 2001, S. 169-171.

Organisationsgestaltung gezählt. Dabei orientiert sich die situative Organisationsforschung an den folgenden Grundannahmen:[21]

1. Es existiert keine universell optimale Organisationsstruktur für alle Situationskonstellationen.
2. Für eine spezifische Situationskonstellation besteht ausschließlich eine korrespondierende, effiziente Organisationsstruktur. Es gibt somit keinen Korridor äquifunktionaler Strukturlösungen.
3. In Analogie zu naturwissenschaftlichen Gesetzen sind auch Kausalgesetze der Organisation vorhanden, die unterschiedliche Organisationsmuster determinieren.
4. Die Zielsetzung der Bestandssicherung eines Unternehmens setzt die Anpassung der Organisationsstruktur an eine nicht, oder nur sehr eingeschränkt, beeinflussbare Organisationssituation voraus.

Die Argumentationslogik der Kontingenztheorie geht von einer spezifischen Organisationssituation aus. Diese ist in ihren Ausprägungen mehrdimensional und lässt sich grob unterteilen in eine interne und externe Organisationssituation. Von dieser Organisationssituation ausstrahlend werden deterministische Wirkungsmechanismen vermutet, die bestimmte Ausprägungen der Organisationsstruktur herbeiführen. Diese situativ kongruenten Organisationsstrukturen beeinflussen ihrerseits das Verhalten der Organisationsmitglieder, die wiederum den Zielerfüllungsgrad der Organisation determinieren. Einen zentralen Bestandteil situativer Argumentationslogik bildet der organisatorische Anpassungsprozess. Ausgehend von der Vorstellung, es existiere für jede Umweltkonstellation der Organisation nur eine einzige effiziente Struktur (organisatorisches Gleichgewicht), führen inkrementale Veränderungen der Umweltsituation bei zunächst gleichbleibenden Strukturlösungen zu einem verminderten Zielerreichungsgrad. Dieses organisatorische Ungleichgewicht induziert dann strukturelle Anpassungsprozesse zur Wiederherstellung einer situationsgerechten Organisation.

Üblicherweise werden in einer Kontingenzbeziehung die Situationsvariablen als unabhängige, die Strukturvariablen als abhängige Größen interpretiert. Die Organisationsstruktur selbst weist multidimensionalen Charakter auf und kann anhand der Kriterien

- Spezialisierung,
- Formalisierung,
- Standardisierung,
- Zentralisierung,
- Konfiguration

beschrieben werden.[22] Die folgende Abbildung visualisiert die Argumentationslogik der Kontingenztheorie (vgl. Abb. 8).

---

21 Vgl. THOMMEN 2002, S. 239; DONALDSON 1996, p. 1; KIESER 2001, S. 169.
22 Vgl. KIESER/KUBICEK 1992, S. 74; SCHREYÖGG 1999, S. 56-57.

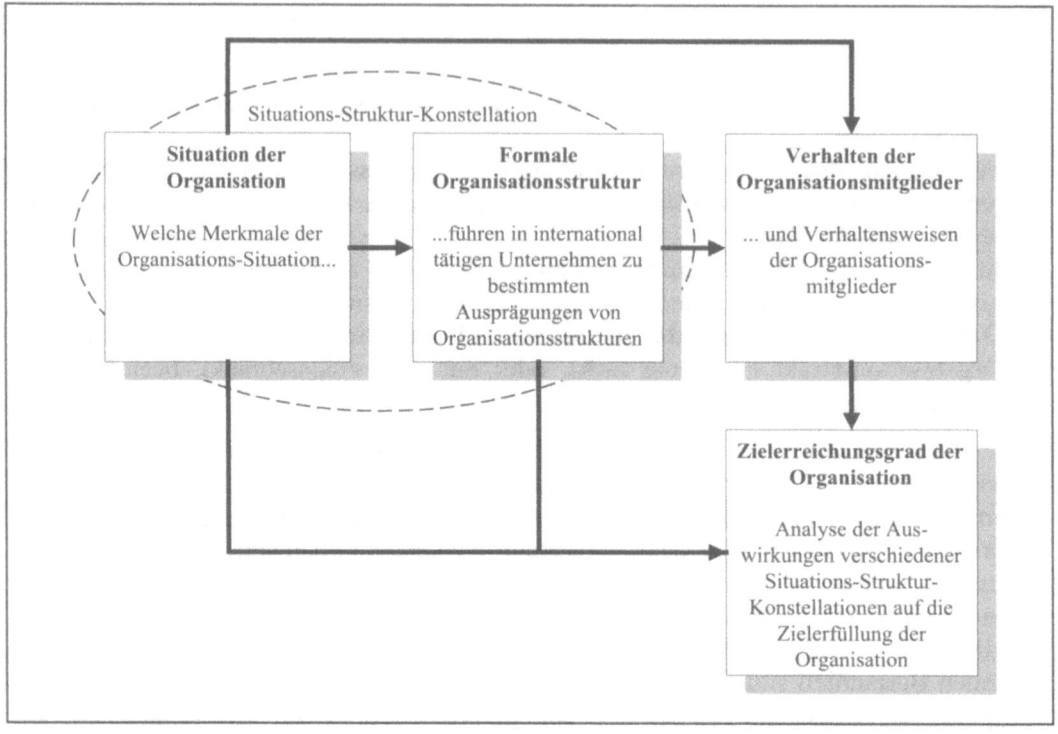

Abb. 8: Grundmodell der Kontingenztheorie; Quelle: In Anlehnung an KIESER/KUBICEK 1992, S. 57

Das analytische Erkenntnisinteresse richtet sich auf die empirische Erfassung und Erklärung der Beziehungen zwischen Situationsvariablen und Strukturvariablen. In pragmatischer Hinsicht geht es um Aussagen über die relative Vorteilhaftigkeit verschiedener organisatorischer Lösungen in Abhängigkeit von der Situation. Daraus werden dann Gestaltungsempfehlungen abgeleitet. Gefragt wird also danach, wie man Organisationsstrukturen gestalten kann, damit sie den Anforderungen der Situation gerecht werden. Dabei wird das Organisationsmanagement die Alternative wählen, deren vermutete situationsbezogene Wirkung dem verfolgten Ziel am besten entspricht. Es erfolgt also eine Auswahl der Alternative, die zielbezogen die größte Passgenauigkeit (bester Fit) zwischen Organisationsstruktur und Organisationssituation aufweist.[23] Die Herstellung dieses Fits zwischen Struktur und Situation umfasst erstens die Anpassung der Struktur an die Situation (reaktives Organisationsmanagement). Zweitens ist die Situation so zu verändern, dass sie zur Struktur passt (proaktives Organisationsmanagement).

Als die wichtigsten Einflussfaktoren der internen Organisationssituation haben sich in bisherigen empirischen Untersuchungen Produkte, Fertigungstechnologie, Unterneh-

---

[23] Zum organisatorischen Fit vgl. KUTSCHKER/SCHMID 2002, S. 548; KIESER/KUBICEK 1992, S. 61.

mensgröße, aber auch Alter der Organisation und Entwicklungsstadium erwiesen. Die externe Situation wirkt unter anderem über die Wettbewerbsintensität, die Kundenstruktur und die Landeskultur auf die abhängigen Variablen der Organisation ein.

Eine kritische Würdigung der Kontingenztheorie beinhaltet insbesondere deren beschränkte Erklärungsleistung, weil die Ergebnisse empirischer Studien nur dann aussagekräftig sind, wenn die jeweils betrachteten Einflussfaktoren voneinander unabhängig sind. Tatsächlich werden Struktur und Effizienz von Organisationen aber von zahlreichen, interdependenten Faktoren bestimmt. Konzeptionelle Schwächen bestehen in der Auswahl der zentralen Variablen. Diese sind weder theoretisch begründet noch lassen sich die Variablen immer eindeutig gegeneinander abgrenzen. Andere wichtige Variablen, wie z. B. kulturelle Einflüsse, wurden nur unzureichend in die Untersuchungen einbezogen. Außerdem kann die Kontingenztheorie der Dynamik von Einflussbeziehungen nicht gerecht werden. Methodische Schwächen liegen schließlich in der mangelnden Vergleichbarkeit, Validität und Reliabilität der verwendeten Maße. Damit erscheint eine Kumulierung und Verallgemeinerung der Aussagen nicht möglich.[24]

Neuere Untersuchungen sind darum bemüht, diese Defizite aufzugreifen und adäquat zu berücksichtigen. Generell ist eine Verlagerung des Forschungsinteresses festzustellen, welches weniger die Existenz streng deterministischer Beziehungen zwischen Organisationssituation und Organisationsstruktur aufdecken möchte, sondern vielmehr das System der Organisationsgestaltung fokussiert, wie es zum Beispiel im Konzept der strategischen Wahl zum Ausdruck kommt.[25] Entscheidungen zur Organisationsstruktur werden danach als das Ergebnis eines bewussten und interessengeleiteten Prozesses mehrerer Organisationsmitglieder betrachtet. Die Pauschalvorstellung einer uniform agierenden Organisation wird aufgegeben und durch die Auffassung einer Organisation als Koalition gegensätzlicher Interessen ersetzt.[26] Somit werden Strukturentscheidungen im situativen Sinne auch aus der Sicht der Machtverhältnisse des organisatorischen Gestaltungssystems betrachtet.

2.3 Entscheidungsorientierte Organisationstheorie

Organisationsstrukturen werden für arbeitsteilige Entscheidungssysteme entworfen. Als Grundelemente einer entscheidungslogisch orientierten Organisationstheorie gelten die Koordination und Motivation bei interpersoneller Arbeitsteilung.[27] Bei der Koordination geht es darum, ein komplexes Gesamtproblem in geeigneter Form zu segmentieren und die Teilaktivitäten wieder zu integrieren. Zu koordinieren sind sowohl die Entschei-

---

24 Siehe zu einer ausführlichen Kritik der Kontingenztheorie REINHARDT 2000, S. 105-114.
25 Vgl. zum Beispiel KIESER 2001, S. 191-192.
26 Vgl. zur Organisation als Koalition konträrer Interessen CYERT/MARCH 1995, S. 29-30.
27 Vgl. dazu ausführlich FRESE 2000.

dungskompetenzen als auch die Kommunikationsbeziehungen (der Informationsfluss) zwischen den verschiedenen Einzelaktivitäten und Organisationseinheiten. Die Motivation von Mitarbeitern zu einem unternehmenszielkonformen Handeln kann als individuelle Anreiz-Beitragsbeziehung (Transaktionsmechanismus) oder vor dem Hintergrund einer Unternehmenskultur als integrierendem Faktor (Transformationsmechanismus) interpretiert werden.

Ausgehend von einem kognitiven Motivationsmodell dienen Transaktionsmechanismen dazu, die Eigeninteressen der Mitarbeiter bewusst anzusprechen und wenigstens partiell auf die Erfüllung der Unternehmensziele auszurichten. Als Instrumente zur Gestaltung der Anreize gelten eine interessante Aufgabe, der Anforderungsgrad und die Bestimmtheit von Planungszielen, ein kooperatives Verhalten der Führungskräfte und sonstige Maßnahmen wie finanzielle Belohnungen, die Arbeitszeitgestaltung sowie das Aus- und Weiterbildungssystem. Als ein geeigneter Transformationsmechanismus erweist sich eine Unternehmenskultur, die in eine sozialpsychologische Führungstheorie integriert ist und eine pragmatische Ausrichtung des Anreiz-, Beförderungs- und Statussystems an den Interessen der Mitarbeiter und des Unternehmens ermöglicht (z. B. durch den Aufbau von Profit Centers oder eines Management by Objectives).

Aus der Sichtweise einer normativen Entscheidungstheorie steht die Steuerung der Objektentscheidungen im Vordergrund. Dies geschieht sowohl unmittelbar als auch mittelbar über die Beeinflussung der Organisationsentscheidungen zwischengeschalteter Organisationsmitglieder.

Da Organisationsentscheidungen in der Regel unter unvollkommenen Informationen erfolgen, stellt die organisatorische Gestaltung selbst ein Entscheidungsproblem dar. Der Entscheidungsträger muss ein Entscheidungsmodell konstruieren, das die von ihm beobachteten Handlungsalternativen und deren Konsequenzen möglichst vollständig abbildet.[28] Angesichts seiner subjektiv geprägten Wahrnehmungsmöglichkeiten und der Komplexität der Situationsbedingungen ist dies de facto nicht vollständig durchführbar. Es besteht deshalb ein Zwang zur Reduktion der Komplexität und zur Vereinfachung des Entscheidungsmodells. Die Komplexitätsreduktion umfasst die Handlungsalternativen, die erwarteten Umweltzustände, die Ergebnisse und die Zielfunktion, d. h. alle Elemente einer Entscheidung. Sie kann durch eine sukzessive Einengung und Konkretisierung der zu lösenden Probleme erfolgen. Bei der Betrachtung komplexer Entscheidungsprobleme entsteht ein Planungsaufwand, der in vertretbarer Weise nicht zu bewältigen ist. Es müssen deshalb Partialmodelle gebildet werden, die einen Teil der Entscheidungsvariablen berücksichtigen. Das Entscheidungskalkül kann durch eine entsprechende Aggregation der Entscheidungsdeterminanten vereinfacht werden. Als Beispiele für den Einsatz formaler Entscheidungsmodelle bei der Formulierung von Organisationsproblemen unter starker Vereinfachung bei allen Modellelementen seien die Team-Theorie und die Bestimmung des Delegationswertes genannt.[29]

---

[28] Vgl. zum Folgenden LAUX/LIERMANN 1997, S. 53-64.

[29] Siehe im Einzelnen dazu LAUX/LIERMANN 1997, S. 209-238; LAUX 1979, S. 69-236, sowie LAUX 1992, Sp. 1738-1739.

Da der Planungsaufwand für die Lösung organisationstheoretischer Entscheidungsmodelle erheblich ist, muss nach Formen der Komplexitätsreduktion bei der Darstellung der Organisationsalternativen, der Umweltzustände, der Ergebnisse und der Information gesucht werden. Eine Möglichkeit der Komplexitätsreduktion bietet der Einsatz von Hilfskriterien zur Bewertung der organisatorischen Steuerungsmaßnahmen. Als solche dienen die Anforderungs- und die Anreizkompatibilität.[30]

Die Anforderungskompatibilität bezeichnet den Grad der Übereinstimmung zwischen den Anforderungen, die den Organisationsmitgliedern durch die jeweilige Aufgabe gestellt werden, und deren Qualifikationen und Einfluss auf die bestehenden Ressourcen (z. B. Maschinen, Material, Informationen). Sie misst also die Güte der Auftragserfüllung. Mit der Anreizkompatibilität wird die Übereinstimmung von individuellen Zielen und Organisationszielen erfasst. Von besonderer Bedeutung für das Organisationsmanagement ist die Anforderungskompatibilität bei der Übernahme von dispositiven Funktionen (Führungsentscheidungen). Die Anforderungen an die Führungskräfte steigen mit abnehmender Strukturierbarkeit und größerer Variabilität der zu erledigenden Aufgaben. Die Anforderungen variieren ferner mit dem Umfang der zu treffenden Entscheidungen und deren Ähnlichkeitsgrad.

Bezieht man die Beschaffung und Verarbeitung von Informationen als wichtige Aufgaben beim Treffen von Organisationsentscheidungen ein, so ergibt sich eine weitere Präzisierung und Differenzierung der dispositiven Anforderungskompatibilität. Die Informationskompatibilität umfasst den Grad der Übereinstimmung zwischen der Informiertheit eines Entscheidungsträgers über die bestehenden Handlungsalternativen und deren Auswirkungen bzw. dessen Fähigkeit zur Beschaffung von Informationen und dem für *gute* Entscheidungen notwendigen Informationsstand. Mit der Kalkülkompatibilität wird der Grad der Übereinstimmung zwischen der Fähigkeit des Entscheidungsträgers zur Informationsverarbeitung und der Wichtigkeit, dem Umfang und der Komplexität der von ihm zu lösenden Entscheidungsprobleme charakterisiert.

Zur Beurteilung der Ausprägungen der genannten Kompatibilitätskriterien können weitere Effizienzkriterien herangezogen werden. Nach FRESE kennzeichnen die Markteffizienz, die Ressourceneffizienz, die Prozesseffizienz und die Delegationseffizienz wichtige Kriterien für die Bewertung von Koordinationsentscheidungen.[31] Erfasst werden damit unterschiedliche Grade der Ausnutzung von Verbundeffekten auf den Absatz- und Beschaffungsmärkten, von Potentialfaktoren und Ressourcen, von Wirkungsprozessen (hinsichtlich Qualität und Zeitdauer) sowie von Informations- und Problemlösungspotentialen auf über- und untergeordneten Hierarchieebenen.

Im Rahmen der entscheidungsorientierten Organisationstheorie wird die Bildung von Abteilungen und die Verteilung von Aufgaben als Instrument zur Verbesserung von Eigenschaften der Informations-, Kalkül- und Anreizkompatibilität betrachtet.[32] Die weite-

---

30   Siehe ausführlich dazu LAUX/LIERMANN 1997, S. 239-265.
31   Vgl. dazu FRESE 2000, S. 256-275.
32   Vgl. LAUX/LIERMANN 1997, S. 280-300.

ren Untersuchungsgegenstände betreffen unter anderem die Koordination kurz- und langfristiger Entscheidungen, die Kontrolle expliziter und impliziter Verhaltensnormen sowie die Ermittlung eines (optimalen) erfolgsorientierten Belohnungssystems als Grundmodell der ökonomischen Agency-Theorie.[33]

2.4 Neue Institutionenökonomik (Organisationsökonomik)

2.4.1 Transaktionskostentheorie

Der Transaktionskostenansatz geht im wesentlichen auf RONALD H. COASE und seinen 1937 veröffentlichten Beitrag *The Nature of the Firm* zurück.[34] COASE selbst verweist darauf, dass er die grundlegenden Gedanken hierzu bereits während einer Vorlesungsveranstaltung an der Dundee School of Economics Anfang Oktober 1932 dargelegt habe.[35] Für ihn steht folgendes Erklärungsziel im Vordergrund: *„Discover why a firm emerges at all in a specialised exchange economy."*[36] Dabei bezieht er sich auf das Spannungsfeld zwischen dem real beobachtbaren Unternehmen und den im neoklassischen Sinne unzufriedenstellenden Annahmen über den Markt als *first best*-Lösung zur Ressourcenallokation über den Preismechanismus, die eine Existenz komplexer Firmengebilde ausschließt. Die Entschärfung des Spannungsgefüges zwischen Realität und neoklassischer Theoriewelt gelingt COASE durch den Hinweis auf die Kosten des Preismechanismus.[37] Betrachtet wird die Effizienz unterschiedlicher Transaktionsformen, nämlich externe Transaktionen über den Markt versus unternehmensinterne Transaktionsabwicklung. Das Effizienzkriterium bilden die Kosten der Inanspruchnahme des Marktmechanismus im Vergleich zu den Kosten innerorganisatorischer Transaktionskoordination, die durch den Unternehmer resp. das Management vorzunehmen ist. In diesem Kontext verwendet COASE bereits den modernen Begriff des Entrepreneurs.[38]

---

[33] Vgl. LAUX/LIERMANN 1997, S. 351-582.
[34] Siehe zu den Grundlagen des Transaktionskostenansatzes zum Beispiel HART 1990, S. 156-159; SCHMIDT 1992. Vgl. zu einer kritischen Auseinandersetzung SCHNEIDER 1985.
[35] Zur Ursprungsdebatte siehe insbesondere COASE 1991; und COASE 1995, S. 8. Vgl. auch CHEUNG 1983, S. 1.
[36] COASE 1937, S. 390.
[37] Vgl. COASE 1937, S. 391-392.
[38] Zu den Funktionen des Entrepreneurs zählt bereits KALDOR die Risikoverantwortung einerseits sowie die Managementaufgaben der Kontrolle und Koordination andererseits. Vgl. KALDOR 1934, S. 67.

Das Erkennen von Transaktionen, für die eine Marktabwicklung ineffizient ist und sich eine Internalisierung anbietet, setzt die Konkretisierung der zugrundeliegenden Analyseeinheit Transaktion voraus. Der Transaktionsbegriff geht zurück auf COMMONS, der bereits eine verfügungsrechtliche Definition zugrundelegt.[39] Transaktionen kennzeichnen demnach diejenigen Tauschvorgänge von Rechten, die jeder wirtschaftlichen Aktivität vorausgehen. In Abhängigkeit von der Transaktionspartnerkonstellation lassen sich *bargaining transactions*, *managerial transactions* und *rationing transactions* voneinander unterscheiden.[40] Transaktionen involvieren mindestens zwei Wirtschaftssubjekte (Transaktionspartner). Durch den vertraglich geregelten Austausch von Gütern materieller und immaterieller Natur (Transaktionsobjekte) über eine institutionelle Schnittstelle hinweg, wird eine Transaktion als Ausdruck der Interaktion zwischen den Transaktionspartnern begründet. Im Zuge der Organisation dieser Transaktion entstehen Transaktionskosten. Zu erwähnen ist, dass COASE den Begriff der Transaktionskosten nicht explizit verwendet, sondern durchweg von *marketing costs* spricht. Relativ grob differenziert er diese Kosten der Marktinanspruchnahme in:[41]

- Produktionsorganisationskosten aus den Aktivitäten der Preisermittlung,
- Verhandlungskosten im Rahmen der Vertragsanbahnung sowie
- Vertragsabschlusskosten.

Dabei wird unterstellt, dass für jede Markttransaktion separate Verträge neu ausgehandelt werden müssen. COASE betont, dass ein Unternehmen allerdings kein Mittel der Vertragseliminierung darstellt, sondern ein Substitut kurzfristiger externer Einzelverträge durch längerfristige interne Verträge. Dies wird anhand des internen Arbeitsvertrags als Pendant zu externen Liefer- und Werkverträgen verdeutlicht. Letztere werden mit Wirtschaftssubjekten des externen Markts ausgehandelt und sind mit Unsicherheiten behaftet. Erforderlich ist nämlich die Spezifizierung sämtlicher Vertragsinhalte im Voraus, die sich vielfach als nicht realisierbar erweist und dann eine Unternehmensgründung als Lösungsweg sinnvoll macht.

Die Frage der Unternehmensexistenz behandelt COASE zunächst deskriptiv; die Begründung des Unternehmenswachstums erfolgt dagegen normativ.[42] Allgemein wächst ein Unternehmen mit zunehmender Anzahl integrierter Markttransaktionen und schrumpft im Umkehrschluss durch deren Ausgliederung. Die Unternehmensgröße wird determiniert durch die Transaktionskosten. Den Bezug zur beschränkten Kapazität der Unternehmenshierarchie verdeutlichen die abnehmenden Erträge der Managementfunktion bei der innerbetrieblichen Transaktionskoordination.[43] Ein kapazitatives Erweiterungspoten-

---

[39] Gleichwohl ist COMMONS kein Vertreter des Transaktionskostenansatzes.
[40] Vgl. COMMONS 1931, S. 652-654.
[41] Vgl. COASE 1937, S. 390-391.
[42] Vgl. COASE 1937, S. 393-394.
[43] Auch ROBINSON thematisiert die Grenzen der unternehmensinternen Koordination. Siehe vor allem die Diskussion des Anstiegs der Koordinationskosten mit zunehmender Unternehmensgröße bei ROBINSON 1934, S. 255-256.

tial der Managementfunktion und damit die Tendenz zunehmender Unternehmensgröße sieht COASE bereits in Innovationen der Informations- und Kommunikationstechnologien sowie der Entwicklung und Einführung neuer Managementtechniken.[44]

Unter Berücksichtigung des Zeitpunkts des ersten Vertragsabschlusses können die Transaktionskosten weiter differenziert werden (vgl. Abb. 9).[45] Die Bestimmung der Kostenhöhe ist allerdings ein Problem, denn das Spektrum der Transaktionskosten beschränkt sich nicht auf jene mit pagatorischem Charakter, sondern umfasst auch Nachteile in Form von Mühe und Zeit. Die Messproblematik verschärft sich, wenn den Transaktionskosten zusätzlich ein Opportunitätskostencharakter aus nicht realisierten Erträgen bzw. Kostenreduzierungen beigemessen wird.[46] Dieser Umstand stellt für WILLIAMSON jedoch keine Einschränkung der Bedeutung dar. Er löst die Transaktionskosten vielmehr aus der Notwendigkeit ökonomischer Quantifizierung heraus und weist ihnen eine strikt komparative Funktion im Rahmen der Institutionenbeurteilung zu.[47]

Abb. 9: Klassifikation von Transaktionskosten

---

44 Siehe COASE 1937, S. 397. Vgl. auch KALDOR 1934, S. 69.
45 Vgl. BENKENSTEIN/HENKE 1993, S. 79-81. Siehe zur Unterscheidung in ex-ante und ex-post Transaktionskosten zuvor WILLIAMSON 1985, S. 20-21.
46 Vgl. KAAS/FISCHER 1993, S. 688. Siehe im Einzelnen auch WINDSPERGER 1996, S. 13-18.
47 Vgl. WILLIAMSON 1985, S. 22.

Mit dem *Organizational Failures Framework* entwickelt WILLIAMSON die auf COASE basierende Theorie der Unternehmung strukturiert fort. Gerade deshalb wird er bisweilen als *father of modern day transaction cost economics* bezeichnet.[48] WILLIAMSON leitet mit seinem Modell die potentiellen Effizienzvorteile der hierarchischen Organisationsstruktur versus der Inanspruchnahme externer Märkte ab. Dies geschieht auf der Basis einer allgemeinen Unterscheidung in *human factors* und *environmental factors*.[49] Die Humanfaktoren kommen in einem menschlichen Verhalten zum Ausdruck, das von begrenzter Rationalität und Opportunismus geprägt ist. Die Fähigkeit des Menschen zur Bewältigung und Verarbeitung großer Informationsmengen gilt als eingeschränkt.[50] Bei der Ausgestaltung von Verträgen über externe Markttransaktionen können ex ante nicht alle Eventualitäten der Beziehung berücksichtigt werden. Aus der vertraglichen Unvollständigkeit eröffnen sich dann auch Spielräume für opportunistische Verhaltensmuster, und zwar durch eine vertragsabweichende Verfolgung individueller Zielsetzungen auf Kosten des jeweils anderen Vertragspartners. Treffend spricht WILLIAMSON von Opportunismus als „*...a condition of self-interest seeking with guile.*"[51] In dieser Verknüpfung von begrenzter Rationalität und Opportunismus sowie den daraus resultierenden Auswirkungen sieht er die wesentliche Leistung des Transaktionskostenansatzes.[52]

Zu den Umweltfaktoren zählen die Transaktionseinflüsse aus einer umweltbezogenen, komplexitätsbedingten Unsicherheit sowie aus der Gesamtzahl der potentiellen Transaktionspartner, wobei vor allem das Problem einer kleinen Zahl von Marktteilnehmern als transaktionskostenrelevant betont wird.

Als Determinanten der Transaktionskostenhöhe kristallisieren sich heraus:[53]

1. **Grad der Faktorspezifität:** Zur Durchführung einer bestimmten Transaktion können spezifische Investitionen erforderlich werden. Mit zunehmendem Grad der Faktorspezifität wird das Spektrum alternativer Einsatzmöglichkeiten dieser Ressourcen verengt und das bilaterale Abhängigkeitsverhältnis zwischen den Transaktionspartnern intensiviert.[54] Der Aufwand zur Absicherung der vertraglichen Transaktionsbeziehung steigt an.
2. **Unsicherheit:** Eine Transaktionsabwicklung erfordert ex ante sowie transaktionsbegleitend die Beschaffung und Aufarbeitung von vertragsrelevanten Informationen, die im Regelfall unvollständig sind und nicht alle Verhaltenseventualitäten der

---

[48] Vgl. RUGMANN 1986, S. 109.
[49] Vgl. WILLIAMSON 1975, S. 20-40.
[50] Die Überlegungen zur begrenzten Rationalität gehen auf SIMON zurück. Vgl. SIMON 1976, S. 38-41, S. 80-81, und S. 240-244, sowie SIMON 1955. Dieser unterstellt dabei grundsätzlich die Absicht des Menschen, rational handeln zu wollen.
[51] WILLIAMSON 1985, S. 30.
[52] Vgl. WILLIAMSON 1996, S. 6.
[53] Vgl. WILLIAMSON 1985, S. 52-61; WILLIAMSON 1996, S. 13-17. Siehe zusammenfassend KAAS/FISCHER 1993, S. 688-689.
[54] In diesem Zusammenhang relevant sind die Überlegungen zu den entgangenen Quasi-Renten (sunk costs) bei KLEIN/CRAWFORD/ALCHIAN 1978, S. 298-302.

Transaktionspartner und Umweltveränderungen vorhersagen können. Daraus entsteht Unsicherheit. Allgemein ist ein Anstieg der Transaktionskosten bei zunehmender Transaktionsunsicherheit zu erwarten.
3. **Häufigkeit:** Die Transaktionsfrequenz einer Transaktionsbeziehung kommt durch die Zahl der Transaktionen zum Ausdruck. Ein Anstieg der Häufigkeit kann zu einem Anstieg der Transaktionskosten führen.

Die Beziehung der Transaktionspartner vollzieht sich in einer Transaktionsatmosphäre, die alle soziokulturellen und technischen Faktoren der jeweiligen Situation subsumiert und ebenfalls Einfluss auf die Höhe der Transaktionskosten ausüben kann. Zu diesen Faktoren zählen unter anderem die Wertvorstellungen der Transaktionspartner oder die technische Infrastruktur.

Auch die Erklärungsansätze von WILLIAMSON basieren auf der klassischen Dichotomie zwischen marktlicher und hierarchischer Koordination. Die wesentlichen Unterschiede zwischen Markt und Hierarchie sind:

- Preise (*bargaining transactions*) versus Anweisungen (*managerial transactions*),
- Marktanonymität versus bekannte Transaktionsmuster,
- Einmaligkeit der Transaktion versus fortdauernde Transaktionsbeziehungen,
- klassische Kaufverträge versus Arbeitsverträge.[55]

Die strenge Dichotomie von Markt und Hierarchie beschreibt die Realität jedoch nur unzureichend. Deshalb erweitert WILLIAMSON sein Modell um realiter beobachtbare Zwischenformen der Koordination, die sogenannten Hybride.[56] Damit versucht er, das traditionelle Erklärungsmuster der Transaktionskosten auf moderne Organisationsstrukturen zu übertragen. Transaktionskostentheoretisch können demnach hybride Koordinationsformen in Abhängigkeit vom Grad der Faktorspezifität ökonomisch effizient sein. Eine Marktlösung wird tendenziell bei einfachen Transaktionen bevorzugt, also bei einem geringen Grad der Faktorspezifität und damit einhergehend relativ niedrigen Transaktionskosten. Die Abwicklung von Transaktionen innerhalb einer Hierarchie ist dagegen bei schwierigen Transaktionen vorteilhaft. Sie zeichnen sich durch einen hohen Grad der Faktorspezifität und somit vergleichsweise hohe Transaktionskosten aus. Hybride können im Bereich mittlerer Faktorspezifität, also in Situationen mittlerer Transaktionskomplexität und -unsicherheit vorteilhaft sein (vgl. Abb. 10).

Bezogen auf die Organisation des international tätigen Unternehmens handelt es sich bei Hybridlösungen um die bereits erwähnten Neuen Formen der Internationalisierung (NFI), also um Organisationsalternativen mit verminderter oder nicht vorhandener Kapitalbeteiligung. Franchising und Lizenzierung, Joint Ventures, Subcontracting, langfristige Lieferbeziehungen, Technologie- und Managementverträge oder auch Marketingabkommen liegen auf dem Kontinuum möglicher Koordinationsformen zwischen Markt (Export) und Hierarchie (Direktinvestition). Hybridlösungen lassen sich zwischen

---

[55] Vgl. WILLIAMSON 1975.
[56] Vgl. WILLIAMSON 1985.

zwei oder auch mehreren Transaktionspartnern realisieren. Letztere sind dann Bestandteil einer interorganisatorischen Netzwerkstruktur. Sie gelten als Versuch, einen abgeschirmten Markt zwischen rechtlich selbständigen Marktpartnern zu schaffen. So konvergieren vor allem die modernen Organisationsstrukturen des strategischen Netzwerks oder des virtuellen Unternehmens zu einer Marktlösung, ohne diese jedoch im klassischen Sinne zu verwirklichen. Mit den NFI kann Internationalisierung somit über ein Netzwerk erfolgen. Auch die Hierarchielösung kann Bestandteil der modernen Organisationsform des Netzwerks sein, wenn nämlich die Direktinvestition in ein intraorganisatorisches Netzwerk eingeflochten wird.

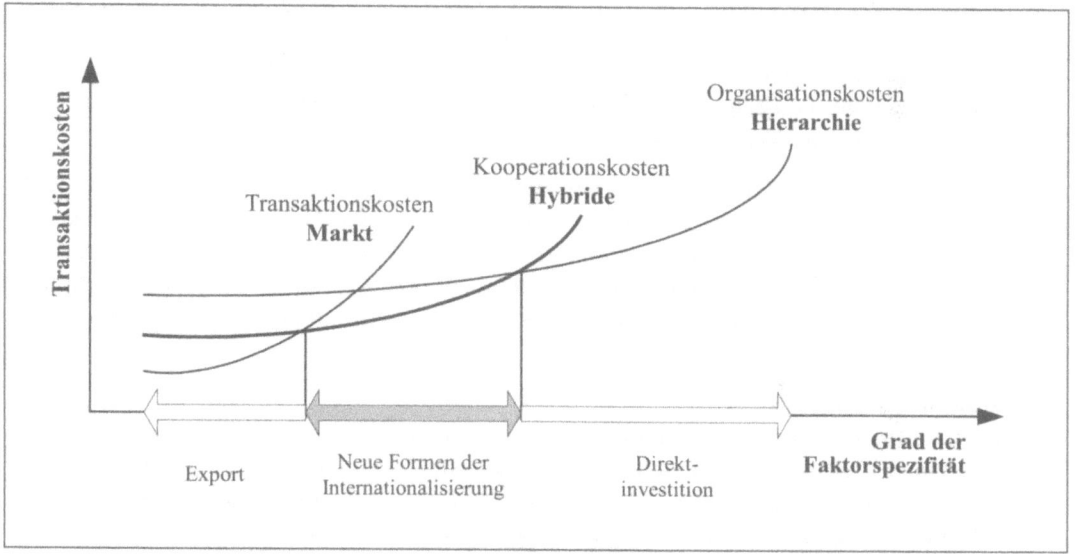

Abb. 10: Internationalisierungsformen in Abhängigkeit von den Transaktionskosten

Trotz der transaktionskostentheoretischen Erklärung kann diese Trichotomie nicht zufriedenstellend die Frage klären, ob es sich bei den NFI um eine Zwischen-Notlösung im inkrementalen Internationalisierungsprozess handelt oder ob die Formen der Koordination aufgrund spezifischer Stärken eingerichtet werden. Offensichtlich sind moderne Organisationsstrukturen durch Transaktionskosten alleine nicht erklärbar. Strategieüberlegungen spielen eine wichtige, wenn nicht sogar die ausschlaggebende Rolle. So zeichnet sich gerade das interorganisatorische Netzwerk als diejenige Organisationsform aus, in der kooperative Verbindungen mit rechtlich unabhängigen Transaktionspartnern auf eine gemeinsame Zielvorstellung ausgerichtet werden, um Wettbewerbsvorteile zu schaffen.

Ferner können Situationen vorliegen, in denen die Wahl der Organisationsform dem international tätigen Unternehmen nicht alleine überlassen wird, so beispielsweise bei Vorgaben der Gastlandregierung zur Gründung eines Joint Ventures. Schließlich kann die Wahlfreiheit der Koordinationsform aufgrund von Engpässen bei Kapitalverfügbarkeit und Managementkapazität eingeschränkt sein.

2.4.2 Principal-Agent-Theorie

Während die Transaktionskostentheorie allgemein die Leistungsbeziehungen zwischen ökonomischen Akteuren untersucht, beschäftigt sich die Principal-Agent-Theorie speziell mit Auftraggeber-Auftragnehmer-Beziehungen. Sie geht davon aus, dass die Handlungen des Auftragnehmers (Agent) sowohl sein eigenes Nutzenniveau als auch das Nutzenniveau des Auftraggebers (Prinzipal) beeinflussen.[57] Situationsabhängig kann ein Individuum sowohl Prinzipal als auch Agent sein, wobei für einen Akteur zeitgleich mehrere Principal-Agent-Beziehungen existieren können. Prinzipal oder Agent bezeichnen entweder ein Individuum, eine Gruppe von Individuen oder auch eine bzw. mehrere organisatorische Einheit(en). Unternehmen gelten in diesem Kontext somit als Netzwerk von Principal-Agent-Beziehungen. Darin erteilt mindestens ein Prinzipal einem oder mehreren Agenten Aufträge zur Leistungserbringung und überträgt damit Entscheidungskompetenzen auf den Agenten.

Das Hauptcharakteristikum von Principal-Agent-Beziehungen ist die Unvollkommenheit der Informationsstrukturen, die sich in Informationsasymmetrien manifestiert. Sie eröffnen dem Agenten diskretionäre Handlungsspielräume im Entscheidungsprozess, die er zu seinem persönlichen Vorteil ausnutzen kann.[58] Aus asymmetrischen Informationsverteilungen können in Abhängigkeit von der Phase der Principal-Agent-Beziehung die folgenden Schwierigkeiten resultieren:[59]

1. **Hidden Characteristics**
   Vor Vertragsabschluss sind dem Prinzipal bedeutende Eigenschaften des Agenten unbekannt. Der Agent kann sich Vorteile aus einer unvollständigen und täuschenden Selbstdarstellung verschaffen. Daraus resultiert für den Prinzipal das Risiko der Adverse Selection (Auswahl eines falschen Vertragspartners).
2. **Hidden Action**
   Im Vertragsverlauf kann der Agent den eigenen Informationsvorsprung in Handlungen umsetzen, die zwar seinen Interessen nützen, nicht aber denen des Prinzipals. Zudem kann der Prinzipal diese Situation nicht, zumindest nicht kostenlos erfassen. Im speziellen Fall des Hidden Information ist die Beobachtbarkeit der Handlungen durch den Prinzipal zwar möglich, aber keine Bewertung. Insgesamt entsteht die Gefahr des Moral Hazard, die den Agenten zur opportunistischen Ausnutzung verleitet.
3. **Hidden Intention**
   In diesem Fall kann opportunistisches Verhalten des Agenten zwar vom Prinzipal beobachtet und beurteilt, nicht aber verhindert werden. Hier liegt die Gefahr des Hold Up vor, also der bewussten Ausnutzung der Situation durch den Agenten.

---

[57] Zwischen den Interessen von Prinzipal und Agent können Konflikte unterschiedlicher Intensität auftreten. Siehe dazu beispielsweise JENSEN/MECKLING 1976, S. 308.
[58] Vgl. JENSEN/MECKLING 1976, S. 305.
[59] Vgl. ALCHIAN/WOODWARD 1987, S. 113-117; WENGER/TERBERGER 1988, S. 507; SPREMANN 1990, S. 568-575.

Im Zuge der Problembeseitigung entstehen Agency-Kosten. Diese umfassen Kontrollkosten des Prinzipals zur Reduzierung des eigenen Informationsnachteils gegenüber dem Agenten, Signalisierungskosten des Agenten zur Reduzierung der Informationsasymmetrie zwischen Agent und Prinzipal, sowie residuale Wohlfahrtsverluste.[60]

Bei der Analyse der Grundprobleme asymmetrischer Informationsverteilung stehen folgende Ziele im Mittelpunkt der Principal-Agent-Theorie:[61]

1. Offenlegung von Ursachen und Merkmalen der Agency Probleme.
2. Ermittlung, Beschreibung und Bewertung von alternativen institutionellen Arrangements zur Symmetrisierung der Informationsstrukturen.
3. Entwicklung von effizienten Vertragsformen für die kostenminimale Regelung von Prinzipal-Agent-Beziehungen.

Dieser Zielkatalog fußt auf der grundlegenden Annahme der individuellen Nutzenmaximierung der jeweiligen Akteure. Die Fehlerhaftigkeit menschlicher Erkenntnisse ist das Ergebnis unvollkommener Information. Außerdem liegen den Entscheidungen der Akteure Prinzipal und Agent jeweils unterschiedliche Risikoneigungen zugrunde. In Situationen, in denen die Risikoneigung des Prinzipals von der Risikoneigung des Agenten abweicht, kann die Allokation des Risikos Einfluss auf die Agency-Kosten haben.

Die Bedeutung der Principal-Agent-Theorie besteht nicht nur darin, Informationsasymmetrien zwischen Prinzipal und Agent zu strukturieren, sondern auch Maßnahmen zur Beseitigung von Agency-Problemen vorzuschlagen. Hierzu zählen:[62]

1. **Screening:** Der Prinzipal holt sich Informationen über den Agenten ein, um Qualifikations- und Qualitätsunsicherheiten bereits im Vorfeld zu beseitigen.
2. **Signalling:** Der Agent unterzieht seine angebotenen Leistungen ex ante einer freiwilligen Prüfung. Das Ergebnis, beispielsweise in Form eines Gutachtens, kann dazu beitragen, sich von anderen potentiellen Agenten positiv zu unterscheiden.
3. **Self-Selection:** Es handelt sich um ein Verfahren, bei dem der Prinzipal dem Agenten differenzierte Vertragsangebote unterbreitet. Die Auswahl eines bestimmten Angebots durch den Agenten erlaubt dem Prinzipal Rückschlüsse auf bestimmte Eigenschaften des Agenten.

Ergänzend zu diesen Maßnahmen können die Interessensgegensätze zwischen Agent und Prinzipal über spezifische Anreiz- und Sanktionssysteme abgebaut werden. Sie bieten sich zum Beispiel im Rahmen der horizontalen und vertikalen Kooperation an, aber auch für die Regelung der Innenbeziehungen zwischen der Instanz und den Mitarbeitern oder zwischen Eigentümern und Management.

---

[60] Vgl. JENSEN/MECKLING 1976, S. 308; PICOT/DIETL/FRANCK 1997, S. 83.
[61] Vgl. FELDMANN 1995, S. 49. Siehe auch EISENHARDT 1989.
[62] Vgl. dazu MILGROM/ROBERTS 1992, S. 156-157; PICOT/DIETL/FRANCK 1997, S. 87.

2.4.3 Property-Rights-Theorie

Nach der Grundvorstellung der Property-Rights-Theorie repräsentieren Güter ein Bündel von Rechten. Ergo beinhaltet ein Gütertausch den Austausch von Rechtsbündeln. Kennzeichen dieser Theorie ist damit die explizite Verknüpfung von Ökonomie und Rechtssystem. Das Erklärungsziel liegt in der Analyse von Effekten unterschiedlicher Verteilungen. Auch der Property-Rights-Ansatz unterstellt ein nutzenmaximierendes Verhalten der beteiligten Individuen. Dabei ist die individuelle Nutzenmaximierung grundsätzlich neutral aufzufassen und kann somit auch Altruismus einschließen.[63] Der theoretische Ansatz geht ferner von der Existenz von Transaktionskosten und externen Effekten aus.

Property Rights, auch Verfügungs- oder Handlungsrechte genannt, begrenzen den Verfügungsbereich jedes Einzelnen hinsichtlich des Kaufs, der Nutzung und der Veräußerung von Ressourcen gegenüber anderen. Sie lassen sich wie folgt klassifizieren:[64]

- Recht zur Nutzung (*usus*);
- Recht zur Form- und Substanzänderung (*adusus*);
- Recht zur Einbehaltung von Erträgen (*usus fructus*);
- Recht zur Veräußerung eines Gutes.

Mit dem Recht zur Einbehaltung von Erträgen ist natürlich auch die Pflicht zur Verlustübernahme verknüpft.

Der Wert eines Gutes resultiert aus seinem inkorporierten Property-Rights-Bündel. Eine Wertänderung kann somit trotz konstanter physischer Eigenschaften durch eine Änderung der Property-Rights-Struktur erfolgen.[65] Die Zuordnung von Property Rights ist in Form einer Konzentration von Nutzungsrechten auf ein Individuum (konzentriertes Nutzungsrecht) oder in Form einer Verteilung auf mehrere Individuen möglich.[66] Alternativen Verteilungen dieser Rechte werden unterschiedliche Auswirkungen auf das Verhalten der Akteure und damit auf die Allokationseffizienz der Ressourcen unterstellt. Der Schwerpunkt der Theorie liegt auf der Entstehung und Verteilung der Property Rights.[67]

Transaktionen werden als ex ante kalkulierter Austausch von Verfügungsrechten definiert.[68] Die bei Erwerb, Zuordnung und Durchsetzung der Property Rights einer Ressource anfallenden Transaktionskosten gelten als Effizienzkriterium zur Beurteilung und

---

[63] Vgl. PICOT/REICHWALD/WIGAND 1996, S. 38.
[64] Vgl. FURUBOTN/PEJOVICH 1972, S. 1140; PICOT/DIETL/FRANCK 1997, S. 54.
[65] Vgl. TIETZEL 1981, S. 210. Siehe zur Wertänderung zum Beispiel GERUM 1992, Sp. 2119.
[66] Vgl. FURUBOTN/PEJOVICH 1972, S. 1140.
[67] Vgl. DEMSETZ 1967.
[68] Vgl. SCHREYÖGG 1988, S. 153; MICHAELIS 1985, S. 77.

Auswahl alternativer Property-Rights-Verteilungen.[69] Ein weiteres Effizienzkriterium stellen externe Effekte dar. Sie entstehen durch eine unvollständige Zuordnung der wirtschaftlichen Folgen einer Ressourcennutzung, umfassen folglich alle positiven und negativen Nutzenveränderungen, die ein Individuum durch sein Handeln bei anderen auslöst, und bewirken letztlich Wohlfahrtsverluste.[70] Der individuelle Anreiz zur effizienten Ressourcennutzung ist am größten bei der Internalisierung aller externen Effekte (Funktion der Property Rights). Dazu kommt es, wenn einem Handelnden vollständige Rechtsbündel zugeordnet worden sind. Eine solche idealtypische Zuordnung ist allerdings, aufgrund hoher Transaktionskosten, nicht möglich. Der Grundidee dieser Theorie folgend, ist daher bei einer effizienten Verteilung der Property Rights die Minimierung der Transaktionskosten und der Wohlfahrtsverluste aus externen Effekten anzustreben.

Handlungs- und Verfügungsrechte zwischen ökonomischen Akteuren werden im Unternehmen durch organisatorische Regelungen festgelegt, die in der Unternehmensverfassung ihren Ausgangspunkt nehmen. Die Betriebsorganisation entsteht durch die Delegation von Handlungs- und Verfügungsrechten seitens der Unternehmensleitung an andere Organisationsträger. In Verbindung mit der eng verwandten Transaktionskostentheorie werden die Effizienzwirkungen einer unterschiedlichen Verteilung von Property Rights zwischen den an einem Unternehmen beteiligten Entscheidungs- und Interessenträgern betrachtet. Die Suche nach einer möglichst vollständigen Bündelung von Rechten führt dazu, die von TAYLOR geforderte Trennung von Dispositions- und Ausführungstätigkeiten zu überwinden.[71] Einzelne Aufgabenträger und autonome Arbeitsgruppen erhalten dann alle für ihre Funktionserfüllung benötigten Entscheidungskompetenzen. Durch die Konzentration von Property Rights entstehen (teil-)autonome Module auf verschiedenen Stufen des Unternehmens, z. B. Profit Centers und Cost Centers.[72]

2.4.4 Zusammenfassende Gegenüberstellung

Bei der Darstellung der Konzepte des Neoinstitutionalismus haben sich verschiedentlich Überschneidungen zwischen den einzelnen Ansätzen gezeigt. Allen gemeinsam ist der Bezug auf implizite oder explizite Verträge zwischen Institutionen bzw. Partnern, die Sicht des Unternehmens aus dem Blickwinkel der einzelnen Person (methodologischer Individualismus) sowie die Annahme, dass menschliches Verhalten begrenzt rational ist und individuelle Nutzenmaximierung anstrebt. Die wesentlichen Gemeinsamkeiten und Unterschiede zwischen den Konzepten zeigt Tabelle 1.

---

[69] Vgl. PICOT/REICHWALD/WIGAND 1996, S. 39.
[70] Vgl. auch COASE 1960; DEMSETZ 1967, S. 348.
[71] Vgl. zur Trennung von Kopf- und Handarbeit bereits TAYLOR 1911, S. 37-39.
[72] Vgl. dazu FRANCK 1995.

Zwischen den beschriebenen Ansätzen existieren nicht nur Überschneidungen, sie zeichnen sich auch durch mannigfache Interdependenzen aus.[73] So beeinflusst die Existenz von Transaktionskosten maßgeblich die Verteilung von Property Rights. Gleichzeitig stellen sie neben den Wohlfahrtsgewinnen bzw. -verlusten externer Effekte ein weiteres Kriterium zur Beurteilung unterschiedlicher Verteilungen von Verfügungsrechten dar. Da beide Maßgrößen tendenziell zu gleichgerichteten Ergebnissen hinsichtlich der Beurteilung externer Effekte kommen, kann das Verhältnis zwischen der Transaktionskostentheorie und der Property-Rights-Theorie als grundsätzlich komplementär eingeschätzt werden.

Gegenüberstellung der Theorieelemente der Neuen Institutionenökonomik			
	Transaktionskostentheorie	Principal-Agent-Theorie	Property-Rights-Theorie
Untersuchungsgegenstand	Transaktionsbeziehungen	Principal-Agent-Beziehungen	Institutionelle Rahmenbedingungen
Untersuchungseinheit	Transaktion	Individuum	Individuum
Effizienzkriterium	Transaktionskosten	Agency-Kosten: Signalisierungskosten Kontrollkosten Wohlfahrtsverluste	Summe aus Transaktionskosten und Wohlfahrtsverlusten aus externen Effekten
Verhaltensannahmen	beschränkte Rationalität individuelle Nutzenmaximierung Opportunismus	beschränkte Rationalität individuelle Nutzenmaximierung Opportunismus Risikoneigung der beteiligten Akteure	beschränkte Rationalität individuelle Nutzenmaximierung
Gestaltungsvariablen	institutionelle Arrangements	Verträge	Handlungs- bzw. Verfügungsrechtsstrukturen

Tab. 1: Neoinstitutionalistische Theorieelemente; Quelle: PICOT/DIETL/FRANCK 1997, S. 93

---

[73] Vgl. dazu im Einzelnen PICOT/DIETL/FRANCK 1997, S. 91-94.

Im Gegensatz dazu stehen sich die Transaktionskostentheorie und die Principal-Agent-Theorie vergleichsweise konkurrierend gegenüber. Dieser Umstand resultiert vorwiegend aus den verschiedenen Untersuchungseinheiten und den spezifischen Effizienzkriterien. Im Vergleich zu property rights-theoretischen Überlegungen nehmen diese beiden Theoriezweige den institutionellen Rahmen als gegeben an. Alle drei Ansätze ergänzen sich auf diese Weise zu einem Instrumentarium, das es erlaubt, sowohl die Effizienz von Institutionen als auch die Koordination von Leistungsbeziehungen zu untersuchen.[74] Die Vorteilhaftigkeit eines bestimmten Theoriekonzepts muss letztlich aus der bestehenden Entscheidungssituation heraus beurteilt werden.

Zusammenfassend ist festzustellen, dass sich die moderne Organisationstheorie als eine Art Gemengelage präsentiert. Der entscheidungsorientierte Ansatz behauptet dabei eine gewisse Prävalenz. In ihn gehen sowohl verhaltenswissenschaftliche Erkenntnisse als auch Komponenten ökonomischer Ansätze ein.

2.5 Implikationen für das Organisationsmanagement

Implikationen aus der Kontingenztheorie
Trotz der zuvor geäußerten Kritik am situativen Ansatz lässt sich für das Organisationsmanagement gerade dessen Stärke nutzen. Die Kontingenztheorie erweist sich als nützliches Instrument der Organisationsforschung, um ein differenziertes und empirisch gestütztes Verständnis über Entstehung und Ausprägung verschiedener Organisationsformen zu generieren. Ihr wesentlicher Vorteil liegt im Perspektivenpluralismus. Dabei setzt die Organisationsanalyse in der Realität beobachtbare Strukturen mit einer Vielfalt von Einflussfaktoren in Beziehung und vermittelt eine differenzierte Vorstellung über die zugrundeliegenden Ursache-Wirkungs-Gefüge. Andere Organisationstheorien geben hier einen sehr engen Analyserahmen vor, der zum Beispiel nur individual-psychologische Aspekte der Organisation oder die Gegenüberstellung von Unternehmensstrukturen mit Formen der marktlichen Koordination thematisiert. Des weiteren ist die prinzipielle Empiriefreundlichkeit des situativen Ansatzes für die Organisationsforschung von Vorteil: Die Operationalisierungsproblematik gilt als relativ beherrschbar. Hier sei nochmals auf die schwierige Erfassung von Transaktionskosten in der betrieblichen Praxis verwiesen.

Konkret lassen sich für das Organisationsmanagement international tätiger Unternehmen Schlussfolgerungen sowohl in analytisch-theoretischer als auch in pragmatischer Hinsicht ableiten. Analytisch-theoretisch beinhalten sie erstens das Aufzeigen von Strukturunterschieden und die Rückführung dieser Unterschiede auf Veränderungen der externen und internen Organisationssituation im internationalen Aktionsradius. Zweitens erweisen sich Typologien als schlecht geeignet zur Erfassung von Organisationsstruk-

---

[74] Vgl. ausführlich den Vergleich neoinstitutionalistischer Ansätze bei PICOT 1991, S. 153-156.

turen. Deshalb empfiehlt es sich, geeignete Merkmale der Organisationsstruktur als Variablen zu definieren und zu operationalisieren. Es ist also genau zu prüfen, durch welche Variablen die internationale Organisation beschrieben werden soll, wie diese zu messen sind und wie sie untereinander zusammenhängen. Die pragmatischen Konsequenzen betreffen die Auswirkungen situativer Faktoren und Organisationsstrukturen auf das Verhalten der Organisationsmitglieder sowie auf die Zielerreichung der Organisation. Auch hier sind empirisch bestätigte Annahmen über die Beziehungen nötig, ebenso wie eine Operationalisierung des individuellen Verhaltens in Organisationen und der Auswirkungen auf Effizienz und Effektivität. Daraus leiten sich Konsequenzen für die Auswahl von Strukturmodellen des Organisationsmanagements ab, aber auch Anhaltspunkte für deren Implementierung sowie die dazu notwendigen Anreizstrukturen.[75] Um praktisch handhabbare Aussagen machen zu können, sind die jeweiligen Verhaltensdimensionen (z. B. Qualifikationsmerkmale, Leistungsermittlung, soziale Kompetenz) operational festzulegen und die konkret in der jeweiligen Situation sinnvollen Dimensionen der Organisationseffizienz und -effektivität zu bestimmen.

Implikationen aus der entscheidungsorientierten Organisationstheorie
Die Bedeutung der entscheidungsorientierten Organisationstheorie für das Organisationsmanagement ergibt sich aus deren Beschäftigung mit der Motivations- und Koordinationsproblematik, dem Einfluss unvollkommener Informationen auf die Organisationsentscheidungen und der Notwendigkeit zur Komplexitätsreduktion. Insgesamt gesehen führt die Entscheidungsorientierung zu einer realistischeren Sicht der zu bewältigenden Organisationsaufgaben. Sie löst sich von den vereinfachenden Annahmen der Neoklassik, indem sie beispielsweise die Instrumente zur Anreizgestaltung betrachtet, welche die in der Regel vorhandene Lücke zwischen den Zielen der Organisation und den individuellen Zielen zu schließen helfen. In diese Richtung zielen auch die Vorschläge zur Vereinfachung der Bestandteile von Entscheidungsmodellen auf dem Wege zur Komplexitätsreduktion. Sie bezwecken eine verbesserte Auftragserledigung (Anforderungskompatibilität) und höhere Zielerfüllung (Anreizkompatibilität). Hinsichtlich der Anforderungskompatibilität ist weiter zu unterscheiden in Maßnahmen zur Verbesserung der Informations- und Kalkülkompatibilität. Diskrepanzen zwischen dem tatsächlich vorhandenen und dem benötigten Informationsgrad lassen sich z. B. durch Bildung eines organisatorischen Schlupfes (*organizational slack*), durch Bündelung von Aktivitäten zur gemeinsamen Informationsbeschaffung und -verarbeitung sowie durch laterale, abteilungsübergreifende Kommunikationsgremien überbrücken.[76] Die Ermittlung einer optimalen Belohnungsfunktion und Bedingung der Anreizkompatibilität stellt sich als ein Problemfall dar, der im Rahmen der ökonomischen Agency-Theorie gelöst werden kann.

---

[75] Vgl. dazu insbesondere SCHERM 1995, S. 277-310.
[76] Siehe dazu ausführlich LAUX/LIERMANN 1997, S. 268-276.

Implikationen aus der Transaktionskostentheorie

Aus den transaktionskostentheoretischen Überlegungen leitet sich als Kernaufgabe für das Organisationsmanagement die Suche nach einer effizienten Organisationsform erster Ordnung ab. Dabei wird vorausgesetzt, dass externe Märkte für die relevanten Transaktionen vorhanden sind und im Zuge der Leistungserstellung des Unternehmens auch in Anspruch genommen werden. Bei Nichtexistenz eines externen Marktes für die Durchführung einer bestimmten Transaktion streben die Transaktionskosten (Suchkosten) bei fortwährender Suche ansonsten gegen unendlich. Ein geeigneter Transaktionspartner kann nicht lokalisiert werden. Das Spektrum der Organisationsalternativen wird auf die unternehmensinterne Abwicklung der Transaktion eingeengt.

Das hier gewählte Vorgehen, den Markt zum Ausgangspunkt der organisationsgestaltenden Überlegungen zu machen, erscheint sinnvoll, weil eine rein intraorganisatorische Perspektive des Organisationsmanagements zwar eine effiziente Lösung hervorzubringen vermag, diese jedoch im Vergleich zur Marktvariante ineffizient sein kann. Als Konzept des Organisationsdesigns bezieht sich die organisatorische Effizienz erster Ordnung auf den Transaktionskostenvergleich zwischen den Institutionen Markt und Unternehmen, schließt in der trichotomisierten Betrachtung aber auch Hybridformen als alternative Koordinationsmechanismen ein. Gesucht wird die Strukturalternative mit dem geringsten Grad der Ressourcenverschwendung.[77] Dabei ist die Entscheidung für eine der drei Strukturlösungen abhängig von der Implementierung adäquater Kontrollstrukturen, die eine Transaktion gegen die Gefahren opportunistischen Handelns und die damit verbundenen Transaktionskosten absichern. Bezogen auf die Hierarchie wird somit die Vorstellung des Unternehmens als Produktionsfunktion durch das Unternehmen als *governance structure* abgelöst.[78]

Die folgende Darstellung (Abb. 11) fasst das zweistufige Prinzip der Wahl der übergeordneten Organisationsform stark vereinfachend zusammen:

1. **Transaktionsmapping**
   Zunächst erfolgt eine qualitative Analyse der vorhandenen und potentiellen Marktbeziehungen. Damit werden die externen Transaktionspartner T_X identifiziert und die korrespondierenden, für den Leistungserstellungsprozess der Organisation O erforderlichen Markttransaktionen dokumentiert.
2. **Transaktionsevaluation**
   Im Anschluss werden die tatsächlichen und erwarteten Transaktionskosten TAK_X für die jeweiligen Koordinationsformen Markt (M), Hierarchie (O) und Hybrid (H) ermittelt und in einem einfachen Kostenvergleich gegenübergestellt. Dies beinhaltet die Addition der Transaktionskosten über die geschätzte Lebensdauer der Transaktionsbeziehung.

---

[77] Vgl. auch JONES/HILL 1988, S. 160. Siehe zum Streben nach organisatorischer Effizienz als Reduzierung von Ressourcenverschwendung bereits KNIGHT 1941, S. 252.
[78] Vgl. WILLIAMSON 1981, S. 1539.

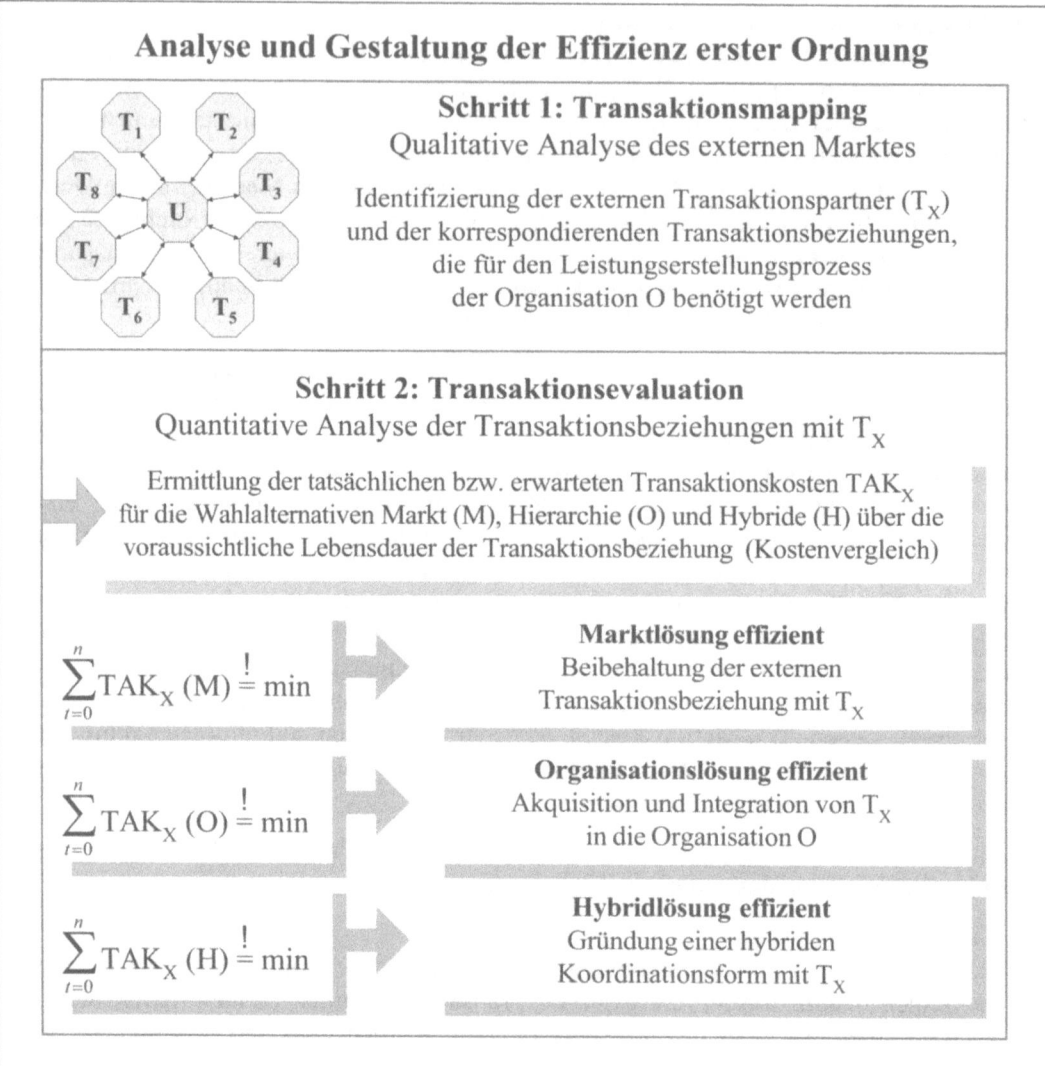

Abb. 11: Wahl der übergeordneten Koordinationsform

Die Transaktionskosten lassen sich gemäß klassischer Dichotomie in externe Kosten aus der Markt- und interne aus der Hierarchieinanspruchnahme unterscheiden.[79] Hier entsprechen die internen Transaktionskosten den Organisationskosten von TÜRCK, d. h. den Kosten des Aufbaus, der Aufrechterhaltung, Anpassung, Leitung und Überwachung eines gesamten oder partiellen Organisationssystems zur Durchführung von Transaktio-

---

[79] Siehe zur Abgrenzung von externen und internen Transaktionskosten auch GÜMBEL 1985, S. 148.

nen.⁸⁰ Typischerweise gehören dazu neben den *setup*-Kosten des Organisationssystems auch die laufenden unternehmensinternen Koordinations-, Kommunikations- und Kontrollkosten. Die Klassifikation der Organisationskosten gilt analog für die mit der hybriden Koordinationslösung verbundenen Transaktionskosten, die aufgrund der verminderten bzw. nicht erfolgenden Kapitalbeteiligung als Kooperationskosten bezeichnet werden.

Ein erwarteter relativer Effizienzvorteil der bestehenden Marktlösung legt unter transaktionskostentheoretischer Betrachtung eine Beibehaltung der externen Transaktionsbeziehung nahe. Ein solcher Effizienzvorteil der Organisationslösung (Hierarchie) kann hingegen durch die vollständige Integration des externen Transaktionspartners in die eigene Unternehmensorganisation freigesetzt werden. Ein entsprechender Effizienzvorteil der Hybridlösung wird die Entscheidung für eine Koordinationsform bewirken, die sich zwischen Markt und Hierarchie befindet. Ein Beispiel bietet der Aufbau eines interorganisatorischen Netzwerks.

In diesem Zusammenhang besteht ein zusätzliches Problem in der Prognose von erwarteten Transaktionskosten sowie der Bestimmung einer geschätzten Lebensdauer der Transaktionsbeziehung. Die zentrale Frage ist die nach der grundsätzlichen Vorgehensweise für ein reaktives und proaktives Organisationsmanagement. Sie baut auf der Erkenntnis auf, dass für eine Transaktionsbeziehung verschiedene Koordinationslösungen mit unterschiedlichem Effizienzniveau existieren. Simultan mit der Entscheidung für eine übergeordnete Organisations- oder Hybridlösung ergibt sich eine zweite Kernaufgabe des Organisationsmanagements. Die Integration des externen Transaktionspartners bzw. die Einrichtung einer hybriden Koordinationsform erfordert nämlich die Veränderung der internen Organisation (vgl. Abb. 12). Dabei stellt sich die Frage, welche innerbetrieblichen Strukturen und Abläufe am besten geeignet sind, um eine effiziente Transaktionsabwicklung zu gewährleisten. Die Bestimmung einer organisatorischen Effizienz zweiter Ordnung setzt eine transaktionskostenbasierte Bewertung alternativer interner Organisationsstrukturen voraus.⁸¹

Wenn sich die Marktalternative als ineffizient herauskristallisiert, konzentriert sich die organisatorische Anwendung der Transaktionskostentheorie auf den Effizienzvergleich unterschiedlicher Organisationsformen im Rahmen des Unternehmens selbst. Als typische Beispiele, die noch durch moderne Organisationsstrukturen wie Netzwerke zu ergänzen sind, gelten die funktionale, divisionale und Matrix-Organisation. Konstituierendes Merkmal von Integration und Kooperation ist jeweils die Einbeziehung des (vormals) externen Transaktionspartners in das interne Koordinationsgefüge und ein damit einhergehender Anstieg des Komplexitätsgrades der internen Organisation.

---

80   Vgl. TÜRCK 1998, S. 216-218.
81   Zur Verknüpfung von Transaktionskostenüberlegungen mit Gestaltungsaspekten der internen Organisation siehe OSTERLOH 1988; SCHMIDT 1992, Sp. 1859-1861. Vgl. auch die ausführliche Darstellung bei THEUVSEN 1997, und WINDSPERGER 1996, S. 59-71.

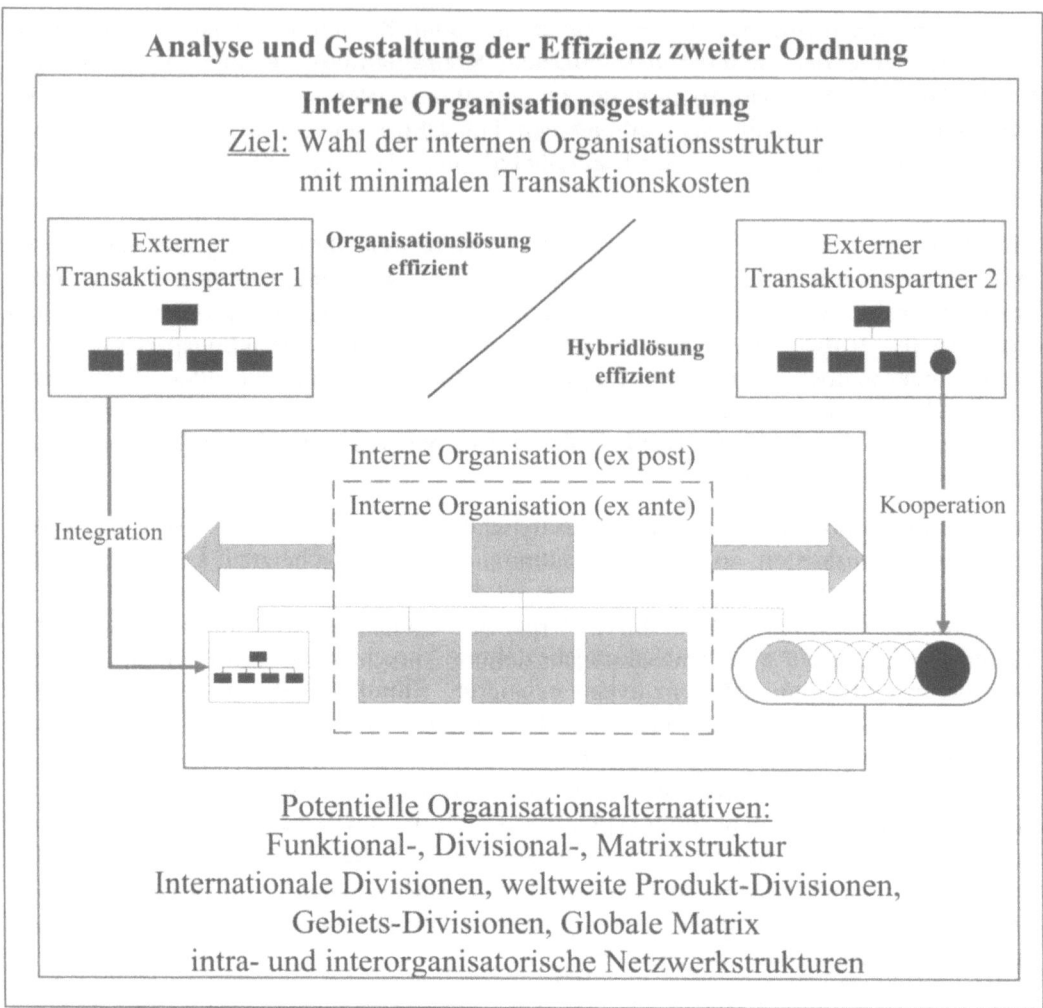

Abb. 12: Wahl der internen Organisationsstruktur

Implikationen aus der Principal-Agent-Theorie

Aus der Sicht der Principal-Agent-Theorie sind Agency-Kosten Ausdruck der Unsicherheit zwischen Prinzipal und Agent.[82] Diese entsteht vor allem durch die bestehenden Informationsasymmetrien zwischen Prinzipal und Agent, durch konfligierende Zielvorstellungen sowie durch äußere Umweltbedingungen. Als wesentliche Zielsetzung für ein Organisationsmanagement resultiert daraus die Bemühung zur Minimierung dieser Unsicherheiten. Daraus ergeben sich die folgenden Anforderungen an die Organisationsgestaltung international tätiger Unternehmen:

---

[82] Vgl. PICOT/REICHWALD/WIGAND 1996, S. 236.

1. Beeinflussung von Informationsasymmetrien zwischen Prinzipal und Agent, um opportunistische Spielräume zu reduzieren.
2. Angleichung von unterschiedlichen Interessen, z. B. zwischen Eigentümern, Managern und Mitarbeitern, durch geeignete Anreiz- und Sanktionssysteme.
3. Fokussierung der Beziehungen zwischen Stammhaus und operativen Einheiten im Ausland unter den genannten Kriterien.

Implikationen aus der Property-Rights-Theorie

Laut Property-Rights-Theorie führt diejenige Verteilung von Handlungs- und Verfügungsrechten zu einer effizienten Allokation von Ressourcen, welche die Summe aus Transaktionskosten und Wohlfahrtsverlusten durch externe Effekte minimiert. Aus dieser Zielsetzung resultieren schwerpunktmäßig folgende Anforderungen an das internationale Organisationsmanagement:

1. Aufteilung von Entscheidungskompetenzen zwischen Zentrale und ausländischen Tochtergesellschaften unter Berücksichtigung einer möglichst vollständigen Bündelung von Dispositions- und Ausführungsrechten.
2. Durchführung einer grenzüberschreitenden Funktionsaufgliederung nach dem Prinzip der Kongruenz von Sachaufgaben, Entscheidungskompetenzen und Verantwortung bei der Übertragung von Verfügungsrechten.
3. Streben nach möglichst vollständiger Internalisierung externer Effekte, um Anreize zur effizienten Ressourcennutzung zu bieten.

3. Theorien der Internationalisierung

3.1 Vorbemerkungen

Historisch gesehen knüpfen Internationalisierungstheorien bei den klassischen Außenhandelstheorien an, deren Ziel die Erklärung des grenzüberschreitenden Handels zwischen Volkswirtschaften (Ex-/Importaktivitäten) darstellt.[1] Allerdings eignen sich das klassische Modell komparativer Vorteile auf der Grundlage von Technologie- und Produktivitätsunterschieden (DAVID RICARDO) oder das auf Faktorausstattungsunterschieden beruhende HECKSHER-OHLIN-Modell nur bedingt für eine Erklärung der betrieblichen Realität international tätiger Unternehmen.[2] Grundelemente der klassischen Außenhandelstheorien finden allerdings über die Standorttheorie Eingang in betriebswirtschaftlich orientierte Internationalisierungstheorien.

Unter Globalisierungsgesichtspunkten sind Organisationsprobleme unmittelbar mit der Strategie der Direktinvestition verknüpft. Die theoretische Konzeption der Direktinvestitionen wird im Wesentlichen durch zwei Hauptstränge repräsentiert:[3] die in der Tradition der Industrial Organization-Theorie stehende Theorie des monopolistischen Vorteils und die innerhalb der Theorie der Unternehmung entwickelte Internalisierungstheorie. Es handelt sich jeweils um partialanalytische Ansätze. Eine umfassende Theorie der Direktinvestitionen existiert bislang nicht. Die nachstehende Abbildung gibt die für das Organisationsmanagement wichtigen Elemente der Internationalisierungstheorie in zusammenfassender Form wieder (vgl. Abb. 13).

Die Industrial Organization-Theorie basiert auf real zu beobachtenden Marktunvollkommenheiten und unternehmerischer Monopolmacht.[4] Mit Hilfe von Direktinvestitionen lässt sich ein spezifischer Produkt- oder Prozessvorteil, der im Heimatland unter Marktunvollkommenheit entwickelt wurde, auf einem Auslandsmarkt in einer monopolähnlichen Marktposition ausschöpfen. Die Theorie des monopolistischen Vorteils bietet unterschiedliche Optionen für ein Strategisches Management, von Exportstrategien und einer grenzüberschreitenden Lizenzierung bis hin zu Wettbewerbsstrategien, die den Aufbau von Markteintritts- und -austrittsbarrieren ermöglichen. Sie schließt ferner Ansätze ein, die Direktinvestitionen als Folge oligopolistischen Marktverhaltens

---

[1] Siehe zu einem Überblick KRUGMAN/OBSTFELD 1997, S. 13-119; SIEBERT 2000, S. 29-98.
[2] Der Kritik einer Außenhandelswelt auf der Basis vollkommener Märkte begegnen moderne Außenhandelstheorien, indem sie grenzüberschreitenden Handel auf der Grundlage von Marktunvollkommenheiten, vor allem der monopolistischen Konkurrenz, zu erklären versuchen. Dazu zählt beispielsweise auch die Erklärung intraindustrieller Handelsmuster aus internen und externen Skalenerträgen. Vgl. KRUGMAN/OBSTFELD 1997, S. 121-156; SIEBERT 2000, S. 99-133.
[3] Vgl. BORNER 1986, S. 53-56; BUCKLEY 1992, S. 3-4.
[4] Siehe dazu DUNNING 1973, S. 312-330.

erklären. Diese knüpfen am Produktlebenszykluskonzept an, das ursprünglich im Zusammenhang mit der Konzeption firmenspezifischer Vorteile entwickelt wurde. In der nicht-kooperativen Spieltheorie wird oligopolistisches Verhalten in internationalen Konkurrenzsituationen analysiert. Alle Ansätze gehen von einer grenzüberschreitenden Transferierbarkeit monopolistischer Vorteile aus.

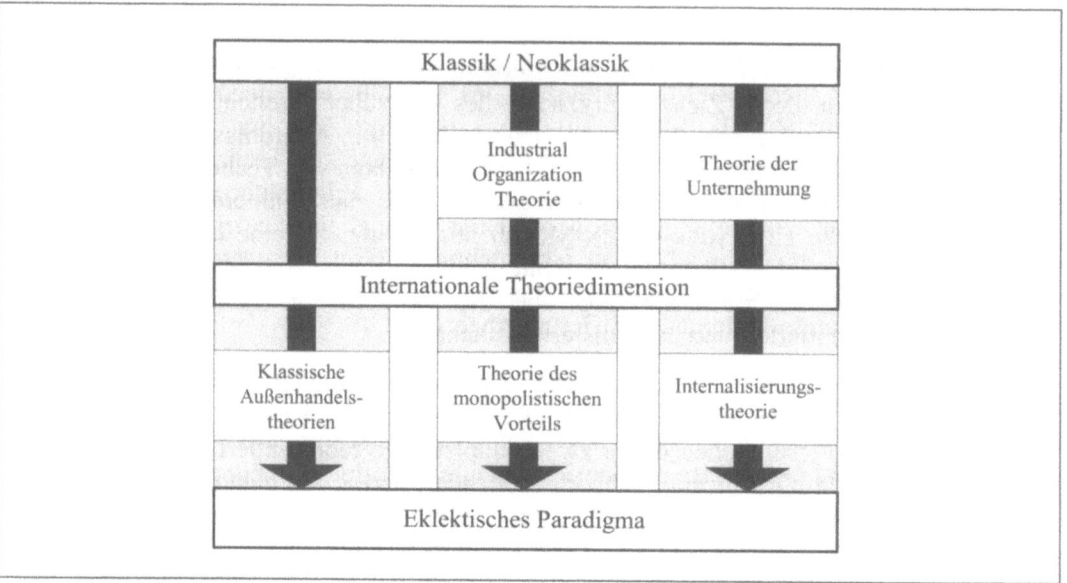

Abb. 13: Entwicklungspfade von Internationalisierungstheorien; Quelle: In Anlehnung an GROSSE/BEHRMAN 1992, S. 113

Die Theorie der Unternehmung unterstellt transaktionale Marktunvollkommenheiten zur Erklärung eines direktinvestiven Auslandsengagements von Unternehmen.[5] Das Unternehmenswachstum begründet sich aus der Vermeidung von Transaktionskosten. Diese Erkenntnisse führten zu den modernen Theorien des international tätigen Unternehmens.[6] Marktunvollkommenheiten im transaktionalen Sinne gelten dabei als Normalfall.[7]

---

[5] Vgl. DUNNING 1988, S. 42. Eine Differenzierung in Marktmacht- und Effizienzaspekte der Internationalisierung findet sich bereits bei HYMER 1970, S. 443.

[6] Siehe hierzu RUGMAN 1986. Vgl. zur expliziten Anbindung der Internalisierungstheorie an die transaktionskostenorientierten Grundüberlegungen von COASE 1937 beispielsweise FINA/RUGMAN 1996, S. 200.

[7] Vgl. KAPPICH 1989, S. 27. Siehe zu Marktunvollkommenheiten der Theorie der Unternehmung SCHAUENBERG/SCHMIDT 1983.

Die Internalisierungstheorie wurde ebenfalls von mehreren Autoren forciert.[8] Die besondere Problematik im grenzüberschreitenden Kontext liegt in vertraglichen Erschwernissen, die aus Länder-, Hoheits-, Sprach- und Kulturdifferenzen resultieren.[9] Die üblicherweise gewählte strikte Trennung zwischen der Internalisierungstheorie und der Theorie des monopolistischen Vorteils erscheint allerdings wenig sinnvoll. Tatsächlich unterliegen beide Konzeptionen keinem Ausschluss-Prinzip, vielmehr ergänzen sie sich. Die Internalisierung kann auch als Unternehmensstrategie zur Schaffung von monopolistischen Vorteilen und damit verbunden von Markteintrittsbarrieren eingesetzt werden.[10]

Das eklektische Paradigma von DUNNING versucht als integrativer Ansatz die firmenspezifischen Vorteile der Industrial Organization-Theorie mit den Standortvorteilen des Produktlebenszykluskonzeptes von VERNON und den Kerngedanken der Internalisierungstheorie zu verknüpfen.[11]

3.2 Theorie des monopolistischen Vorteils

Die Theorie des monopolistischen Vorteils konzentriert sich auf die Erklärung von Direktinvestitionen. Von den einzelnen Vertretern dieser Konzeption werden jedoch unterschiedliche Akzente gesetzt. Wir beginnen mit einer Darstellung der verschiedenen Positionen und schließen eine kritische Würdigung an.

STEPHEN H. HYMER gilt als Begründer der Theorien zur Direktinvestition. Seine Überlegungen nehmen in der Literatur des Internationalen Managements einen festen Platz ein. HYMERs Theorie geht zurück auf die 1960 eingereichte Dissertation *The International Operations of National Firms: A Study of Direct Foreign Investment*, die allerdings erst nach seinem Tod im Jahre 1976 veröffentlicht wurde.[12] Es ist zweifelsohne der Verdienst von HYMER, durch eine eigenständige Theorie der Direktinvestition die Internationalisierung neoklassischer *black-box*-Unternehmen konkretisiert und aus dem realitätsfernen Gebäude der klassischen Außenhandelstheorien gelöst zu haben.[13] Den Ausgangspunkt bildet die Unterscheidung internationaler Kapitalbewegungen in Portfolioinvestitionen einerseits und Direktinvestitionen andererseits. Unter Direktinvesti-

---

8   Zu erwähnen sind vor allem die Forschungsanstrengungen von TEECE 1981, 1985; RUGMAN 1985, 1986 sowie HENNART 1982, 1986. Dabei postuliert RUGMAN 1986, S. 101, *internalization as a general theory of FDI*. Siehe auch BROWN 1976.
9   Vgl. SCHMIDT 1995, S. 77.
10 Vgl. JONES/HILL 1988, S. 160; BUCKLEY 1992, S. 6-8.
11 Vgl. DUNNING 1977, 1979, 1981.
12 Siehe die zusammenfassende Darstellung zum Beispiel bei BUCKLEY/CASSON 1976, S. 67-69; IETTO-GILLIES 1992, S. 86-90, sowie in der deutschsprachigen Literatur bei KUTSCHKER/ SCHMID 2002, S. 398-402; PERLITZ 2000, S. 109-112; STEIN 1992, S. 55-62.
13 Vgl. TEECE 1985, S. 234.

tionen werden Kapitalbewegungen verstanden, die eine internationale Unternehmenstätigkeit vor allem in Form der Produktion betreffen.

Nach der Theorie der Portfolioinvestitionen induzieren Zinssatzdifferenzen internationale Kapitalbewegungen.[14] Investoren verhalten sich als Gewinnmaximierer, indem sie Investitionsströme in die Länder mit den höchsten Zinssätzen umlenken. Das international tätige Unternehmen agiert demnach als Kapitalarbitrageur. In einer Welt ohne Risiken, Unsicherheiten und Kapitalstrombarrieren führt dieses Verhalten zu einem Ausgleich der Zinssätze auf internationaler Ebene. Zweiseitig gerichtete Kapitalströme bleiben unberücksichtigt. HYMER kritisiert die klassische Theorie der Portfolioinvestitionen als naiv. Sie basiere auf der Annahme einer phantastischen Welt vollkommener Märkte, die keinen Raum für eine Managementkontrolle über die Direktinvestitionen lasse.[15] Die Theorie der Portfolioinvestitionen sei deshalb ungeeignet, um das real beobachtbare Phänomen der Direktinvestition zu erklären.

HYMER rückt damit die Managementkontrolle in den Mittelpunkt seiner Erklärung von Direktinvestitionen.[16] Unternehmen streben danach die direkte Kontrolle über Auslandsinvestitionen an, um

- das dort eingesetzte Kapital abzusichern,
- den bestehenden Wettbewerb auszuschalten und/oder
- die Renten aus monopolistischen Vorteilen vollständig abzuschöpfen.[17]

Die Nutzung monopolistischer Vorteile durch Direktinvestitionen macht ein Unternehmen zum international tätigen *rent seeker*. Die Motivation zur Direktinvestition liefert somit nicht ein höherer Zinssatz, sondern ein Gewinnpotential, welches nur mit der Managementkontrolle über das Auslandsengagement gesichert werden kann. Im weiten Sinne geht es darum, den Unternehmenswert durch direkte Einflussnahme auf die Wertschöpfung zu steigern. Das Unternehmen wird zum *market value seeker*. Dies ist unter anderem auch das Ziel einer operativen Managementholding.

Allgemein wird das international tätige Unternehmen mit Nachteilen aus einem Auslandsengagement konfrontiert sein.[18] Zum einen besitzt es gegenüber Lokalunternehmen im Ausland Informationsdefizite in Bezug auf das Wirtschaftssystem, die Sprache, die Gesetzgebung sowie den Umgang mit dem politischen System. Eine Überwindung des Nachteils verursacht signifikant hohe Kosten der Informationsbeschaffung.

---

14 Vgl. HYMER 1976, S. 6-10.
15 Vgl. auch RUGMAN 1975, S. 568-569. Siehe darüber hinaus zum mangelnden Erklärungsgehalt der Kapitaltheorie für Direktinvestitionen BUCKLEY/CASSON 1976, S. 70-72, S. 81-84; DUNNING 1973, S. 298-304; HENNART 1982, S. 5-17.
16 Vgl. HYMER 1976, S. 23-27.
17 Vgl. HYMER 1976, S. 33. Siehe zur Kontrolle über transferierte Assets als notwendige Bedingung der Risikominimierung und Monopolmachtgewährleistung DUNNING/RUGMAN 1985, S. 229. Vgl. ebenso die Ausführungen zur Ausschaltung des Wettbewerbs bei HENNART 1982.
18 Vgl. HYMER 1976, S. 34-36.

Zum anderen ist es vielfältigen Hindernissen ausgesetzt. Hierzu zählen Diskriminierungen durch die Gastlandregierung, lokale Konsumenten und Lieferanten, aber auch Beschränkungen durch die Gesetzgebung des Heimatlandes sowie Wechselkursrisiken.

Diesen Nachteilen stehen monopolistische Vorteile gegenüber, die aus bestimmten Unternehmensaktivitäten im Stammland entstanden sind.[19] Hierzu zählt HYMER die Möglichkeit zur Beschaffung von Produktionsfaktoren zu niedrigeren Kosten, den Zugriff auf eine Produktionstechnologie höherer Effizienz, ein besseres Distributionssystem oder das Potential zur Produktdifferenzierung.[20] Dabei handelt es sich um komparative Vorteile im Vergleich mit potentiellen Wettbewerbern im Ausland. In der Terminologie moderner Managementkonzepte entstehen monopolistische Vorteile vor allem dort, wo das Unternehmen Kernkompetenzen besitzt, d. h. im Kerngeschäft.

Die Entscheidung für die Direktinvestition erfordert eine Abwägung zwischen den Nachteilen der Internationalisierung und dem Gewinnpotential aus monopolistischen Vorteilen. Eine Direktinvestition ist unter der Prämisse der Gewinnmaximierung nur dann gerechtfertigt, wenn die Vorteile die Nachteile übersteigen.

Zusammenfassend gilt nach HYMER als notwendige Bedingung für ein Unternehmen, in Form der Direktinvestition international tätig zu werden, die Existenz monopolistischer Vorteile.[21] Internationalisierung erfordert darüber hinaus als hinreichende Bedingung, dass eine Direktinvestition die beste Option zur Abschöpfung von Monopolrenten im Ausland darstellt. Dies verlangt die grundsätzliche Übertragbarkeit der firmenspezifischen Vorteile.[22]

HYMER präzisiert die *first best*-Lösung einer Direktinvestition durch eine Gegenüberstellung mit Export und Lizenzierung. Gegen den Export als vorteilhafte Form der Internationalisierung können Handelsbarrieren und restriktiv hohe Transportkosten sprechen. Die räumliche Distanz erschwert möglicherweise die Anpassung der Produkte an lokale Nachfragemuster. Auch die potentiell nachfragestimulierende Wirkung aus einer Lokalpräsenz der Produktion kann mit dem Export in der Regel nicht erreicht werden.

Die Direktinvestition ist der Lizenzierung überlegen, wenn Käuferunsicherheiten bestehen. Diese liegen vor, wenn der potentielle Lizenznehmer den Wert des ihm angebotenen Wissens nicht bewerten kann, weil er nicht vollständig informiert ist und aufgrund einer Geheimhaltung des Know how-Anbieters auch nicht vollständig unterrichtet werden kann. Die Einigung in Form eines Lizenzvertrags gilt als unwahrscheinlich. Dar-

---

[19] Vgl. HYMER 1976, S. 41-64 sowie HU 1995, S. 73-75. Dabei ist die Existenz monopolistischer Vorteile nicht auf Industrieunternehmen beschränkt. Siehe beispielsweise zur Internationalisierung im Bankensektor CASSON 1995b, S. 155-157.

[20] Siehe zu ähnlichen monopolistischen Vorteilen VERNON/WELLS 1991, S. 3-4. Basierend auf einer empirischen Untersuchung identifiziert LALL technologisches Know how als primären Faktor des Internationalisierungsverhaltens amerikanischer Unternehmen. Vgl. LALL 1980.

[21] Auch RUGMAN betont, dass ein wesentliches Merkmal des international tätigen Unternehmens die Verfügbarkeit über einen firmenspezifischen Know how-Vorteil darstellt, der das betrachtete Unternehmen zu einem Monopolisten macht. Vgl. RUGMAN 1981, S. 61.

[22] Vgl. LALL 1980, S. 108-111; HU 1995, S. 78-83.

über hinaus ist denkbar, dass ein institutionalisierter Markt für das angebotene Wissen überhaupt nicht existiert und somit auch keine Lizenznachfrage besteht. Ferner kann eine Lizenzierung von Produkten und Produktionsverfahren die Gefahr der Begünstigung eines künftigen Konkurrenten auf dem Auslandsmarkt in sich bergen. Mit zunehmendem Wissen und gestiegener Erfahrung könnte der Lizenznehmer den Lizenzvertrag kündigen, ein eigenes Herstellungsverfahren implementieren und somit den monopolistischen Vorteil des ehemaligen Lizenzgebers selbst nutzen. Allgemein birgt eine unvollständige Kontrolle über den Lizenznehmer die Gefahr der vertragswidrigen Technologiediffusion in sich. Schließlich kann ein Reputationsverlust des Lizenzgebers durch schlechte Performance des Lizenznehmers drohen.

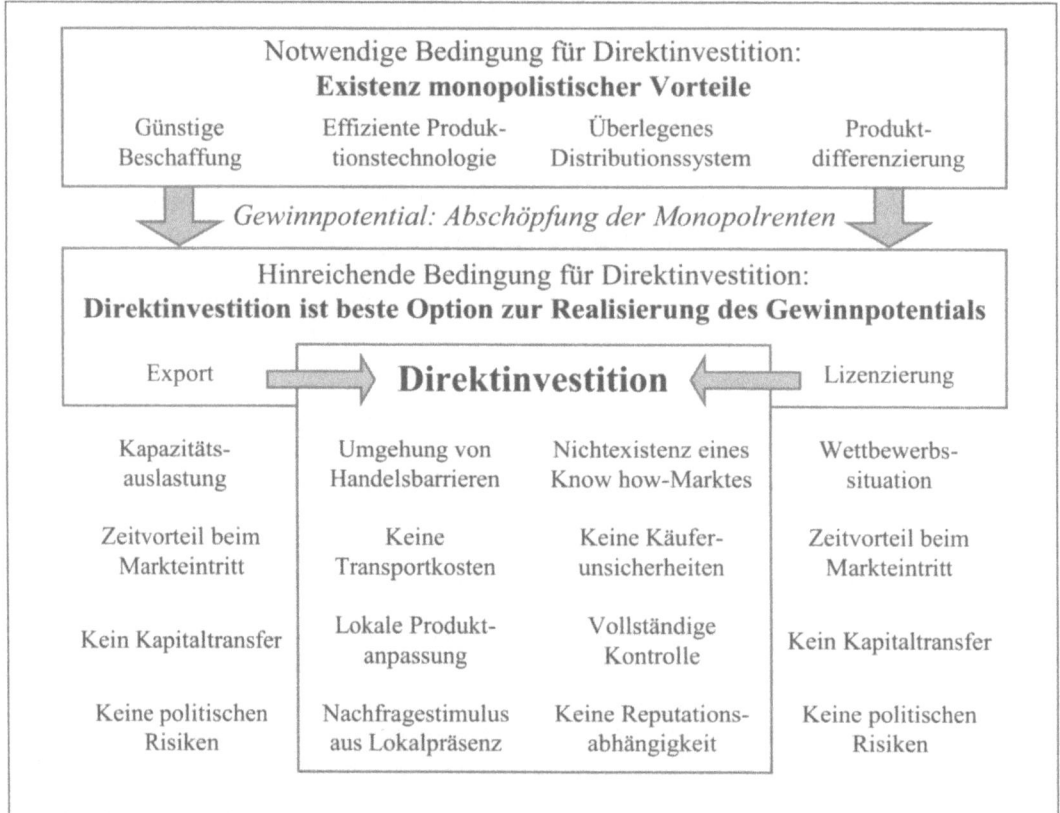

Abb. 14: Argumentationslogik der Theorie monopolistischer Vorteile

Aus dieser Darstellung geht hervor (vgl. Abb. 14), dass HYMER durchaus die Lizenzierung als vorteilhafte Alternative akzeptiert. Dies ist jedoch abhängig von der Struktur des jeweiligen Auslandsmarktes. Zum Beispiel kann die Existenz von mehreren Lokalanbietern mit eigenen Vorteilen auf dem Auslandsmarkt den Einstieg über eine Direktinvestition und damit den direkten Wettbewerb unattraktiv machen. In diesem Fall ist die Kooperation mittels Lizenzierung vorzuziehen. Des weiteren besteht neben der Lizenzierung, oder einer vergleichbaren Form der Internationalisierung, keine Alternative, sofern staatliche Regulierung die Gründung einer eigenen Auslandsgesellschaft verhindert. Ein echter Lizenzierungsvorteil äußert sich auch darin, dass die Internationalisierung ohne Kapitaltransfer zügig erfolgen kann und damit Zeitvorteile gegenüber Konkurrenten beim Eintritt in einen Auslandsmarkt sichert. Zudem existiert das politische Risiko der staatlichen Enteignung nicht, da kein Kapitaltransfer stattfindet. Insgesamt kann die Lizenzierung am Anfang eines Internationalisierungsprozesses stehen, der sich über eine Minderheitsbeteiligung bis hin zum Erwerb der vollständigen Kontrolle über die Auslandsgesellschaft erstreckt.

Auch CHARLES P. KINDLEBERGER leitet seine Überlegungen zur Internationalisierung der Unternehmenstätigkeit aus der Existenz von Marktunvollkommenheiten ab. Aufbauend auf HYMER entwickelt er die folgende Klassifikation monopolistischer Vorteile:[23]

- Vorteile aus einer Unvollkommenheit der Gütermärkte, darunter Produktdifferenzierung, Marketingwissen und administrierte Preissetzung.
- Vorteile aus einer Unvollkommenheit der Faktormärkte, so zum Beispiel der exklusive Zugriff auf patentiertes Wissen, der bessere Zugang zu Finanzkapital, spezifisches Know how, aber auch das Qualifikationsniveau und die Fähigkeitsprofile der Mitarbeiter, insbesondere der Unternehmensleitung.
- Vorteile aus internen und externen Größendegressionseffekten.
- Vorteile aus staatlichen Eingriffen, insbesondere den Marktzutritt und -austritt regelnde Restriktionen, die den Charakter quasi-monopolistischer Vorteile tragen.

Analog zu HYMER knüpft KINDLEBERGER die Entstehung von Direktinvestitionen an zwei Bedingungen: Erstens müssen monopolistische Vorteile existieren, und zweitens muss die Direktinvestition vor dem Hintergrund der Gewinnmaximierung die beste Alternative zur Abschöpfung der Renten aus diesen Vorteilen darstellen.

Auch für KINDLEBERGER besitzt der Kontrollbegriff zentrale Bedeutung.[24] Er definiert Kontrolle in Abhängigkeit vom Grad der Kapitalbeteiligung an einer ausländischen Tochtergesellschaft. In der Außenwirkung besitzt Kontrolle als Determinante des Unternehmensverhaltens auch politische Bedeutung. Hier unterstreicht KINDLEBERGER mögliche Konfliktpotentiale. Demnach kann die Durchsetzung der staatlichen Gastlandsouveränität mit den Vorstellungen der Zentrale des ITU konfligieren.

Es ist letztlich die politische Dimension international tätiger Unternehmen, die einen Unterschied zwischen den Arbeiten von HYMER und KINDLEBERGER begründet. Die theoretischen Überlegungen zur kontrollmotivierten Internationalisierung gehen dabei in die 50er Jahre des 20. Jahrhunderts zurück. Die Nachkriegszeit beschert der Siegermacht U. S. A. weltwirtschaftliche Dominanz. Es ist diejenige Periode, in der große Investionsströme amerikanischer Unternehmen vor allem nach Europa fließen.

Vor diesem Hintergrund entwickelt HYMER seine Kritik an der weltwirtschaftlichen Rolle der großen Unternehmen und politisiert damit die Theorie monopolistischer Vor-

---

23 Vgl. KINDLEBERGER 1969, S. 13-27.
24 Vgl. KINDLEBERGER 1969, S. 3-6.

teile.²⁵ Aus der Verknüpfung des Gesetzes zunehmender Unternehmensgröße mit dem Gesetz der ungleichen Entwicklung leitet er die Ausbeuterstellung internationaler Großunternehmen ab. Sie seien Instrumente zur Umlenkung von Wohlstand und Macht aus den ärmeren Peripheriestaaten in die reicheren Industrienationen und somit wohlfahrtsökonomisch ineffizient. Die mit der Abschöpfung monopolistischer Vorteile einhergehende Ausübung von Marktmacht erlaube im Zuge eines gewinnmaximierenden Unternehmensverhaltens das Festsetzen von Monopolpreisen. Im Vergleich zur vollständigen Konkurrenz als *first-best*-Lösung könnten die machtvollen international tätigen Unternehmen lediglich die *second-best*-Lösung darstellen. Es sind diese Überlegungen von HYMER, die eine gesellschaftliche Feindseligkeitstradition gegenüber multinationalen Unternehmen begründen.

Dagegen nimmt KINDLEBERGER eine unternehmensfreundlichere Position ein: *"The multinational firm seeks to be a good citizen of each country where it has operation."*²⁶ Im Gegensatz zu seinem Schüler HYMER werden multinationale Unternehmen als Mittel zur weltweiten Steigerung der ökonomischen Effizienz betrachtet.²⁷ Die Aktivitäten dieser Unternehmen tragen dazu bei, die globale Wettbewerbsintensität zu erhöhen, national bestehende Monopole aufzubrechen und durch Einflussnahme auf Nationalstaaten den Freihandel zu fördern. Daraus resultieren wohlfahrtsökonomische Gewinne auf globaler Ebene.

In dieser Tradition steht auch RICHARD E. CAVES, der potentielle Vorteile multinationaler Unternehmen in einer Steigerung der allokativen und technischen Effizienz sowie der Beschleunigung des Technologietransfers erkennt. Den Ausgangspunkt seiner Überlegungen bildet die Fähigkeit eines Unternehmens zur Produktdifferenzierung.²⁸ Sie sei der firmenspezifische Vorteil, den ein Unternehmen durch die Internationalisierung auszuschöpfen suche. Branchenspezifisch vermutet CAVES dabei eine positive Korrelation zwischen realisierter Produktdifferenzierung und Internationalisierungsgrad. Je stärker die Produktdifferenzierung ist, desto häufiger erfolgt die Internationalisierung mittels Direktinvestition. Annahmegemäß wird ein differenziertes Produkt von mehreren in Konkurrenzbeziehung stehenden Produzenten hergestellt. Objektiv unterscheiden sich die Produkte nur geringfügig. Der Einsatz des Marketingmix erlaubt aber eine Produktheterogenisierung aus Sicht der Konsumenten und somit eine partielle Immunität gegenüber den Wettbewerbskräften. Damit verbunden ist die Kontrolle über das Produkt- und Vermarktungswissen, ein immaterielles Asset, das zu relativ niedrigen Kosten in das Ausland transferiert werden kann.²⁹ Eine Direktinvestition erscheint generell vorteilhaft, wenn die firmeneigene Auslandsgesellschaft aufgrund ihrer Kundennähe eine auf das lokale Nachfragemuster besser zugeschnittene Produktdifferenzierung vornehmen kann, als es die Zentrale im räumlich und kulturell entfernten Stammland

---

25 Vgl. HYMER 1970 sowie zusammenfassend BUCKLEY 1981, S. 74-75; BUCKLEY 1992, S. 6.
26 KINDLEBERGER 1969, S. 180.
27 Vgl. KINDLEBERGER 1969, S. 187-192; TEECE 1981, S. 10-14; TEECE 1985, S. 235-237.
28 Siehe CAVES 1971.
29 Vgl. auch CAVES 1982, S. 4.

könnte. Der firmenspezifische Vorteil einer Produktdifferenzierung fungiert zudem als Eintrittsbarriere für die Lokalkonkurrenten im eigenen Markt.[30]

Ähnlich stellt HARRY G. JOHNSON fest, dass die Renten aus firmenspezifischen Vorteilen durch ausländische Tochtergesellschaften ohne nennenswerte Zusatzkosten für die Zentrale abgeschöpft werden können.[31] Im Mittelpunkt der Betrachtung stehen immaterielle Fähigkeiten, die sich in speziellem Know how widerspiegeln. Sofern die firmenspezifischen Vorteile ohne Transferprobleme und wesentliche Anpassungswiderstände in die Auslandstöchter transferiert werden können, besitzen sie im Gesamtunternehmen den Charakter eines quasi-öffentlichen Gutes.[32] In Ansätzen entspricht dies bereits der strategischen Anforderung einer weltweiten Lernfähigkeit, wie sie später von BARTLETT und GHOSHAL für das transnationale Unternehmen präzisiert wird. Laut JOHNSON entstehen einem Unternehmen zwar Kosten bei der Erstentwicklung des firmenspezifischen Vorteils, beispielsweise in Form des differenzierten Produkts. Mit dessen Übertragung in die Auslandsgesellschaften entfallen jedoch die Investitionskosten einer wiederholten Erzeugung von Know how, Information und Technologie. Dabei verkleinert der Transfer des firmenspezifischen Vorteils in einen Auslandsmarkt nicht die Know how-Basis des ITU.[33] Einem unabhängigen Lokalunternehmen im Ausland würden dagegen restriktiv hohe Kosten entstehen, um eigenständig einen vergleichbaren Vorteil zu schaffen. Für JOHNSON gilt das international tätige Unternehmen mit seiner strikten Kontrolle über die firmenspezifische Wissensbasis als Instrument zur Verlangsamung einer stärkeren externen Informationsdiffusion.

Eine kritische Würdigung der bisherigen Konzepte zeigt folgende positive Punkte:

1. **Fokussierung des international tätigen Unternehmens**
   Es vollzieht sich eine Umkehr von der intellektuellen Zwangsjacke der klassischen und neoklassischen Außenhandels- und Kapitaltheorie. Die Analyse international tätiger Unternehmen tritt stattdessen in den Vordergrund.[34]

2. **Konzentration auf Direktinvestitionen**
   Die Theorie des monopolistischen Vorteils beinhaltet den realitätsnahen Erkenntnisfortschritt, dass die strategischen Überlegungen international tätiger Unternehmen schwerpunktmäßig nicht den Portfolioinvestitionen gelten, sondern den Direktinvestitionen.[35] Nur mit ihnen lässt sich der Vorteil der Kontrolle durch die inländische Muttergesellschaft in Verbindung bringen.

---

30 Vgl. CAVES/PORTER 1977.
31 Vgl. JOHNSON 1970.
32 Vgl. auch ETHIER 1986, S. 819-821. CAVES erachtet das Vorhandensein eines Unternehmensvorteils mit dem Charakter eines öffentlichen Gutes sogar als notwendige Bedingung für die Direktinvestition. Siehe CAVES 1971, S. 4.
33 Vgl. ALIBER 1993, S. 187.
34 Vgl. DUNNING/RUGMAN 1985, S. 228; YAMIN 1991.
35 Siehe zu Portfolio- und Direktinvestitionen auch RAGAZZI 1973, S. 476-480.

3. Erste Ansätze eines Strategischen Managements

Bei HYMERS Ansatz handelt es sich um einen frühen und wichtigen Beitrag auf dem Weg zur Theorie der strategischen Wettbewerbsvorteile. Die Frage –*"Is HYMER the grandfather of strategic management as well as the theory of the MNE?"*[36] – ist für die internationale Ausrichtung des Strategischen Managements grundsätzlich zu bejahen, da mit der Untersuchung monopolistischer Vorteile der erste Schritt in Richtung auf eine Identifizierung von Markteintritts- und -austrittsbarrieren im internationalen Kontext vollzogen wird. Ergänzend ist darauf hinzuweisen, dass HYMER seine Überlegungen auf den strategischen Ansatz der Markteintrittsbarrieren von BAIN gründet,[37] auf dem ebenfalls die Entwicklung der PORTER'schen Wettbewerbsstrategien fußt.

Trotz ihres hohen Erklärungswertes lassen sich mehrere Defizite der Theorie des monopolistischen Vorteils in der von HYMER et al. entwickelten Konzeption identifizieren.

Wir unterscheiden sieben Defizitbereiche:

1. **Vernachlässigung transaktionstheoretischer Effizienzüberlegungen**
   Der Ansatz enthält eine Überbetonung der Marktmachtvorteile international tätiger Unternehmen. Es existiert kein Bezug zur Theorie der Unternehmung im Sinne von COASE und somit keine explizite Betrachtung der effizienzmotivierten Substitution von Märkten durch die Hierarchie. Allerdings greift HYMER dieses Defizit in einem Beitrag über den Zusammenhang von Internationalisierung und Marktstruktur selbst auf.[38] Das ursprüngliche Defizit mag durch die fehlende Differenzierung nach Marktunvollkommenheiten struktureller und transaktionaler Art erklärbar sein. Die einseitige Konzentration auf strukturelle Marktunvollkommenheiten versperrt nämlich den umfassenden Blick auf die *transactional failures* im Sinne von WILLIAMSON.[39] Die Auswirkungen der Organisation international tätiger Unternehmen auf die Effizienz bleiben unberücksichtigt. So ist für RUGMAN die Betrachtung des ITU als *rent seeker* eindimensional. Sie schließt nämlich die Institution als *Coasian efficiency seeker* aus und damit eine durch Gewinnpotential induzierte, letztlich aber ineffiziente Internationalisierung ein.[40]

---

[36] DUNNING/RUGMAN 1985, S. 230.
[37] Vgl. BAIN 1956, S. 15-16.
[38] Vgl. HYMER 1968, S. 950.
[39] Vgl. WILLIAMSON 1971.
[40] Vgl. RUGMAN 1986, S. 101.

2. **Annahme exogen vorgegebener Unternehmensvorteile**
Es existiert keine Erklärung dafür, wie und zu welchen Kosten die monopolistischen Vorteile unternehmensintern generiert werden.[41] Der Entstehungsprozess einer monopolähnlichen Stellung des Unternehmens im Stammland bleibt somit unbehandelt. Ferner bleibt offen, in welche konkreten Vorteile ein Unternehmen in bestimmten Situationen oder unter speziellen Zielvorstellungen überhaupt investieren sollte. Der Bezug zum dynamischen Unternehmer im SCHUMPETER'schen Sinne könnte demgegenüber einen Erklärungsansatz für die Entstehung vorteilspotenter Innovationsprozesse bieten.

3. **Vernachlässigung der Standortfrage**
Die Bedeutung geographischer Aspekte für die internationale Verortung von Unternehmensaktivitäten wird nicht thematisiert. Länderspezifische Besonderheiten und Unterschiede bleiben unberücksichtigt: Unterstellt wird nur ein einziges Ausland. Diese Kritik betrifft auch die Frage nach dem Standort, an dem der monopolistische Vorteil generiert wird. So könnte ein Unternehmen internationalisieren, indem es in ein regionales Netzwerk im Ausland mit dem Ziel eintritt, den dort kooperativ mit anderen Unternehmen geschaffenen monopolistischen Vorteil in das Heimatland rückübertragen und ausschöpfen zu können.

4. **Einseitigkeit der Erklärungsrichtung**
Beschrieben wird ausschließlich ein Internationalisierungsprozess zur Ausschöpfung firmenspezifischer Vorteile auf Auslandsmärkten. Denkbar ist jedoch auch eine Auslandsproduktion zur Schaffung monopolistischer Vorteile, die auf dem Heimatmarkt in Form von Re-Importen genutzt werden können. Hierzu muss die ausländische Tochtergesellschaft allerdings die Rolle des strategischen Führers übernehmen können, wie sie später von BARTLETT und GHOSHAL beschrieben wird. Nach deren Klassifikation übernimmt die HYMER'sche Direktinvestition eher eine ausführende Rolle.

5. **Veränderte Lernsituation**
Gerade großen internationalen Unternehmen ist es im Vorfeld möglich, einen Lernprozess über die lokalen Marktgegebenheiten zu simulieren, der die Kosten der Fremdheit zur vernachlässigbaren Residualgröße reduziert. Damit entfällt der Nachteil gegenüber Lokalkonkurrenten.

6. **Annahme einer friktionslosen Übertragbarkeit monopolistischer Vorteile**
Zu den Transferproblemen zählen insbesondere eine unterentwickelte Infrastruktur im Gastland sowie die Inkompatibilität der übertragenen Technologien mit den lokalen Gegebenheiten. Im Einzelfall kann zum Beispiel qualifiziertes Personal für Betrieb, Wartung und Instandsetzung der hochentwickelten Technologien fehlen, oder es mangelt an lokalen Zulieferbetrieben, die eine Ersatzteilbeschaffung gewährleisten können. Gerade in Entwicklungsländern stellen auch die kontinuierliche Energieversorgung und die permanente Qualitätssicherung der Produkte häufig ein Problem dar.

---

41 Vgl. BROWN 1976, S. 38; BUCKLEY/CASSON 1976, S. 68-69; ENDERWICK 1982, S. 33.

7. **Zugrundeliegende statische Perspektive**
Es wird nicht berücksichtigt, dass sich die ursprünglichen Bedingungen auf dem Auslandsmarkt ändern können und möglicherweise eine Desinvestition vorteilhaft erscheinen lassen. Es ist denkbar, dass lokale Imitatoren den monopolistischen Vorteil reproduzieren. In dynamischer Sicht stellt damit weniger eine einzelne Produktinnovation, sondern vielmehr die andauernde Innovationsfähigkeit des Unternehmens den eigentlichen monopolistischen Vorteil dar.[42]

3.3 Produktlebenszykluskonzept

RAYMOND VERNON passt in seinem 1966 veröffentlichten Beitrag *International Investment and International Trade in the Product Cycle* den Produktlebenszyklus in einen internationalen Rahmen ein und verbindet Exporte sowie Direktinvestitionen im Prozess der Internationalisierung von Unternehmen mit der Standortdimension. Er knüpft dabei an die Tradition der Industrial Organization-Theorie an. Dem Produktlebenszykluskonzept liegt nämlich die Hypothese zugrunde, dass Unternehmen die Produktion an ausländischen Standorten auf der Basis eines existierenden oder potentiellen monopolistischen Vorteils aufnehmen. Den Ausgangspunkt seiner Überlegungen bildet der Markt der Vereinigten Staaten, der in den 60er Jahren am weitesten entwickelt ist.

Den Ausführungen VERNONS liegen folgende Annahmen zugrunde: (1) Produkte durchlaufen prognostizierbare Veränderungen in Produktion und Marketing. (2) Es existieren Informationsasymmetrien in Bezug auf den Technologieeinsatz. (3) Größendegressionseffekte gewinnen für den Produktionsprozess im Zeitablauf an Bedeutung. (4) In Abhängigkeit vom Einkommen existieren differenzierte Kundenpräferenzen. (5) Tendenziell wird das Top Management durch Chancen und Risiken des Marktes kleinster Distanz, also im Regelfall des Heimatmarktes, stimuliert (myopische Grundhaltung).

In seinem ursprünglichen Konzept unterscheidet VERNON drei Phasen der Internationalisierung.

I) Einführungsphase: Herstellung des Neuprodukts im Stammland[43]
Die erste Phase im Produktlebenszyklus umfasst die Einführung des Neuprodukts. Dabei wird zwischen Innovationen im Konsumgüter- und Investitionsgüterbereich unterschieden. Nach VERNON löst die Gruppe der amerikanischen Konsumenten mit dem im internationalen Vergleich höchsten Durchschnittseinkommen F&E-Aktivitäten und damit Innovationen im Segment der Konsumgüter aus. Innovationen im Industriegüterbereich in Form von Mechanisierungs- und Automatisierungstechniken werden dagegen durch hohe Lohnstückkosten initiiert. Es sind gerade die amerikanischen Entrepreneure, die als

---

42 Vgl. ENDERWICK 1982, S. 33.
43 Vgl. VERNON 1966, S. 191-196.

erste *first-mover Vorteile* aus diesen neuen Bedürfnissen ziehen. Die Aussicht auf eine temporäre monopolähnliche Stellung rechtfertigt für sie die erforderlichen Investitionen.

Das innovative Produkt ist gekennzeichnet durch ein Minimum an Standardisierung. Bezüglich des Inputmix werden somit Spielräume im frühen Produktions- und Absatzstadium eröffnet. Faktorkosten sind weniger von Bedeutung. Ausschlaggebend erscheinen vielmehr Flexibilitätserfordernisse. Die Preiselastizität der Nachfrage ist in dieser Frühphase relativ gering. Entscheidende Bedeutung erlangt eine intensive interne und externe Kommunikation zwischen den Funktionsbereichen Konstruktion, Produktion und Marketing sowie mit Konsumenten und Lieferanten. Generell spricht VERNON in der Produkteinführungsphase von einer Produktion auf experimenteller Basis, die so nur im Ursprungsland der Innovation, also den Vereinigten Staaten, erfolgen konnte. Der Heimatmarkt diente dem innovativen amerikanischen Unternehmen als Stimulus für Innovationen einerseits, sowie als bevorzugter Ort der Entwicklung und Erstproduktion/-absatz andererseits. Der Heimatmarkt bezeichnet zugleich den größten Absatzraum des Unternehmens.

II) Reifephase: Direktinvestitionen im entwickelten Ausland[44]

In der anschließenden Reifephase des Produkts veranlasst die Aussicht auf Skalenerträge eine Produktionsmengenexpansion. Die vergrößerte Outputmenge ermöglicht Preissenkungen und wird von der Nachfrageseite vollständig aufgenommen. Mit Verbreitung der Produktkenntnis entsteht darüber hinaus eine erste Nachfrage auf den Märkten des entwickelten Auslandes, zu dem VERNON vor allem die Länder Westeuropas zählt. In diese Phase fällt auch eine allmählich einsetzende Produktstandardisierung sowie eine Spezialisierung, die durch das Angebot einer Variantenmehrzahl des Produkts gekennzeichnet ist. Abnehmende Flexibilitätserfordernisse an die Produktion sowie einsetzende Standardisierung ermöglichen die Massenfertigung, mit der Skalenerträge in großem Umfang realisierbar sind. Der zugehörige Produktionsapparat erfordert langfristige Investitionen. Im Gegensatz zur Einführungsphase gewinnt die Höhe der Produktionskosten an Bedeutung.

Wird die Anfangsnachfrage des entwickelten Auslandes zunächst durch Exporte bedient, entscheidet sich das Unternehmen schließlich für die marktnahe Errichtung lokaler Produktionsstätten. Die Standortentscheidung resultiert aus einem Vergleich zwischen den Grenzkosten der für den Export bestimmten Produktion plus Transportkosten und den Gesamtkosten der Produktion an einem ausländischen Standort. Voraussetzung für die Produktionsverlagerung in das entwickelte Ausland ist ein *triggering event*, üblicherweise eine das Monopol bedrohende Situation. Sie kann durch das Auftreten rivalisierender Produzenten mit Preisunterbietungspotential eintreten. Durch die Auslandsproduktion wird eine Prolongation der monopolähnlichen Marktstellung angestrebt.

---

[44] Vgl. VERNON 1966, S. 196-202.

III) Standardisierungsphase: Produktion in Entwicklungs- und Schwellenländern[45]
Die Standardisierungsphase ist gekennzeichnet durch aufkommende Wettbewerbsvorteile der Entwicklungs- und Schwellenländer als Produktionsstandort. Die allgemeine Absatzsituation wird durch einen Preiswettbewerb beschrieben, der zu einer Produktion auf niedrigstem Kostenniveau zwingt. Die relativ niedrigeren Lohnkosten in den Entwicklungs- und Schwellenländern stellen einen wichtigen Anreiz für Direktinvestitionen in diesen Regionen dar.

Als ungeeignet für eine Verlagerung in Entwicklungs- und Schwellenländer erweisen sich jedoch Fertigungsstufen, die qualifizierte Arbeitskräfte, geschultes Instandhaltungs- und Reparaturpersonal, eine verlässliche Energie- und Ersatzteileversorgung sowie Zulieferteile hoher Qualität erfordern. Verlagerungsgeeignet erscheinen dagegen lohnintensive Produktionsstufen. Der neue Produktionsstandort ist spezialisiert auf die Fertigung von Produkten mit standardisierten Spezifikationen, die auf Lager hergestellt werden können und keiner Gefahr der Veralterung unterliegen. Nunmehr existiert an Standorten in Entwicklungs- und Schwellenländern das Potential für eine Exportbasis.

Modifikation auf der Basis oligopolistischen Marktverhaltens
Bereits früh deutet VERNON auf mögliche Veränderungen der Ausgangsbedingungen des ursprünglichen Produktlebenszykluskonzepts und damit auf eine sich wandelnde Rolle amerikanischer Unternehmen als Innovationsvorreiter hin.[46] *„In trying to project whether the United States is capable of continuing this process, one confronts conflicting indications. On the one hand, the position of the United States as an innovative leader is stronger than ever. On the other hand, the capacity of others to imitate is greater than ever. The outcome, therefore, is indeterminate."*[47] Auch die weiteren Indikatoren veranlassten VERNON schließlich zu einer Modifikation des Produktlebenszykluskonzepts:[48]

1. Viele amerikanische Unternehmen aus den innovationsstarken Branchen der chemischen Industrie, der Elektronikindustrie und des Automobilbaus hatten inzwischen ein global umspannendes Netz an Produktionsstätten errichtet. Der Internationalisierungsprozess mittels Direktinvestition war somit, wenn auch nicht abgeschlossen, so in Form eines *Network's Spread* bereits weit vorangeschritten. Ein wesentliches Merkmal des neuen ITU war die Zeitverkürzung zwischen der Produktneueinführung in den Vereinigten Staaten und der Aufnahme der Auslandsproduktion durch Rückgriff auf bereits existierende internationale Produktionsbetriebe.

2. Die innovationsstimulierende Vorreiterposition der USA ging nach dem Zweiten Weltkrieg aufgrund einer Angleichung von Einkommensniveau und relativen Arbeitskosten der Volkswirtschaften Westeuropas und Japans in den 70er Jahren verloren. Nun hatte sich auch dort eine vergleichbare innovationsstimulierende Nachfrage entwickelt. Amerikanische Unternehmen waren nicht länger signifikant anderen öko-

---

[45] Vgl. VERNON 1966, S. 202-207.
[46] Vgl. VERNON 1974, S. 107-108.
[47] VERNON 1977, S. 79.
[48] Vgl. retrospektiv VERNON 1979, S. 258-261.

nomischen Rahmenbedingungen auf ihrem Heimatmarkt ausgesetzt als europäische oder japanische Firmen. VERNON resümiert: *"The differences among the advanced industrialized countries are reduced to trivial dimensions."*[49]

Konkret beinhaltet die Modifikation des Produktlebenszyklus eine Fokussierung auf ein oligopolistisches Unternehmensverhalten.[50] *„The multinational enterprise, of course, is the economic man of oligopoly theory, not the economic man of classical theory."*[51] Nachfolgend werden die drei modifizierten Phasen der oligopolistischen Entwicklungssequenz international tätiger Unternehmen zusammengefasst charakterisiert:

1. **Innovationsgestütztes Oligopol**
Die Entwicklung und Einführung neuer Produkte und/oder Prozesse sowie die Differenzierung existierender Produkte schaffen in dieser Phase eine monopolähnliche Stellung des international tätigen Unternehmens und damit Markteintrittsbarrieren. Der Standort der angewandten Forschung liegt meist im innovationsstimulierenden Markt, der Standort der Erstproduktion dagegen vorwiegend im Heimatmarkt.

2. **Reifes Oligopol**
Skalenerträge in Produktion, Marketing und Logistik gewinnen an Bedeutung und ersetzen tendenziell den Innovationsfaktor als Markteintrittsbarriere. Die Branche hat sich in ein reifes Oligopol entwickelt. Standortentscheidungen des international tätigen Unternehmens reflektieren nun die geographische Konzentration von Investitionen (Skalenerträge) in Form von oligopolistischen Strategien. Dazu zählen Allianzen, grenzüberschreitende Kreuzinvestitionen im Sinne eines *exchange of threat* oder die *follow-the-leader*-Strategie.

3. **Gesättigtes Oligopol**
In dieser Phase erfolgt der Wettbewerb nur über die Faktorpreise. Der Produktionsstandort bestimmt sich aus geographischen Kostendifferenzen. Das international tätige Unternehmen initiiert eine globale Suche nach Niedrigstkostenstandorten, vorzugsweise in den Entwicklungs- und Schwellenländern.

Im Rahmen einer kritischen Würdigung des Produktlebenszykluskonzeptes sind folgende Defizite hervorzuheben:

1. **Vorwiegend historische Bedeutung**
Der Produktlebenszyklus beschreibt zwar zutreffend die Entwicklung der Internationalisierung amerikanischer Großunternehmen in den ersten beiden Jahrzehnten nach dem Zweiten Weltkrieg. Auf den heutigen Wettbewerb der Global Players ist das Modell allerdings nur bedingt übertragbar. Zum einen erfolgen Produktentwicklung, -standardisierung und -differenzierung quasi in Echtzeit und länderübergreifend. Zum anderen verlangt die wettbewerbsbedingte Kundenorientierung die Freisetzung von Flexibilitätspotentialen, auch in der Produktion von Massenfertigern, und zwar

---

[49] VERNON 1979, S. 261.
[50] Siehe zur Modifikation VERNON 1974; vgl. auch GIDDY 1978, S. 95-96.
[51] VERNON 1974, S. 112

während aller Produktlebensphasen.[52] Deshalb greift die strikte Forderung nach Fertigungsflexibilität ausschließlich in der Anfangsphase der Produktion zu kurz.

2. **Ungeeignetes Prognoseinstrument**
Das Produktlebenszykluskonzept stellt angesichts der gegenwärtigen komplexen Situationsbedingungen kein geeignetes Prognoseinstrument mehr dar. Es handelt sich eher um ein statisches als um ein dynamisches Modell, das die Aufnahme der Initialproduktion in einem Auslandsmarkt zur Bedienung des Heimatmarkts nicht erklärt. Als Beispiel sei die Erstproduktion des Z3-Modells von BMW in Spartanburg (USA) angeführt. Zudem wird die Quelle von unternehmensspezifischen Vorteilen nicht ausreichend erklärt, die zu Innovationen führt.

3. **Vernachlässigung von Ownership-Fragen**
Es wird nicht begründet, warum eine Kontrolle über die Produktion an Standorten in Entwicklungs- und Schwellenländern beizubehalten ist, wenn lohnintensive Produktionsstufen ebenso gut über Subcontracting an Lokalunternehmen vergeben werden können.

Als positives Fazit bleibt erstens der Hinweis, dass die Aussagen VERNONs im Ansatz immer noch kennzeichnend sind für den Internationalisierungsprozess speziell von Klein- und Mittelbetrieben, d.h. von einer heimatnahen Innovation und Erstproduktion über die Bedienung von Exportmärkten bis hin zur Auslandsproduktion. Zweitens verharrt VERNON nicht in seinem Konzept. Bereits frühzeitig und visionär verweist er auf die Fähigkeit eines internationalen Unternehmens zur weltweiten Vernetzung von Informationen und Standorten.[53] Unabhängig von der globalen Streuung können alle Märkte Produkt- und/oder Prozessinnovationen stimulieren und als Standort der Erstproduktion fungieren. Die Unternehmensstandorte werden ständig einer Kosten- und Risikoeinschätzung unterzogen (*global scanning*). Eine unternehmensintern weltweit vernetzte Kommunikation verursacht dabei relativ geringe Kosten. Die Entwicklung von Innovationen erfolgt als Reaktion auf die Chancen oder Risiken eines der Märkte. Das international tätige Unternehmen kann den Innovationsprozess im Ursprungsmarkt durchführen, oder aber in einem anderen Markt, sofern dieser als geeigneter erscheint. Für ein derartiges Netzwerkunternehmen besitzt die Produktlebenszyklushypothese jedoch nur geringen Aussagegehalt. Innovative Unternehmen können nämlich unabhängig vom Ursprungsland der Innovation Standorte in anderen Industrieländern mit ähnlichen Marktbedingungen wählen. Die Produktion wird weltweit anhand definierter Parameter überprüft und eine Reallokation der Produktionsstufen an den optimalen Standorten vorgenommen. VERNON selbst konnte diese Entwicklung der Unternehmensform im Jahre 1979 noch nicht erkennen. Erst in jüngster Zeit zeichnen sich konkrete Umrisse globaler Netzwerkstrukturen ab.[54]

---

52   Zum Flexibilitätspotential von Produktionssystemen siehe ausführlich REINHARDT 2000.
53   Vgl. VERNON 1979, S. 261-262; WELGE/HOLTBRÜGGE 2001, S. 65-66.
54   Vgl. z. B. GOLDMAN/NAGEL/PREISS 1995, S. 27-29; SCHMIDT 1995, S. 84-85.

3.4 Theorie des oligopolistischen Verhaltens

Im weitesten Sinne stehen auch die empirischen Untersuchungen von KNICKERBOCKER und GRAHAM in der Tradition der Industrial Organization-Theorie. Diese Arbeiten befassen sich mit der Wechselbeziehung zwischen oligopolistischem Unternehmensverhalten und der Branchenstruktur.

FREDERICK T. KNICKERBOCKER unternimmt den Versuch, ein geographisches Muster internationaler Direktinvestitionen zu erklären. Die Basis seiner Dissertation mit dem Titel *Oligopolistic Reaction and Multinational Enterprise* bildet eine empirische Untersuchung über das Investitionsverhalten von 187 amerikanischen Unternehmen im Zeitraum zwischen 1948 und 1967.[55] Dabei stellt KNICKERBOCKER einen signifikanten Zusammenhang zwischen dem oligopolistischen Verhalten und der Branchenstruktur international tätiger Unternehmen fest. Typischerweise gelten international tätige Großunternehmen als Oligopolisten. Direktinvestitionen dieser Unternehmen entstehen als Ergebnis eines *follow-the-leader*-Verhaltens.[56] Konkret führt eine Direktinvestition im Ausland zur Störung des oligopolistischen Gleichgewichtes im Heimatmarkt. Hier ist ein defensives Verhalten zu erwarten, da die Oligopolisten unter allen Umständen einen ruinösen Konkurrenzkampf vermeiden wollen. Das aggressive Verhalten ist vielmehr extern ausgerichtet. Es manifestiert sich in einem ähnlichen Auslandsengagement in einem gleichen, durch politische Stabilität und Wirtschaftswachstum gekennzeichneten Land (Clusterbildung). Aus diesem *bandwagon*-Effekt entsteht ein geographisches Muster von Direktinvestitionen. Dabei ermittelt KNICKERBOCKER, dass die Intensität der oligopolistischen Reaktion mit dem Konzentrationsgrad der Branche, der Branchenstabilität und der Enge des Produktspektrums positiv korreliert ist. Aufgrund der günstigen Rahmenbedingungen in den Auslandsmärkten trägt die *follow-the-leader*-Reaktion auch zur Gewinnverbesserung der nachrückenden Oligopolisten bei.

EDWARD M. GRAHAM knüpft zeitlich an die Arbeit KNICKERBOCKERS an.[57] Er untersucht den sogenannten *transatlantic reversal*, und damit den Wandel der Vereinigten Staaten vom Nettoursprungsland zum Nettoempfängerland von Direktinvestitionen.[58] Das Ziel seiner Untersuchung besteht in der Erklärung europäischer Direktinvestitionen in den U. S. A. während der späten 60er und 70er Jahre. In dieser Zeit gelingt es europäischen Unternehmen als Reaktion auf den verstärkten Zufluss von amerikanischen Direktinvestitionen, eine Kreuzinvestitionsstrategie im Heimatmarkt des Ersteindringlings umzusetzen (*exchange of threat*).[59]

---

[55] Vgl. KNICKERBOCKER 1973.
[56] Siehe zum *bandwagon*-Effekt bereits AHARONI 1966, S. 65-68.
[57] Vgl. GRAHAM 1978.
[58] Vgl. in allgemeiner Form hierzu bereits VERNON 1974, S. 101.
[59] Siehe hierzu bereits AHARONI 1966, S. 68-70.

Allgemein stört der Markteintritt ausländischer Unternehmen das dort herrschende stabile Oligopolgleichgewicht. Jedes neu eintretende Unternehmen ist bestrebt, durch Umsetzung von Preis- und Produktstrategien Marktanteile zu erlangen. Es tritt somit in einen Wettbewerb mit lokalen Anbietern. Der Markteintritt initiiert ein Rivalitätsverhalten der bestehenden Lokalunternehmen, welches zwei Ausprägungen annehmen kann:

1. **Rivalität auf dem Heimatmarkt der Lokalunternehmen**
   Die Lokalunternehmen können als Reaktion auf den ausländischen Ersteindringling über horizontale Unternehmenszusammenschlüsse Skalenerträge erzielen und aktiv in einen Preiskampf eintreten. Darüber hinaus ermöglicht die Nähe und Familiarität des Heimatmarktes die Nutzung eines Potentials der aggressiven Produktdifferenzierung in Form einer stärkeren Anpassung an lokale Konsummuster.

2. **Rivalitätsexporte in den Heimatmarkt des Ersteindringlings**
   Unter der Prämisse übertragbarer immaterieller Assets, die auf dem Heimatmarkt des Ersteindringlings genutzt werden können, besteht auch die Möglichkeit, durch Defensivinvestitionen das dortige Oligopolgleichgewicht zu stören. Der Ersteindringling wird damit zum Verteidiger der Position im eigenen Markt. Dies erfordert die Konzentration von Ressourcen. Es kommt zur Abschwächung der Rivalität im Auslandsmarkt. GRAHAM bestätigt diese Rivalitätsstrategie als Reaktion europäischer Unternehmen auf das direktinvestive Engagement amerikanischer Firmen.

Spieltheoretische Weiterentwicklung
Oligopolistisches Verhalten lässt sich mit Hilfe der nicht-kooperativen Spieltheorie analysieren. Implizit beziehen sich die Untersuchungen von KNICKERBOCKER und GRAHAM auf die Anwendung der Spieltheorie zur Erklärung des Investitionsverhaltens international tätiger Unternehmen. Explizit hat bereits VERNON im Rahmen der Erklärung des reifen Oligopols darauf hingewiesen, die Rationalität des Unternehmensverhaltens bei Standortfragen „...*can better be explained in game theory terms than in terms of classical economic analysis.*"[60]

Nach dem Folktheorem können wiederholte Spielsituationen in der Struktur des Gefangenendilemmas betrachtet werden. Damit lassen sich situative Bedingungen ableiten, unter denen Unternehmen keinen Anreiz zur Änderung der gegenwärtigen Spielstrategie haben (Nash-Gleichgewicht). Als Basisannahme gilt die Erwartung einer unbegrenzten Spielwiederholung. Einerseits können Unternehmen verschiedener Nationalität gegenseitig in die jeweiligen Märkte eintreten, also den unternehmensspezifischen Internationalisierungsprozess auslösen oder weiterführen. Andererseits sind aber auch Situationen denkbar, in denen sie in Übereinkunft darauf verzichten.[61]

Mit der Signalling-Theory und der realistischen Annahme unvollständiger Information über Konkurrenten und Spielbedingungen wird das spieltheoretische Erklärungspotential

---

[60] VERNON 1974, S. 100.
[61] Siehe hierzu im Bereich des Außenhandels auch die Inhalte der strategischen Handelspolitik nach BRANDER und SPENCER. Vgl. KRUGMAN/OBSTFELD 1997, S. 282-285.

für die Internationalisierung von Unternehmen erweitert.[62] Die moderne Unternehmensgeschichte zeigt, dass auch Erkenntnisse aus der Theorie kooperativer Spiele genutzt werden können, um das Marktverhalten von Oligopolisten zu erklären. Die globale Vernetzung von Zulieferern und Endmontageunternehmen in der Automobilindustrie bietet ein Beispiel für eine internationale Kooperation, die zu Positivsummenspielen führt (Tit for Tat-Strategie).

Wie die Darstellung der verschiedenen Konzepte der Industrial Organization-Theorie zeigt, werden wiederholt auch kostentheoretische Aspekte angesprochen. Eine konsequente Übertragung des Transaktionskostenansatzes auf die Theorie des international tätigen Unternehmens erfolgte jedoch erst mit der Internalisierungstheorie.

3.5 Internalisierungstheorie

Retrospektiv kann HYMER durchaus als Vorläufer der Internalisierungstheorie betrachtet werden. Die folgende Gedankenführung stützt jedenfalls diese Aussage: *„Suivant en cela Coase, nous supposons que la fréquence donnée à l'intégration verticale s'explique souvent par les imperfections du marché. Les raisons pour lesquelles les entreprises prennent le statut de sociétés d'envergure nationale. A la coordination par le marché, elles préfèrent la coordination et l'harmonisation réalisées au sein d'une administration de société, parce que ce système économise les coûts."*[63] Die Veröffentlichung des zugrundeliegenden Artikels in einer französischsprachigen Zeitschrift mit geringer internationaler Verbreitung sowie die fehlende Ausgestaltung und Weiterentwicklung des Transaktionsgedankens in seinen späteren Arbeiten können zwar die einseitige Kategorisierung von HYMER und die damit verbundene Kluft zwischen den Strängen der Industrial Organization-Theorie und der Theorie der Unternehmung erklären. Sie werden der Vielfältigkeit dieses Wissenschaftlers jedoch nicht gerecht.[64]

MCMANUS expliziert als erster den Gedanken des international tätigen Unternehmens als effizienzstrebende Institution (*efficiency seeker*), im Sinne eines Instruments zur Koordination interdependenter Aktivitäten in verschiedenen Ländern.[65] Demnach wird die zentrale Kontrolle als bevorzugte Koordinationsform internationaler Unternehmenstätigkeit gewählt, wenn sie das kostengünstigste Mittel zur Erzielung eines gegebenen Effizienzniveaus darstellt, oder wenn mit ihr das höchste Effizienzniveau bei gegebenen Koordinationskosten realisiert werden kann.

---

62 Ein Anwendungsbereich der Signalling-Theory findet sich vor allem im Bereich der Finanzierungstheorie zur Erklärung von Agency-Problemen.
63 HYMER 1968, S. 960.
64 Zu HYMER als *dismissed pioneer* vgl. HORAGUCHI/TOYNE 1990, S. 489-490.
65 Vgl. MCMANUS 1972, S. 72-84.

In Europa wurden Transaktionskosten zur Erklärung internationaler Unternehmenstätigkeit zuerst durch PETER J. BUCKLEY und MARK CASSON eingeführt.[66] Dabei stützen sich die Wissenschaftler auf die Internalisierung externer Märkte, um das grenzüberschreitende Wachstum von Unternehmen erklären zu können.[67]

Zu den weiteren Vertretern der Internalisierungstheorie zählen unter anderem ALAN M. RUGMAN, JEAN-FRANÇOIS HENNART und DAVID J. TEECE.[68] TEECE überträgt als erster den *markets and hierarchies*-Ansatz von WILLIAMSON auf das international tätige Unternehmen.[69] Selbst RICHARD E. CAVES, der in der Tradition der Industrial Organization-Theorie steht, erkennt die Bedeutung der Internalisierungstheorie an, indem er die grenzüberschreitende horizontale und vertikale Integration in die Welt der Transaktionskosten überführt.[70] Alle Vertreter dieser modernen Theorie betonen die fundamentale Bedeutung der Transaktionskosten für die Entstehung und Entwicklung international tätiger Unternehmen. Sie grenzen sich durch die Betrachtung der hierarchischen Organisationsstruktur als einem Substitut für ineffiziente Marktsysteme von den Erklärungsmustern der Industrial Organization-Theorie ab.

Die Logik der Internalisierungstheorie basiert auf dem Unternehmen als einem Geflecht von Aktivitäten, das über die eigentliche Fertigung von Gütern und Dienstleistungen hinaus auch Marketing, F&E, Finanzierung sowie allgemeine Managementfunktionen umfasst. Die Interdependenz dieser Funktionsbereiche kommt in einem Strom von Zwischenprodukten zum Ausdruck.[71] Dabei werden materielle (z. B. Halbfertigfabrikate) und immaterielle (z. B. in Patenten und Humankapital inkorporiertes Know how und Erfahrungswissen) Zwischenprodukte voneinander unterschieden. Externe Schnittstellen marktlicher Art entstehen durch die Inanspruchnahme von Faktor-, Zwischenprodukt- sowie Endproduktmärkten. Der Internalisierungstheorie liegen mehrere Annahmen zugrunde.[72] Erstens handelt das Unternehmen als Gewinnmaximierer in einer Welt unvollkommener Zwischenproduktmärkte. Zweitens provoziert die Unvollkommenheit eine Umgehung der externen Märkte, indem interne Organisationslösungen geschaffen werden. Das international tätige Unternehmen entsteht drittens aus einer grenzüberschreitenden Internalisierung externer Zwischenproduktmärkte.

Ein international tätiges Unternehmen bringt grenzüberschreitende Aktivitäten unter einheitliches Eigentum und einheitliche Kontrolle. Die Kernfrage der Internalisierungstheorie gilt der Erklärung einer unternehmensinternen Koordination anstelle der Koordination von Zwischenproduktströmen über externe Märkte. Dies setzt eine Gegenüber-

---

66 Vgl. dazu BUCKLEY 1975; CASSON 1975; BUCKLEY/CASSON 1976 sowie CASSON 1979. Zur Theorie der Unternehmung als Erklärungsbasis internationaler Unternehmenstätigkeit in der deutschsprachigen Literatur siehe bereits ALBACH 1981, S. 16-18.
67 Vgl. BUCKLEY 1988, S. 182.
68 Vgl. RUGMAN 1981; HENNART 1982, 1986; TEECE 1976, 1981, 1983, 1986.
69 Vgl. TEECE 1981, S. 4-10.
70 Vgl. CAVES 1982, S. 3-24.
71 Vgl. auch BUCKLEY 1989, S. 4.
72 Vgl. BUCKLEY/CASSON 1976, S. 33.

stellung von Chancen sowie Kosten und Risiken der Internalisierung voraus. Es ist jedoch darauf hinzuweisen, dass für bestimmte Transaktionen keine externen Zwischenproduktmärkte existieren. Hier existiert keine Alternative zur unternehmensinternen Koordination, höchstens die Gefahr von gegen unendlich strebenden Suchkosten bei dem Versuch, einen externen Transaktionspartner zu lokalisieren.

Chancen der Internalisierung
Internalisierungschancen konkretisieren sich in der Vermeidung von effizienzmindernden Problemen aus der Unvollkommenheit externer Märkte. Sie lassen sich wie folgt zusammenfassen:[73]

- Begrenzte Rationalität und situative Komplexität führen zu unvollständigen *arm's length*-Verträgen. Die damit verbundenen Transaktionskosten lassen sich durch Internalisierung vermeiden.
- Die Kontrollstrukturen zur Absicherung von Transaktionen gegen opportunistisches Verhalten der externen Marktpartner können mit der Internalisierung reduziert werden und somit zur Kostensenkung beitragen. Dies gilt auch vor dem Hintergrund einer besseren Fähigkeit zur Kontrolle und Planung der Produktion.
- Aus transaktionsspezifischen Investitionen resultieren Abhängigkeiten zwischen den Transaktionspartnern. Mit steigendem Grad der Faktorspezifität kann für den externen Transaktionspartner der Anreiz zur Ausnutzung dieser Abhängigkeit zunehmen. Im Extremfall kommt es zur Erpressung (*hostage situation*). Durch die Internalisierung können Abhängigkeitskosten vermindert werden.
- Ein weiterer Vorteil entsteht, wenn durch Internalisierung die Gefahr einer unerwünschten Informationsdiffusion ausgeschaltet wird. Die bei der Geheimhaltung von firmenspezifischem Know how entstehenden Kontrollkosten können reduziert werden.
- Internalisierung kann das Ausgeliefertsein gegenüber der Marktmacht externer Lieferanten beseitigen, das sich beispielsweise in Form von Preisdiskriminierungen manifestiert.
- Schließlich können mit der Internalisierung staatliche Eingriffe in den internationalen Märkten umgangen werden. Zu derartigen Restriktionen zählen Handelshemmnisse, eine benachteiligende Steuergesetzgebung oder Eingriffe in Kapitalbewegungen.

Kosten und Risiken der Internalisierung
Den Internalisierungschancen stehen allerdings Internalisierungsnachteile in Form von

- Ressourcen-,
- Koordinations- und
- Kommunikationskosten

gegenüber. So verlangt eine Internalisierung unter anderem vernetzte Kommunikationsstrukturen und damit die Anschaffung geeigneter Informationstechnologien (Ressourcenkosten), die Integration eines Systems zur permanenten Berichterstattung (Kommunikationskosten) sowie die Verstärkung der administrativen Unterstützung in der

---

[73] Siehe zu den Internalisierungsvorteilen und -nachteilen BUCKLEY/CASSON 1976, S. 36-45.

Zentrale und Auslandsgesellschaft (Koordinationskosten). Opportunistisches Verhalten externer Marktpartner kann mit der Internalisierung zwar ausgeschaltet werden, dafür entsteht aber das Kostenrisiko einer *managerial dishonesty* in der eigenen Tochtergesellschaft. Deshalb plädiert CASSON für den Aufbau einer Unternehmenskultur gegenseitigen Respekts und Vertrauens (*high-trust environment*).[74] Internalisierung in Form einer Auslandsinvestition kann schließlich die Verwundbarkeit des international tätigen Unternehmens erhöhen. Diese liegt vor, wenn die Auslandsgesellschaft politischen Eingriffen ausgesetzt ist, zu denen beispielsweise die Androhung der Enteignung oder sonstige Diskriminierungen durch die Gastlandregierung zählen.

Als notwendige Bedingung für eine Internalisierung von Zwischenproduktmärkten gilt die Existenz von Internalisierungschancen. Die hinreichende Bedingung wird erfüllt, wenn die unternehmensinterne Koordination geringere Kosten verursacht als die Inanspruchnahme des unvollkommenen externen Marktes. Abbildung 15 fasst die Argumentationslogik der Internalisierungstheorie übersichtlich zusammen.

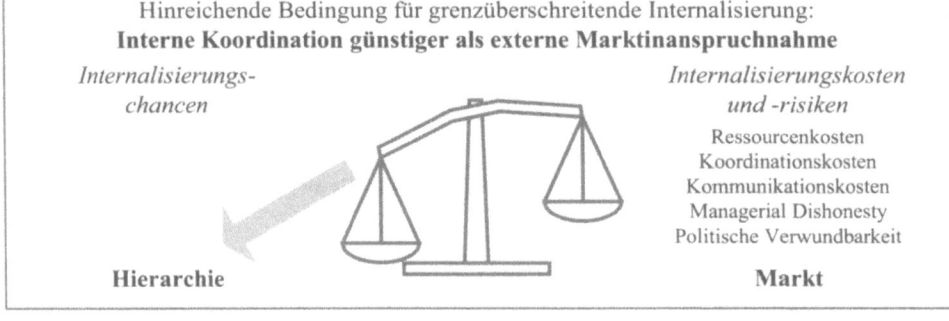

Abb. 15: Argumentationslogik der Internalisierungstheorie

---

[74] Vgl. dazu CASSON 1995b, S. 7-10.

Der grenzüberschreitende Internalisierungsprozess wird solange fortgesetzt, bis die optimale Betriebsgröße des international tätigen Unternehmens erreicht ist, Grenzertrag und Grenzkosten der Internalisierungsaktivitäten sich also ausgleichen. Anders ausgedrückt hält die Substitution unvollkommener externer Zwischenproduktmärkte solange an, bis die Kosten einer weiteren Internalisierung die daraus realisierbaren Chancen übersteigt. Diese Erklärung des Wachstums von international tätigen Unternehmen basiert ausschließlich auf Effizienzbetrachtungen. Sie unterscheidet sich beispielsweise von der Vorstellung eines marktinduzierten Wachstums. Danach werden grenzüberschreitende Direktinvestitionen durch ausländische Märkte stimuliert (*market seekers*). Dies tritt vor allem ein, wenn die Möglichkeit des Unternehmenswachstums im Heimatland durch stagnierende Märkte begrenzt wird.[75]

Eine wesentliche Aufgabe für das Organisationsmanagement international tätiger Unternehmen stellt die Ermittlung des antizipierten Nettoeffektes einer spezifischen Internalisierung dar. Ausgehend von einer bestehenden Transaktionsbeziehung beinhaltet die Internalisierung eines ausländischen Marktpartners die Substitution von externen durch interne Transaktionskosten (Organisationskosten). Der Aussicht auf Reduzierung von internen Transaktionskosten (Internalisierungschancen) stehen die Kosten der Internalisierung gegenüber (Internalisierungsrisiken). Die Entscheidung für die Integration des ausländischen Transaktionspartners erfordert somit eine Abwägung von Internalisierungschancen und -risiken.

Vereinfachend wird angenommen, dass eine Quantifizierung von

- tatsächlichen externen Transaktionskosten (TAK^{extern}) und
- erwarteten internen Transaktionskosten ($TAK^{intern,e}$)

problemlos möglich ist.

Es resultiert der erwartete Nettoeffekt der Internalisierung (I^e):

$$I^e = TAK^{extern} - TAK^{intern,e}.$$

Hierbei handelt es um eine vereinfachte Darstellung, die einzelne Kostenelemente undifferenziert und statisch betrachtet. Ihr Zweck besteht im Aufzeigen einer Tendenz als grobe Entscheidungsgrundlage für das Organisationsmanagement (vgl. Tab. 2).

Die Gleichung fokussiert die klassische Dichotomie zwischen Markt (negativer Internalisierungseffekt) und Hierarchie (positiver Internalisierungseffekt). Die reale Welt der Hybride, zu der Kooperationsformen wie strategische und virtuelle Unternehmensnetzwerke zählen, lässt sich in der traditionellen Betrachtung der Internalisierungstheorie dagegen nicht zuordnen. Dies kann auch damit begründet werden, dass der Internalisierungsentscheidung implizit die Vorstellung einer zeitlich unbegrenzten Integration des ausländischen Transaktionspartners zugrunde liegt. Die Existenz von Hybridformen ist mitunter jedoch zeitlich begrenzt.

---

[75] Vgl. KINDLEBERGER 1969, S. 6-10.

	Internalisierungseffekte: Entscheidungsgrundlage des Organisationsmanagements		
	Positiver Internalisierungseffekt	**Neutraler Internalisierungseffekt**	**Negativer Internalisierungseffekt**
Interpretation	Die externen Transaktionskosten übersteigen die erwarteten internen Transaktionskosten $I^e > 0$	Externe und erwartete interne Transaktionskosten sind gleich hoch $I^e = 0$	Die erwarteten internen Transaktionskosten übersteigen die externen Transaktionskosten $I^e < 0$
Ergebnis	Marktlösung ist ineffizient	Markt und Hierarchie besitzen identisches Effizienzniveau	Marktlösung ist effizient
Handlungsempfehlung	Internalisierung des externen Transaktionspartners und Integration in die Unternehmensorganisation	Beibehaltung der Marktlösung oder Internalisierung des externen Transaktionspartners	Keine Internalisierung des externen Transaktionspartners

Tab. 2: Erwartete Internalisierungseffekte als Entscheidungsgrundlage des Organisationsmanagements

Betrachtet man nun die grenzüberschreitende Internalisierung genauer, so erfolgt diese in Form einer vertikalen und/oder horizontalen Integration.[76]

Vertikale Integration

Vertikal internalisiert das ITU rückwärts- und/oder vorwärtsgerichtet.[77] Ein Anreiz zur rückwärtsgerichteten Integration resultiert vor allem aus dem Bestreben nach Sicherung einer verlässlichen und kostengünstigen Rohstoffversorgung, die über Marktverträge mit rechtlich unabhängigen Lieferanten eventuell nicht gewährleistet werden kann. Vorwärtsgerichtet kann durch die Integration absatzseitiger Prozess-Stufen die Gefahr der Abhängigkeit von lang- sowie kurzfristigen Abnahmeverträgen vermieden werden.[78]

---

[76] Siehe hierzu z. B. HENNART 1991, S. 85-96.
[77] Vgl. zur vertikalen Integration z. B. TEECE 1981, S. 4-7; BUCKLEY 1989, S. 4-5.
[78] Siehe zur vertikalen Integration als Potential einer Risikoreduktion HELFAT/TEECE 1987.

Eine vertikale Integration löst tendenziell zwei wesentliche Probleme von Markttransaktionen und eröffnet so Internalisierungschancen:[79]

1. **Problem der allumfassenden Vertragsgestaltung**
   Ex ante können die Beziehungen zwischen rechtlich unabhängigen Transaktionspartnern aufgrund der bestehenden Unsicherheit über künftige Entwicklungen nicht vollständig in einem formellen Vertrag geregelt werden. Man könnte zwar versuchen, alle Eventualitäten im Vorfeld eines Vertragsabschlusses zu erfassen und zu spezifizieren. Die daraus resultierenden Informations- und Verhandlungskosten wären jedoch restriktiv hoch. Dies trifft insbesondere für internationale Vertragsbeziehungen zu. Ex post können darüber hinaus Verhandlungskosten für nachträgliche Anpassungen mit der Internalisierung vermieden werden.

2. **Problem opportunistischer Vertragspartner**
   Aus unvollständigen Verträgen kann ein Anreiz zur Abweichung von den fixierten Vereinbarungen entstehen. Bei Vorliegen einer einseitigen Abhängigkeitssituation kann der benachteiligte Marktpartner sogar im Vertrag gefangen sein. Dies gilt vor allem bei asymmetrischen Beziehungen und Investitionen in einen ausschließlich auf die Vertragsbeziehung ausgerichteten Produktionsapparat (hoher Grad der Faktorspezifizität). Die Kosten des Wechsels zu einem anderen Vertragspartner sind dann restriktiv hoch bzw. der Wechsel erscheint de facto ausgeschlossen.

Mit der vertikalen Integration sind auch spezifische Nachteile (Internalisierungskosten und -risiken) verbunden. So fallen neben den Kosten der Kapitalbeteiligung im Erwerbszeitpunkt hierarchieseitige Kontroll- und Koordinationskosten in den Folgeperioden an. Auch müssen in die Organisationsstruktur des internalisierenden Unternehmens gegebenenfalls zusätzliche Hierarchieebenen eingebettet werden, die einen Anstieg des administrativen Aufwands (Bürokratisierung) bewirken. Ein Interessenkonflikt zwischen der Zentrale und der integrierten Teileinheit kann ein weiteres Problem darstellen, das kostenwirksame Anstrengungen zur Harmonisierung von divergierenden Zielvorstellungen und zum Abbau von Informationsasymmetrien erfordert. Auch deshalb sind organisatorische Kontrollstrukturen vorzusehen. Die Implementierung des Modells zur Konflikthandhabung auf diskursethischer Grundlage von GILBERT könnte die Notwendigkeit strikter Kontrollstrukturen entschärfen.[80]

Abbildung 16 visualisiert Rückwärts- und Vorwärtsintegration. Im ersten Fall liegt eine Rückwärtsintegration nahe, weil der Automobilhersteller U im *single sourcing* für ein Zwischenprodukt ZP_i der latenten Gefahr überhöhter Preissetzung durch den externen Zulieferer L ausgesetzt ist. Sofern der Zulieferer die Abhängigkeitsposition durch opportunistisches Verhalten ausnutzt und keine Ausweichmöglichkeit auf andere Transaktionspartner existiert, können Akquisition und Integration in die Organisation von U sinnvoll sein. Der erwartete Internalisierungseffekt ist positiv. Der externe Lieferant L unterliegt als interner Unternehmensteil U_L der vollständigen Managementkontrolle.

---

79 Vgl. hierzu auch BROWN 1976, S. 39-40, und SCHMIDT 1992, Sp. 1857.
80 Siehe dazu im Einzelnen GILBERT 1998, S. 177-229.

Eine Situation der Vorwärtsintegration kann beispielsweise entstehen, wenn die Reputation des Automobilherstellers U von der Servicequalität des externen Automobilhändlers A abhängt. Hier birgt opportunistisches Verhalten des Handelsunternehmens im Vertriebs- und Serviceprozess eines Endprodukts EP_k die Gefahr des Reputationsverlusts in sich. Diese kann ausgeschaltet werden, wenn Händler A erworben und als unternehmensinternes Händlernetz U_A in die eigene Organisation integriert wird. Auch in diesem Fall ist ein positiver Internalisierungseffekt zu erwarten.

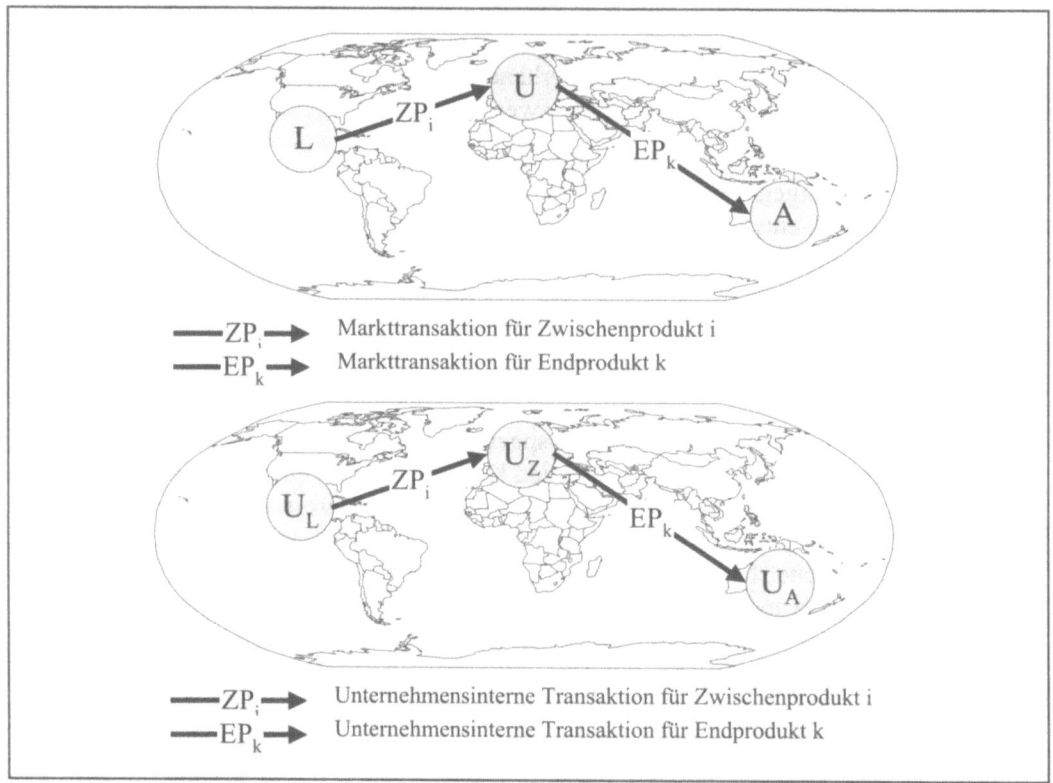

Abb. 16: Internationale Wertschöpfungsbeziehung bei Marktlösung und nach erfolgter Vertikalintegration

Horizontale Integration
Die horizontale Integration umfasst vor allem die Internalisierung immaterieller Assets wie Managementwissen und technologisches Produkt- sowie Prozesswissen, und zwar als Kombination ähnlicher Unternehmensaktivitäten auf gleicher Stufe der Wertschöpfungskette.[81] In Form der horizontalen Direktinvestition errichtet das international tätige Unternehmen Standorte im Ausland, die den Betriebsprozess des Stammlandes duplizieren. Ein Anreiz für die horizontale Integration entsteht beispielsweise aus dem Versagen bestimmter Wissensmärkte. Der internationale Transfer von gesetzlich geschütz-

---

[81] Vgl. z. B. TEECE 1981, S. 7-10; RUGMAN 1985, S. 46-50; BUCKLEY 1989, S. 4-5.

tem Know how innerhalb eines Organisationssystems kann von Vorteil sein, wenn die Wissensübertragung zu komparativ niedrigeren Kosten erfolgt und der Schutz vor ungewollter Informationsdiffusion gewährleistet ist.

Nachfolgend werden frühe Schritte der Internationalisierung des Nähmaschinenherstellers SINGER aufgezeigt. Sie präzisieren die allgemeinen Überlegungen zur vorwärts- und rückwärtsgerichteten Internalisierung anhand eines Praxisfalls.

Etappen einer Interna(tiona)lisierung: das Beispiel SINGER[82]

1850 Entwicklung der Singer Nähmaschine.

1851 Gründung der I. M. SINGER & COMPANY in Boston. Nationale sowie internationale Patentierung.

1855 Patentübertragung an CHARLES CALLEBAUT und Technologietransfer durch Errichtung einer Produktionsstätte in Frankreich. CALLEBAUT zahlt die vertraglich vereinbarten Patentnutzungsgebühren nicht, hält Informationen über die in Frankreich realisierten Verkaufszahlen zurück und nimmt Konkurrenzprodukte in das eigene Handelssortiment auf. Es kommt zum Rechtsstreit zwischen SINGER und CALLEBAUT mit anschließender Kündigung der weiteren Zusammenarbeit. In den Vereingten Staaten verkauft SINGER sogenannte Territorialrechte an rechtlich unabhängige Vertriebsfirmen. Diese ignorieren jedoch die vertraglich fixierten Verkaufsrichtlinien von SINGER, die neben der Distribution des Produkts auch Zusatzfunktionen wie Vorführung, Einweisung, Wartung und Reparatur sowie Kreditfinanzierung (Risikoteilung) umfassen.

1856 Errichtung von unternehmenseigenen Verkaufsniederlassungen in den USA. als Ausdruck einer vorwärtsgerichteten nationalen Integration. Gewährleistung der Kontrolle über den gewünschten Vertriebsmodus.

1861 Gründung unternehmenseigener Verkaufsrepräsentanzen in Glasgow und London als Kopie des amerikanischen Distributionssystems.

1868 In Glasgow wird zunächst ein Montagebetrieb auf experimenteller Basis errichtet und anschließend um die vorgelagerten Fertigungsstufen erweitert. Eine Lizenzierung der Produktion an Lokalunternehmen kommt aufgrund der negativen Erfahrungen in Frankreich nicht in Frage.

1879 In Großbritannien stehen zwei Produktionsstätten sowie 26 Verkaufszentren unter Eigentum und Kontrolle der SINGER MANUFACTURING COMPANY, New York.

---

[82] Vgl. WILKINS 1970, S. 37-45. Siehe zu einem anderen Beispiel FINA/RUGMAN 1996.

Kritische Würdigung
Insgesamt gesehen gilt die Internalisierungstheorie zwar als ein Konzept mit ausgeprägtem Vereinheitlichungscharakter.[83] Dennoch, oder gerade deshalb, lassen sich mehrere kritische Punkte herausarbeiten:[84]

1. **Problematische Operationalisierbarkeit der Transaktionskosten**
   Es existieren kaum konkrete empirische Untersuchungen zur Quantifizierung, folglich können über die reale Bedeutung von Transaktionskosten nur Vermutungen angestellt werden.[85]

2. **Erfordernis klarer Unternehmensgrenzen**
   Internalisierung setzt klare Unternehmensgrenzen voraus. Eine Internationalisierung durch grenzüberschreitende Kooperation zwischen Unternehmen ohne gegenseitige Kapitalbeteiligung kann durch die Internalisierungstheorie nicht hinreichend erklärt werden. Dass Unternehmensnetzwerke als Hybridform nach WILLIAMSON eine Intermediärposition zwischen Markt und Hierarchie einnehmen, erscheint bislang allenfalls von heuristischem Interesse.

3. **Implizierte Passivität international tätiger Unternehmen**
   Die Institutionen der Internalisierungstheorie sind passive Reaktoren auf endogene Marktunvollkommenheiten. Tatsächlich unterliegen Marktunvollkommenheiten und Internalisierungsentscheidungen aber Wechselwirkungen. International tätige Unternehmen können proaktiv durch Internalisierung Marktunvollkommenheiten schaffen, um dadurch Markteintrittsbarrieren aufzubauen und die Wettbewerbsposition zu verbessern. Hier ergibt sich eine enge Verbindung zur Theorie des monopolistischen Vorteils.[86]

4. **Offene Fragen der internen Organisationsstruktur**
   Zwar besitzt die Internalisierungstheorie durch die Zielsetzung effizienter Organisationssysteme einen unmittelbaren strategischen Bezug zur Wettbewerbsposition des international tätigen Unternehmens. Jedoch stößt die Aussage, eine effiziente Unternehmenskonfiguration sei das Organisationssystem, *„...mit welchem die gewünschten Transaktionen zu minimalen Kosten durchgeführt werden"*,[87] schnell an die genannten Operationalisierungsgrenzen.

---

[83] Vgl. BUCKLEY 1989, S. 12.
[84] Vgl. hierzu auch SCHMIDT 1995, S. 78-80.
[85] Siehe zu Problemen der Operationalisierung von Transaktionskosten GÜMBEL 1985, S. 151-164.
[86] Vgl. hierzu auch DUNNING 1977, S. 410-411.
[87] BENKENSTEIN/HENKE 1993, S. 79.

5. Statische Perspektive

Die traditionelle Internalisierungstheorie vermag den Wechsel zwischen Internalisierung und Externalisierung nicht hinreichend zu erklären. Auch der Faktor Zeit bleibt unberücksichtigt. Dies impliziert eine Internalisierung mit unendlicher Nutzungsdauer. Gerade deshalb können jene Hybridformen nicht erklärt werden, deren Existenz zeitlich begrenzt ist. Beispiele hierfür bieten die Partizipation an einem regionalen Netzwerk, Projektnetzwerk oder virtuellen Unternehmensnetzwerk.

Der wichtigste Vorteil der Internalisierungstheorie liegt in der Möglichkeit der flexiblen Erweiterung und Übertragung auf andere Erklärungsgegenstände.[88] Gerade der Flexibilitätsvorteil birgt jedoch die Gefahr einer aussagelosen Allgemeingültigkeit in sich.

Weitergehende Überlegungen zur Internalisierung

Eine zugrundeliegende systemische Perspektive erlaubt die Analyse des international tätigen Unternehmens innerhalb eines Gerüsts, das eine Externalisierung, Vertrauen, Marktmacht sowie soziale und politische Problembereiche ebenso in die Betrachtung einbezieht, wie die dynamischen Elemente des Unternehmenswachstums und der Internalisierungsrichtung.[89]

Grundsätzlich kann davon ausgegangen werden, dass die Wahrscheinlichkeit der Internalisierung mit wachsendem Handelsvolumen und zunehmender Transaktionsfrequenz ansteigt. Dabei wird ein ITU, dessen Know how extern schwer zu bewerten ist, tendenziell schwieriger zu akquirieren und internalisieren sein als ein Unternehmen mit von außen leicht bewertbarem Know how. Allgemein gehören zu den Märkten mit starkem Internalisierungsanreiz die bereits erwähnten Know how-Märkte, aber auch Märkte für Agrarprodukte, für Zwischenprodukte kapitalintensiver Fertigungsprozesse sowie für Rohstoffe.[90]

Große Unternehmen internalisieren tendenziell kleinere und nicht umgekehrt. Dies liegt an der häufig besseren Kapitalausstattung. Jede Internalisierung verursacht aber Kosten, und auch Großunternehmen sind Kapitalrestriktionen ausgesetzt. Als Ausgleich bietet sich gegebenenfalls eine Desinvestition in anderen Geschäftsbereichen an. Das Wachstum des international tätigen Unternehmens resultiert vielfach aus einem Wechselspiel zwischen Internalisierung und Desinvestition. Dies setzt allerdings eine geeignete Organisationsbasis voraus, wie sie beispielsweise durch die Metastruktur der Holding geschaffen werden kann. Aufgrund der rechtlichen Unabhängigkeit der Tochtergesellschaften erlaubt die Holding ein flexibles Wechselspiel aus Internalisierung und Externalisierung. Dabei genießt die Holding vor allem strategische Flexibilität. So können Teileinheiten, die nicht zum Kerngeschäft gehören, vergleichsweise einfach desinvestiert werden. Das damit generierte Kapital steht wiederum für eine Internalisierung von Unternehmen zur Verfügung, die die eigenen Kernkompetenzen komplementieren und bei denen die zugrundeliegende Transaktionsbeziehung bislang hohe externe Transaktionskosten verursacht hat.

---

[88] Vgl. SCHMIDT 1995, S. 80.
[89] Siehe zu den folgenden Ausführungen ähnlich CASSON 1995b, S. 22-46.
[90] Vgl. dazu BUCKLEY 1988, S. 182-183 sowie beispielhaft RUGMAN 1985, S. 46-50.

Eng verknüpft mit diesen Überlegungen ist die Frage, warum ein Unternehmen durch die Akquisition einer ausländischen Gesellschaft international expandieren sollte (Internalisierung), wenn alternativ die Errichtung eines Standortes auf der grünen Wiese möglich ist (Quasi-Internalisierung).

Die Akquisition ist vorzuziehen, wenn das ITU nicht über das komplementäre Know how verfügt. Hier bietet Internalisierung die Chance auf einen zügigen Wissenszuwachs und damit verbunden auf eine Verbesserung der Wettbewerbsposition. Des weiteren können mit der Internalisierung die Anlauf- und Eintrittskosten der *greenfield*-Investition im fremden Markt vermieden werden. Generell bietet die Internalisierung den Vorzug eines beschleunigten Eintritts in die Zwischen- und Endproduktmärkte des Auslands. Ferner baut Internalisierung keine zusätzliche Produktionskapazität im Auslandsmarkt auf. Das lokale Marktgleichgewicht wird nicht gestört. Dies gilt umso mehr für stagnierende bzw. schrumpfende Auslandsmärkte. Ein wettbewerbsbedingter Anstieg der Rivalität im Auslandsmarkt, aber auch der Rivalitätsexport zurück in das Stammland, sind deshalb kaum zu befürchten (Theorie des oligopolistischen Verhaltens).

Eine *greenfield*-Investition empfiehlt sich zudem, wenn das Umfeld familiär strukturiert ist. Sofern eine breite Erfahrungsbasis aus Neuinvestitionen in anderen Auslandsmärkten bereits vorliegt, wird diese Form des Markteintritts der Internalisierung vorzuziehen sein.

3.6 Eklektisches Paradigma als integratives Konzept

Ein gemeinsames Merkmal der bisher vorgestellten Internationalisierungstheorien ist ihr partialanalytischer Charakter zur Erklärung von Direktinvestitionen. Ihr Defizit besteht in den monokausalen Erklärungsmustern für die Entstehung internationaler Unternehmenstätigkeit, die eine Konzentration auf einzelne Internationalisierungsaspekte vornehmen. Die *Eclectic Theory of International Economic Involvement* wurde aus dieser Kritik heraus von JOHN H. DUNNING als Versuch der totalanalytischen Integration verschiedener Theorieansätze entwickelt.[91]

Als theoretische Basis dienen die Industrial Organization-Theorie zur Erklärung von Eigentumsvorteilen, die Theorie der Unternehmung zur Begründung von Internalisierungsvorteilen, die neoklassische Außenhandelstheorie sowie die Standorttheorie zur Erklärung der Standortvorteile. Angesichts der Bedeutung DUNNINGS für Theorie und Praxis wird seine Konzeption im Folgenden relativ ausführlich wiedergegeben, obwohl sie sich eine Reihe kritischer Einwände gefallen lassen muss.

---

91 Siehe zur Entwicklung des eklektischen Paradigmas DUNNING 1991, S. 120-125.

Eklektisches Paradigma als integratives Konzept 77

Eigentumsvorteile

Die zugrundeliegende Logik des eklektischen Paradigmas knüpft zuerst an die monopolistischen Vorteile im Sinne von HYMER et al. an, die als Eigentumsvorteile bezeichnet werden. Als erste notwendige Bedingung für Direktinvestitionen gilt daher die Existenz von Eigentumsvorteilen (*ownership advantages*) gegenüber Lokalkonkurrenten in anderen Ländern.[92] Abbildung 17 trägt einen Katalog möglicher Eigentumsvorteile des international tätigen Unternehmens zusammen.[93] Dabei differenziert DUNNING in Eigentumsvorteile, die unabhängig von der Internationalität des ITU sind, in spezifische Eigentumsvorteile aus der internationalen Unternehmenstätigkeit und in Vorteile international bereits etablierter dezentralisierter Teileinheiten gegenüber neu in den Markt tretenden Konkurrenten.

Vom Internationalisierungsgrad unabhängige Eigentumsvorteile							
Unternehmens-größe	Etablierte Marktposition	Diversifikation	Arbeitsteilung und Spezialisierung	Monopolmacht		Effizienter Ressourcen-einsatz
Humankapital	Exklusiver Zugriff auf Einsatzfaktoren	Exklusiver Marktzugang	Patentierte Technologien	Trademarks		Produktions-management
Organisations-systeme	Marketing-systeme	F&E-Potential und -kapazität	Erfahrung	Günstige Beschaffungs-konditionen		Staatliche Protektion

Spezifische Eigentumsvorteile aus Internationalität			
Intensivierung obiger Vorteile	Informationsvorteile aus größerem Marktüberblick	Vorteile aus internationalen Unterschieden in Faktorausstattungen und Märkten	Risikostreuung durch Unternehmenstätigkeit in verschiedenen Währungsräumen

Eigentumsvorteile dezentraler Unternehmenseinheiten	
Zugriffsmöglichkeiten auf Kapazitäten der Zentrale: Management, F&E, Marketing, Finanzen	Skalenerträge aus gemeinsamer Beschaffung

Abb. 17: Katalog von Eigentumsvorteilen

---

[92] Vgl. DUNNING 1977, S. 400-401.
[93] Vgl. auch DUNNING 1981, S. 79-81.

Diese Vorteile sind größtenteils in immateriellen Assets verkörpert und für einen bestimmten Zeitraum Exklusiveigentum des Unternehmens. Firmenspezifische Know how-Vorteile werden mit dem Aufholen der Konkurrenz jedoch obsolet und müssen daher ständig durch Investitionen aufrechterhalten werden.[94] Die Existenz des Eigentumsvorteils gilt als ursprünglich unabhängig von Internalisierungs- und Standortvorteilen.

Internalisierungsvorteile

Das Unternehmen bevorzugt die Nutzung der Eigentumsvorteile durch internationale Expansion der eigenen Geschäftstätigkeit anstelle einer Externalisierung über Lizenzierung und ähnliche Verträge. Eine zweite notwendige Bedingung für Direktinvestitionen ist somit das Vorhandensein von Internalisierungsvorteilen *(internalization advantages)* zum Schutz gegen bzw. zur Nutzung von Marktversagen.[95] Abbildung 18 enthält eine Liste von möglichen Internalisierungsvorteilen.

Internalisierungsvorteile		
Vermeidung von Transaktions- und Verhandlungskosten	Vermeidung von Kosten der Durchsetzung von Eigentumsrechten	Keine Preisdiskriminierung marktlichen Ursprungs
Käuferunsicherheit	Ausschöpfung von Synergien aus interdependenten Geschäftsaktivitäten	Kontrolle über Zulieferungen und Beschaffungsbedingungen (einschließlich Technologien)
Bessere Kontrolle über die Erfüllung von Qualitätsstandards	Kontrolle über Distributionskanäle	Umgehung oder Nutzbarmachung staatlicher Eingriffe (z. B. Handelskontingente, Zölle, Preiskontrollen, Steuerdifferenzen)

Abb. 18: Katalog von Internalisierungsvorteilen

DUNNING interpretiert die Internalisierung auch als Integration eines Eigentumsvorteils. Er unterscheidet sich hier von den Aussagen der traditionellen Internalisierungstheorie, bei der die Internalisierung unvollkommener Märkte im Vordergrund steht.

---

[94] Vgl. HIRSCH 1976, S. 260. Auch BUCKLEY spricht in diesem Zusammenhang von firmenspezifischen Problemen als kurzfristigem Phänomen. Vgl. BUCKLEY 1989, S. 11-12.

[95] Vgl. DUNNING 1977, S. 402-406. Dabei wird der Bezug zu COASE und WILLIAMSON als implizit angenommen. Vgl. SCHMIDT 1995, S. 82.

Standortvorteile

Drittens ist das Unternehmen bestrebt, die Eigentums- und Internalisierungsvorteile in Verbindung mit Faktoreinsätzen an einem vorteilhaften Standort im Ausland zu nutzen. Die Existenz von Standortvorteilen (*location advantages*) ist somit ebenfalls als notwendige Bedingung für ein direktinvestives Auslandsengagement zu betrachten.[96] Die nachfolgende Liste enthält Standortvorteile, die sowohl das Heimat- als auch das Gastland begünstigen können (vgl. Abb. 19).

Standortvorteile			
Marktgröße, Marktwachstum, Rohstoffvorkommen Rohstoffzugriff	Faktorkosten, Faktorqualität, Faktorproduktivität	Transport- und Kommunikationskosten	Infrastruktur
Importkontrollen, Steuersystem, Investitionsanreize, politische Stabilität	Staatliche Eingriffe, Geschützte Märkte	Standortnähe, Sprache, Landeskultur, Geschäftsgepflogenheiten	Skalenerträge aus F&E, Produktion, Marketing

Abb. 19: Katalog von Standortvorteilen

DUNNING streift die Standorttheorie, indem er konstatiert, dass Standortvorteile eine notwendige Bedingung für Direktinvestitionen seien. Die Vorstellung des international tätigen Unternehmens als Vehikel zur Übertragung der mobilen Ressourcen Technologie, Kapital und Managementwissen in Länder mit den immobilen komplementären Ressourcen Markt, Rohstoffe und Arbeitskraft lässt einen Bezug zu RICARDO erkennen.

Die Logik des eklektischen Paradigmas lässt sich zu folgenden notwendigen Bedingungen verdichten:

1. Existenz von Eigentumsvorteilen,
2. Existenz von Internalisierungsvorteilen,
3. Existenz von Standortvorteilen.

Die hinreichende Bedingung für Direktinvestitionen ist erfüllt, wenn alle notwendigen Bedingungen vorliegen. Das eklektische Paradigma stellt ein relatives Konzept dar. Der Vorteil wird aus der Perspektive unternehmerischer Wettbewerbsfähigkeit und Gewinnorientierung betrachtet. Er repräsentiert somit ein immaterielles oder ein materielles Unternehmensaktivum.

---

[96] Vgl. DUNNING 1977, S. 408-410; DUNNING 1979, S. 284-289.

Entwicklungsstufen des eklektischen Paradigmas
In der Literatur zeichnen sich im Wesentlichen vier Entwicklungsstufen ab:

1. **Ausgangsposition (1977)**
   Erarbeitung der eklektischen Theorie zur Erklärung der Determinanten von Direktinvestitionen. Der Begriff *eklektisch* drückt den methodischen Versuch aus, verschiedene Denkrichtungen in Bezug auf Eigentum, Standort und Organisationsform grenzüberschreitender Wertschöpfung zu integrieren. Als Instrumentarium wird ein analytischer Rahmen für die Erklärung des Gesamtspektrums internationaler Unternehmenstätigkeit hinsichtlich Wachstum, Branchenmuster und geographischer Streuung bereitgestellt.

2. **Erste Modifikation (1988)**
   Nicht zuletzt aufgrund der kritischen Reaktionen spricht DUNNING nicht länger von einer Theorie, sondern von einem eklektischen Paradigma.[97] Inhaltlich modifiziert er das Konzept, indem die Generierung von Eigentumsvorteilen jetzt auch aus einer grenzüberschreitenden Internalisierung von Zwischenproduktmärkten resultieren kann: Internalisierung schafft Eigentumsvorteile. Die ursprüngliche Logik sah eine Direktinvestition lediglich als Resultante des Eigentumsvorteils, wie dies auch in der Theorie des monopolistischen Vorteils einseitig zugrundegelegt wird. Darüber hinaus differenziert DUNNING in transaktionskostenbasierte und assetbezogene Eigentumsvorteile.

   Transaktionskostenbasierte Vorteile resultieren aus einer möglichst großen Hierarchiekapazität des international tätigen Unternehmens, die eine Realisierung der einheitlichen Kontrolle über ein Netzwerk von Aktiva in verschiedenen Ländern ermöglicht. Im Vergleich zu externen Märkten sind allerdings Engpässe der Hierarchiekapazität denkbar. Dies betrifft zum Beispiel die Leitungsspanne einer Holdingobergesellschaft, die nicht beliebig ausgedehnt werden kann. Assetbezogene Vorteile entstehen aus gesetzlich geschütztem Eigentum an spezifischen Aktiva des ITU, und zwar im Vergleich mit Lokalkonkurrenten. DUNNING greift damit die zunehmende Bedeutung transaktionskostentheoretischer Erklärungsmuster einer internationalen Produktion auf. Er weist darauf hin, dass mit ansteigendem Internationalisierungsgrad die Erträge aus einheitlicher Kontrolle über interdependente Aktivitäten relativ an Gewicht gegenüber den Erträgen aus dem Exklusivzugriff auf unternehmensspezifische Assets gewinnen.

3. **Zweite Modifikation (1993)**
   Abermals wird das Konzept der Eigentumsvorteile erweitert, und zwar durch die Hinzunahme von firmenspezifischen strategischen Variablen. Die Integration einer strategischen Dimension erscheint jedoch problematisch, weil das eklektische Paradigma vom Ursprung her statischen bzw. komparativ-statischen Charakter besitzt, während strategische Entscheidungen eine Zeitdimension enthalten.

---

[97] Vgl. DUNNING 1988.

4. Dritte Modifikation (1995/1997)

DUNNING erweitert das eklektische Paradigma schließlich um den aktuellen Trend einer Transformation der Unternehmensbeziehungen von einem Hierarchiedenken zu einem Allianzdenken. Dadurch soll die evolutorische Flexibilität des Konzeptes betont werden. Entlang der Wertschöpfungskette sowie zwischen Unternehmen auf identischer Wertschöpfungsstufe werden zunehmend die klassischen *arm's length*-Verträge als Transaktionsmodus durch diverse Kooperationsformen auf symbiotischer und relationaler Basis ersetzt. Die Form des *„Allianzkapitalismus"* hat weitreichende Implikationen für das eklektische Paradigma und die Determinanten der Aktivitäten international tätiger Unternehmen. Letztlich handelt es sich jedoch nur um einen Versuch, den Wandel hin zu zwischenbetrieblichen Transaktionen mit informellem bis netzwerkartigem Charakter in das eklektische Gebäude zu inkorporieren. Dieser manifestiert sich in einer Erweiterung der Vorteilskataloge um Aspekte international tätiger Netzwerkunternehmen.[98]

Kritische Würdigung

Eine kritische Würdigung setzt bei DUNNINGs eigenem Verständnis seiner Konzeption an.[99] Er sieht die eigentliche Leistung seines Ansatzes in einer Berücksichtigung der Internalisierungsvorteile. Entsprechend wird das eklektische Paradigma nicht als Alternative zur Theorie des monopolistischen Vorteils betrachtet, sondern als ein Konzept, das die wesentlichen Merkmale der wichtigen Internationalisierungstheorien in sich vereint. Insofern macht DUNNING das international tätige Unternehmen zu einem *location oriented efficiency driven rent seeker*. Als problematisch erweist sich jedoch, dass das eklektische Paradigma wegen des Allgemeinheitsanspruchs nur eingeschränkte Erklärungs- bzw. Prognosekraft in Bezug auf spezielle Formen internationaler Produktion und auf das konkrete Verhalten individueller Unternehmen besitzt.

In punkto Methodologie wird allgemein die fehlende Geschlossenheit des Vorteilskatalogs bemängelt, die eine beliebige situationsorientierte Erweiterbarkeit zulasse und letztlich als Sammelsurium verschiedener Determinanten einer Direktinvestition interpretiert werden könne. Diese Gefahr erkennt DUNNING selbst: *„In presenting the systemic theory, we accept we are in danger of being accused of eclectic taxonomy."*[100] Zur Verwässerung des eklektischen Paradigmas trägt DUNNING dann selbst bei, indem er den umfangreichen Vorteilskatalog in einen situativen Kontext setzt und damit die ohnehin eingeschränkte operationale Robustheit weiter abschwächt. Der Erklärungswert der mannigfaltigen Determinanten einer Direktinvestition sei schließlich kontextabhängig, von Situation zu Situation unterschiedlich.[101] Vor diesem Hintergrund drängt sich die Frage nach der Zweckmäßigkeit des eklektischen Paradigmas auf.

---

[98] Vgl. DUNNING 1997, S. 13-20.
[99] Vgl. zur Kritik am eklektischen Paradigma bereits DUNNING 1977 sowie DUNNING 1997 und WELGE/HOLTBRÜGGE 2001.
[100] DUNNING 1977, S. 406.
[101] Vgl. DUNNING 1997, S. 4.

ITAKI hat in einer kritischen Auseinandersetzung mit dem eklektischen Paradigma weitere Defizitbereiche erarbeitet.[102] Zu seinen Kritikpunkten zählt unter anderem die Redundanz des Eigentumsvorteils, da dieser letztlich aus der Internalisierung resultiere. Nach dieser Auffassung können Direktinvestitionen ausschließlich mit Hilfe von Internalisierungs- und Standortvorteilen erklärt werden. Dies deutet jedoch bereits DUNNING selbst an, indem er zusammenfassend feststellt, dass die Eigentumsvorteile eines international tätigen Unternehmens aus dem Exklusiveigentum an bestimmten Assets resultieren. Oftmals würden diese Unternehmen jene Rechte durch Internalisierung des externen Marktes oder durch Nicht-Externalisierung auf dem Wege der unternehmensinternen Eigenentwicklung generieren.[103] Zudem kommt er dieser Kritik mit seiner Modifikation von 1988 entgegen. Gleichwohl sieht er keinen Grund, das Paradigma auf zwei Hauptdeterminanten zu reduzieren.

Des weiteren verdeutlicht ITAKI die Interdependenz von Eigentums- und Standortvorteilen,[104] sowie die Ambiguität des Standortvorteils. Hinsichtlich des Zusammenhangs zwischen ausgewählten Eigentumsvorteilen und länderspezifischen Merkmalen des Heimatmarktes zeigt allerdings auch DUNNING vage Wechselbeziehungen auf. So könne beispielsweise die Marktgröße im Stammland als länderspezifische Determinante des Eigentumsvorteils der Unternehmensgröße fungieren. Letztlich seien es die faktorspezifischen Ausstattungen des Heimatmarktes, die eine Generierung der firmenspezifischen Eigentumsvorteile fördern oder erst ermöglichen.[105] Eine Darlegung des Zusammenhangs zwischen spezifischen Merkmalen der Auslandsmärkte und dem Einfluss auf die Generierung von Eigentumsvorteilen unterbleibt jedoch.

Es besteht auch Unklarheit darüber, welcher Vorteil sozusagen die Vorherrschaft einnimmt. ETHIER glaubt zu erkennen: *"Internalization appears to be emerging as the Caesar of the OLI triumvirate."*[106] Dies mag auch daran liegen, dass es keine fundierte Erklärung für die Entstehung eines Eigentumsvorteils gibt. Ähnlich der Theorie des monopolistischen Vorteils taucht dieser bei DUNNING letztlich *like manna from heaven* auf. Weitere Kritikpunkte betreffen die fehlende Erklärung einer Auslandsproduktion als Basis für Re-Exporte in das Heimatland des international tätigen Unternehmens sowie Probleme der empirischen Überprüfung.[107]

Angesichts der umfangreichen Kritik an DUNNINGS eklektischem Paradigma stellt sich die Frage, ob die ursprüngliche Intention einer die Partialansätze überwindenden Gesamtbetrachtung verwirklicht worden ist. Sie ist aus zwei Gründen zu verneinen. Erstens bedeutet der Rückzug auf den situativen Charakter der verschiedenen Bestimmungsfaktoren von Direktinvestitionen de facto die Aufgabe des Anspruchs einer geschlossenen Theorie. Zweitens widersprechen sich der Anspruch auf Allgemeinheit der Theorie

---

[102] Vgl. ITAKI 1991. Siehe allgemein zur Kritik auch SCHMIDT 1995, S. 82-83.
[103] Vgl. DUNNING 1977, S. 406.
[104] Vgl. zur Gegendarstellung bezüglich der Interdependenzen DUNNING 1991, S. 125-126.
[105] Vgl. DUNNING 1979, S. 279-284.
[106] ETHIER 1986, S. 805.
[107] Siehe zur empirischen Bestätigung z. B. DUNNING 1981, S. 46-71.

und die notwendige Bedingung einer Operationalisierung, mit der Folge eines eingeschränkten Anwendungsbezugs.

Nach dem Motto *nomen est omen* verbleibt es bei einem Theorieansatz, der wirklich die Bezeichnung eklektisch verdient. Immerhin hat dessen Urheber den Versuch unternommen, eine bestehende konzeptionelle Lücke zu schließen, und er hat dies mit einem bemerkenswerten Maß an individueller und akademischer Flexibilität über einen Zeitraum von mehr als zwei Jahrzehnten vollzogen.

Damit ist die Darstellung der verschiedenen Internationalisierungstheorien einschließlich deren kritischer Würdigung abgeschlossen. Wir wollen nun prüfen, welche Verknüpfungen sich zwischen den einzelnen Ansätzen und dem Organisationsmanagement ergeben. Es ist also zu untersuchen, wo eine Querverbindung vorhanden ist und welche Konsequenzen sich daraus ergeben.

3.7 Implikationen für das Organisationsmanagement

Implikationen aus der Theorie des monopolistischen Vorteils
In ihrer ursprünglich von HYMER begründeten Form setzt diese Theorie bei der Unterscheidung von Portfolio- und Direktinvestitionen an. Mit der Betonung des Kontrollaspekts bei der Durchführung von Direktinvestitionen auf den Auslandsmärkten leitet sie eine Entwicklung ein, die schließlich zur Governance Structure-Diskussion führt.

Für das Organisationsmanagement geht es im Kern um folgende Fragen:

Wie muss der Transfer monopolistischer Vorteile organisatorisch gestaltet werden, um die gewünschten Gewinne erzielen zu können?
Welche Organisationsform eines international tätigen Unternehmens sichert in effizienter Weise die Durchführung der Kontrollfunktion durch die Zentrale?
Welche organisatorischen Vorkehrungen sind zu treffen, um eine kontinuierliche Innovationsfähigkeit bei Produktentwicklung und -differenzierung zu schaffen?

Diese Fragen leiten sich unmittelbar aus der Theorie des monopolistischen Vorteils ab. Die theoretisch fundierten Aussagen fokussieren unter anderem die Notwendigkeit zur permanenten Innovationsfähigkeit sowie zur grenzüberschreitenden Flexibilität und Marktorientierung, aber auch das Erfordernis der ausreichenden Kontrolle über die ins Ausland transferierten Assets. Hier liegt der deskriptive Nutzen der Theorie des monopolistischen Vorteils für ein Organisationsmanagement international tätiger Unternehmen. Der prognostische Nutzen folgt aus der Gegenüberstellung von Direktinvestitionen mit anderen Formen der Internationalisierung. Hier geht es um die Entwicklung von organisatorischen Strukturen, die für die Übertragbarkeit firmenbezogener Kernkompetenzen auf die Auslandsmärkte geeignet sind. Direktinvestitionen als Centers of Excellence passen sich nahtlos in diese Überlegungen ein. Als Spezialisten für bestimmte Aktivitäten übernehmen sie oberste Entwicklungs- und Steuerungsverantwortung und stehen damit unter der Bedingung weltweiter Vernetzung, andererseits unterliegen sie der Bedingung lokaler Anpassungsfähigkeit. Konkrete Hinweise auf die zu wählende geographische Streuung der organisatorischen Subeinheiten und auf die Handhabung möglicher Friktionen bei Übertragung der monopolistischen Vorteile können aus der Theorie dagegen nicht abgeleitet werden. Abschließend ist darauf hinzuweisen, dass heute auch Portfolioinvestitionen eine wichtige strategische Rolle für die Kapitalstruktur in einem international tätigen Unternehmen spielen. Hier ist die Finanzholding zu erwähnen, die ausländische Beteiligungen primär als Anlageobjekte behandelt.

Implikationen aus dem Produktlebenszykluskonzept
Den Prozess der Internationalisierung im ursprünglichen Modell VERNONs mit der Abgrenzung in eine Einführungs-, Reife- und Standardisierungsphase von Produkten zu erklären hat seinen deskriptiven und prognostischen Aussagewert für die Global Players heutiger Prägung weitgehend verloren. Die Phasenabschnitte des Modells haben sich zunehmend übereinandergeschoben. Produktentwicklung und -vermarktung erfolgen heute oftmals simultan und länderüberübergreifend. Dies ist Ergebnis sowie Erfordernis eines Aufbaus weltweiter intra- und interorganisatorischer Netzwerke, wie sie sich z. B. im transnationalen Unternehmen manifestieren. Obwohl also die einzelnen Phasen dank der stattgefundenen Erkenntnisfortschritte nicht mehr isoliert-sukzessiv auftreten, gehen von diesem Konzept letztlich doch Anstöße zu einem effizienten Organisationsmanagement aus. Vor allem für Klein- und Mittelbetriebe besitzt das Konzept noch eine gewisse Aussagekraft, da sie oftmals notwendige Ressourcen nicht besitzen und aufgrund fehlender ausländischer Marktkenntnisse phasenweise internationalisieren.[108] Ausnahmen bilden allerdings sog. *Born Globals*, d. h. Unternehmen, die von Anfang an eine starke internationale bzw. globale Präsenz haben (z. B. LOGITECH).[109] Gleichzeitig verweist das Produktlebenszykluskonzept in seiner späteren Modifizierung auf die Notwendigkeit, organisatorische Schwachstellen aufzuspüren, die aus einer ungenügenden mentalen Einstellung auf die vom Markt geforderte Komplexität resultieren. Strukturtypen wie beispielsweise die internationale Division sind kaum mehr in der Lage, den komplexen strategischen Situationen einer sich globalisierenden Weltwirtschaft adäquat zu begegnen.

Implikationen aus der Theorie des oligopolistischen Verhaltens
Diese Theorie enthält zwar keinen unmittelbaren deskriptiven Nutzen für das Organisationsmanagement. Sie zeigt jedoch handlungsanleitend auf, dass es unter oligopolistischen Bedingungen sinnvoll ist, wenn strategische Aktionen von einem organisatorischen Parallelverhalten begleitet werden. Insofern wird speziell für diese Marktform die CHANDLER-These in ihrer Anwendung für grenzüberschreitende Strategien gestützt und erhält dadurch auch einen prognostischen Wert. International tätige Unternehmen sind nicht nur in ihrem oligopolistischen Strategieverhalten, sondern auch in dessen organisatorischer Absicherung voneinander abhängig.

---

[108] Empirische Hinweise dazu finden sich bei BEHNAM/GILBERT 2001, pp. 95-109.
[109] Zum Begriff *Born Globals* vgl. KUTSCHKER/SCHMID 2002, S. 223.

Implikationen aus der Internalisierungstheorie

Trotz der geäußerten Kritik resultiert aus der Internalisierungstheorie ein nicht unwesentliches Nutzenpotential für das Organisationsmanagement. Ihr prognostischer Wert besteht darin, Hinweise auf Märkte mit hoher Internalisierungswahrscheinlichkeit zu geben. Informationen über Wachstumschancen in Kerngeschäften können die Entwicklung des internationalen Geschäftes steuern. Sie zeigen, dass interne Märkte Allokationsprobleme effizient zu lösen vermögen. Wertschöpfungsaktivitäten müssen koordiniert und kontrolliert werden. Widersprüchliche Implikationen für das Organisationsmanagement können allerdings aus den Alternativen Internalisierung versus Outsourcing resultieren. Entschließt sich die Unternehmensleitung zu einer Strategie der vertikalen Integration, zwingen die Optionen Vorwärts- oder Rückwärtsintegration zu unmittelbaren organisatorischen Konsequenzen. Diese Aussage gilt auch für die Strategie der horizontalen Direktinvestition.

Internalisierung ist häufig verbunden mit der Zuweisung von Entscheidungsbefugnissen an die Zentrale im Stammland oder an die integrierten Teileinheiten im Ausland. Daraus resultiert für das Organisationsmanagement ein Spannungsfeld zwischen Zentralisation und Dezentralisation. Internalisierung muss somit nicht zwangsläufig zu einer Zentralisierung führen. Vielmehr eröffnet die aus der Internalisierung resultierende Überwindung ineffizienter externer Marktsysteme die Chance auf partielle Nachbildung eines vollkommenen Marktes, auch wenn sich dieser nur innerhalb der Grenzen des international tätigen Unternehmens vollziehen kann. Konkret bedeutet dies den Aufbau international dezentralisierter Geschäftsbereiche und Profit Center, die über innerbetriebliche Transferpreise untereinander in einen internen Wettbewerb treten und dem *second best*-Ideal der vollkommenen internen Information weitgehend entsprechen.[110]

Ein Brückenschlag zwischen der Internalisierungsentscheidung auf der Basis von Transaktionskosten und einer internen (De-)Zentralisierung von Organisationssystemen kann anhand von landes- und unternehmenskulturellen Einflüssen verdeutlicht werden. Eine wichtige Rolle spielt dabei das Vertrauen zwischen den Transaktionspartnern. Daraus lassen sich Strukturalternativen für ein transaktionskostenorientiertes Organisationsmanagement aufzeigen, die wir nachfolgend anhand des zweistufigen Vorgehens

1. Wahl der übergeordneten Koordinationsform und
2. Wahl der internen Organisationsstruktur

skizzieren. Den Ausgangspunkt dieser Überlegungen bildet die Erkenntnis, dass jedes Unternehmen eine Unternehmenskultur besitzt, die in ein landeskulturelles Umfeld eingebettet ist und damit auch durch die Werte, Normen und Gebräuche der Gesellschaft beeinflusst wird.[111] Andererseits beeinflusst die Unternehmenskultur wiederum das Verhalten ihrer Organisationsmitglieder, die zugleich einer bestimmten Gesellschaft angehören. Zwischen der Landes- und Unternehmenskultur kommt es zu Wechselwirkungen.

---

[110] Siehe hierzu ähnlich BUCKLEY 1989, S. 14-15.
[111] Zum Begriff der Unternehmenskultur vgl. u. a. STEINMANN/SCHREYÖGG 2000, S. 621-652; STAEHLE 1999, S. 497-517. Zum Einfluss der Landes- auf die Unternehmenskultur siehe CASSON 1994, S. 236 und TAYEB 1988.

Als ein wichtiger Bestandteil von Landes- und Unternehmenskultur gilt das Vertrauen zwischen den Mitgliedern der Gesellschaft und der Organisation.[112] Unter Vertrauen wird eine Einstellung gegenüber dem jeweiligen Transaktionspartner verstanden, die gekennzeichnet ist durch das Unterlassen opportunistischer Verhaltensmuster. Vertrauenswürdiges Handeln äußert sich als Verzicht auf gegenseitige Schädigung.

Wahl der übergeordneten Koordinationsform
Ausgehend von den landeskulturell geprägten Vertrauensmustern der Marktpartner sind aus nationaler und internationaler Perspektive vier deutlich abgrenzbare Basisszenarien konstruierbar. Aus ihnen lassen sich Handlungsalternativen für die Wahl der übergeordneten Koordinationsform ableiten. Der externe Markt bildet den Ursprung der Analyse.

1. **Nationale Organisationslösung**
In einer Landeskultur mit vergleichsweise niedriger Vertrauensbasis zwischen den Marktpartnern entstehen tendenziell hohe externe Transaktionskosten. Die Misstrauensgesellschaft verinnerlicht eine pessimistische Einstellung gegenüber der Natur des Menschen, der zufolge auch einem Transaktionspartner grundsätzlich nicht oder nur eingeschränkt vertraut werden kann.[113] Die Abwicklung von Transaktionen in einer Misstrauensgesellschaft erfordert einen komplexen juristischen Apparat, der für die umfangreiche Vertragsgestaltung, -abwicklung und -überwachung sowie im Falle von vertragsabweichendem Verhalten für die Konfliktregelung in Anspruch genommen wird.[114] Diese Einschaltung verursacht zusätzliche Transaktionskosten, die im idealtypischen Fall einer landeskulturell geprägten Vertrauensgesellschaft nicht vorhanden, realiter zumindest geringer sind. Die Aussicht auf spürbare Verminderung der externen Transaktionskosten fördert die Internalisierungstendenz im *misstrauischen* Heimatland. Als Konsequenz realisieren die Unternehmen einen hohen Integrationsgrad ihrer Organisation, der sich typischerweise in einer hohen Fertigungstiefe niederschlägt.

2. **Nationale Marktlösung**
Demgegenüber weist die Unternehmenstätigkeit in einer nationalen Landeskultur mit großer Vertrauensbasis zwischen den marktlichen Transaktionspartnern niedrigere externe Transaktionskosten auf. Daraus resultiert im Heimatland tendenziell ein relativ geringer Integrationsgrad der Unternehmen. Die nationale Marktlösung ist mit einer Konzentration des Unternehmens auf wenige Stufen des Wertschöpfungsprozesses bei gleichzeitiger Abwicklung der zur Erstellung des Leistungsprogramms erforderlichen externen Vertragsbeziehungen über ein Netzwerk von Lieferanten und Absatzmittlern verbunden.

---

[112] Vgl. zu den kulturellen Determinanten des Vertrauens CASSON 1995a, S. 109-111.
[113] Vgl. dazu CASSON 1994, S. 237.
[114] Vgl. FUKUYAMA 1995, S. 45, S. 187-188.

3. **Internationale Organisationslösung**
Die Aussagen zur nationalen Organisationslösung lassen sich auf den internationalen Aktionsraum von Unternehmen übertragen. Tendenziell kommt es zu einer grenzüberschreitenden Integration des Lokalunternehmens in die Organisation des international tätigen Unternehmens, sofern die externen Transaktionskosten auf dem Auslandsmarkt hoch sind. In diesem Fall sind die grenzüberschreitenden Transaktionsbeziehungen durch ein opportunistisches Verhalten der ausländischen Transaktionspartner geprägt; eine Vertrauensarmut in der Kultur des Gastlandes dominiert zugleich die Vertrauensbasis des international tätigen Unternehmens.

4. **Internationale Marktlösung**
Landeskulturell bedingt niedrige externe Transaktionskosten bieten kaum einen Anreiz zur Internalisierung des ausländischen Marktpartners. Eine internationale Marktlösung auf der Basis grenzüberschreitender externer Vertragsbeziehungen erfolgt deshalb unabhängig von der Kultur des international tätigen Unternehmens (Importe und Exporte). Die Vertrauensbasis der Kultur des Auslands dominiert in diesem Fall.

Resümierend lässt sich festhalten: Das Ausmaß an Vertrauen stellt eine bedeutende Triebfeder für die Internalisierung dar. Vollständiges Vertrauen macht eine Internalisierung überflüssig. Je höher das Vertrauen zwischen zwei Transaktionspartnern ist, desto geringer sind die Internalisierungschancen. Die Transaktionspartner bewegen sich in einem landes- und unternehmenskulturell geprägten *high trust environment*. Eine verdichtete Darstellung des Einflusses der Landeskultur auf die übergeordnete Koordinationsform vermittelt Abbildung 20. Es sei betont, dass es sich lediglich um Tendenzaussagen handelt. Anknüpfend an die zuvor beschriebene Trichotomie wird die Hybridlösung als übergeordnete Koordinationsform zumindest angedeutet. Hybride Kooperationsbeziehungen, beispielsweise in Form eines Netzwerkes, setzen die Transaktionsatmosphäre einer Vertrauensgesellschaft voraus.

Abb. 20: Einfluss der Landeskultur auf die übergeordnete Koordinationsform

Wahl der internen Organisationsstruktur

Hybridlösungen definieren sich durch die Kooperation mit einem oder im Falle des Netzwerkes mit mehreren externen Partnern. Sie entstehen tendenziell in einer Atmosphäre des gegenseitigen Vertrauens (Vertrauensorganisation).[115] Eine Mehrheitsbeteiligung am Kapital der Hybridlösung bleibt ausgeschlossen. Demzufolge wird das Hybrid gemeinschaftlich kontrolliert. Insbesondere im internationalen Kontext findet keine interne Strukturzentralisation statt. Es werden eher dezentrale Hybridstrukturen realisiert.

Die Wahl der internen Struktur bezieht sich somit ausschließlich auf die Integration des externen Transaktionspartners und die damit verbundene Kernfrage einer (De)Zentralisierung. Die Überlegungen basieren auf der Annahme pluralistischer Unternehmenskulturen. Je nach nationaler und/oder internationaler Perspektive können in Abhängigkeit vom Grad des Vertrauens vier Basisalternativen unterschieden werden.

1. **Nationale Zentralisierung**
   Eine vertrauensarme Unternehmenskultur bewirkt vergleichsweise hohe Organisationskosten und damit verbunden eine Tendenz zur Zentralisierung der nationalen Unternehmensteileinheiten mit komplexen *governance structures*. Sie manifestieren sich in Form einer nationalen Misstrauensorganisation.[116] Es wird unterstellt, dass die Mitglieder einer Unternehmensorganisation durch das pessimistische Menschenbild ihrer Landeskultur geprägt sind.[117]

2. **Nationale Dezentralisierung**
   Mit steigendem Vertrauensgrad innerhalb eines national operierenden Unternehmens kommt es tendenziell zu einer Reduktion der internen Transaktionskosten, da unter anderem das Erfordernis strikter Kontrollen gelockert wird.[118] Eine weitgehende Dezentralisierung der einzelnen Unternehmensteile mit relativ hohem Autonomiegrad begleitet diese Strukturalternative einer nationalen Vertrauensorganisation.

3. **Internationale Zentralisierung**
   Die obigen Zusammenhänge können auf den internationalen Aktionsraum einer Unternehmensorganisation übertragen werden. So wird in einer Unternehmenskultur mit geringer Vertrauensbasis und damit verbunden tendenziell hohen Organisationskosten eine zentralisierte Koordination der international gestreuten Teileinheiten zu erwarten sein. Eine Entscheidungs- und Kontrollbündelung in der Zentrale des international tätigen Unternehmens erscheint in dieser Situation logisch. Sie erfordert die

---

[115] Vgl. zur Vertrauensorganisation THEUVSEN 1995, S. 171-172.
[116] Vgl. zum Begriff der Misstrauensorganisation THEUVSEN 1995, S. 171.
[117] Siehe hierzu beispielsweise CASSON, nach dem sich das relative Misstrauen in der amerikanischen Gesellschaft in Organisationsstrukturen tayloristischer und fordistischer Prägung mit einem hohen Grad der vertikalen Integration widerspiegelt. Dagegen strebt die tendenzielle Vertrauensgesellschaft Japans mit vergleichsweise flachen Unternehmenshierarchien und einem geringeren Grad der vertikalen Integration. Vgl. CASSON 1995a, S. 105-106, S. 109.
[118] Darin sehen beispielsweise STEINMANN/SCHREYÖGG den positiven Effekt einer starken Unternehmenskultur. Vgl. STEINMANN/SCHREYÖGG 2000, S. 638-640.

Einrichtung von komplexen Kontrollsystemen zur Überwachung der internationalen Unternehmensteile.

4. Internationale Dezentralisierung

Eine Tendenz zur internationalen Dezentralisierung ist innerhalb von Organisationssystemen mit hohem Vertrauen zwischen der Zentrale und den ausländischen Teileinheiten zu vermuten. Der geringere Kontrollaufwand seitens der Zentrale verursacht tendenziell niedrige interne Transaktionskosten. Eine weitgehende Dezentralisierung der Entscheidungskompetenzen erscheint sinnvoll. *„Corporate culture is thus seen as a potentially valuable asset that is unique to the organization."*[119]

Abbildung 21 fasst die obigen Ausführungen zum unternehmenskulturellen Einfluss auf die Struktur der internen Organisationslösung zusammen.

Abb. 21: Einfluss der Unternehmenskultur auf die interne Organisationslösung

Für ein transaktionskostenorientiertes Organisationsmanagement können unter dem Einfluss von Landes- und Unternehmenskultur verschiedene Hauptpfade der Strukturgestaltung verfolgt werden (vgl. Abb. 22). Moderne Organisationsstrukturen international tätiger Unternehmen sind in dieser Darstellung mit einer Schattierung unterlegt.

---

[119] CASSON/LOVERIDGE/SINGH 1997, S. 167.

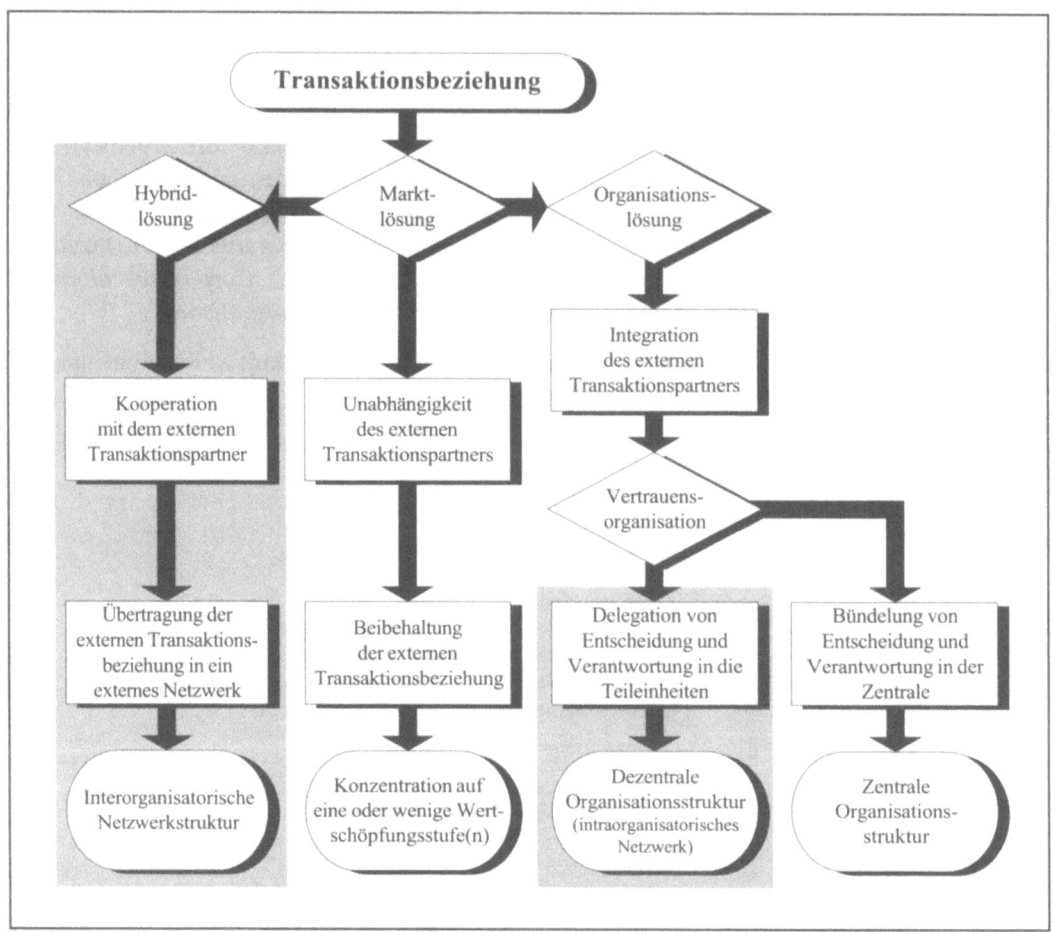

Abb. 22: Hauptpfade der Organisationsgestaltung in international tätigen Unternehmen

Allen Gestaltungsrichtungen gemeinsam ist das Ziel der Minimierung der Transaktionskosten. Durch den Einsatz moderner IuK-Technologien lässt sich in diesem Rahmen die Rationalität von Entscheidungen erhöhen. Flankierend dazu leitet sich als eine Hauptaufgabe für das Organisationsmanagement international tätiger Unternehmen die Schaffung einer Vertrauensorganisation ab.[120]

Die Gegenüberstellung der verschiedenen Pfade einer transaktionskostenorientierten Organisationsgestaltung macht deutlich, dass je nach Transaktionsbeziehung verschiedene Strukturlösungen parallel implementiert werden können. Dies entspricht der kontingenztheoretischen Vorstellung, dass es keine universell optimale Organisationsstruktur für alle Situationskonstellationen des Unternehmens geben kann. International können sich die aufgezeigten Strukturpfade zum Beispiel in der Weise ergänzen, dass zwischen Vertrauensgesellschaften und -organisationen die Marktlösung für eine Transaktions-

---

[120] Siehe allgemein THEUVSEN 1995. Zur Bedeutung von Vertrauen vgl. ausführlich Kapitel 5.3.

beziehung *Materialbeschaffung*, die interne Dezentralisation für eine Transaktionsbeziehung *Herstellung und Lieferung von Komponenten* sowie die interorganisatorische Netzwerkstruktur für eine Transaktionsbeziehung *Vermarktung und Vertrieb eines bestimmten Endprodukts* geeignet sind.

Des weiteren lassen sich die Pfade länderspezifisch kombinieren. So ist denkbar, dass ein international tätiges Unternehmen eine dezentrale Organisationsstruktur im Heimatland (A) und gleichzeitig eine zentrale Strukturlösung für die Transaktionsbeziehungen mit einer Tochtergesellschaft im Ausland (B) wählt. Damit wird der Auslandsgesellschaft kein Vertrauensvorschuss gewährt. Vielmehr ist das Organisationsmanagement bestrebt, langfristig eine stabile Vertrauensbasis aufzubauen, die schließlich den Übergang zu einer dezentralen Strukturlösung erlaubt und Organisationskosten reduziert.

Implikationen aus dem eklektischen Paradigma
Aus dem Konzept DUNNINGs lässt sich generell die Notwendigkeit einer permanenten Flexibilisierung im Bereich der organisatorischen Gestaltung folgern. Sie entspricht dem Anspruch des eklektischen Paradigmas, die spezifischen Eigentumsvorteile aus der Internationalität des Unternehmens abzusichern.

Da es sich bei DUNNINGs Konzept um eine zusammenfassende Darstellung der oben bereits behandelten Theoriekonzepte handelt, decken sich die Implikationen für das Organisationsmanagement mit den dort vorgetragenen Argumenten.

Fazit
Zusammenfassend können aus den Internationalisierungstheorien die nachstehenden Ziele eines Organisationsmanagements abgeleitet werden. Wir differenzieren dabei nach Effizienz- und Effektivitätskriterien. Eine Erhöhung der Effizienz bewirken folgende Ziele:

1. **Minimierung der Transaktionskosten**
   Voraussetzung dafür sind eine Analyse, Bewertung und permanente Überwachung der Transaktionskosten.

2. **Minimierung der organisatorischen Anpassungszeit an Marktveränderungen**
   Daraus resultiert die Aufgabe einer simultanen Produktentwicklung und -distribution, um möglichst schnell entsprechende Wettbewerbsvorteile und eine Pionierposition zu erhalten.

3. **Erreichen eines hohen qualitativen Niveaus der Organisation**
   Die einzelnen Ansätze der Internationalisierungstheorie lassen in erster Linie erkennen, welche organisatorischen Schwachstellen zu beseitigen sind, indem möglichst frühzeitig z. B. organisatorische Lernprozesse initiiert und Organisationsformen realisiert werden, die den komplexen Ansprüchen der Globalisierung entsprechen (beispielsweise dynamische Netzwerke anstelle von klassischen Strukturtypen).

Die nachstehenden Ziele dienen einer Verstärkung der Effektivität:

1. **Marktorientierung**
   In der Theorie des internationalen Unternehmens zeichnet sich eine tendenzielle Hinwendung zur Anpassung an die lokalen Bedingungen des jeweiligen Auslands durch dezentralisierte und gleichzeitig nachfrageorientierte Strukturen ab.

2. **Konzentrierung auf Kernkompetenzen**
   Strategische Wettbewerbsvorteile lassen sich im globalen Markt nur durchsetzen, wenn die Ressourcen eine hohe grenzüberschreitende Mobilität aufweisen und das Unternehmen seine Kernkompetenzen international bündeln kann.

3. **Förderung der Flexibilität**
   Gemeint sind sowohl die strukturellen als auch die prozessbezogenen Flexibilitätskomponenten. Ein Höchstmaß an organisatorischer Flexibilität ist u. a. durch die Konfiguration von strategischen und virtuellen Unternehmensnetzwerken zu erzielen. Eine wichtige flexibilitätsfördernde Aufgabe stellt der Abbau von Hierarchieebenen und -strukturen dar.

4. Rahmenbedingungen und Begründung eines Organisationsmanagements

4.1 Externe Rahmenbedingungen international tätiger Unternehmen

Jede unternehmerische Tätigkeit unterliegt bestimmten Rahmenbedingungen, die sie nicht ändern kann und deshalb als Daten akzeptieren muss. Die externen Rahmenbedingungen stellen sich entweder als weltweit gültige Entwicklungstendenzen dar oder sind auf die spezifische Situation eines Schlüssellands der internationalen Tätigkeit bezogen. Ein durchgreifender Wandel der externen Umweltbedingungen ergibt sich vor allem in folgenden Feldern:

- Angebots- und Nachfragebedingungen,
- ökologische Umweltveränderungen,
- politisch-gesellschaftliche Veränderungen,
- interkulturelle Herausforderungen,
- Informationstechnologie und Wissensrevolution,
- neue berufliche Anforderungen und Erwartungen.

4.1.1 Angebots- und Nachfragebedingungen

Die Globalisierung der Produkte und Märkte stellt die wichtigste Quelle veränderter Nachfragebedingungen dar. Sie zeigt sich in der weltweiten Angleichung von Kundenbedürfnissen in zahlreichen Branchen (Konvergenzthese) sowie in der Schaffung länderübergreifender Wirtschaftsräume (z. B. Europäische Union, NAFTA und ASEAN). Letztere bieten international tätigen Unternehmen einen freien Zugang zu den Weltmärkten und machen die Entwicklung von Globalisierungsstrategien einschließlich einer globalen Marktbeteiligung mit entsprechendem Marketingeinsatz zwingend.

Die Globalisierung von Produkten wirkt sich sowohl auf die Absatzmärkte als auch auf die Beschaffungsmärkte von Unternehmen aus. Sie begründet damit die Notwendigkeit eines Organisationsmanagements in internationaler Perspektive (siehe dazu Punkt 4.3.1). Auf der anderen Seite führt die Entwicklung der weltweiten Internationalisierung zur Herausbildung von neuen Organisationsstrukturen und -konfigurationen, die ohne sie nicht entstanden wären (vgl. dazu Kapitel 5). Schließlich macht die Globalisierung eigene Aktivitäten zur Implementierung adäquater Organisationsformen notwendig (siehe Kapitel 6).

Eine wichtige Veränderung resultiert bereits aus der industriellen Revolution in den Entwicklungsländern in der Periode von 1950 bis 1990.[1] Das Verhältnis zwischen den Nord- und Südstaaten hat sich in diesem Zeitraum entscheidend verschoben. Die klassische Arbeitsteilung zwischen den Rohstoffe liefernden Entwicklungsländern und Fertigprodukte herstellenden Industrieländern verschiebt sich. Der Export von Fertigerzeugnissen aus den westlichen Industrieländern in Schwellen- und Entwicklungsländer hat sich in den vergangen 10 Jahren verdreifacht, im gleichen Zeitraum haben sich aber die Importe aus Schwellen- und Entwicklungsländern verfünffacht. Ein Drittel des Welthandels vollzieht sich innerhalb von Unternehmensbereichen international tätiger Unternehmen (derzeit rund 37.000 mit circa 200.000 ausländischen Tochtergesellschaften). Ein weiteres Drittel des Welthandels entfällt auf den Güteraustausch zwischen diesen Unternehmen.[2]

Die Verschiebungen der Angebots- und Nachfragekonstellationen auf den internationalen Märkten hat tiefgreifende Auswirkungen auf das Organisationsmanagement. Neue Formen der internationalen Arbeitsteilung erfordern veränderte Koordinationsmuster, Anreiz- und Kommunikationsstrukturen. Länderübergreifende und branchendeckende Kooperationsformen und Netzwerke gewinnen an Bedeutung. In Verbindung mit dem weltweiten Einsatz von IuK-Technologien werden die Telekooperation und virtuelle Unternehmen ermöglicht. Insgesamt erweitern sich durch die veränderten ökonomischen Bedingungen die Freiheitsgrade organisatorischer Gestaltung.

4.1.2 Ökologische Umweltveränderungen

Veränderungen der ökologischen Umweltbedingungen wirken sich auf die Organisation eher indirekt aus, es sei denn, sie würden durch die Umweltgesetzgebung direkt erzwungen. So führt z.B. die EG-Öko-Audit-Verordnung Nr. 1836/93 dazu, dass die Unternehmen geeignete organisatorische Vorkehrungen für den Aufbau eines Umweltmanagements treffen. In der Bundesrepublik Deutschland haben das Bundesimmissionsschutzgesetz und das Kreislaufwirtschaftsgesetz ähnliche Wirkungen herbeigeführt. Bezogen auf die Organisation international tätiger Unternehmen beeinflussen passive und aktive Umweltstrategien Organisationsstrukturen und -prozesse. In passiver Reaktion auf die Umweltschutzgesetzgebung sind die Unternehmen beispielsweise gehalten, neue Referate für die Umweltschutzbeauftragten einzurichten, die für die verschiedenen Umweltmedien zuständig sind. Im Bereich des aktiven Umweltschutzes haben neben dem Mittelstand auch Großunternehmen eigene Umweltschutzabteilungen bzw. entsprechende Geschäftsbereiche entwickelt, die ebenfalls das internationale Geschäft auf diesem neuen Produkt- und Marktsektor steuern.[3]

---

[1] Vgl. dazu SINGH 1994, S. 171-180.
[2] Vgl. KUTSCHKER/SCHMID 2002, S. 130 und 462.
[3] Vgl. dazu im Einzelnen KREIKEBAUM 1992, S. 100-112; ANTES 1996, S. 91-302.

4.1.3 Politisch-gesellschaftliche Veränderungen

Auch bei dieser Art der Umweltbedingungen liegen stärker indirekte Einwirkungen auf das Organisationsmanagement vor. So führt z.B. die wachsende Konvergenz zwischen Industriestaaten und Entwicklungsländern zu einer tendenziellen Übernahme strategischer und organisatorischer Grundstrukturen in den Entwicklungs- und Schwellenländern. Die externen Umweltbedingungen im Bereich Politik und Recht lassen sich wie folgt zusammenfassen (vgl. Tab. 3):

Demografische und soziale Entwicklungen	▪ Bevölkerungsentwicklung in den relevanten Ländern (Entwicklung wichtiger Bevölkerungsgruppen; Bevölkerungswanderung) ▪ Sozialpsychologische Strömungen (Arbeitsmentalität; Sparneigung und Freizeitverhalten; Einstellung gegenüber der Wirtschaft)
Politik und Recht	▪ Globalpolitische Entwicklungstendenzen (Ost-West; Nord-Süd; allgemeine Gefahr lokaler oder internationaler Konflikte; Marktstellung der Rohstoffproduzenten) ▪ Parteipolitische Entwicklungen in den relevanten Ländern ▪ Entwicklungstendenzen in der Wirtschaftspolitik ▪ Entwicklungstendenzen in der Sozialgesetzgebung ▪ Entwicklungen im Arbeitsrecht ▪ Bedeutung und Einfluss der Gewerkschaften ▪ Handlungsfreiheit der Unternehmen

Tab. 3: Checkliste zur Umweltanalyse; Quelle: MACHARZINA 1999, S. 243

Sozialpsychologische Entwicklungstendenzen wirken sich in längerfristigen Zeiträumen auf die Organisation aus. So vollzieht sich beispielsweise weltweit eine veränderte Einstellung zur Arbeit, die auf eine tendenzielle Vereinzelung von Arbeitskräften in Form von Telearbeit abzielt und eine "Neue Selbständigkeit" fördert. Zusammen mit einer Virtualisierung der Organisation kommt es zu entscheidenden Veränderungen im Hierarchiegefüge. Die traditionelle Stratifikation wird abgelöst durch Formen der teamorientierten Kooperation. An die Stelle einer formalisierten Funktionalisierung tritt die ergebnisbezogene Prozessorientierung. Als ein Beispiel für den Einfluss politisch-ökonomischer Veränderungen sei der Transformationsprozess in Mittel- und Osteuropa nach dem Zusammenbruch des Rats für gegenseitige Wirtschaftshilfe (RgW) bzw. der COMECON-Staaten Osteuropas genannt. Das Auslaufen bisheriger Produzenten-/Lieferantenbeziehungen und der Wegfall von wichtigen Märkten zwingt hier zu häufig sehr kurzfristigen Anpassungsprozessen. Als organisatorische Konsequenzen bieten sich permanente Lernstrukturen und amorphe Organisationsmuster an.[4]

---

4 Vgl. ALBACH 1995 und KREIKEBAUM 1997.

4.1.4 Interkulturelle Herausforderungen

Die Komplexität internationaler Geschäftstätigkeit wird durch die Konfrontierung der Unternehmen mit einer Vielzahl kultureller Abhängigkeiten erhöht. Die Mitarbeiter und Führungskräfte bewegen sich in einem Dreieck der Kultursysteme, das durch die Unternehmenskultur, die Kultur des Heimatlandes und die Kultur des jeweiligen Gastlandes konstituiert wird. Auf diese Situation müssen sich die Unternehmensangehörigen in der interkulturellen Kommunikation mit den ausländischen Geschäftspartnern einstellen.[5] Die systembedingten Barrieren (durch unterschiedliche Religionszugehörigkeit, Politik, Sitte und Sprache) und die individualbedingten Schranken bewirken einen "Kulturdivergenzgrad", den es durch geeignete Maßnahmen zu verringern gilt.[6]

Aus den interkulturellen Divergenzen resultieren u. a. auch ethische Konflikte. Internationale Unternehmen müssen deshalb ihr Augenmerk darauf richten, das Spannungsfeld zwischen dem Ethnozentrismus und einem Kulturrelativismus zu bewältigen. Dies resultiert aus dem Wunsch nach Schaffung einer ethnozentrischen, d. h. vom Stammhaus geprägten und weltweit einheitlichen Unternehmenskultur einerseits und der notwendigen Anpassung an die jeweils bestehenden fremdkulturellen Werte- und Normenstrukturen andererseits. Die Bewältigung dieses Konflikts stellt nicht nur Anforderungen an die strategische Unternehmensplanung, sondern indirekt auch an das Organisationsmanagement.[7] Eine Chance zur Bewältigung der beschriebenen Konfliktsituation bietet die Diskursethik.[8]

4.1.5 Informationstechnologie und Wissensrevolution

Die Rolle der Informations- und Kommunikationstechnologie bei der Prägung des Organisationsmanagements kann nicht hoch genug eingeschätzt werden. Datenübertragungsnetze und integrierte Datenbanken schaffen erstens Möglichkeiten für die Verbesserung der Koordination und Integration in weltweit tätigen Unternehmen und ermöglichen den Wandel zu einer transnationalen Unternehmensstrategie.[9] Eine zweite Auswirkung betrifft den aufgabenorientierten IuK-Technik-Einsatz und die Modularisierung des Unternehmens.[10] Die Entwicklung zu vereinfachten und individualisierten IuK-Systemen unterstützt den Trend zur Selbstorganisation (customizing) und die Bewältigung einer

---

5 In der "zielbezogene(n) Kommunikation mit ausländischen Interaktionspartnern" sieht DÜLFER ein Wesensmerkmal des Internationalen Managements. Vgl. DÜLFER 2001, S. 4-10.
6 Siehe dazu im Einzelnen JAHNKE 1996, S. 27-208.
7 Vgl. KREIKEBAUM 1997, S. 189-222 und S. 255-259 sowie KREIKEBAUM 1996.
8 Sie dazu im Einzelnen GILBERT 1998 sowie GILBERT/WÜRTHNER 1995.
9 Vgl. SCHOBER 1996, S. 32.
10 Vgl. PICOT/REICHWALD/WIGAND 1996, S. 247-259.

großen Produktkomplexität. Drittens ermöglicht die "digitale Revolution" nicht nur eine unternehmensinterne Vernetzung, sondern auch eine weltweite Integration von Prozessabläufen und Organisationsstrukturen. Die neuen IuK-Technologien bewirken eine Reihe von entscheidenden organisatorischen Veränderungen (vgl. Tab. 4).[11]

	Bisherige Organisationselemente	Neue Organisationselemente
Signal	Analog	Digital
Prozessoren	Herkömmliche Halbleiter	Mikroprozessoren
System	Basierend auf zentralen Rechnern	Client Server Architektur
Netzkapazität	Vergleichbar mit einem Gartenweg	Datenautobahn
Zugehörige Vorrichtung	Unintelligenter Zugang	Informationsgerät
Formen der Information	Separate Daten, Texte, Stimmen, Bilder	Multimedia
System	Firmeneigen	Offen
Netze	Unintelligent	Intelligent
Software-Entwicklung	Handwerk	Objekt-Computertechnik

Tab. 4: Die technologischen Veränderungen; Quelle: TAPSCOTT 1996, S. 124

Zusammenfassend bieten die neuen Informationstechnologien die Möglichkeit der interaktiven Nutzung, einer integrativen Verwendung verschiedener Medientypen und einer verbesserten Effizenz der Kommunikation im internationalen Unternehmen.[12] Wie die empirischen Studien von SCHOBER zeigen, führt eine höhere Integration der IuK-Techniken auf internationaler Ebene tendenziell sowohl zu einer stärkeren internationalen Streuung der Personalressourcen als auch zu einer Verstärkung der lokalen Entscheidungsautonomie.[13] Damit bestätigen sich die Aussagen von PICOT/REICHWALD/WIGAND zur Modularisierung durch IuK-Techniken.[14]

---

[11] Vgl. TAPSCOTT 1996, S. 123-152.
[12] Vgl. dazu auch BOOZ ALLEN & HAMILTON 1996.
[13] Vgl. SCHOBER 1996, S. 42-48.
[14] Vgl. PICOT/REICHWALD/WIGAND 2001, S. 227-286.

4.1.6 Neue berufliche Anforderungen und Erwartungen

Die sich im Zuge der Globalisierung anbahnenden neuen Organisationsformen beinhalten zusätzliche berufliche Anforderungen an die Beschäftigten. Sie lassen sich in folgenden Punkten zusammenfassen:

- **Fähigkeit zum Umgang mit höherer Komplexität.** Die Internationalisierung der Unternehmen umschließt eine qualitative Veränderung der Anforderungen an die Leistung der Beschäftigten. Dies gilt nicht nur, aber in erster Linie für diejenigen Unternehmen, die weltweit tätig sind und sich auf eine Vielzahl von ökonomischen und kulturellen Veränderungen in den Umweltbedingungen einstellen müssen. Der Zwang zur internationalen Professionalisierung des Managements erstreckt sich nicht mehr nur auf die Großbetriebe, sondern auch auf die mittelständischen Unternehmen. Unabhängig von der Betriebsgröße geht es um die Erfüllung fachlich unterschiedlicher Anforderungen im Umgang mit neuartigen inhaltlichen Problemen und um einen internationalen Know how-Transfer im methodischen Bereich.
- **Bereitschaft zu größerer Eigenverantwortung.** Die Dezentralisierung der Entscheidungsprozesse im Rahmen modularer Organisationsstrukturen zwingt die Beschäftigten dazu, ihre traditionelle Haltung der Abhängigkeit von oberen Hierarchieebenen aufzugeben. An deren Stelle ist ein neues Maß an Eigenmotivation in Form einer Orientierung an der Konzeption des Intrapreneurships gefordert. Zu dieser Haltung zwingt auch der betriebsinterne Wettbewerb um Arbeitsplätze in einem globalen Netzwerk, wenn Globalisierungsstrategien mit Strategien zur Stärkung des eigenen Landesstandorts kollidieren. Eine Veränderung in den Grundeinstellungen der Mitarbeiter und Führungskräfte wird ebenfalls durch die konsequente Ausrichtung auf die Kundenbedürfnisse in unterschiedlichen Regionen ausgelöst. Der Zwang zu einer verstärkten Autonomie der Entscheidungsträger und höherer Verantwortung in den Auslandsgesellschaften erscheint unabdingbar.
- **Bereitschaft zum interkulturellen Lernen.** International tätige Unternehmen sehen sich permanent dem Problem ausgesetzt, ein Mindestmaß an Abstimmung der Unternehmenskultur auf die lokalen Landeskulturen in den Betätigungsgebieten vorzunehmen. Diese Herausforderung ergibt sich auch für ursprünglich stark exportorientierte mittelständische Unternehmen. Ferner setzt sich zunehmend die Forderung durch, dass die Stammhaus-Delegierten Grundkenntnisse in der Sprache des Gastlands erwerben, zumindest aber die wichtigsten Weltsprachen beherrschen müssen. Immer mehr Hochschulen kommen diesem Trend entgegen und machen die Kenntnis der englischen und französischen Sprache zur Vorbedingung des Studiums bzw. der Zulassung zu einem in der Regel stark international orientierten Studium. Auch die Reichweite mittelständischer Unternehmensaktivitäten lässt sich regional nur vergrößern, wenn die Bereitschaft zur Mitarbeit in interkulturell und unternehmensübergreifend zusammengesetzten Teams vorhanden ist.

Es ist allerdings eine offene Frage, ob den veränderten beruflichen Anforderungen bereits durch eine Umstrukturierung der Arbeitsmarktbedingungen entsprochen wird oder geeignete Führungskräfte von den "Global Players" unternehmensspezifisch auf ihre künftigen Positionen im Ausland vorbereitet werden müssen.

4.2 Anforderungen an international tätige Unternehmen

Die genannten Rahmenbedingungen stecken das externe Umfeld für die Gestaltung der Organisationsstrukturen und -abläufe ab. Die folgenden Ausführungen befassen sich mit der Art und Weise, wie den externen Anforderungen durch strategische Entscheidungen begegnet werden kann. Wir unterstellen dabei, dass die Formulierung von Internationalisierungsstrategien unmittelbare Auswirkungen auf das Organisationsmanagement hat.

4.2.1 Unternehmensstrategien

In jüngster Zeit versuchen zahlreiche Unternehmen, durch Übernahme- und Fusionsstrategien den veränderten Nachfragebedingungen in einem globalen Markt zu begegnen. Zunehmend werden auch Klein- und Mittelbetriebe gezwungen, ihre Nischenstrategie auf eine internationale Marktlücke auszurichten und die Kundenregionen übergreifend zu beliefern.[15] Es leuchtet unmittelbar ein, dass sich damit nicht nur die Beziehungen zwischen dem Stammhaus und den Auslandsgesellschaften verändern, sondern auch neue globale Netzwerke aufzubauen sind und Veränderungen in den Governance-Strukturen erforderlich werden.

Die Wahl einer Internationalisierungsstrategie ist selbst wiederum abhängig von den damit verbundenen Organisationskosten und -risiken. Weitere Einflussgrößen sind die bereits vorhandene internationale Erfahrung, der Grad an Unsicherheit über die Umweltbedingungen im Ausland sowie unterschiedliche kulturelle Faktoren. Es ist folglich nur simultan über die Strategie, die spezifische Konfiguration und die Koordination internationaler Geschäftsaktivitäten zu entscheiden.[16]

Im Rahmen von Internationalisierungsstrategien geht es im wesentlichen um die Festlegung der regionalen Reichweite und Konfiguration sowie die Koordination der interna-

---

[15] Vgl. dazu u. a. BASSEN/BEHNAM/GILBERT 2001, S. 413-432; BEHNAM/GILBERT 2001, pp. 95-109; GIESBERG 1997, S. B 1.

[16] Vgl. dazu das Beispiel bei KAUFMANN 1995, S. 201-213.

tionalen Geschäftsaktivitäten.[17] Die regionale Reichweite entspricht der Anzahl der Auslandsmärkte. Die regionale Konfiguration umfasst die Konzentration von Wertschöpfungsaktivitäten in räumlicher Hinsicht und damit das Standortproblem. Als polare Alternativen bieten sich die Zentralisierung aller wichtigen Aktivitäten im Stammhaus einerseits und die vollständige regionale Streuung in Landesgesellschaften andererseits an. Ferner muss bei Internationalisierungsstrategien eine Aussage über den Umfang und die Form der Abstimmung aller internationalen Aktivitäten getroffen werden. Hier lauten die polaren Alternativen vollständige Entscheidungsautonomie der Landesgesellschaften einerseits versus intensive Einflussnahme der Zentrale auf die ausländischen Tochtergesellschaften andererseits.

Die von PORTER vorgeschlagene Unterscheidung der Basisstrategien in Kostenführerschafts- und Differenzierungsstrategien erweitert FRESE, indem er eine Differenzierung in Marktproduktion und Kundenproduktion vornimmt (vgl. Abb. 23).

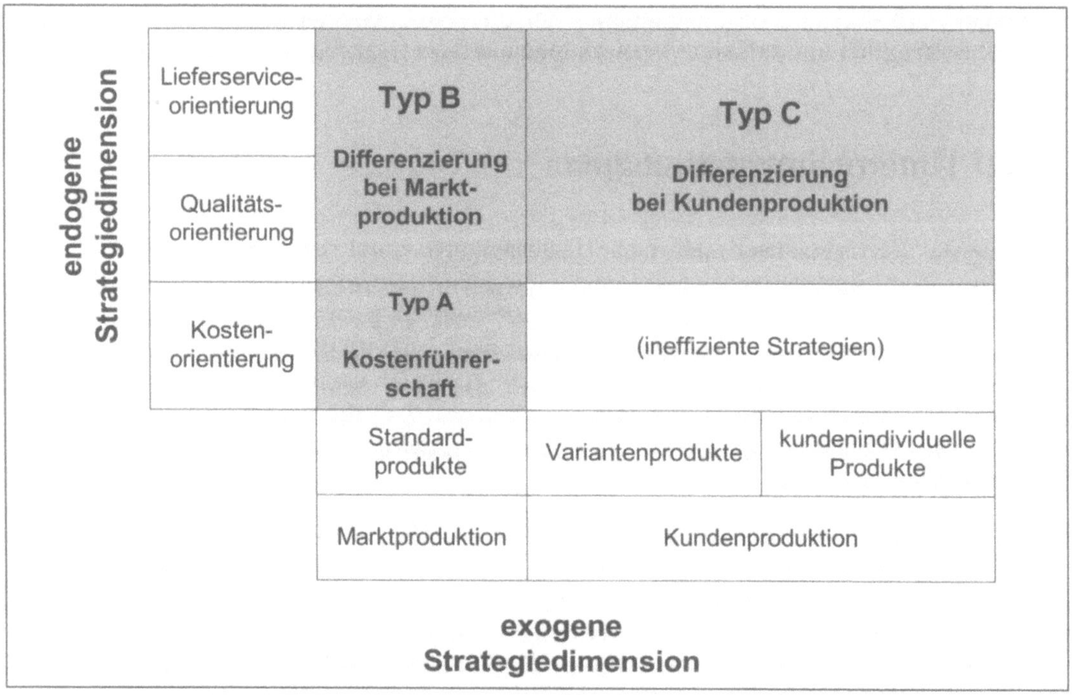

Abb. 23: Systematisierung von Wettbewerbsstrategien; Quelle: FRESE 2000, S. 287

---

[17] Vgl. FRESE 1994, S. 4-20.

Ob die mit der Abstimmung von Internationalisierungsstrategien verbundene Aufgabe gelingt, lässt sich anhand der Ressourceneffizienz, der Markteffizienz und der Prozesseffizienz beurteilen. Zwischen den verschiedenen Maßgrößen der Koordinationseffizienz bestehen konfliktäre Beziehungen.[18]

- Bei einer Strategie der Kostenführerschaft ermöglicht die hohe Standardisierung eine Orientierung der Koordination an allen drei Effizienzkriterien. Es besteht eine enge Affinität zur Umsetzung einer globalen Strategie.
- Wird eine Differenzierung bei Marktproduktion verfolgt, erweist sich eine Prozesseffizienz als wichtige Voraussetzung, um die Produktqualität und den Lieferservice zu verbessern.
- Die Strategie einer Differenzierung bei Kundenproduktion rückt das Ziel der Absatzmarkteffizienz in den Vordergrund. Daneben kann auch die Einhaltung von Lieferzusagen eine wichtige Rolle spielen (Prozesseffizienz) und ebenso die effiziente Nutzung kritischer Ressourcen.

Die organisatorische Umsetzung globaler Strategien beeinflusst die Koordinationsdimension und die Motivationsdimension organisatorischer Regelungen. Bei den Koordinationskonsequenzen geht es insbesondere um die Gestaltung des Entscheidungsspielraums und der Entscheidungsinhalte der Landesgesellschaften, aber auch um die Kommunikationsbeziehungen zwischen Zentrale und Auslandsgesellschaften.

4.2.2 Unternehmenskultur

HOFSTEDE bringt es auf den Punkt: *"The business of international business is culture."*[19] International tätige Unternehmen begegnen ständig dem Konflikt zwischen kultureller Homogenität und Heterogenität. Wenn eine globale Strategie angestrebt wird, ist der Spannungsbogen zwischen weltweiter Normierung und differenzierter Anpassung an die nationale Kultur am größten. Falls ein Unternehmen eine weltweite Firmenidentität aufbauen und durchsetzen möchte, kann dies durchaus mit der Einbuße von kulturellen Werten der Gastländer verbunden sein. Durch ein "aktives Kulturmanagement" ist eine "kulturelle Entwurzelung" der ausländischen Tochtergesellschaften möglichst zu vermeiden.[20] Allerdings erscheint es grundsätzlich schwierig, die mit der Unternehmenskultur verknüpften Erwartungen über die Internalisierung von Wertvorstellungen der Stammhauszentrale auch im Gastland wirksam durchzusetzen. Nach HOFSTEDE weisen nämlich die Organisationskulturen prinzipielle Unterschiede gegenüber den nationalen Kulturen auf. Seine empirischen Studien haben ergeben, dass die nationalen Kulturen die größten Unterschiede auf der Ebene der Grundwerte enthalten, während Organisations-

---

18 Vgl. FRESE 2000, S. 262-271.
19 HOFSTEDE 1994.
20 Vgl. dazu den Vorschlag zur Einführung von synergetischen Unternehmenskulturen bei MEFFERT 1990, S. 107-108.

kulturen sich hauptsächlich an der Oberfläche der Symbole, Helden und Riten unterscheiden.[21] Landeskulturen lassen sich differenzieren nach den Dimensionen Machtdistanz, Individualismus versus Kollektivismus, Maskulinität versus Femininität, Vermeidung von Unsicherheit und kurzfristige versus langfristige Orientierung. Demgegenüber sind insbesondere folgende Dimensionen charakteristisch für die Unterscheidung von Unternehmenskulturen:[22]

1. **Prozessorientierte versus ergebnisorientierte Kulturen.** Starke Kulturen sind mehr ergebnisorientiert als schwache Kulturen, da in diesen Unternehmen die Beschäftigten durchweg die gleiche Sicht der Geschäftstätigkeit vertreten.

2. **Aufgabenorientierte versus personenbezogene Kulturen.** Sie sind hauptsächlich ein Ergebnis von historischen Faktoren wie z.B. der Philosophie der Gründer. In personenbezogenen Kulturen gehen die Menschen davon aus, dass sich die Organisation für ihre persönlichen Probleme verantwortlich fühlt (Personenorientierung) und nicht ausschließlich an ihrer Leistung interessiert ist (Aufgabenorientierung). Die Mitarbeiter können gleichzeitig aufgaben- und personenorientiert sein. Organisationen als Ganze tendieren jedoch dazu, sich für die eine oder die andere Orientierung zu entscheiden.

3. **Professionelle versus organisationsbezogene Kulturen.** Dahinter steht die bereits von TÖNNIES vorgenommene Differenzierung zwischen "Gesellschaften" und "Gemeinschaften". In organisationsbezogenen Kulturen bestimmt die Identifizierung des Mitarbeiters mit den Normen und Werten der Organisation das Verhalten. Die Organisationsmitglieder gehen davon aus, dass die Organisation bei Personalentscheidungen sowohl die fachliche Kompetenz als auch den sozialen Hintergrund des Bewerbers berücksichtigt. Dagegen steht bei einer professionellen Unternehmenskultur nach Auffassung der Unternehmensangehörigen ausschließlich ihre fachliche Kompetenz und keinesfalls die private Sphäre im Vordergrund.

4. **Offene System-Kulturen versus geschlossene System-Kulturen.** Unternehmen mit einer offenen System-Kultur nehmen bereitwillig Anregungen der verschiedenen Stakeholder auf. Umgekehrt überbetonen Organisationen mit einer geschlossenen System-Kultur ihre Eigenständigkeit und Einzigartigkeit gegenüber Außenstehenden.

5. **Kulturen mit starker Kontrolle und mit geringer Kontrolle bzw. Formalisierung.** Erstere unterdrücken teilautonome Entwicklungen, letztere fördern das Entstehen einer Vertrauensorganisation.

6. **Pragmatische versus normative Kulturen.** In Anlehnung an die Kundenorientierung sind pragmatische Organisationskulturen markt- und ergebnisorientiert. Eine normative Kultur versteht ihre Aufgabe dagegen in der Einhaltung von vorgegebenen Regeln. Verfahrensweisen gelten als vorrangig gegenüber Ergebnissen.

---

[21] Vgl. HOFSTEDE 1994, S. 8-11.
[22] Vgl. HOFSTEDE 1993, S. 212-216.

Die Schwierigkeit in der Beeinflussung kultureller Divergenzen in internationalen Unternehmen resultiert daraus, dass neben den verschiedenen Nationalkulturen heterogene Unternehmensbereiche unterschiedliche Organisationskulturen aufweisen. Internationale Unternehmen werden durch gemeinsame Geschäftspraktiken und Erfahrungen stärker zusammengehalten als durch gemeinsame Werte. *"Structure should follow culture: the purpose of an organization structure is the co-ordinaton of activities."*[23] Nach HOFSTEDE sind drei Fragen zu beantworten, wenn es um die Struktur eines multinationalen Unternehmens mit mehreren Produktlinien geht.[24]

1. Welche Inputs und Outputs der Produktlinie sollten von welchem Standort innerhalb des Unternehmens koordiniert werden?
2. Wo und auf welcher Ebene sollte die Koordination stattfinden?
3. Wie eng oder locker sollte die Koordination ausgestaltet sein?

Die Koordinationsprobleme werden nicht durch eine einzelne Gestaltungsalternative gelöst, sondern nur durch eine "patchwork structure", die entsprechend einem Flickenteppich zusammengesetzt ist und ständig neu ergänzt werden muss. Für diesen Anpassungsvorgang sind die Produktgruppen-Manager in den Gastländern und sogenannte "Unternehmensdiplomaten" von ausschlaggebender Bedeutung. Letztere leben die Unternehmenskultur in einer multilingualen Weise aus, besitzen einen vielfältigen fachlichen Hintergrund und verfügen über Lebenserfahrungen in verschiedenen fremden Kulturen.[25]

4.2.3 Produkt- und Leistungsprogramm

Mit dem Einfluss der Branchen auf die Organisationsstruktur hat sich PORTER schwerpunktmäßig unter dem Gesichtspunkt der strategischen Wettbewerbsfähigkeit beschäftigt.[26] Die Auswirkungen des Produktionsprogramms und der Produktgruppen auf die Organisationsstruktur wurden zunächst im Zusammenhang mit der Einführung divisionaler Organisationsformen diskutiert, gehen also zeitlich gesehen bis in die zwanziger Jahre zurück. Bei GENERAL ELECTRIC wurden erstmalig Geschäftseinheiten als Organisationsstrukturen mit einem klar definierten Markt, spezifischen Wettbewerbern, speziellen strategischen Absichten und einem Kontrollzwecken genügenden Tätigkeitsumfang definiert. Die meisten strategischen Geschäftseinheiten basieren auf Produktlinien; weitere Unterteilungen, z. B. nach geographischen Gesichtspunkten, sind jeweils möglich.

---

23 HOFSTEDE 1994, S. 12.
24 Vgl. dazu HOFSTEDE 1993, S. 257.
25 Zur Organisationsentwicklung in fremden Kulturen siehe auch GILBERT 1998; FRESE/BLIES 1997; MARCOTTY/ SOLBACH 1992.
26 Vgl. PORTER 1999.

Inzwischen hat sich die vom Produktprogramm ausgehende Divisionalisierung als prägende organisatorische Einflussgröße auch in transnationalen Unternehmen durchgesetzt. Darüber hinaus ist immer wieder neu das Verhältnis zwischen der Zentrale und den einzelnen Geschäftsbereichen zu bestimmen. Am Beispiel von MATSUSHITA und PHILIPS kann vergleichend gezeigt werden, dass selbst bei einem nahezu identischen Produkt- und Leistungsprogramm unterschiedliche transnationale Strukturen bestehen können.[27]

MATSUSHITA als typischer Vertreter einer zentralen Koordinierung erkannte frühzeitig die Notwendigkeit, die Barrieren zwischen dem zentralen Produktentwicklungsbereich und den dezentralen operativen Einheiten zu überwinden. Durch die Schaffung einer Vielzahl von organisatorischen Verbindungsgliedern gelang es erstens, die Vertreter der Zentrale unmittelbar in die Lösung operativer Markt- und Kundenprobleme einzubeziehen und den Verantwortungstransfer vom Forschungs- und Entwicklungsbereich zur Produktion und zum Marketing zu bewältigen. Zweitens wurde den dezentralen Geschäftsbereichseinheiten die Möglichkeit geboten, über die Verwendung ungefähr des halben Forschungs- und Entwicklungsbudgets mitzuentscheiden (und diese Mittel z. B. in Produktentwicklungsstätten ihrer Wahl einzusetzen). Auf diese Weise waren die lokalen Einheiten in die prinzipiell zentralisierten Entscheidungsstrukturen zu integrieren, d. h. die Produktentwicklungsaktivitäten konnten den unterschiedlichen Anforderungen des Marktes angepasst werden.

PHILIPS verstand sich demgegenüber stets als Repräsentant einer lokalen Autonomie und Innovationsfähigkeit. So wurde z. B. der erste Farbfernseher nicht in Europa, sondern in Kanada gebaut und vertrieben, und der erste Teletext-Fernseher in Australien entwickelt. Die konsequente Dezentralisierung der internationalen Strukturen erwies sich deshalb als sinnvoll, weil PHILIPS sich auf eine Auslandsorganisation mit ausgeprägten unternehmerischen Eigenschaften stützen konnte. Daraus resultierten sowohl eine enge funktionale Integration innerhalb der einzelnen Tochtergesellschaften als auch die weltweite Ausbreitung eines starken Verantwortungsgefühls und der loyalen Verfolgung von Unternehmensstrategien. Die dezentrale Entwicklung neuer Produkte in den einzelnen Geschäftsbereichen war auch deshalb möglich, weil die Überwindung der Barrieren insbesondere zwischen der Technik und dem Marketing von Anfang an gelang. Empirische Untersuchungen von Internationalisierungsstrategien zeigen die große Bedeutung der Produktdiversifizierung für die Organisationsstruktur.[28]

---

27 Siehe dazu ausführlich BARTLETT/GHOSHAL 1988, S. 54-65.
28 Vgl. CALOF/BEAMISH 1995, S. 121-125.

4.2.4 Neue Managementtechniken

Managementtechniken stehen zu den Absichten und Zielen des Unternehmens in einer Zweck-Mittel-Relation. Sie lassen sich je nach inhaltlichem Schwerpunkt weiter differenzieren in Entscheidungstechniken, Planungstechniken sowie Informations- und Kommunikationstechniken. In der Literatur finden sich synonyme Begriffe wie Managementkonzepte oder Managementansätze. Dabei verwischt sich allerdings gelegentlich die Zweck-Mittel-Beziehung. So bedeuten z. B. neue Informationstechniken eine wichtige Voraussetzung für einen prozessgesteuerten Ansatz, der wiederum dem Ziel der Steigerung des Kundennutzens dient.

Die Ausrichtung an den Kundenwünschen gilt als wichtigste unternehmerische Zielsetzung. Bei einer Reihe von neueren Managementtechniken zeigt sich eine enge Verknüpfung mit dem Ziel einer kundenorientierten Prozessorganisation. Dazu zählen beispielsweise die Ansätze des **Lean Management**, des **Total Quality Management** und des **Business Reengineering**.[29]

Lean Management
Die Anfänge des Lean Managements gehen auf die MIT-Studie von WOMACK/JONES/ROOS zum Lean Production-Prozess in der Automobilindustrie zurück.[30] Mit Lean Production wird nicht nur das Schlankwerden der direkten Fertigung angesprochen, sondern darüber hinaus auch der Zulieferorganisation und der Neuproduktentwicklung. Die für das Organisationsmanagement wichtigen Elemente sind zwar nicht als originär zu bezeichnen, wohl aber im Hinblick auf deren Kombination in der schlanken Automobilfabrik.[31] Eine schlanke Fertigung (Vorbild TOYOTA) zeichnet sich nach WOMACK/JONES/ROOS durch folgende gemeinsame Merkmale aus:[32]

- Vielseitige Ausbildung der Arbeitskräfte und gezielter Arbeitsplatzwechsel anstelle tayloristischer Prinzipien der zerstückelten Arbeitsinhalte.
- Räumliche Konzentration der Tätigkeiten auf die direkte Wertschöpfung am Band.
- Delegation von Kompetenzen und Verantwortung an Teamstrukturen mit einem Teamleiter statt Vorarbeiter. Dem Teamleiter werden sowohl Montagetätigkeiten als auch Koordinationsaufgaben übertragen. Das Team ist für kleine Reparaturen, die Produktqualität und Verbesserungsvorschläge selber verantwortlich.
- Verwirklichung des KANBAN-Prinzips und der Null Fehler-Produktion.

---

29 Vgl. dazu u. a. BULLINGER/ROOS/WIEDMANN 1994.
30 Vgl. WOMACK/JONES/ROOS 1991 und WOMACK/JONES/ROOS 1990.
31 Vgl. KLIMMER/LAY 1994, S. 817-835.
32 Siehe im Einzelnen WOMACK/JONES/ROOS 1990, S. 56-99.

Die unmittelbare Verantwortung für das Produktionsergebnis ergibt sich aus der Verpflichtung der Arbeitsgruppe, auftretende Fehler sofort zu erkennen und zu beseitigen. Information und Produktion sind also eng miteinander verbunden, Informationsasymmetrien existieren de facto nicht.

Über die Fertigung hinaus erstrebt Lean Production eine Veränderung der Zulieferstrukturen. Die Vielzahl von Einzelkomponenten liefernden Firmen wird ersetzt durch Lieferanten ganzer Module, welche wiederum von Teileherstellern beliefert werden (Pyramidisierung von Zulieferstrukturen). Hersteller und Zulieferer sind bestrebt, die logistische Kette gemeinsam zu optimieren. Die Lieferung von Komponenten erfolgt nach dem Just-in-time-Prinzip.[33]

In der Beziehung zwischen Herstellung und Kunde tritt ein aktiver schlanker Vertrieb und Kundendienst an die Stelle eines passiven Vertriebssystems. Er soll eine zielgruppenspezifische Kundenansprache garantieren und die Käufer stärker in den Produktions- und Produktentwicklungsprozess integrieren. Nach dem sogenannten SHUSA-System arbeiten relativ kleine Teams interdisziplinär über den gesamten Projektverlauf an einer Produktentwicklung. Die permanente Beteiligung von Designern, Marketingspezialisten und Ingenieuren verhindert die traditionell übliche Schnittstellenproblematik gegen Ende der Produktentwicklung. Auftretende Konflikte werden unmittelbar ausdiskutiert, eine Einigung wird in Form einer Selbstverpflichtung für alle Teammitglieder verbindlich gemacht.[34]

Eine besondere Rolle im Bereich der Verschlankung von Unternehmen spielt zudem das Outsourcing als Prinzip der Ausgliederung von bislang internen Unternehmensfunktionen und -bereichen an externe Dienstleister oder Zulieferer. Die unmittelbaren Auswirkungen des Outsourcings betreffen Elemente der Aufbau- und Ablauforganisation.

Eine kritische Würdigung des Lean Production-Konzepts zeigt vor allem zwei Punkte auf, die dessen interkulturelle Übertragung von Ländern wie Japan auf Regionen mit anderen wirtschaftlichen, gesellschaftlichen und soziokulturellen Rahmenbedingungen erschweren.[35] Erstens ist diese Konzeption am Beispiel der Automobilindustrie entwickelt worden und dadurch nicht problemfrei auf andere Branchen zu übertragen. Zweitens berücksichtigt sie nicht die unerwünschten Nebenwirkungen im Hinblick auf Umweltverträglichkeit, regionale Wirtschaftsstrukturen und Ressourcenschonung. Die in der Fertigung erzielten Verbesserungen der Qualität, der Produktivität und der Durchlaufzeiten bilden jedoch den Ausgangspunkt für weitergehende organisatorische Veränderungen in Richtung einer "Vertrauensorganisation" anstelle einer "Kontrollorganisation" als Bausteine eines Harmoniemodells.[36]

---

33 Vgl. WOMACK/JONES/ROOS 1990, S. 146-147.
34 Vgl. WOMACK/JONES/ROOS 1990, S. 112-117.
35 Vgl. dazu im Einzelnen KLIMMER/LAY 1994, S. 821-834.
36 Vgl. dazu ALBACH 1997, S. 14-33.

Total Quality Management
Ausgehend von der ursprünglichen statistischen Qualitätskontrolle bei End- oder Zwischenprodukten bezeichnet Total Quality Management den Anspruch, in möglichst allen Funktionsbereichen des Unternehmens Qualitätsaspekte zu berücksichtigen. Es umfasst schwerpunktmäßig die präventive Qualitätssicherung im Innovationsprozess und im Produktionsprozess.[37] Darüber hinaus wird die Orientierung an den Qualitätswünschen des Kunden im Sinne eines Kundenbindungsmanagements[38] sowie die Einbindung der Zulieferer und ihrer Organisationsstrukturen in das Qualitätssicherungskonzept angestrebt.[39]

Das Ziel dieser Maßnahmen ist es, die schlanken Strukturen des Lean Managements auf eine alle Unternehmensebenen umfassende Qualitätspolitik auszurichten, um die Kundenzufriedenheit zu verbessern.

Business Reengineering
Die Technik des Business Reengineering orientiert sich ebenfalls an den Kundenanforderungen und -erwartungen. Sie beginnt mit der Identifikation der Kerngeschäftsprozesse und führt zum Prozess-Redesign durch eine entsprechende Anpassung der Unternehmensorganisation. Die organisatorischen Konsequenzen bestehen in der Neugestaltung der Aufbauorganisation unter dem Gesichtspunkt einer Prozessorientierung (im Sinne einer kundenorientierten Prozessorganisation). So hat z. B. die Zielsetzung einer am Kunden orientierten Unternehmung bei ABB zu einer dezentralisierten Matrixorganisation unter Abbau von Hierarchieebenen geführt. Orientierungspunkte waren dabei die Fokussierung auf die Kerngeschäfte des Unternehmens und eine kundenorientierte Segmentierung. Dem Kunden wird offensichtlich am besten gedient durch einfache, dezentrale Unternehmensstrukturen, die marktnah auf veränderte Anforderungen reagieren. Dieses Ziel verfolgen bereichsübergreifende Projekt- und Teamstrukturen sowie dezentrale Holdingstrukturen.[40]

Zusammenfassend lässt sich feststellen, dass die modernen Trends in der Entwicklung neuer Technologien dazu führen, die Organisation als wichtigen strategischen Wettbewerbsfaktor zu betrachten.[41] Neben der Erhöhung der Kundenorientierung geht es um die Steigerung der Kostenwirtschaftlichkeit und die Reduzierung der Reaktionszeiten (z. B. Lieferzeiten) als strategische Erfolgsfaktoren. Die meisten aktuellen Reorganisationen lassen sich auf folgende Gestaltungsprinzipien zurückführen:[42]

---

37 Vgl. WILDEMANN 1996, S. 59-68.
38 Vgl. BRUHN/HOMBURG 1998.
39 Vgl. WILDEMANN 1996a.
40 Es sei angemerkt, dass eine Vielzahl von Maßnahmen zum Business Reengineering bei betroffenen Unternehmen zu einem zu starken Abbau von Arbeitsplätzen geführt haben. In den betroffenen Unternehmen fehlte dann häufig das Humanpotential zur Entwicklung neuer Strategien und Technologien, was sich mittelfristig negativ auf deren Performance ausgewirkt hat.
41 Vgl. dazu FRESE/V. WERDER 1994.
42 Vgl. FRESE/V. WERDER 1994, S. 7-12.

- Erhöhung der Eigenverantwortung,
- Bildung überschaubarer Bereiche,
- Forcierung des Marktdrucks,
- Harmonisierung von Schnittstellen.

Den unterschiedlichen Prinzipien entsprechen die folgenden Organisationsmaßnahmen:

- Geschäftssegmentierung,
- Delegation von Verantwortung,
- Hierarchie-Abflachung,
- Profit Center,
- Prozess- bzw. produktorientierte Strukturen,
- Kundenorientierte Strukturen.

Der Zusammenhang zwischen Gestaltungsprinzipien und organisatorischen Maßnahmen kommt in folgender Abbildung zum Ausdruck (vgl. Abb. 24):

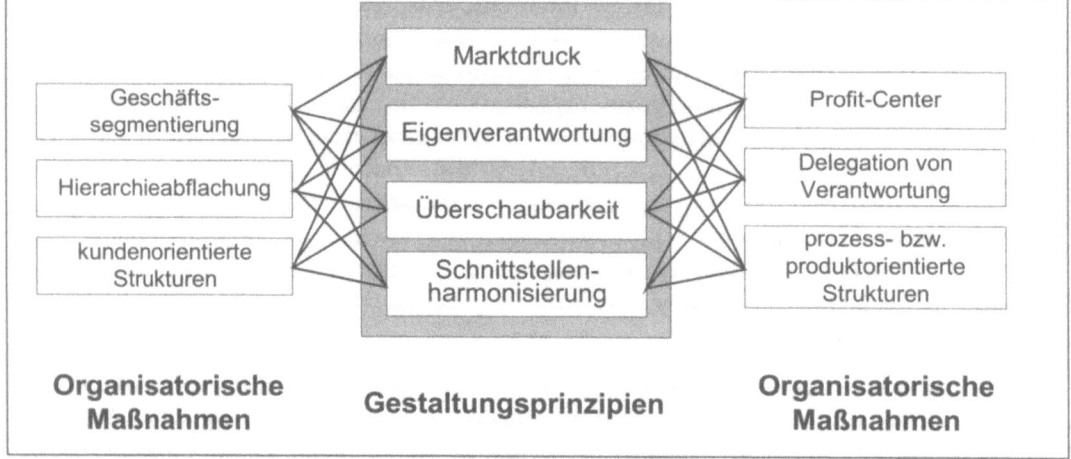

Abb. 24: Gestaltungsprinzipien und Organisationsmaßnahmen; Quelle: FRESE/V. WERDER 1994, S. 13

Abschließend bleibt darauf hinzuweisen, dass die modernen Managementtechniken Paradigmen von Ideen und Managementkonzepten darstellen. Ihre Anwendung in der Praxis setzt bestimmte institutionelle Bedingungen voraus. Dazu gehört die Art der Probleme, mit denen Unternehmen konfrontiert sind, der Einfluss von Professionalisierung und Mentalität der Führungskräfte, die Erwartungen der Belegschaft und die von anderen Instanzen (z. B. Staat und Verbänden) vorgegebenen Umweltbedingungen.[43]

---

[43] Vgl. dazu im Einzelnen GUILLEN 1994.

4.3 Begründung eines Organisationsmanagements

Die geschilderte und teilweise turbulent verlaufende Veränderung der externen Rahmenbedingungen hat zu einem Handlungsdruck innerhalb des Unternehmens geführt, der die Gestaltung innovativer Organisationskonzepte erzwingt. Das gleichzeitige Auftreten von Anforderungen an das Management durch Veränderungen der internationalen Marktbedingungen zeichnet sich in veränderten Strategien, Kulturen und Konzeptionen des Managements aus. Weil der internationale Wettbewerb die bisherigen strategischen Antworten und konventionellen Organisationsstrukturen in Frage stellt, muss das Unternehmen durch ein umfassendes, innovatives Organisationsmanagement auf die Globalisierung der Märkte reagieren.

4.3.1 Die Globalisierung der Märkte als Herausforderung an das Organisationsmanagement

Globalisierung wird vielfach eher als Vision denn als konkrete Angabe für strategische Absichten verstanden. Hinter der Wunschvorstellung steht die Erzielung einer "unification" anstelle einer "fragmentation" im Sinne einer weltweiten Angleichung von Konsumentenbedürfnissen durch globale Unternehmenstätigkeit. Es ist folglich eine rein von unternehmenspolitischen Zielen geprägte Vorstellung, die häufig mit Globalisierung verbunden wird und auf nationale Besonderheiten, kulturelle Eigenarten und das vorhandene Internationalisierungspotential von Unternehmen kaum Rücksicht nimmt. Die wenigen Unternehmen, welche wirklich eine globale Bedeutung gewonnen haben, erreichten sie auf spezifischen Märkten in genau abgegrenzten Produktbereichen.[44] Eine realistischere Sicht der Globalisierung sieht diese jedoch als eine von mehreren Stufen eines Entwicklungspfades. HENZLER zeigt anhand von praktischen Beispielen, dass Globalisierung an wenigstens drei Voraussetzungen gebunden ist:[45]

1. die Ausrichtung aller Funktionen eines Unternehmens auf die Bedingungen der lokalen Absatz- und Beschaffungsmärkte,
2. eine polyzentrische Organisation sowie
3. eine internationale Zusammensetzung des Managements.

In ähnlicher Weise versteht HINTERHUBER den globalen Markt als Endpunkt einer Entwicklung vom lokalen über den multinationalen Markt hin zu einem Markt mit globalen Produkten (Beispiele: Autoreifen, Flugzeuge, pharmazeutische Produkte, gehobene Ge-

---

[44] Zu den Einschränkungen von Globalisierungsstrategien siehe im Einzelnen FLEENOR 1993, S. 11-13.
[45] Siehe HENZLER 1992.

schenkartikel).⁴⁶ Den organisatorischen Erfordernissen globaler Produkte und Märkte entspricht in besonderer Weise das transnationale Unternehmen. Es zeichnet sich durch einen hohen Anteil des Auslandsumsatzes am Gesamtumsatz aus und verfügt über eine Holding- oder Divisionalstruktur mit strategischen Geschäftseinheiten und regionalen Tochtergesellschaften.⁴⁷ In der Literatur wird immer wieder eine zentrale Notwendigkeit der Globalisierung betont: die Offenheit der Führungskräfte für die spezifischen Anforderungen unterschiedlicher Kulturen und regionaler Besonderheiten.⁴⁸

4.3.2 Organisatorische Gestaltung der Internationalisierung als unternehmerische Führungsaufgabe

Organisationsmanagement beschäftigt sich mit der Beseitigung von Mängeln im Bereich der Arbeitsteilung und Spezialisierung einerseits und der Abstimmungs- bzw. Tauschvorgänge zwischen Wirtschaftseinheiten andererseits. Das Management ist dafür zuständig, dass eine produktive Arbeitsteilung und Spezialisierung erreicht wird und die für die wirtschaftliche Entwicklung maßgeblichen Abstimmungs- und Tauschprozesse effizient verlaufen.

Die Führungskräfte sind verantwortlich für die Lösung der Koordinations- und Motivationsprobleme. Das Ziel ihrer Tätigkeit ist es, nichtausgeschöpfte Produktivitätspotentiale zu erkennen und die Organisationseinheiten mit entsprechenden Informationen zu ihrer Aufgabenstellung zu versorgen. Ferner müssen sie entsprechende Anreize schaffen, damit die Organisationsträger zur Erfüllung ihrer vereinbarten Aufgaben bereit sind.⁴⁹

Jede unternehmerische Tätigkeit, die mit der Verlagerung von Aktivitäten über die Grenzen des Stammlandes hinaus verbunden ist, erfordert ein Nachdenken über deren organisatorische Konsequenzen. Die Aufgabe des Top-Managements innerhalb dieses Prozesses besteht generell darin, ein "Change Management" durchzusetzen.⁵⁰ Es muss den Anstoß geben zu organisatorischen Veränderungen und diese auch begleiten. Dafür sind drei Voraussetzungen erforderlich:⁵¹

---

46 Vgl. HINTERHUBER 1992, S , 153.
47 Vgl. dazu u. a. BARTLETT 1986, S. 367-401; BARTLETT/GHOSHAL 1989, S. 54-74 sowie BARTLETT/GHOSHAL 1988.
48 Siehe dazu das Beispiel der Einführung von Wick Vaporub von PROCTER & GAMBLE in Indien bei DAS 1993.
49 Siehe dazu im Einzelnen PICOT/DIETL/FRANCK 1997, S. 1-10.
50 Einen aktuellen Überblick zum Change Management vermitteln PETTIGREW 2001 und DENIS/LAMOTHE/LANGLEY 2001.
51 Siehe dazu BEER/EISENSTAT/SPECTOR 1990, S. 158-166.

- Zuerst ist ein Markt für Veränderungen zu schaffen. Dies geschieht durch die Formulierung von spezifischen Anspruchsgrundlagen für alle Funktionen des Unternehmens. In dieser Phase muss das bis dahin bestehende organisatorische Gleichgewicht zerstört werden.
- Zweitens können bereits erfolgreich umgebildete Organisationseinheiten als Modell für die gesamte Umstrukturierung dienen. Entscheidend ist allerdings, dass Informationen über deren Tätigkeit auch allen Führungskräften zugänglich gemacht werden.
- Eine dritte Voraussetzung ist die Konzipierung von Entwicklungspfaden für die Führungskräfte, welche den organisatorischen Wandel bewirken. Von diesen Personen muss man fordern, dass sie ihre Gestaltungsempfehlungen auch selbst umsetzen.

5. Moderne Organisationsstrukturen international tätiger Unternehmen

5.1 Ausgangspunkte der Entwicklung

5.1.1 Vorläufer und geschichtliche Entwicklung international tätiger Unternehmen

Die folgenden Ausführungen vermitteln einen zusammenfassenden Überblick über die Entwicklung von international tätigen Unternehmen. Obwohl es bereits in der Frühzeit eine Vielzahl von grenzüberschreitenden Wirtschaftsaktivitäten gegeben hat, z. B. bei den Phöniziern und Römern, setzte eine konzentrierte Politik der Internationalisierung erst im Mittelalter ein. Im 14. Jahrhundert finden sich bereits deutliche Anzeichen für die Entwicklung von grenzüberschreitenden Handelstätigkeiten, die von Unternehmen planmäßig durchgeführt wurden. Als Beispiel lässt sich die DEUTSCHE HANSE nennen, die ab 1158 von Lübeck aus weitreichende Handelsbeziehungen in ganz Europa aufbaute. Sie bezeichnet einen Zusammenschluss von Unternehmern, später von Kaufmannsstädten, die Waren ex- und importierten, Kapital grenzüberschreitend anlegten sowie durch unternehmerische Kooperationen Wettbewerbsvorteile zu erzielen versuchten.[1] Am Beispiel der DEUTSCHEN HANSE finden sich bereits konkrete Belege für die Durchführung von unternehmerischen Direktinvestitionen. Diese erfolgten in Nowgorod, Brügge, London und Bergen, wo die HANSE ihre großen Kontore eingerichtet hatte. Jeder Kaufmann betrieb seine Geschäfte auf eigene Rechnung und Gefahr.

Gegen Ende des 14. Jahrhunderts entwickelten sich große international tätige Unternehmen auch in Italien. Zu dieser Zeit lassen sich bereits rund 150 italienische Bankhäuser nennen, die international operierten. Zu den bekanntesten Bankiers zählen die BARDI, PERUZZI und allen voran die MEDICI, welche das ökonomische und politische Geschehen im Florenz dieser Zeit dominierten. Die MEDICI hatten um 1500 nicht weniger als acht Handelsniederlassungen in Europa etabliert. Entscheidende Bedeutung für den Handel erlangten schließlich die FUGGER, welche im Jahr 1525 als reichstes Unternehmen in Europa galten. Die schwäbische Kaufmannsfamilie tätigte Direktinvestitionen in ganz Europa und Lateinamerika, u. a. in Silber- und Quecksilberminen.[2] Durch Erwerb der Kupferbergwerke in Tirol, Kärnten, Ungarn und Spanien errichtete JAKOB II. FUGGER ein europäisches Kupfermonopol. Auch der politische Einfluss der FUGGER war beträchtlich, insbesondere in Verbindung mit ihren Bankgeschäften.

---

[1] Vgl. DUNNING 1992, S. 97.
[2] Vgl. KUTSCHKER/SCHMID 2002, S. 8-9; WELGE/HOLTBRÜGGE 2001, S. 13-17; DUNNING 1992, S. 98.

Die Entwicklung der internationalen Unternehmenstätigkeit im 16. und 17. Jahrhundert zeichnet sich vor allem durch die Gründung von Unternehmen aus, die den einzelnen europäischen Staaten bei deren Kolonialisierung dienlich waren. Zu nennen sind hier Unternehmen wie die EAST INDIAN COMPANY (gegründet 1602), die DUTCH EAST INDIAN COMPANY (von 1600) oder die ROYAL AFRICAN COMPANY (gegründet 1672). Durch Handel und Direktinvestitionen versuchten sie, die politische Einflussnahme ihrer Heimatländer in die unterschiedlichsten Regionen der Welt auszudehnen. Als Beispiel sei auf die frühe Gründung einer Salpeterraffinerie durch die DUTCH EAST INDIAN COMPANY in Indien im Jahr 1641 hingewiesen. Ebenfalls in diese Zeit fällt der Anfang der Kolonialisierung und die Landerschließung in den USA. Im frühen 17. Jahrhundert begannen Unternehmen wie z. B. die VIRGINIA CAROLINA CHEMICAL COMPANY oder die MASSACHUSETTS BAY COMPANY im Osten der USA unternehmerisch tätig zu werden.[3] Die meisten dieser Unternehmen stammten ursprünglich aus England, das bereits damals risikobereiten Entrepreneuren Anreize für Direktinvestitionen in den USA gewährte.[4]

Eine entscheidende Wende erfuhr die Internationalisierung von Unternehmen durch die industrielle Revolution. Zwischen den Jahren 1830 und 1870 kam es vor allem in England zu einer Vielzahl von organisatorischen und technischen Innovationen. Sie befähigten Firmen dazu, Massenprodukte herzustellen und diese grenzüberschreitend abzusetzen. Vor allem neue Entwicklungen im Transportwesen (z. B. Eisenbahn und Dampfschiffe), der Kommunikation (z. B. Telegrafie) und der Lagerhaltung (z. B. Kühlhäuser) ermöglichten es den Unternehmen, ihre lokalen Aktivitäten auch auf das Ausland auszudehnen und dort Direktinvestitionen zu tätigen.[5] Die meisten Großbetriebe waren gegen Ende des 19. Jahrhunderts stark vertikal integriert. Sie wuchsen zu streng hierarchisch organisierten Gebilden heran, die vorwiegend aus eigener Kraft internationalisierten. Neben der Errichtung von Produktionsanlagen und Vertriebsbüros im Ausland führten zahlreiche Unternehmen zusätzlich eine Vorwärts- und Rückwärtsintegration durch.[6] Sie weiteten ihre Aktivitäten auf die Erzeugung von Rohstoffen aus, erwarben zum Teil sogar Schifffahrtslinien oder Eisenbahnen und errichteten Forschungszentren im In- und Ausland.[7] Als Beispiele aus Deutschland lassen sich hier Unternehmen wie BAYER, HOECHST oder AEG nennen, die durch Direktinvestitionen gegen Ende des 19. Jahrhunderts weit verzweigte Netzwerke von Niederlassungen in der ganzen Welt errichteten.[8] Die exportorientierten deutschen Industrieunternehmen waren vornehmlich in der Metallindustrie, in der chemischen Industrie und in der Produktion von an-

---

[3] Vgl. WILKINS 1970, S. 98-99.

[4] Eine Übersicht über amerikanische Entrepreneure aus dieser Zeit findet sich bei WILKINS 1970, S. 17-18.

[5] Vgl. COX 1997, S. 16-17; CHANDLER 1986, S. 406-409; HENNART 1982, S. 130.

[6] Vgl. CHANDLER 1962, S. 24-29.

[7] Vgl. CHANDLER 1986, S. 408.

[8] Vgl. HITOMI 1992, S. 180-181. Das Unternehmen HOECHST ist mittlerweile in das Unternehmen AVENTIS übergangen. Auch die Firma AEG ist zerschlagen und zu großen Teilen in die französische ALSTOM integriert worden.

spruchsvollen Investitionsgütern tätig. Zu den wichtigsten international tätigen Unternehmen jener Zeit aus den USA gehören die 1899 gegründete UNITED FRUIT COMPANY, der Welt größtes Unternehmen zum Anbau und Vertrieb von Bananen ("Chiquita"), und die AMERICAN TOBACCO COMPANY von 1904.

Es liegt nur wenig valides Datenmaterial über die Verteilung von Direktinvestitionen in dieser Zeit vor.[9] Dennoch identifiziert FRANKO in einer Studie über international tätige Unternehmen vor dem Jahr 1914 bereits 167 produzierende Tochtergesellschaften im Ausland, die von insgesamt 85 europäischen Unternehmen gegründet und betrieben wurden.[10] Als vorherrschende Motive für deren Direktinvestitionen galten die Umgehung von tarifären und nicht-tarifären Handelshemmnissen und die Attraktivität ausländischer Absatzmärkte.[11]

Die Entwicklung bei den Direktinvestitionen nach 1914 lässt sich sehr viel genauer beurteilen. Der Stand der akkumulierten Direktinvestitionsbestände europäischer und amerikanischer Unternehmen beläuft sich 1914 bereits auf über 14,4 Millionen US $. Diese Summe entspricht immerhin rund 35 % der damals vorhandenen langfristigen internationalen Schulden.[12] Die Entwicklung der internationalen Unternehmenstätigkeit wurde in der Folgezeit stark durch die beiden Weltkriege und die Weltwirtschaftskrise beeinflusst. Viele europäische Unternehmen waren gezwungen, ihre ausländischen Aktivitäten einzuschränken oder sogar ganz aufzugeben. In Deutschland wurden Tochtergesellschaften ausländischer Investoren häufig auch einfach enteignet.[13] Lediglich die amerikanischen Unternehmen blieben von diesen kriegsbedingten Einschränkungen ihrer grenzüberschreitenden Aktivitäten weitgehend verschont; sie gingen z. T. sogar gestärkt aus den Weltkriegen hervor.

Seit dem II. Weltkrieg ist eine ständige Ausweitung des grenzüberschreitenden Engagements fast aller international tätigen Unternehmen feststellbar. War die Weltwirtschaft vor dem II. Weltkrieg in vielen Bereichen mit erheblichen Unsicherheiten behaftet, so schufen z. B. das Abkommen von BRETTON WOODS und stabile politische Rahmenbedingungen in Europa die Voraussetzungen für eine erfolgreiche Internationalisierung von Unternehmen. Zudem entwickelten sich die Transportsysteme (z. B. Düsenflugzeug), Telekommunikationssysteme und die Computertechnologie entscheidend weiter und reduzierten drastisch die Transaktionskosten unternehmerischer Tätigkeiten.[14] Waren es zunächst vorwiegend amerikanische Unternehmen, die zu den weltweit größten Unternehmen gehörten (z. B. GENERAL MOTORS), so schlossen die Europäer und Asiaten seit den 60er Jahren auf. Als Beispiel sei hier nur auf die Entwicklung von Großkonzer-

---

9   Vgl. COX 1997, S. 17-30.
10 Vgl. FRANKO 1976.
11 Vgl. COX 1997, S. 21.
12 Einen Überblick über Bestand und Verteilung der Direktinvestitionen in der Zeit von 1914-1960 gibt DUNNING. Vgl. DUNNING 1992, S. 116-118.
13 Vgl. COX 1997, S. 30.
14 Vgl. DUNNING 1992, S. 126.

nen in Europa (z. B. DAIMLERCHRYSLER und SIEMENS), die KEIRETSU in Japan oder die CHAEBOL in Korea verwiesen, die heute einen erheblichen Einfluss auf die Weltwirtschaft ausüben.[15] Die rasante Entwicklung der Internationalisierung verdankt sich der starken Zunahme der Direktinvestitionen, die europäische und asiatische Unternehmen weltweit vorgenommen haben.[16]

5.1.2 Darstellung klassischer Organisationsstrukturen anhand des STOPFORD/WELLS-Modells

Die Entwicklung der internationalen Unternehmenstätigkeit bis in die 60er Jahre dieses Jahrhunderts stellt den Ausgangspunkt für die Untersuchung dar, welche Organisationsstrukturen die international tätigen Unternehmen im Zuge ihrer Internationalisierung wählten. Als erste Arbeit, die den Einfluss des internationalen Wettbewerbs auf die Organisationsstruktur von Unternehmen explizit thematisierte, gilt die richtungsweisende Publikation von STOPFORD/WELLS aus dem Jahr 1972.[17]

STOPFORD/WELLS identifizierten im Rahmen einer breit angelegten empirischen Untersuchung von 187 US-amerikanischen Unternehmen eine spezifische zeitliche Abfolge des organisatorischen Wandels bei den untersuchten Unternehmen.[18] Die Analyse dieser Strukturveränderungen erstreckte sich auf den Zeitraum von 1900 bis 1963. Sie führte zur Entwicklung des sogenannten "Struktur-Stadien-Modells", welches den typischen Prozess der Internationalisierung von Unternehmen beschreibt. Die Ergebnisse der Untersuchung sind in Abbildung 25 zusammengefasst.

Die strategische und administrative Komplexität wird in diesem Modell anhand zweier Variablen erfasst:

- Zahl der international verkauften Produktarten (Diversifizierung der Produkte für Auslandsmärkte) und
- Bedeutung des Auslandsgeschäfts für das Unternehmen (Auslandsumsatz in Prozent des Gesamtumsatzes).

---

15 Vgl. WELGE 1980, S. 13-28.
16 Vgl. WELGE/HOLTBRÜGGE 2001, S. 13-35; HENNART 1982, S. 130-150; DUNNING 1971, S. 19-21. Zu einer kritischen Diskussion der Internationalisierung bzw. Globalisierung und ihrer Auswirkungen auf das Management vgl. SIMON 2001.
17 Vgl. STOPFORD/WELLS 1972.
18 Vgl. STOPFORD/WELLS 1972, S. 11-29.

Ausgangspunkte der Entwicklung 117

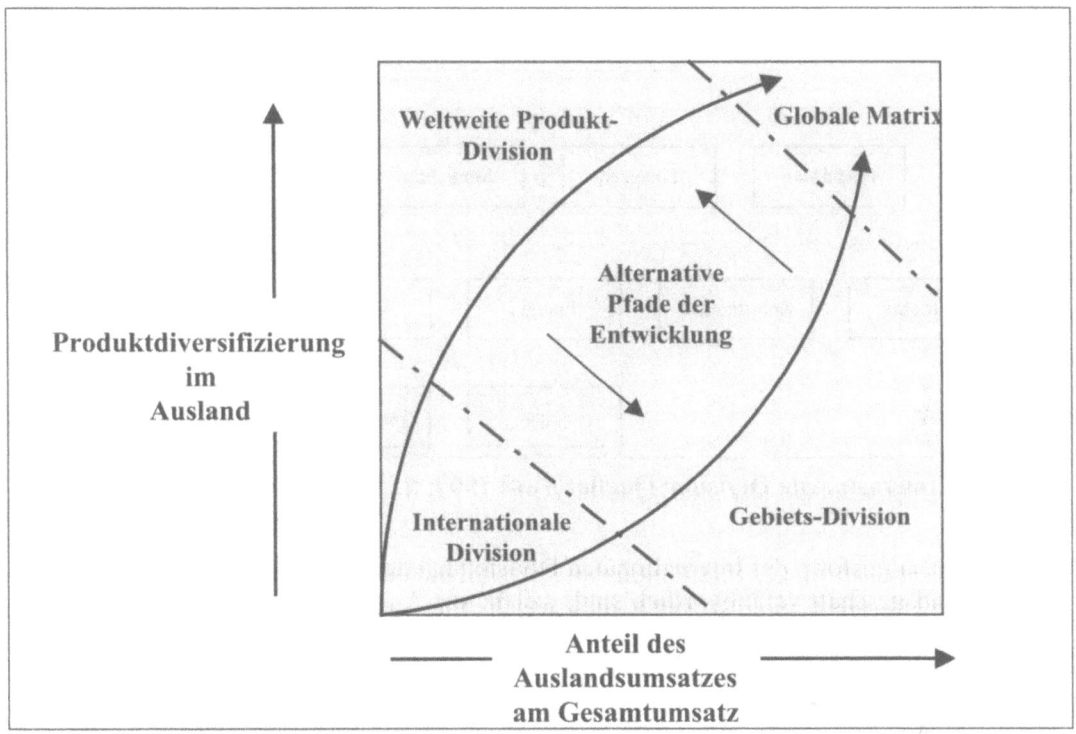

Abb. 25: Struktur-Stadien-Modell von STOPFORD/WELLS; Quelle: Eigene Darstellung in Anlehnung an STOPFORD/WELLS 1972, S. 63

Die Untersuchungsbefunde zeigen, dass weltweit agierende Unternehmen in verschiedenen Stadien ihrer internationalen Expansion unterschiedlichen organisatorischen Strukturmustern folgen.[19] Dementsprechend lässt sich eine zeitliche Abfolge des organisatorischen Wandels der untersuchten Unternehmen feststellen. STOPFORD/WELLS kommen in ihrem Modell zu dem Ergebnis, dass weltweit agierende Unternehmen in einem frühen Stadium ihrer internationalen Expansion das Auslandsgeschäft in der Regel durch eine "**Internationale Division**" abwickeln. Dies gilt so lange, wie sowohl der im Ausland erzielte Umsatz als auch die Zahl der im Ausland angebotenen Produkte noch relativ klein sind. Die Strukturalternative der Internationalen Division ist dadurch charakterisiert, dass neben die einzelnen Divisionen (z. B. Produktgruppen) eine spezielle Division tritt, in der alle internationalen Operationen des Unternehmens zentral zusammengefasst werden (vgl. Abb. 26).[20]

---

[19] Eine kritische Evaluation des Modells findet sich bei KUTSCHKER/SCHMID 2002, S. 535-538; NOHRIA/GHOSHAL 1997, S. 7-11; BÖTTCHER 1996, S. 68-69; CAVES 1996, S. 64-66; ZUR NEDDEN 1994, S. 50-57, und EGELHOFF 1988, S. 1-14.

[20] Vgl. WITTLAGE 1995, S. 359-361; BLÖDORN 1998, S. 285-286.

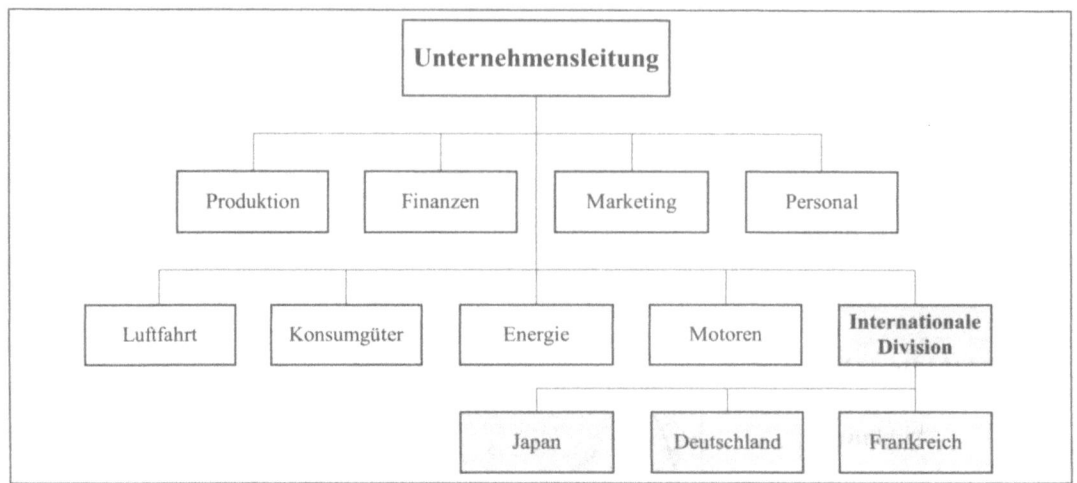

Abb. 26: Internationale Division; Quelle: JOHN 1997, S. 277

Die Organisationsform der Internationalen Division hat den Vorteil, dass Spezialisten für das Auslandsgeschäft verantwortlich sind, welche die Auslandsaktivitäten straff ordnen. Nachteilig sind dagegen die mangelnde Austauschbarkeit der Führungskräfte der nationalen und internationalen Bereiche und die Gefahr der Verselbständigung der Internationalen Division.[21]

Steigt die Rate der Produktdiversifizierung im Ausland über 10 % und wird die Grenze von 50 % Auslandsumsatz (gemessen am Gesamtumsatz) überschritten, so ist nach dem Struktur-Stadien-Modell die Internationale Division aufzulösen. An deren Stelle tritt dann eine regionale Gliederung nach "**Gebiets-Divisionen**" oder eine weltweite Spartengliederung nach "**Produkt-Divisionen**".[22] Bei letzterem Organisationsmodell kommt es unterhalb der obersten Führungsebene zur Bildung einzelner **Produkt-Divisionen**, denen alle nationalen und internationalen Konzernaktivitäten unterstellt sind, die zur jeweiligen Produktgruppe einen unmittelbaren Bezug haben (vgl. Abb. 27).[23]

Der entscheidende Vorteil der Bildung von Produkt-Divisionen liegt in der Möglichkeit, weltweit aufeinander abgestimmte Produktstrategien zu entwickeln. Der einzelne Geschäftsbereich kann seine Ressourcen eigenverantwortlich einsetzen. Dies erhöht allerdings die Gefahr, dass es zur Fehlallokation von Ressourcen kommt, wenn keine Abstimmung der bereichsspezifischen Strategiekonzepte auf der Ebene des Gesamtunternehmens erfolgt.[24]

---

21   Vgl. BLÖDORN 1998, S. 286.
22   Vgl. STOPFORD/WELLS 1972.
23   Vgl. JOHN 1997, S. 278; WITTLAGE 1995, S. 366.
24   Vgl. BLÖDORN 1998, S. 287-289.

Ausgangspunkte der Entwicklung 119

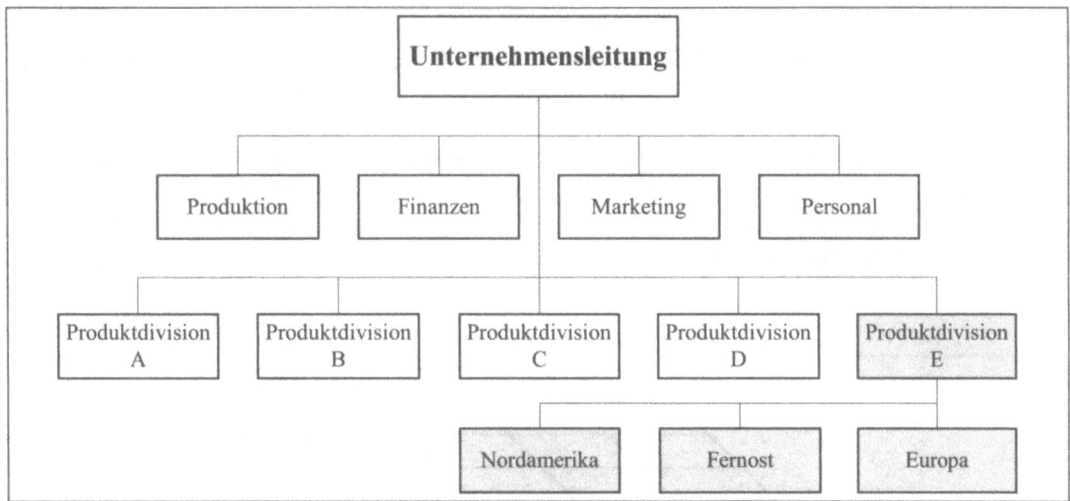

Abb. 27: Weltweite Produkt-Divisionen; Quelle: JOHN 1997, S. 279

Die Bildung von **Gebiets-Divisionen** (vgl. Abb. 28) zeichnet sich dadurch aus, dass auf der zweiten Hierarchieebene regionale Divisionen gebildet werden. Die Gebiets-Divisionen sind untereinander gleichberechtigt und gegenüber dem Leiter der jeweiligen Produktions- und Vertriebsgesellschaften im In- und Ausland weisungsbefugt. Der Inlandsmarkt erscheint in diesem Modell nur als einer unter vielen.[25] Das internationale Unternehmen ist bei dieser Strukturalternative besonders gut in der Lage, landesspezifische Probleme zu berücksichtigen. Es besteht allerdings die Gefahr, dass sich die einzelnen Gebiets-Divisionen auf Drittmärkten Konkurrenz machen.

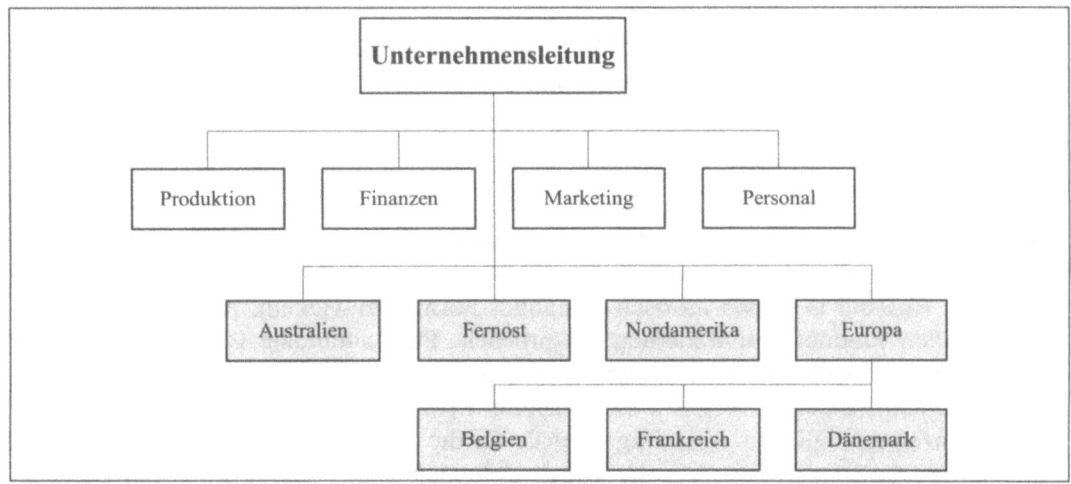

Abb. 28: Gebiets-Divisionen; Quelle: JOHN 1997, S. 279

---

[25] Vgl. JOHN 1997, S. 278-279.

Falls sowohl eine hohe Produktdiversifizierung als auch hohe Auslandsumsätze erzielt werden, gilt nach STOPFORD/WELLS, dass Unternehmen die Struktur einer "**Globalen Matrix**" einführen (vgl. Abb. 29). In diesem Organisationsmodell kommt es zu einer Kombination von Strukturkriterien. STOPFORD/WELLS schlagen für die Gestaltung der Matrixstruktur lediglich eine zweidimensionale Kombination zwischen produktorientierten Geschäftsbereichen mit weltweiter Verantwortung und regionalen Geschäftsbereichen vor. Sie lässt sich durch Einbeziehung von Funktionen auf eine dreidimensionale Matrix erweitern. Die Koordination der weltweiten Aktivitäten erfolgt mit der Hilfe von Stäben.[26]

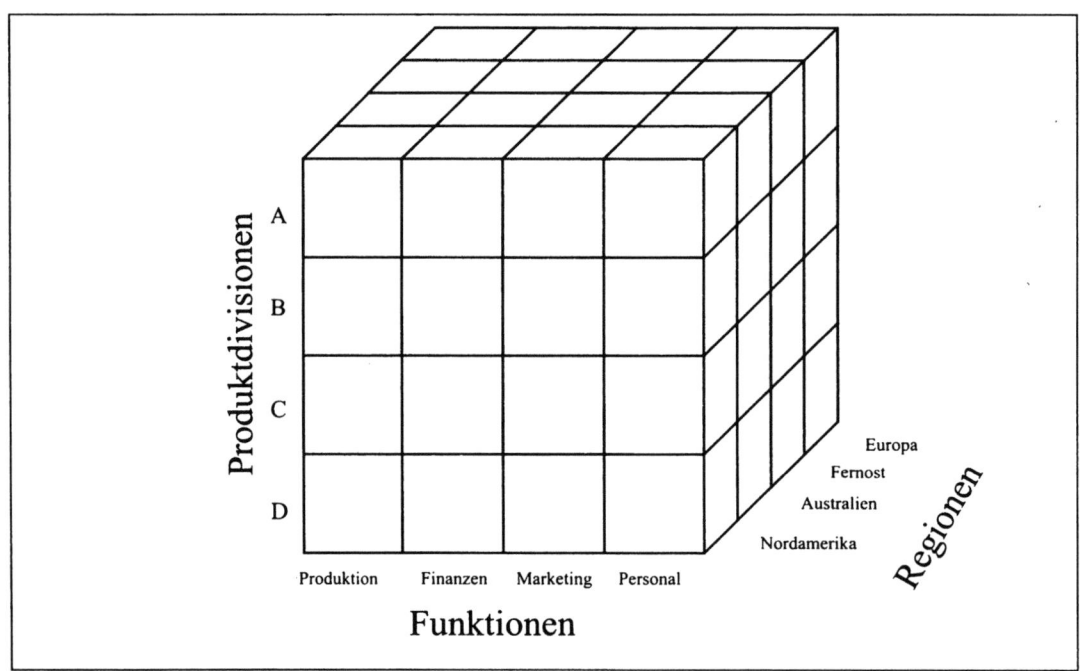

Abb. 29: Dreidimensionale Globale Matrix; Quelle: JOHN 1997, S. 281

Mit dem Organisationsmodell der **Globalen Matrix** versuchen STOPFORD/WELLS zwei Anforderungen gerecht zu werden: Zum einen wird angestrebt, einen Großteil des Umsatzes im Ausland in organisatorisch sinnvoller Form abzuwickeln, zum anderen wird einer starken Produktdiversifizierung entsprochen. Eine simultane Berichtspflicht der Manager an unterschiedliche Management-Gruppen (z. B. Gebiets- und Produkt-Divisionen) soll eine Balance zwischen zentralisierter Effizienz, Marktnähe und funktionalen Kompetenzen ermöglichen. Vielfältige Kanäle für die Kommunikation und Kontrollprozesse bieten die Gelegenheit, unterschiedliche Management-Perspektiven zu berücksichtigen.

---

[26] Vgl. STOPFORD/WELLS 1972, S. 63-66.

In einer kritischen Würdigung ist festzustellen, dass die Mehrzahl derjenigen Unternehmen, die eine Globale Matrix implementierten, schlechte Erfahrungen mit dieser Organisationsform machten. Die Globale Matrix verstärkte regelmäßig die Unterschiede in den Perspektiven und Interessen der Unternehmensmitglieder. Sie presste alle Problemstellungen durch duale Entscheidungskanäle und generierte eine Vielzahl von dysfunktionalen Konflikten. Die Kommunikationsprozesse liefen routinemäßig doppelt ab und verzögerten dadurch erheblich die Entscheidungsprozesse (z. B. interne Genehmigungsverfahren).[27] Die Verwaltungskosten schnellten durch die vielen Reisen und häufigen Besprechungen, die zur Koordination der internationalen Geschäfte notwendig waren, in die Höhe. Eine Lösung von Meinungsverschiedenheiten oder Kompetenzstreitigkeiten zwischen den Managern der einzelnen Abteilungen wurde durch die Struktur der Matrix eher verhindert und nicht gefördert. Barrieren wie Entfernung, Zeit, Sprache und Kultur erschwerten dabei ein konstruktives Konfliktmanagement. Als Zwischenfazit ergibt sich: Mit der Globalen Matrix sind die komplexen strategischen Aufgaben international tätiger Unternehmen offensichtlich nicht zufriedenstellend zu lösen. Die Matrix-Struktur führt zu einer starren Kombination von Rollen, Verantwortlichkeiten und Beziehungen, die in einem Missverhältnis zu den dynamischen und sich rapide verändernden Aufgaben und Konstellationen stehen, welche den Alltag von international tätigen Unternehmen bestimmen.

Zusammenfassend ist festzustellen, dass die im Struktur-Stadien-Modell von STOPFORD/ WELLS empfohlene schrittweise Entwicklung von Internationalen Divisionen hin zu weltweiten Produkt-Divisionen bzw. Gebiets-Divisionen und schließlich zur Globalen Matrix keine allgemeingültige Lösung für die komplexen Probleme des Organisationsmanagements in international tätigen Unternehmen bietet. Die simplen Empfehlungen für das eine oder andere Organisationsmodell stehen in eklatantem Widerspruch zu der Komplexität der externen und internen Rahmenbedingungen, in denen sich das Organisationsmanagement bewegt. Obwohl STOPFORD/ WELLS ihre Vorstellungen als deskriptives Modell vortrugen, wurden ihre Ergebnisse von vielen Unternehmensberatern, Wirtschaftswissenschaftlern und Managern präskriptiv als Leitfaden für die organisatorische Gestaltung von Unternehmen genutzt.[28] In vielen Unternehmen schien das Organisationsmanagement stärker Modeerscheinungen zu folgen als einer konkreten Strategie. Die Debatte kreiste in grober Vereinfachung um die Alternativen Zentralisierung oder Dezentralisierung, oder sie uferte aus zu einer verallgemeinernden Diskussion über die Vor- und Nachteile von produkt- und gebietsorientierten Unternehmensstrukturen.

Die Arbeit von STOPFORD/WELLS kann zwar als ein anregender Beitrag für die Beantwortung der Frage dienen, wie international tätige Unternehmen ihre Organisationsstruktur gestalten. Die Verfasser versäumen es jedoch, die genannten Organisationsstrukturen näher zu spezifizieren und sich kritisch mit der von ihnen vertretenen

---

27 Vgl. JOHN 1997, S. 280; MILES/SNOW 1992, S. 54-57.
28 Vgl. BARTLETT 1989, S. 426.

CHANDLER-These "Structure follows Strategy"[29] auseinander zu setzen.[30] Insbesondere wäre es erforderlich gewesen, externe Kontextfaktoren bei der Ableitung eines Organisationsmodells zu berücksichtigen, denn ohne Bezug zur jeweiligen Situation erscheinen Vorschläge zur Organisationsgestaltung nur begrenzt sinnvoll.

5.1.3 Anforderungen an die Gestaltung moderner Organisationsstrukturen

Aus der geschichtlichen Betrachtung der organisatorischen Veränderungen international tätiger Unternehmen wird deutlich, dass die Gestaltung einer Organisationsstruktur keinen einmaligen Vorgang darstellt. Die Umweltbedingungen und die strategischen Anforderungen an die einzelnen Geschäftsbereiche unterliegen einem ständigen Wandel. Entsprechend sind die internen Strukturen von Organisationen permanent zu überprüfen.[31] An die Stelle einer eindimensional-mechanistischen Vorstellung muss deshalb ein dynamisches und mehrdimensionales Organisationsverständnis treten. Das Unternehmen wird bestrebt sein müssen, ein hohes Maß an **organisatorischer Flexibilität** zu entwickeln. Organisationsmanagement darf nicht als ein statisches Konstrukt verstanden werden. Vielmehr sind die bestehenden Strukturen und Prozesse ständig zu überprüfen, um laufend notwendige Veränderungen durchzuführen.

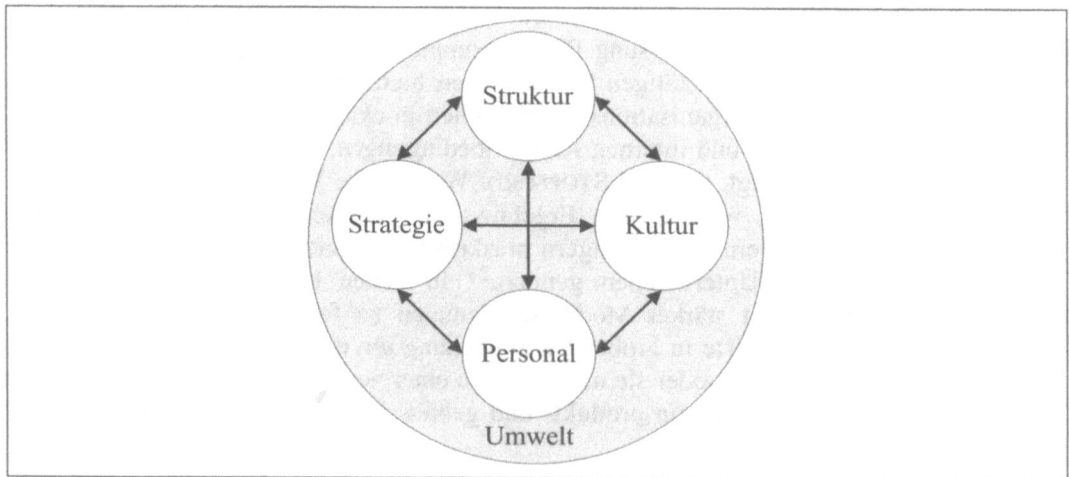

Abb. 30: Gestaltungsvariablen des Organisationsmanagements

---

29 Vgl. CHANDLER 1962, S. 383.
30 Vgl. ZUR NEDDEN 1994, S. 55-56.
31 Die Binnenkomplexität von Unternehmen wird durch eine Vielzahl von Variablen beeinflusst. JOHN nennt u. a. Alter, Geschichte und nationale Herkunft des Unternehmens, Umsatz, Anzahl der Beschäftigten, Produkte, Produktdiversifizierung, geographische Diversifizierung, Technologien und Produktionsmethoden. Vgl. JOHN 1997, S. 273-274.

Bei der Suche nach einer passenden Organisationsstruktur legen viele Unternehmen den Fokus auf nur eine Gestaltungsvariable, die formale Struktur. Im Rahmen eines proaktiven Organisationsmanagements ist es aber erforderlich, neben der Struktur weitere Umweltvariablen zu berücksichtigen, die Einfluss auf die Gestaltung der Unternehmensorganisation haben können: insbesondere die verfolgte Strategie, die jeweiligen kulturellen Rahmenbedingungen, in denen sich eine Organisation bewegt, und die personellen Voraussetzungen im Unternehmen (vgl. Abb. 30). Voraussetzung für die Förderung der organisatorischen Flexibilität ist die gleichzeitige Berücksichtigung der Dimensionen Struktur, Strategie, Kultur und Personal und der zwischen diesen Variablen bestehenden Wechselbeziehungen. Sie ermöglicht die Erzeugung einer adäquaten Komplexität zwischen den internen und externen Einflussfaktoren der Organisation. Ein Unternehmen kann nämlich unter einer zu einfachen Organisationsstruktur in einem hochkomplexen Umfeld ebenso leiden, wie es Effizienzverluste hinnehmen muss, wenn die Organisationsstruktur überkomplex ist.[32]

Im Folgenden werden neuere Organisationsformen diskutiert, die sich insbesondere für die internationale Unternehmenstätigkeit eignen. Um die einzelnen Ansätze sinnvoll miteinander vergleichen zu können, orientiert sich die Darstellung implizit an den genannten Gestaltungsvariablen des Organisationsmanagements. Die Konzepte werden zunächst daraufhin untersucht, wie ihre Struktur aufgebaut ist. Dabei sind sowohl Fragen der Konfiguration (Aufbauorganisation) als auch Aspekte der Koordination (Ablauforganisation) zu untersuchen. Außerdem ist zu prüfen, welche Strategie hinter den einzelnen Konzepten steht und welche Möglichkeit besteht, um kulturelle Aspekte (Unternehmens- und Landeskultur) zu berücksichtigen. Ergänzt werden die Ausführungen durch eine kritische Überprüfung der Frage, welche Implikationen aus der bereits dargestellten Organisationsökonomik (vgl. Kapitel 2) und der Internationalisierungstheorie (vgl. Kapitel 3) für die einzelnen Organisationsformen resultieren.

---

[32] NOHRIA und GHOSHAL zeigen anhand einer empirischen Untersuchung bei 41 internationalen Unternehmen, dass ein signifikanter Zusammenhang zwischen dem Erfolg von Unternehmen (der Erfolg wird anhand der Variablen Rendite des Nettovermögens und deren Wachstum sowie der Erlöswachstumsrate gemessen) und ihrer Fähigkeit zur organisatorischen Anpassung an Umweltkonstellationen besteht. Es ergab sich, dass Unternehmen, die ihre Organisationsstruktur an die Komplexität der Umweltbedingungen anpassen, in denen sie unternehmerisch tätig sind, erfolgreicher sind. Vgl. NOHRIA/GHOSHAL 1997, S. 173-192; GHOSHAL/NOHRIA 1993, S. 23-35.

5.2 Holdingstrukturen

Wir beginnen die Diskussion einzelner Organisationsmodelle für internationale Unternehmen mit den Holdingstrukturen. Dieses Vorgehen begründet sich durch den übergeordneten Charakter, den Holdingmodelle im Hinblick auf die organisatorische Gestaltung von international tätigen Unternehmen inzwischen gewonnen haben. Erstens sind einige der im Folgenden diskutierten Organisationsmodelle, wie z. B. strategische Unternehmensnetzwerke, eng verbunden mit der Existenz von Holdingstrukturen. Zweitens erleichtern Holdingstrukturen die Internationalisierung von Unternehmen durch die Abspaltung und Aufnahme von selbständigen Tochtergesellschaften. Sie stellen in diesem Sinne eine zweckmäßige Strukturalternative dar, um strategischen Neuorientierungen in der Praxis organisatorisch adäquat zu begegnen.[33]

5.2.1 Begriffsbestimmung und Typen

Die Organisationsstrukturen vieler Unternehmen haben sich in den letzten Jahren entscheidend verändert. Dabei rückt mit der Holding ein Konzept wieder verstärkt in den Vordergrund, welches bereits in den 80er Jahren verbreitet war.[34] Diese Entwicklung hat sich in den letzten Jahren, bedingt durch die Globalisierung des Wettbewerbs, die zunehmende Wichtigkeit der Wettbewerbsfaktoren Technologie und Zeit sowie die wachsende Bedeutung von strategischen Allianzen und Netzwerken zur Sicherung der Wettbewerbsfähigkeit, noch verstärkt.[35] Die Einführung von Holdingstrukturen reiht sich in den bereits von CHANDLER beschriebenen Strategie-Struktur-Zusammenhang ein, wonach Unternehmen auf Strategieänderungen mit der Restrukturierung ihrer Organisation reagieren.[36]

Allein in den letzten zehn Jahren haben mehr als 30 börsennotierte Großunternehmen in Deutschland Holdingstrukturen etabliert. Es handelt sich dabei um Unternehmen wie RWE AG, ABB AG, KAUFHOF AG, DEUTSCHE LUFTHANSA AG und eine Reihe von Versicherungsgesellschaften (z. B. COLONIA VERSICHERUNGS AG, GOTHAER FINANZHOLDING AG und DBV HOLDING AG).[37] Es wird geschätzt, dass bereits 90 % der deutschen Aktiengesellschaften und mehr als 50 % der Personengesellschaften konzerniert sind oder sich wenigstens in konzernähnlichen Verbindungen befinden.[38]

---

[33] Vgl. auch Kapitel 3.5, S. 75-76.
[34] Vgl. OTT 1996, S. 23.
[35] Vgl. BÜHNER 1996, S. 6; KUNSTMANN 1996, S. 38-39; GOMEZ 1992, S. 167; KELLER 1991, S. 1633.
[36] Vgl. CHANDLER 1962, S. 383.
[37] Vgl. THEISEN 1997, S. 430-431; KELLER 1991, S. 1633.
[38] Vgl. RINGSLETTER 1995, S. 1.

Eine Holding ist das rechtlich selbständige Leitungsgremium eines Konzerns.[39] Unter einem **Konzern** versteht man nach § 18 AktG eine Gruppe rechtlich selbständiger Unternehmen, die unter einer einheitlichen Leitung stehen.[40]

„Sind ein herrschendes und ein oder mehrere abhängige Unternehmen unter der einheitlichen Leitung des herrschenden Unternehmens zusammengefasst, so bilden sie einen Konzern; die einzelnen Unternehmen sind Konzernunternehmen. Unternehmen, zwischen denen ein Beherrschungsvertrag (§ 291) besteht oder von denen das eine in das andere eingegliedert ist (§ 319), sind als unter einheitlicher Leitung zusammengefasst anzusehen. Von einem abhängigen Unternehmen wird vermutet, dass es mit dem herrschenden Unternehmen einen Konzern bildet."[41]

Der Konzern stellt den gesellschaftsrechtlichen Rahmen zur Gestaltung und Führung der weitgehend selbständigen Einzelgesellschaften dar. Der Begriff der **einheitlichen Leitung** wird im Gesetz zwar nicht genauer bestimmt, allerdings ist nach herrschender Meinung schon die Abstimmung der Geschäftspolitiken (z. B. durch gemeinsame Beratungen oder personelle Verflechtungen) hinreichend, um die einheitliche Leitung zu begründen. Ein Konzern bezeichnet in erster Linie eine Rechtsform. Entstanden ist diese bereits im Zuge der großen Konzentrationswelle nach dem deutsch-französischen Krieg und der Gründung des Deutschen Reiches im Jahre 1871. Mit Inkrafttreten des neuen AktG am 1.1.1966 wurde der Konzern umfassend rechtlich geregelt.[42]

Für international tätige Unternehmen gilt die Etablierung einer Konzernstruktur, verbunden mit der Gründung von Tochtergesellschaften, häufig als einziger Weg zur gesetzeskonformen Konfiguration der Unternehmensaktivitäten.[43] Die einheitliche Führung geht in einem Konzern von der Konzernobergesellschaft aus, die auch als (Konzern-)Zentrale bezeichnet wird.[44] Wenn die rechtlich verselbständigte Zentrale eines Konzerns selber keine eigenunternehmerischen Tätigkeiten ausführt, sondern sich allein auf die Steuerung,

---

39 Vgl. MAY 1997, S. 374.
40 Vgl. KUTSCHKER/SCHMID 2002, S. 577-578; HUNGENBERG 1995, S. 66; NAUMANN 1994, S. 5-7; MELLEWIGT 1995, S. 10. Ein "Konzern" ist im rechtlichen Sinne keine juristische Person. In dieser Hinsicht unterscheidet sich der Konzern von allen anderen Rechtsformen. Problematisch erscheint in diesem Zusammenhang, dass für die Organisationsform "Konzern", von wenigen Ausnahmen (z. B. Rechnungslegung und Mitbestimmung) abgesehen, rechtliche Regelungen fehlen. Diese Defizite in der Rahmenordnung müssen die Konzerngesellschaften im Rahmen der ihnen gewährten Vertragsfreiheit selber regeln. Vgl. dazu SCHNEIDER 1997, S. 236-237.
41 § 18 AktG, Abs. 1.
42 Vgl. SYDOW 2001, S. 276-277; MELLEWIGT 1995, S. 10-11.
43 Vgl. SCHNEIDER 1997, S. 237. In der Praxis dominieren bei der Auswahl der Rechtsform für internationale Holdings eindeutig die Kapitalgesellschaften. Dies liegt insbesondere an der heute auf internationaler Ebene bereits vorhandenen Homogenität in gesellschaftsrechtlicher und steuerrechtlicher Hinsicht bei Kapitalgesellschaften. Vgl. SCHAUMBURG/JESSE 1995, S. 610-611.
44 Vgl. BERNHARDT/WITT 1995, S. 1342.

Verwaltung und Kontrolle der Beteiligungen konzentriert, spricht man von einer **Holding**.[45] Die Holding kann somit als eine Organisationsform des Konzerns angesehen werden. Sie übernimmt als Dachgesellschaft die oberste Ebene der Führung und Verwaltung eines Konzerns, während die einzelnen Tochtergesellschaften (rechtlich selbständige Geschäftsbereiche) das operative Tagesgeschäft mehr oder weniger eigenständig abwickeln.[46] Die Holding setzt den Rahmen für die unternehmenspolitischen Handlungsoptionen der Tochtergesellschaften, indem sie beispielsweise Strategien, Budgets sowie Kapital- und Personalausstattungen definiert. In einer Holding gibt die Konzernmutter den Tochtergesellschaften diesen Handlungsrahmen aber meist nicht einfach vor, sondern diese wirken auf der Grundlage dezentraler Führungskonzepte bei dessen Ausgestaltung mit.

Über die Herkunft des Wortes "Holding" besteht in der Literatur Uneinigkeit. Auch wird der Begriff der Holding unterschiedlich interpretiert. Einige Autoren verstehen unter einer Holding den gesamten Konzernverbund,[47] andere dagegen nur die Spitzeneinheit eines Konzerns.[48] Als Holding wird im Folgenden ein Unternehmen bezeichnet, bei dem rechtlich selbständige Geschäftsbereiche von einer konzernleitenden, rechtlich selbständigen Obergesellschaft, der Holding- (Ober-) Gesellschaft oder Holding-Mutter, geführt werden.[49] Wir sprechen deshalb synonym von Holding und Konzern. Die selbständigen Geschäftsbereiche einer Holding werden im Folgenden auch als Tochtergesellschaften oder kurz Töchter bezeichnet.

Durch die Struktur der Holding und die damit verbundene Gründung rechtlich selbständiger Tochtergesellschaften entsteht ein hohes Maß an Transparenz für das Management und die Aktionäre. Die Tochtergesellschaften sind nämlich verpflichtet, einen eigenen Jahresabschluss zu erstellen und diesen nach § 325 Satz 2 HGB bzw. §§ 1, 9, 15 Abs. 2 PublG gegebenenfalls auch offen zu legen.[50] Insbesondere im Hinblick auf die Shareholder Value-Diskussion bietet sich eine Holding an, da diese Struktur es Aktionären und institutionellen Investoren ermöglicht, sich über die finanz- und leistungswirtschaftliche Situation einzelner Tochtergesellschaften besser zu informieren, als wenn diese rechtlich unselbständig wären. Die häufig stattfindende Börsennotierung der Tochtergesellschaf-

---

45 Vgl. HINTERHUBER/MATHIVES 1999, S. 456; BERNHARDT/WITT 1995, S. 1342-1343. Neben diesen originären Aufgaben einer Holding nennt BLEICHER weitere Funktionen, die von einer Holding ausgeführt werden: Beraterfunktion, Servicefunktion, Harmonisierungsfunktion und Koppelungsfunktion zwischen den einzelnen Konzerneinheiten. Vgl. zu den einzelnen Funktionen BLEICHER 1992, Sp. 1159-1160.
46 Vgl. MAY 1997, S. 374; ANESINI 1991, S. 50.
47 Vgl. BÜHNER 1992, S. 13; HOFFMANN 1992, S. 554.
48 Vgl. zu dieser Sichtweise MAY 1997, S. 374; KELLER 1993, S. 32, und HOFFMANN 1992, S. 553-554. NAUMANN spricht in diesem Sinne von einem institutionellen Holdingbegriff. Vgl. hierzu NAUMANN 1994, S. 11.
49 Vgl. zu dieser Abgrenzung BERNHARDT/WITT 1995, S. 1342.
50 Vgl. BÜHNER 1996, S. 7-8. Im internationalen Kontext gelten selbstredend die lokalen Rechnungslegungs- und Publizitätsvorschriften.

ten erleichtert die Kontrollmöglichkeiten zusätzlich. Dies kommt auch der – im neuen Gesetz zur Kontrolle und Transparenz im Unternehmensbereich (KonTraG) – geforderten Erweiterung der Risikoevaluation in Kapitalgesellschaften entgegen.[51] Eingeschränkt wird der Transparenzvorteil für die Aktionäre allerdings dadurch, dass die zweifache Rechnungslegung in der Tochtergesellschaft und der Holding-Obergesellschaft auch mehr Raum für eine arbiträre Bilanzpolitik lässt. Die Einführung einer Holdingstruktur allein scheint keine signifikante Auswirkung auf die Attraktivität des Unternehmens am Aktienmarkt zu haben. BÜHNER macht deutlich, dass nicht die organisatorischen Änderungen, sondern erst die tatsächliche Erzielung von Wettbewerbsvorteilen (z. B. durch Einführung eines neuen Produktes und/oder erfolgreiche Kooperationen) private Aktionäre und institutionelle Investoren zu einer Neubewertung ihrer Portefeuilles bewegt.[52]

Holdingstrukturen entstehen in der Praxis nach keinem einheitlichen Muster. Es überwiegt aber das Vorgehen, einzelne Geschäftsbereiche aus dem bestehenden Unternehmen auszugliedern und rechtlich zu verselbständigen. Weitere wichtige Optionen zur Bildung von Holdings sind die Ausgründung der Obergesellschaft sowie der Zukauf neuer Gesellschaften, die daraufhin unter eine zentrale Leitung gestellt werden.[53] Die Holding zeichnet sich in der Regel durch eine relativ kleine Zentrale und mehrere große selbständige Geschäftsbereiche aus. So besteht die Holding des schweizerisch-schwedischen ABB-Konzerns aus nur ca. 100 Mitarbeitern, die von Zürich aus (zentral) das Unternehmen steuern.[54]

In Holdingstrukturen existiert somit eine erhöhte strategische Flexibilität, die den Kauf und Verkauf von Unternehmen oder bestimmten Unternehmensteilen sowie die Kooperation mit anderen Unternehmen erleichtert.[55] Dabei überwiegt in der Praxis die Meinung, dass der Zahl der in einer Holding zu führenden Gesellschaften im Prinzip keine Grenzen gesetzt sind. 61 % der von BÜHNER befragten Unternehmen sehen keinerlei Probleme darin, die Leitungsspanne einer Holdingobergesellschaft auszudehnen.[56] 39 % der Befragten betrachten allerdings eine Leitungsspanne von 12 zu führenden Gesellschaften als kritische Größe im Hinblick auf eine sinnvolle Steuerung der Holding.[57]

---

51 Vgl. zum KonTraG GILBERT 2001, S. 126 sowie den umfangreichen Herausgeberband von SAITZ/BRAUN 1999. Ferner sei auf die Diskussion um die Reform der Corporate Governance (Unternehmensaufsicht bzw. -führung) verwiesen, die momentan zu einer Angleichung des deutschen Systems an internationale Gepflogenheiten führt. Vgl. dazu LAMBSDORFF 2001 und LUTTER 2001.
52 Vgl. dazu ausführlich BÜHNER 1996, S. 7-22.
53 Ein Überblick über die Häufigkeit und eine kritische Diskussion der einzelnen Muster zur Bildung von Holdingstrukturen findet sich bei BÜHNER 1991, S. 142-144.
54 Vgl. PICOT/REICHWALD/WIGAND 2001, S. 242; KUNSTMANN 1996, S. 39.
55 Vgl. KELLER 1997, S. 722-723; BÜHNER 1996, S. 8; LITTICH 1993, S. 17-18.
56 Die Leitungsspanne wird durch die Anzahl der Tochtergesellschaften bestimmt, die unter dem Dach der Holdingmutter und deren einheitlicher Leitung stehen.
57 Vgl. BÜHNER 1991, S. 149.

Der derzeitige Trend zur Reorganisation durch Holdingstrukturen resultiert überwiegend aus der strategischen Überlegung, sich auf das Kerngeschäft zu konzentrieren und nicht zu den Kernkompetenzen gehörende Geschäftsfelder abzustoßen.[58] Damit verbunden kommt es meist zu einer Fokussierung auf Produkte, bei denen Marktführerschaft angestrebt wird.[59] Holdingstrukturen werden deshalb vor allem zur Führung von technologie- bzw. stark produktorientierten Unternehmen empfohlen, die flache Hierarchien benötigen, um ihre Marktnähe zu erhöhen.[60] Auf der zweiten Hierarchieebene erfolgt die Konfiguration der Holding dann nach Objekten (Produkten, Regionen oder Märkten); insofern lässt sich die Holdingstruktur auch als eine spezielle Form der Geschäftsbereichsorganisation bezeichnen.[61]

Durch die Schaffung von kleineren Unternehmenseinheiten gelingt es, die zahlreichen Schnittstellen und Abstimmungsvorgänge innerhalb großer Unternehmen zu verringern. Es kommt zu einer Einsparung von Koordinationskosten, die in herkömmlichen Großkonzernen, im Vergleich zu kleinen Unternehmen, durch langwierige Entscheidungsprozesse, eine Vielzahl von Querschnittsaufgaben und eine geringe Leitungsspanne entstehen.[62] Zudem sind die dezentralisierten, hoch spezialisierten Unternehmenseinheiten besser und schneller dazu in der Lage, sich auf komplexe Umweltanforderungen einzustellen.[63] Mit der Holding erhöhen sich erfahrungsgemäß die Innovationskraft und die Reaktionsfähigkeit auf Kundenwünsche (vgl. Abb. 31).[64]

---

[58] Als *Kernkompetenzen* gelten spezifische Fähigkeiten eines Unternehmens innerhalb eines bestimmten Bereiches (z. B. im Vertrieb, im Marketing, im Herstellungsprozess oder in guten Kundenbeziehungen), die für den Kunden wertvoll sind. Kernkompetenzen müssen von den Kunden auch als solche wahrgenommen und honoriert werden. Außerdem sollten sie idealerweise einmalig gegenüber der Konkurrenz sein. Vor allem aber dürfen Kernkompetenzen nur schwer und unter erheblichem Zeit- und Kostenaufwand imitierbar sein. In der Regel eröffnen sie den Zugang zu einer Vielzahl von Märkten. Im Gegensatz zu Kernkompetenzen bezeichnet das *Kerngeschäft* Produkt-Markt Kombination, für die ein Unternehmen die erforderlichen Kernkompetenzen besitzt. Als Beispiel für ein Unternehmen, welches sich konsequent auf seine Kernkompetenzen konzentriert, sei die Firma CANON genannt. Die Kernkompetenzen bei CANON sind vor allem die Feinmechanik, die Feinoptik und die Mikroelektronik, die entscheidende Wettbewerbsvorteile generieren. Vgl. zu diesem Beispiel PICOT/REICHWALD/WIGAND 2001, S. 244-246 und GOMEZ 1992, S. 169-170.
[59] Vgl. BÜHNER 1996, S. 6-8, und BÜHNER 1992, S. 18.
[60] Vgl. THEISEN 1997, S. 430.
[61] Vgl. BÜHNER 1996a, S. 2-3; BÜHNER 1987, S. 41.
[62] Vgl. DUQUES/GASKE 1997, S. 35-37; MAY 1997, S. 374.
[63] Vgl. HUNGENBERG 1992, S. 345.
[64] Vgl. BÜHNER 1992, S. 49-51; BÜHNER 1987, S. 44.

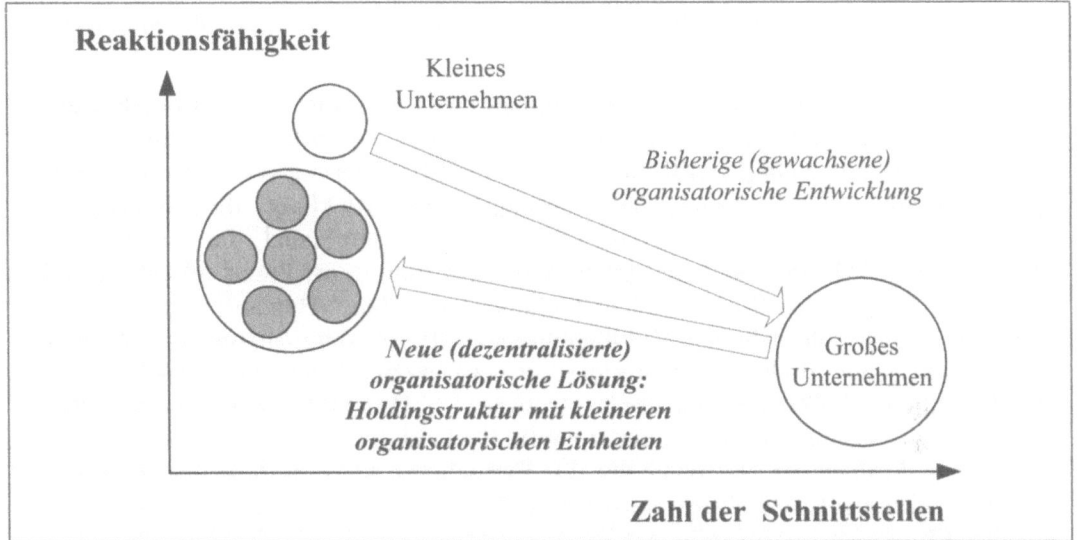

Abb. 31: Zahl der Schnittstellen und Reaktionsfähigkeit in Holdingstrukturen; Quelle: MAY 1997, S. 374

Die Holdingorganisation kommt dem Anspruch entgegen, den wachsenden Anforderungen internationaler Märkte durch eine Verringerung der Hierarchieebenen und die Dezentralisierung von Entscheidungsbefugnissen zu begegnen. Insbesondere international tätige Unternehmen sind mit einer Vielzahl von differenzierten Märkten, großen geographischen Entfernungen und nationalen Besonderheiten konfrontiert. Die Führungsdistanz zwischen der Zentrale und den internationalen Tochtergesellschaften wird dadurch größer und die Gefahr von Fehlentscheidungen wächst.[65] Die rechtliche Ausgliederung von Unternehmensteilen kann ferner dazu führen, dass die Selbständigkeit der Tochtergesellschaften opportunistisch ausgenutzt wird.

Die Einführung einer Holding lässt einen komplexen Unternehmensverbund entstehen, in dessen Rahmen die einzelnen Unternehmenseinheiten ein großes Maß an Freiheit im Hinblick auf die Gestaltung ihrer Organisations- und Marktaktivitäten erhalten.[66] Durch einen hohen Grad an Dezentralisierung und klare Kompetenzzuweisungen an die Tochtergesellschaften können die Produkt-Markt-Beziehungen den lokalen Marktanforderungen individuell angepasst werden.[67] Allerdings müssen die einzelnen Töchter in der Holding für sich lebensfähig sein und eigenen Erfolg generieren, damit es nicht zu einer Quersubventionierung über Bereichsgrenzen hinweg kommt. Durch die Entscheidungsdezentralisation und damit einhergehende Ergebnisverantwortung der lokalen operativen

---

[65] Vgl. KELLER 1997, S. 709 und 714.
[66] Vgl. PROBST 1992, S. 75; BÜHNER 1991, S. 142-144.
[67] Vgl. WEBER 1995, S. 71.

Einheiten wird bei Führungskräften unternehmerischer Geist geweckt, der sich positiv auf ihre Motivation auswirkt.[68]

Wie in einer Studie des Organisationsseminars der Universität Köln ermittelt wurde, zeigt die Holdingstruktur darüber hinaus weitere positive Auswirkungen.[69] Im Einzelnen sind dies die Begünstigung von Kooperationen, die Erleichterung von Unternehmensan- und -verkäufen, die Förderung der Führungskräfteentwicklung, die Nutzung von günstigen Lohn- und Gehaltstarifen (Tarifflexibilisierung) und die Nutzung von Steuervorteilen.[70] Insbesondere das letzte Argument stellt in der Praxis oft ein wesentliches Motiv für die Abspaltung von Unternehmensteilen dar.[71] Durch die hohe Standortelastizität können internationale Holdingunternehmen dort domizilieren, wo neben stabilen politischen Verhältnissen und einer gut entwickelten Infrastruktur auch günstige steuerrechtliche Rahmenbedingungen existieren.[72] De facto geht es bei dieser Vorgehensweise jedoch weniger um die häufig ins Feld geführte Verschiebung von Gewinnen ins Ausland als viel mehr um die Vermeidung einer Mehrfachbesteuerung.[73] International tätige Unternehmen nutzen grenzüberschreitende Steuergefälle (legal) aus, um ihre Erträge zu maximieren. Als Beispiel lassen sich hier die Niederlande nennen, die schon seit vielen Jahren ein bevorzugter Sitzstaat für Holdingunternehmen sind. Der niederländische Gesetzgeber hat ein vereinfachtes Steuersystem in Kraft gesetzt, welches durch eine langfristig kalkulierbare Steuersicherheit die Ansiedlung von Holdings fördert.[74]

Wegen der komplexen Strukturen in internationalen Holdingunternehmen kommt der länderübergreifenden Koordination der einzelnen Unternehmenseinheiten große Bedeutung zu. In der Praxis geht mit der Einführung einer Holding meist ein weitergehender

---

[68] Vgl. BÜHNER 1996, S. 9, sowie BÜHNER 1987, S. 42-44.

[69] Vgl. ENGELS 1997, S. 218-223.

[70] Vgl. ENGELS 1997, S. 222. Zu ähnlichen Ergebnissen kommen KREUTER/SOLBACH 1997 in einer empirischen Untersuchung.

[71] Die Nutzung von Steuervorteilen als Motiv für die Gründung einer Holding nennen 63 % der befragten amerikanischen Unternehmen und immerhin 40 % der befragten deutschen Unternehmen. Vgl. ENGELS 1997, S. 222.

[72] Dass auch die politischen Rahmenbedingungen einen wesentlichen Standortfaktor für die Ansiedlung von Holdingzentralen darstellen, unterstreicht das Beispiel der HONGKONG AND SHANGHAI BANKING CORPORATION (HSBC). Durch die Rückgabe der britischen Kronkolonie Hongkong an China im Jahr 1997 drohte der HSBC-Zentrale in Hongkong die Verstaatlichung des Stammhauses und damit indirekt des gesamten HSBC-Konzerns. Um dies zu vermeiden, gründete die HSBC eine neue Holdingzentrale in Großbritannien, welche heute als Obergesellschaft für den weltweiten Bankenverbund der HSBC fungiert. Dank der Verlagerung der Holdingobergesellschaft würde eine Verstaatlichung in Hongkong heute nur mehr die Tochtergesellschaft in der ehemaligen Kolonie betreffen, aber nicht mehr den gesamten Konzern. Vgl. KELLER 1997, S. 724.

[73] Eine ausführliche Diskussion der Besteuerungsproblematik in internationalen Holdingunternehmen findet sich bei SCHAUMBURG/JESSE 1995, S. 606-678.

[74] Vgl. KELLER 1997, S. 723-724.

Verzicht auf konkrete Anweisungen und Direktiven zur Führung der Tochtergesellschaften einher. Für die **Koordination von Holdingstrukturen** bieten sich folgende Instrumente an:[75]

- **Unternehmensverträge**: Eine erste Möglichkeit zur Koordination von Holdingaktivitäten bietet der Abschluss von Unternehmensverträgen. In der Praxis handelt es sich dabei vor allem um Beherrschungsverträge, die in Verbindung mit Gewinnabführungsverträgen stehen.
- **Finanzhoheit**: Die Abstimmung der einzelnen Gesellschaften erfolgt durch die Ausübung einer zentralen Finanzhoheit, in deren Rahmen die Investitions- und Finanzstrategien konzernweit koordiniert werden. Die Steuerung vollzieht sich z. B. über straffe Budgetierung, Verrechnungspreise und klar definierte Finanzkennzahlen.
- **Personalunion**: Die Koordination der einzelnen Gesellschaften kann durch zwei Formen der Personalunion ausgeübt werden. Bei der ersten Option übernehmen Mitglieder des Leitungsorgans der Obergesellschaft Leitungspositionen in den Tochtergesellschaften, üblicherweise durch Mandate in Aufsichtsräten von Tochtergesellschaften. Bei der zweiten Option findet die Personalunion umgekehrt statt. Leitende Führungskräfte aus Tochtergesellschaften üben in diesem Fall in Personalunion Mandate in Aufsichtsorganen der Muttergesellschaft aus. In beiden Fällen gilt, dass innerhalb des Konzerns jeweils eine einheitliche Ausrichtung der Entscheidungen gewährleistet wird.
- **Andere Maßnahmen**: Besondere praktische Bedeutung erhalten organisatorische Maßnahmen wie Gesprächskreise, Strategiegruppen, Planungsrunden und Kontrollgespräche zwischen den Vorständen der Holding und den Vorständen der Tochtergesellschaften.

Als Vorbedingung für das Gelingen jeder Koordination gilt eine vertrauensvolle Zusammenarbeit zwischen den verschiedenen Konzerneinheiten, da sich aus Effizienzgründen nicht alle Holdingaktivitäten mit gleicher Intensität kontrollieren lassen. In der Praxis schreibt man deshalb auch der **Unternehmenskultur** eine wesentliche Rolle als informelles Koordinationsinstrument zu.[76] Die Unternehmenskultur spielt eine ausschlaggebende Rolle im Hinblick auf die Steuerung des Verhaltens der einzelnen Organisationsmitglieder. Sie verdrängt bürokratische Mechanismen, übernimmt Kontrollfunktionen und verbessert die zielorientierte Ausrichtung des Unternehmens, indem sie die Divergenz zwischen den Zielen der einzelnen Holdinggesellschaften reduziert.[77] International tätige Unternehmen und ihre einzelnen Tochtergesellschaften werden stets auch zu einem Teil der sie umgebenden Landeskultur, die einen bestimmenden Einfluss auf die einzelnen Anspruchsgruppen ausübt. In diesem Rahmen entsteht ein Spannungs-

---

[75] Vgl. dazu im Einzelnen u. a. THEISEN 1997, S. 430-431; BÜHNER 1996a, S. 7; HAMPRECHT 1996, S. 150; KELLER 1996, S. 319; BÜHNER 1992, S. 95-144; BÜHNER 1987, S. 43-44, und KUHN 1987, S. 462-463. Empirische Belege für die Bedeutung der einzelnen Koordinationsinstrumente in der Unternehmenspraxis finden sich bei BÜHNER 1991, S. 144-147.

[76] Vgl. MAY 1997, S. 375.

[77] Vgl. BLEICHER 1994, S. 487-488; ZUR NEDDEN 1994, S. 193; HOFBAUER 1991, S. 79-80.

feld, aus welchem sich der Handlungsspielraum zur Ausdifferenzierung der Unternehmenskultur ergibt. Grundsätzlich existieren drei mögliche kulturelle Ausprägungen, die einen Einfluss auf die informelle Koordination von Holdingunternehmen ausüben:[78]

- **Pluralistische Unternehmenskultur**: Hier entwickeln die einzelnen Konzerngesellschaften vor dem Hintergrund der jeweiligen Landeskultur eigene Subkulturen. Dieser Kulturtyp steigert die Perspektivenvielfalt und Innovationsfähigkeit in Konzernen, erschwert allerdings eine interne Abstimmung, die ohne den Einsatz von formellen Steuerungsinstrumenten auskommt.
- **Universelle Unternehmenskultur**: Bei dieser Kulturausprägung herrscht im Unternehmen eine gemeinsame Unternehmenskultur vor, an der sich die einzelnen Konzerngesellschaften orientieren. Universelle Kulturen verstärken die Loyalität der Konzerngesellschaften zur Holdingzentrale und erleichtern die interne Koordination der geschäftlichen Aktivitäten. Problematisch erscheint jedoch, dass sie sich als inflexibel gegenüber notwendigen Veränderungen zeigen und so organisatorischen Wandel behindern können.
- **Synergetische Unternehmenskultur**: Bei diesem Kulturtyp ist die Unternehmenskultur sowohl von pluralistischen als auch von universellen Orientierungen geprägt. Eine Offenheit für die lokalen Spezifika einzelner Landeskulturmuster geht in diesem Modell einher mit der bewussten Steuerung des Kulturwandels im Konzern. Die kritische Reflexion bestehender Kulturmuster soll in eine konsensfähige kollektive Präferenzordnung münden, welche die Steuerung der einzelnen Tochtergesellschaften erleichtert.

In der Auseinandersetzung mit Holdingstrukturen wurden bisher Aspekte der Unternehmens- und Landeskultur sowie Fragen, die sich mit den organisatorischen Besonderheiten internationaler Unternehmen beschäftigen, weitgehend vernachlässigt. Es erfolgen nur selten Hinweise darauf, wie Holdingstrukturen für international tätige Unternehmen konzipiert werden könnten.[79] Abbildung 32 zeigt in Anlehnung an KELLER vier mögliche Grundmodelle zur Konfiguration von Holdingstrukturen auf internationaler Ebene.

---

[78] Eine detaillierte Diskussion der einzelnen Ausprägungen der Unternehmenskultur und deren kritische Abwägung findet sich bei GILBERT 1998, S. 219-223. Vgl. außerdem die ausführliche Diskussion zur Bedeutung der Unternehmenskultur in internationalen Unternehmen bei KUTSCHKER/SCHMID 2002, S. 655-782.
[79] Zu den Ausnahmen gehören KELLER 1997 sowie MACHARZINA 1992.

Grundmodell "A":
Die Holding ist in diesem Modell die Obergesellschaft einer Gruppe von Tochtergesellschaften im Inland. Die einzelnen Töchter verfolgen klar voneinander abgrenzbare Strategien im In- und Ausland und es gibt keine Überschneidungen der Kunden oder Produkte. Die Holdingobergesellschaft ist für die Koordination des Gesamtverbundes zuständig. Außerdem koordiniert sie eventuelle Projekte zwischen den einzelnen Tochtergesellschaften.

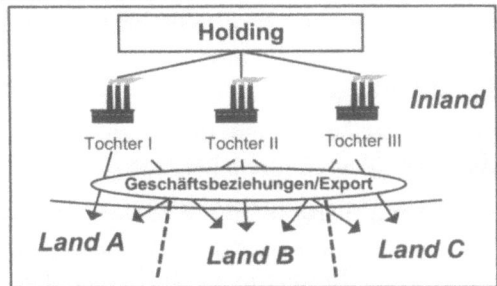

Grundmodell "B":
In diesem Modell bestehen enge Interdependenzen zwischen den Tochtergesellschaften, die regional unterschiedlichen Kunden gleiche oder ähnliche Produkte anbieten. Es besteht die Gefahr, dass interne Konkurrenzbeziehungen entstehen, deshalb ist eine übergeordnete Koordination durch die Holdingobergesellschaft unbedingt erforderlich. Diese übernimmt die länderübergreifende Koordination der Produktion, Entwicklung und Logistik. Zudem muß die Holding den Transfer länderspezifischen Know hows fördern.

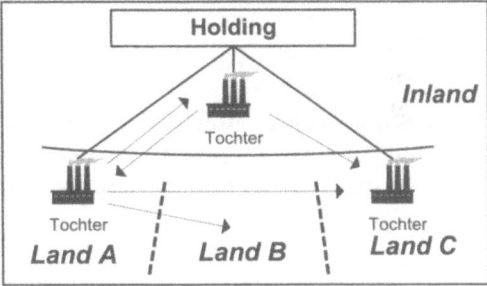

Grundmodell "C":
Wie in Modell "A" verfolgen die Tochtergesellschaften voneinander separate Strategien und sind für das jeweilige lokale Geschäft verantwortlich. Das Modell "C" bietet sich an, wenn das primäre Ordnungsprinzip in der Holding das Produkt ist. Auf internationaler bzw. globaler Ebene werden Divisionen gebildet, die international einheitliche Strategien für die einzelnen Produkte festlegen. In einem Land können durchaus mehrere Divisionen vertreten sein. Die Holding koordiniert länderübergreifend Strategien und Ressourcen, außerdem ist sie für die Betreuung von Key-account-Kunden verantwortlich.

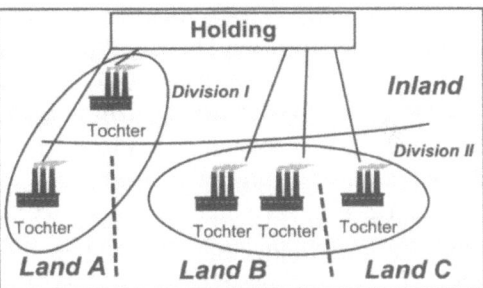

Grundmodell "D":
Bei diesem Modell dominiert die Landes- bzw. regionale Orientierung. Die Geschäftsführungen der einzelnen Landesgesellschaften sind für die Konzeption ihrer spezifischen Landes-/Regionen-Strategien verantwortlich. Die Holding hat die Aufgabe, die Einheiten über eine Gesamtstrategie zu koordinieren, um die strategische Plausibilität im Konzern sicherzustellen. Es besteht die Gefahr, dass es zu Reibungen zwischen den regional verantwortlichen Landesgesellschaften und den weltweit verantwortlichen Divisionen aus dem Inland kommt.

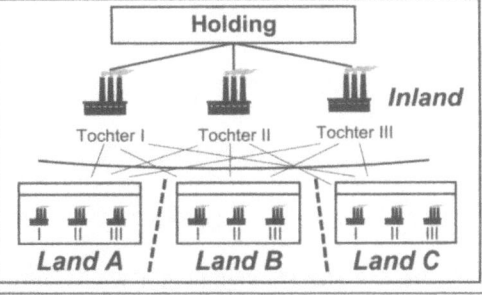

Abb. 32: Grundmodelle internationaler Holdingorganisationen; Quelle: Eigene Darstellung in Anlehnung an KELLER 1997, S. 717-721

Nach der strategischen Einflussnahme der Holdingzentrale auf die Konzerngesellschaften lassen sich in der Unternehmenspraxis drei Formen der Holdingorganisation voneinander abgrenzen:[80]

- **Finanzholding,**
- **strategische Managementholding,**
- **operative Managementholding.**

Konzerne kann man prinzipiell auch nach anderen Merkmalen untergliedern. Es lassen sich beispielsweise einstufige und mehrstufige, private und staatliche sowie faktische und vertragliche Konzerne unterscheiden. Die hier getroffene Unterscheidung nach dem Führungstyp der Konzernobergesellschaft erscheint aus betriebswirtschaftlicher Perspektive am zweckmäßigsten.[81] Zwischen den idealtypischen Holdingarten existieren in der Praxis zahlreiche Zwischen- oder Mischformen, die wir an dieser Stelle nicht näher vorstellen.[82] Allerdings kann im Vorhinein nicht exakt beantwortet werden, ob sich im Einzelfall eine Finanzholding, strategische Managementholding oder operative Managementholding hinter den in Abbildung 32 gezeigten Modellen internationaler Holdingorganisationen verbirgt. Dies richtet sich nach der strategischen Zielsetzung der Konzernobergesellschaft.

Auch eine Aussage darüber, wie die Struktur eines Unternehmens konkret aussehen soll und ob eine Holdingstruktur überhaupt Sinn macht, kann nur unter Beachtung der verfolgten Strategie und der jeweiligen Umweltsituation getroffen werden.[83] Strenggenommen handelt es sich bei der Holdingorganisation nur um eine *juristisch* fundierte Organisationsform, in deren Rahmen sich insbesondere die *formale* Struktur zwischen Mutter- und Tochtergesellschaften ändert. Die Frage einer möglicherweise erweiterten Entscheidungsautonomie von einzelnen Geschäftsbereichen ergibt sich nicht *zwangsläufig* aus der Holdingstruktur. Prinzipiell lassen sich viele Vorteile, die aus der rechtlichen Verselbständigung von einzelnen Geschäftsbereichen resultieren, auch in einer konsequent geführten Spartenorganisation realisieren. Eine solche Organisationsform lässt sich mit dem Begriff "Als-ob-Holding" kennzeichnen.

---

[80] Zu dieser Unterscheidung vgl. KIRSCH 2001, S. 86; MAY 1997, S. 375; PICOT/DIETL/FRANCK 1997, S. 259; OTT 1996, S. 31; BERNHARDT/Witt 1995, S. 1343-1344; NAUMANN 1994, S. 8-9; MACHARZINA 1999, S. 398-399; HUNGENBERG 1992, S. 353; PROBST 1992, S. 76.
[81] Zu den unterschiedlichen Konzerntypen vgl. MELLEWIGT 1995, S. 20-21.
[82] Vgl. dazu u. a. MAY 1997.
[83] Vgl. HENZLER/RALL 1987, S. 230.

5.2.2 Finanzholding

Eine Finanzholding beschränkt sich vorwiegend auf die Verwaltung von Finanzanlagen. Die Holding-Obergesellschaft fungiert als Kapitalmarktintermediär und nimmt keinen direkten Einfluss auf das Management der Töchter. Die Unternehmenszentrale greift bei dieser Holdingform folglich nicht in die operative Steuerung und das Tagesgeschäft der Konzerneinheiten ein. Die operative Führungsverantwortung liegt vollständig in den dezentralen Konzerneinheiten. Die Tochter- und Beteiligungsgesellschaften gelten quasi als Anlageobjekte, die über Finanzkennzahlen gelenkt werden. Die strategische Führung der Konzerneinheiten erfolgt nur mittelbar über finanzielle Zielgrößen, nicht aber unmittelbar durch Eingriffe in deren strategische Planung.[84] Strategische Vorgaben werden indirekt durch die Festlegung von bestimmten aggregierten Zielgrößen (z. B. Return on Investment, Cash Flow oder Gewinn) an die einzelnen Einheiten weitergegeben. Die Tochtergesellschaften planen selbständig und verfügen über ein weitgehend eigenständiges Planungssystem.[85] Um die Integration im Konzern und dessen Auftritt nach außen zu fördern, wird die Holdingleitung – ausgehend von der Unternehmensverfassung – ein unternehmenspolitisches Leitbild konzipieren, um eine gemeinsame Vision für den Konzern zu schaffen. Diese kann den häufig weltweit verstreut angesiedelten Konzernunternehmen Orientierungshilfen für ihre Handlungen und die Planung ihrer Strategien geben. Eine weitere – nicht delegierbare – Führungsentscheidung der Zentrale umfasst die Auswahl, Entwicklung und Besetzung der Top-Führungspositionen im Konzern.[86]

Meistens handelt es sich bei Finanzholdings um breit diversifizierte Großkonzerne mit sehr heterogenen Geschäftsfeldern, in denen die Ausnutzung von Synergievorteilen kaum möglich ist. Wertsteigerungen lassen sich zwischen den einzelnen Tochtergesellschaften nicht oder nur relativ schwierig durch Kooperationen erreichen.[87] Die Organisationsform der Finanzholding bietet sich an, weil die Möglichkeit zur Wertsteigerung durch eine bereichsübergreifende Abstimmung der Geschäftsfelder kaum existiert. Wenn die Verwandtschaft zwischen den Geschäftsbereichen gering ausgeprägt ist und keine gemeinsamen Wertschöpfungsaktivitäten vorliegen, besteht keine Möglichkeit, gemeinschaftlich Ressourcen zu nutzen oder Know how zwischen den einzelnen Geschäftsfeldern zu transferieren.[88] Die Aufgabe der Holdingmutter liegt deshalb vor allem in der Identifikation und gemeinsamen Definition von Kernkompetenzen einzelner Tochtergesellschaften.

---

84 Vgl. HUNGENBERG 1992, S. 350; ANESINI 1991, S. 59-60.
85 Vgl. HAMPRECHT 1996, S. 155.
86 Vgl. HINTERHUBER/MATHIVES 1999, S. 482-483.
87 Vgl. MAY 1997, S. 375.
88 Vgl. HUNGENBERG 1992, S. 348-349. Beispiele für Finanzholdings bieten die Firmen FIAT, OLIVETTI und MOBIL OIL. Vgl. dazu HINTERHUBER/MATHIVES 1999, S. 475. Auf das Beispiel der SCHWEDISCHEN INVESTOR AB verweisen KUTSCHKER/SCHMID 2002, S. 593-594.

Zusammenfassend nimmt die Finanzholding im wesentlichen die in Tabelle 5 dargestellten Führungsaufgaben wahr.

Führungsaufgaben	Finanzholding
Strategische Führung auf Konzernebene	▪ Einflussnahme auf die Unternehmensphilosophie und Unternehmenskultur ▪ strategische Planung und strategische Kontrolle ▪ Gestaltung des Geschäftsportfolios: Kauf bzw. Verkauf einzelner Unternehmensbereiche ▪ Rechtsberatung, Public Relations ▪ Besetzung der Führungspositionen im Konzern und konzernweite Führungskräfteentwicklung
Finanzielle Führung	▪ Vorgabe finanzwirtschaftlicher Ziele ▪ Investitions- und Finanzierungsplanung ▪ Konsolidierung, Bilanzierung ▪ Konzernbesteuerung ▪ Interne Revision ▪ Investor Relations
Strategische Führung auf Geschäftsbereichsebene	▪ keine Eingriffe
Operative Führung	▪ keine Eingriffe

Tab. 5: Führungsaufgaben der Finanzholding

5.2.3 Strategische Managementholding

In den letzten Jahren werden zunehmend die klassischen Geschäftsbereichsorganisationen durch Etablierung von strategischen Managementholdings ersetzt. Gegenüber einer Finanzholding zeichnet sich die strategische Managementholding insbesondere dadurch aus, dass sie strategische Aufgaben auf der Konzernebene und der Geschäftsbereichsebene wahrnimmt. Von einem herkömmlichen Stammhauskonzern bzw. der operativen Managementholding unterscheidet sie der Verzicht auf die Durchführung und Überwachung des operativen Geschäfts.[89] Es kommt folglich zu einer klaren Trennung von Strategie und Operation. Man bezeichnet diesen Organisationstypus deshalb oft auch als "strategische Holding" oder "geschäftsführende Holding".[90] Die einzelnen Geschäftsbe-

---

[89] Vgl. BERNHARDT/WITT 1995, S. 1342-1344.
[90] Vgl. HINTERHUBER/MATHIVES 1999, S. 457.

reiche können nach Produkten, Regionen oder Märkten gegliedert sein. Die Konzernspitze ist für die einheitliche Leitung verantwortlich und richtet die teilautonomen Einheiten auf die übergeordneten strategischen Konzernziele aus.[91]

Wie Tabelle 6 zusammenfassend zeigt, gehen die Aufgaben der strategischen Managementholding weit über die Aktivitäten der Finanzholding hinaus.

Führungsaufgaben	Strategische Managementholding
Strategische Führung auf Konzernebene	▪ Einflussnahme auf die Unternehmensphilosophie und Unternehmenskultur ▪ strategische Planung und strategische Kontrolle ▪ Gestaltung des Geschäftsportfolios: Kauf bzw. Verkauf einzelner Unternehmensbereiche ▪ Rechtsberatung, Public Relations ▪ Besetzung der Führungspositionen im Konzern und konzernweite Führungskräfteentwicklung
Finanzielle Führung	▪ Vorgabe finanzwirtschaftlicher Ziele ▪ Investitions- und Finanzierungsplanung ▪ Konsolidierung, Bilanzierung ▪ Konzernbesteuerung ▪ Interne Revision ▪ Investor Relations
Strategische Führung auf Geschäftsbereichsebene	▪ Festlegung des Geschäftsauftrages und Bestimmung der Strategien der Geschäftsbereiche im Hinblick auf Produkte, Technologien und regionale Märkte ▪ Festlegung der Unternehmensphilosophie der Geschäftsbereiche ▪ Festlegung des Investitionsprogramms auf Geschäftsbereichsebene ▪ Bereitstellung zentraler Dienstleistungen für die einzelnen Unternehmensbereiche
Operative Führung	▪ keine Eingriffe

Tab. 6: Führungsaufgaben der strategischen Managementholding

---

[91] Vgl. THEISEN 1997, S. 429-430; BÜHNER 1992, S. 35. Als Beispiele für strategische Managementholdings gelten die Firmen VIAG, SIEMENS, SANDOZ und ELECTROLUX. Vgl. dazu HINTERHUBER/MATHIVES 1999, S. 475 und PICOT/DIETL/FRANCK 1997, S. 259. Auch die HOECHST AG (heute AVENTIS) verstand sich zwischen 1997 und 1999 als strategische Managementholding. Siehe dazu KUTSCHKER/SCHMID 2002, S. 592-593.

Die strategische Managementholding konzentriert sich gegenüber den operativen Einheiten auf die Überprüfung von Vorschlägen und die Ausübung eines Vetorechts gegen Entscheidungen, die den Interessen des Gesamtkonzerns entgegenlaufen könnten. Die Basiseinheiten erstellen ihre eigene strategische Planung und übermitteln deren Ergebnisse an die Muttergesellschaft. Dort erfolgt eine Ratifizierung der Planung unter Berücksichtigung der Strategie des Gesamtkonzerns. Die Partizipation innerhalb dieses Planungsprozesses geschieht gleichberechtigt und zwar sowohl "Top-down" als auch "Bottom-up".[92]

Insbesondere für die strategische Managementholding ist es charakteristisch, dass die rechtlich selbständigen Tochtergesellschaften als ergebnisverantwortliche Profit-Center geführt werden. Im Sinne der Delegation unternehmerischer Verantwortung ist die Geschäftsbereichsleitung für möglichst alle erfolgsbestimmenden Funktionen des operativen Geschäftes selber verantwortlich. Sie wird dabei durch die Holdingmutter von den Führungsaufgaben, die den Gesamtkonzern betreffen, entbunden und kann sich auf die operative Führung in den jeweiligen Ländern konzentrieren. Hier kommt erneut das zentrale Charakteristikum der strategischen Managementholding zum Ausdruck, nämlich die Trennung zwischen Strategie und Operation. Die Holdingmutter ist von der operativen Führung der Tochtergesellschaften entlastet. Sie übt mit der strategischen Führung (Corporate Strategy) das Konzernmerkmal der einheitlichen Leitung vorwiegend indirekt, wenn nötig aber auch durch direkte Eingriffe aus.

Die Struktur der Weisungsbeziehungen ergibt sich aus der Identität von Rechts- und Organisationsstruktur als einem weiteren Merkmal der strategischen Managementholding. Die flache Hierarchie zwischen Konzernmutter und Tochtergesellschaften ermöglicht eindeutige Kompetenzzuordnungen. Die Töchter entscheiden auf lokaler Ebene konsequenterweise selber über die erforderlichen Maßnahmen. Dies verschafft ihnen gegenüber dem Stammhauskonzern einen höheren Autonomiegrad und ermöglicht eine flexiblere Reaktion auf lokale Markterfordernisse. Dank einer gegenüber der herkömmlichen Geschäftsbereichsorganisation relativ hohen Leitungsspanne ist die Holding-Obergesellschaft in der Lage, mit einer verhältnismäßig kleinen Verwaltung eine Vielzahl von Tochtergesellschaften erfolgsorientiert zu führen.[93] Die Realisierung von Synergiepotentialen auf der operativen Ebene ist in der strategischen Managementholding folglich nur von untergeordneter Bedeutung. Synergiepotentiale zwischen den Tochtergesellschaften werden von der Muttergesellschaft vorwiegend auf strategischer Ebene realisiert.[94]

Empirische Erhebungen lassen wesentliche Unterschiede in der Konfiguration von strategischen Managementholdings zwischen einzelnen Ländern erkennen. Deutsche Unternehmen nehmen danach sehr viel weniger direkten Einfluss auf ihre Tochtergesellschaften als amerikanische und japanische Unternehmen. Dies zeigt sich z. B. in einer stärkeren Entbürokratisierung und einem verstärkten Abbau von Hierarchieebenen. Außerdem

---

[92] Vgl. HAMPRECHT 1996, S. 155-157.
[93] Vgl. BÜHNER 1992.
[94] Vgl. HINTERHUBER/MATHIVES 1999, S. 458.

sind deutsche Unternehmen dazu bereit, dezentrale Unternehmenseinheiten mit mehr Kompetenzen auszustatten als ihre amerikanische und japanische Konkurrenz.[95] Die Dezentralisierung unternehmerischer Verantwortung stellt eine der wichtigsten Entwicklungstendenzen in der Organisationsgestaltung international tätiger Unternehmen dar. Die weltweite Erhöhung der Geschäftsverantwortung von lokalen Unternehmenseinheiten tritt an die Stelle starker Muttergesellschaften in den Industrieländern.[96]

Durch flachere Hierarchien, weniger stark formalisierte Instanzenwege und die Konzentration auf das operative Geschäft wird eine Marktnähe erzeugt, durch die sich ein erhöhter Kundennutzen und Wettbewerbsvorteile realisieren lassen. Mit der vergrößerten Autonomie lokaler Tochtergesellschaften verbindet sich zudem eine höhere strategische Flexibilität der Unternehmensbereiche und damit des gesamten Konzerns angesichts der sich schnell ändernden Umwelterfordernisse. Restrukturierungen eines Unternehmens und Eingliederungen oder Abspaltungen lassen sich leichter durchführen, so dass eine zukunftsbezogene Neuausrichtung auf erfolgversprechende Produkt-/Markt-Kombinationen oder ein Rückzug aus stagnierenden oder rückläufigen Märkten schneller durchzuführen sind. Die Tochtergesellschaften können dank ihrer eigenen Rechtspersönlichkeit außerdem besser Kooperationen oder Joint-Ventures eingehen. Ferner ist es in einer Managementholding durch die rechtliche und organisatorische Autonomie prinzipiell möglich, dass sich in den Tochtergesellschaften Unternehmenskulturen herausbilden, die den jeweiligen spezifischen lokalen Anforderungen besser entsprechen, als die Einheitskultur eines konservativen Stammhauskonzerns. Durch die bewusste Akzeptanz lokaler Subkulturen avanciert die strategische Managementholding zu einem multikulturellen Organisationstypus.

5.2.4 Operative Managementholding

In einer operativen Managementholding übt die Unternehmenszentrale einen weitreichenden Einfluss sowohl auf das strategische als auch auf das operative Geschäft der Konzerneinheiten aus. Die Zentrale gibt z. B. Detailziele vor, sie fällt Einzelentscheidungen und nimmt eine horizontale Abstimmung über die Bereichsgrenzen vor, um Synergiepotentiale zu realisieren.[97] Die Holding übernimmt in weiten Teilen die Aufgaben der strategischen und operativen Führung der einzelnen Geschäftsfelder. Das vorrangige Ziel lautet, den Unternehmenswert durch direkten Einfluss auf die Wertschöpfung in den Unternehmensbereichen und eine intensive Koordination im Konzern zu steigern. Die Merkmale von operativen Holdings findet man häufig in Konzernen vor, die aus einem dominanten Kerngeschäftsfeld heraus internationalisiert haben und im Laufe der Zeit stark gewachsen sind. Man spricht in solchen Fällen auch von "Stammhauskonzer-

---

[95] Vgl. ENGELS 1997, S. 219-222.
[96] Vgl. RALL 1997, S. 666.
[97] Vgl. HUNGENBERG 1992, S. 349.

nen".[98] Der Stammhauskonzern verfolgt als oberstes Ziel die Durchsetzung von Synergien. Aus diesem Grund sind operative Managementholdings in der Regel auch durch relativ homogene Leistungsprogramme gekennzeichnet.[99] Die Aufgaben der operativen Managementholding gehen über die bereits genannten Aktivitäten der Finanzholding und der strategischen Managementholding hinaus. Tabelle 7 fasst deren Führungsfunktionen zusammen.

In der operativen Managementholding erfolgt in den lokalen Basiseinheiten lediglich eine operative Planung, deren Inhalte durch die Vorgabe strategischer Rahmenbedingungen von der Konzernzentrale abgesteckt sind. Die detaillierten Maßnahmenplanungen werden in Zusammenarbeit mit der Holdingobergesellschaft erstellt, um z. B. Synergieoptionen bereits im Voraus zu berücksichtigen. Den Tochtergesellschaften obliegt später nur mehr die operative Durchführung der Planvorgaben.[100] Das Planungsverfahren wird durch die "Top-down"-Vorgabe von Strategien der Muttergesellschaft dominiert, welche die Grundlage für Planungsvorstellungen der Tochtergesellschaften bilden.[101]

Eine operative Managementholding wird vor allem dann eine sinnvolle Organisationsform sein, wenn zwischen den einzelnen Geschäftsfeldern starke Interdependenzen bestehen und vielfältige Berührungspunkte in den Wertschöpfungsketten vorliegen.[102] In einem solchen Fall ist die Ressourcennutzung bereichsübergreifend abzustimmen, um z. B. economies of scale im Produktionsbereich oder Synergien im Vertrieb durch gemeinsame Lagerhaltung und Vertriebskanäle realisieren zu können.

---

[98] Vgl. HUNGENBERG 1992, S. 349.
[99] Vgl. HINTERHUBER/MATHIVES 1999, S. 457.
[100] Vgl. HAMPRECHT 1996, S. 155.
[101] Vgl. HAMPRECHT 1996, S. 157. Als Beispiele für operative Managementholdings gelten die Firmen BASF, VW und BMW. Vgl. dazu HINTERHUBER/MATHIVES 1999, S. 475.
[102] Vgl. HUNGENBERG 1992, S. 349.

Führungsaufgaben	Operative Managementholding
Strategische Führung auf Konzernebene	• Einflussnahme auf die Unternehmensphilosophie und Unternehmenskultur • strategische Planung und strategische Kontrolle • Gestaltung des Geschäftsportfolios: Kauf bzw. Verkauf einzelner Unternehmensbereiche • Rechtsberatung, Public Relations • Besetzung der Führungspositionen im Konzern und konzernweite Führungskräfteentwicklung
Finanzielle Führung	• Vorgabe finanzwirtschaftlicher Ziele • Investitions- und Finanzierungsplanung • Konsolidierung, Bilanzierung • Konzernbesteuerung • Interne Revision • Investor Relations
Strategische Führung auf Geschäftsbereichsebene	• Festlegung des Geschäftsauftrages und Bestimmung der Strategien der Geschäftsbereiche im Hinblick auf Produkte, Technologien und regionale Märkte • Festlegung der Unternehmensphilosophie der Geschäftsbereiche • Festlegung des Investitionsprogramms auf Geschäftsbereichsebene • Bereitstellung zentraler Dienstleistungen für die einzelnen Unternehmensbereiche
Operative Führung	• zentrale Eingriffe in operative Entscheidungen • Konzipierung bereichsspezifischer Produktions-, Absatz- und Vertriebsstrategien • Vorgabe von Detailzielen an die einzelnen Unternehmensbereiche • zentrale Abstimmung geschäftsfeldübergreifender Aktivitäten

Tab. 7: Führungsaufgaben der operativen Managementholding

Fazit

Zusammenfassend lässt sich sagen, dass sich die genannten idealtypischen Holdingformen vor allem im Hinblick auf die jeweiligen Führungsaufgaben der Holdingmutter unterscheiden. Die Delegation von Entscheidungen und die Autonomie der Tochtergesellschaften sind bei der Finanzholding relativ hoch, bei der operativen Managementholding dagegen relativ niedrig ausgeprägt. Das Potential zur Erzielung von Standardisierungsvorteilen und Synergien erscheint in den unabhängig voneinander operierenden Gesellschaften einer Finanzholding niedrig, in der operativen Managementholding – durch die zentrale Koordination von Leistungserstellungsprozessen – dagegen hoch. Die organisatorische Flexibilität (z. B. durch Verkauf von einzelnen Unternehmensbereichen) nimmt um so stärker zu, je unabhängiger die einzelnen Tochtergesellschaften voneinander sind. Dies trifft im Falle der Finanzholding zu. Dagegen resultiert aus der engen Verzahnung der Tochtergesellschaften in einer operativen Managementholding eine gewisse Inflexibilität. Abbildung 33 verdeutlicht diese Zusammenhänge in übersichtlicher Form.

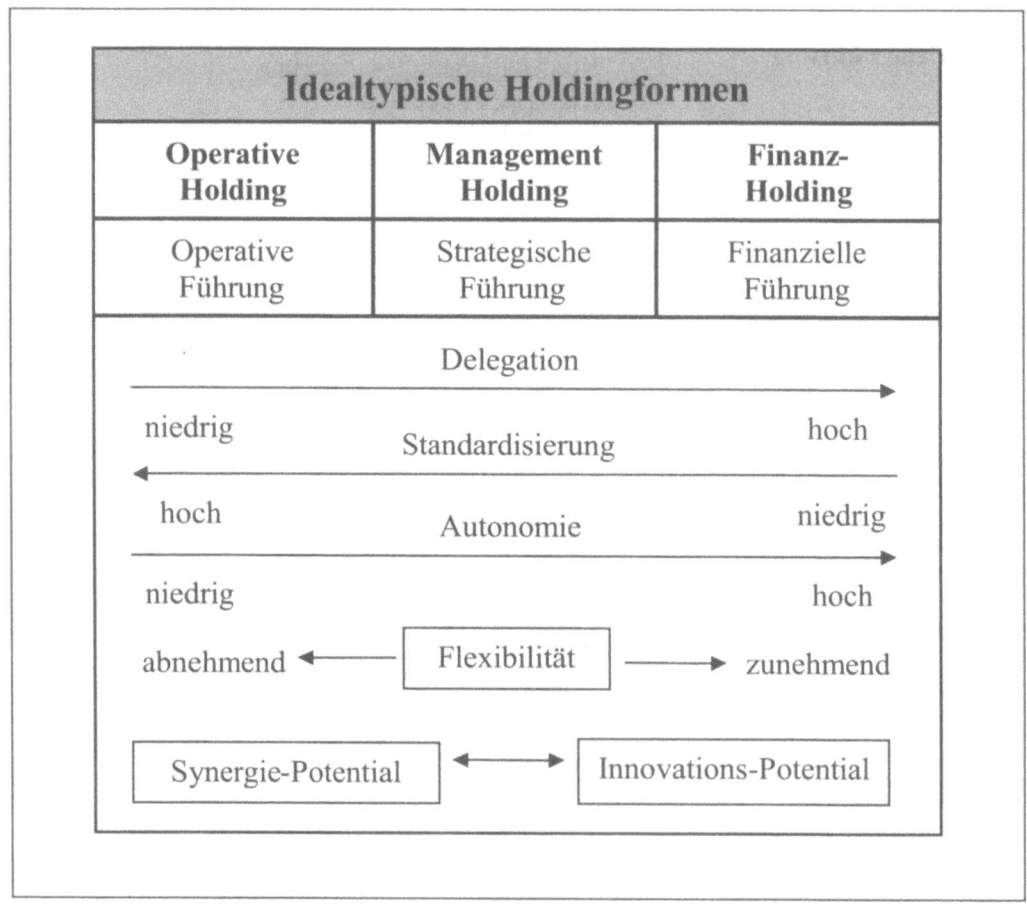

Abb. 33: Vergleichende Darstellung idealtypischer Holdingformen; Quelle: Eigene Darstellung in Anlehnung an HOFFMANN 1992, S. 555

5.2.5 Implikationen aus der Organisationsökonomik und der Internationalisierungstheorie

Im Anschluss an die Darstellung der verschiedenen Formen einer Holdingorganisation wollen wir untersuchen, welche Verbindungen zwischen diesen Strukturmodellen und den Erkenntnissen der Organisationsökonomik sowie der Internationalisierungstheorie bestehen. Die folgenden Ausführungen greifen Implikationen aus den einzelnen Teilbereichen dieser Theorien auf, die besondere Bedeutung für das Organisationsmanagement besitzen. Das Erkennen der Zusammenhänge erleichtert das Verständnis realer Organisationsprozesse und vermittelt Hinweise zur Wahl der adäquaten Organisationsstruktur.

Organisationsökonomik
Beurteilt man Holdingstrukturen aus der Perspektive der **Transaktionskostentheorie**, kommt es zu einer rechtlichen Ausgliederung von Tochtergesellschaften, die entscheidenden Einfluss auf die entstehenden Transaktionskosten hat. Einerseits erhalten die am Markt selbständig agierenden Tochtergesellschaften durch die Koordinationslösung einen starken Anreiz, Ressourcen sparsam einzusetzen. Andererseits ergibt sich die Notwendigkeit einer transaktionskostenintensiven Steuerung und Kontrolle des Verhaltens der Tochtergesellschaften durch die Holdingzentrale.

Aus Sicht der **Property Rights-Theorie** definiert sich eine Holding weniger über interne Aufgabenverteilungen und Strategiebeziehungen, als vielmehr über die konkreten Beteiligungsverhältnisse in einem Konzern. Es bestehen eindeutige gesellschaftsrechtliche Beziehungen zwischen den Holdingeinheiten, die mit Property Rights-Zuordnungen verglichen werden können. Durch die Zuweisung von Handlungs- und Verfügungsrechten entstehen autonome Tochtergesellschaften. Diese verfügen über:

- das Recht zur Nutzung (usus) von bestimmten Gütern,
- das Recht zur Einbehaltung von Erträgen (usus fructus) und
- das Recht zur Veräußerung.

In Holdingorganisationen strebt das Top Management der Tochtergesellschaften danach, sich möglichst uneingeschränkte Verfügungsrechte zu sichern, um auch alle Nutzeffekte aus dem Ressourceneinsatz auf sich konzentrieren zu können. Die Vergütung des Top Managements der selbständigen Töchter orientiert sich i. d. R. direkt am Erfolg der jeweiligen Konzerneinheit. Deshalb ist es im Hinblick auf die zielgerichtete Steuerung einer Holding auch kaum zu verhindern, dass die Verfügungsrechte opportunistisch ausgenutzt werden. Tochtergesellschaften verfolgen in diesem Fall individuelle Ziele, die sich nicht mit den Gesamtzielen der Konzernmutter decken. Im Vergleich zu einer Geschäftsbereichsorganisation besteht in einer Holding das Problem, dass die Zentrale kein direktes Informations-, Überwachungs- und Kontrollrecht über den Geschäftsverlauf der einzelnen Tochtergesellschaften besitzt, um opportunistisches Verhalten einzuschränken. Kontrolle kann nur indirekt – z. B. durch ein Berichtssystem und die damit verbundene Einsicht in Bilanzkennzahlen – gewonnen werden.

Nach den Erkenntnissen der **Principal-Agent-Theorie** ist die Holdingstruktur nicht mit dem Argument ausgeprägter Informationsvorteile für die Holdingzentrale (Prinzipal) zu rechtfertigen. Im Gegenteil: Die Holdingleitung delegiert, als Eigentümer der Tochtergesellschaften (Agenten), wegen ihrer begrenzten Informationsaufnahme und -verarbeitungsfähigkeiten, ihres beschränkten Wissens sowie nicht zuletzt ihrer knappen Zeit Aufgaben und Entscheidungskompetenzen bewusst an die Tochtergesellschaften. Die Agenten sind durch ihre Markt- und Kundennähe und ihr technisches Know how besser informiert als die Holdingleitung und erkennen deshalb Chancen und Risiken früher als diese. Zudem ist es der Holdingleitung wegen der Trennung von Strategie und Operation, der Vielzahl zu treffender Entscheidungen durch die Geschäftsbereichsleitung und der meist herrschenden räumlichen Distanz zwischen beiden Partnern nicht möglich, alle Entscheidungen des Managements der Tochtergesellschaften (Agenten) zu überblicken bzw. deren Angemessenheit zu beurteilen. Die Auftragsbeziehungen innerhalb der Managementholding sind durch ein relativ großes Informationsgefälle gekennzeichnet. Es bestehen ausgeprägte Hidden Action-Informationsasymmetrien zugunsten der Agenten (Tochtergesellschaften), welche diesen diskretionäre Handlungsspielräume für opportunistisches Verhalten eröffnen (Moral Hazard). Der schlechter informierte Prinzipal kann im Verlauf der Agency-Beziehung nicht alle Handlungen des Agenten beobachten, kontrollieren oder beurteilen. Der Prinzipal sieht zwar das Endergebnis, er kann aber nur beschränkt Rückschlüsse auf das Handeln und die Anstrengungen des Agenten ziehen, weil das Ergebnis auch von externen Umwelteinflüssen abhängt.

Besondere Probleme aus Sicht der Principal-Agent-Theorie ergeben sich im Hinblick auf die Entscheidung, Beteiligungen an neuen Gesellschaften einzugehen. In einem Akquisitionsprozess hat der Prinzipal (Holdingmutter) Informationsdefizite gegenüber dem Agenten (Beteiligungsunternehmen), weil er dessen genaue Qualitätseigenschaften nicht kennt. Es entstehen z. B. Probleme bei der Unternehmensbewertung, bei der Ermittlung des Kapitalbedarfs für die Eingliederung und bei der Frage, ob das Beteiligungsunternehmen einen Mehrwert für die Holding generieren kann. Das Beteiligungsunternehmen wird dem Prinzipal versteckte Mängel, wie z. B. ein verseuchtes Grundstück, sanierungsbedürftige Betriebsgebäude oder schlechte Kennzahlen möglicherweise nicht offenbaren. Auch können Bewertungsspielräume bei der Erstellung des Jahresabschlusses im vollen Umfang ausgenutzt werden, um das Unternehmen in einem positiven Licht darzustellen, damit ein möglichst hoher Verkaufserlös entsteht oder das Beteiligungsbestreben des Prinzipals nicht beeinträchtigt wird. Aufgrund solcher Hidden Characteristics-Informationsasymmetrien tritt das Problem der Adverse Selection (Gefahr der Auswahl falscher Vertragspartner) für die Holdingmutter auf. Betrachtet man Beteiligungsunternehmen unterschiedlicher Rechtsformen, so ist die Adverse Selection-Problematik in einer börsennotierten AG sicherlich weniger ausgeprägt als in einer Personengesellschaft oder einer GmbH, weil eine AG durch die Notierung an der Börse sowohl extern durch Analysten als auch durch den Börsenkurs über den Markt bewertet wird.[103] Es existieren außerdem strenge Publizitätsvorschriften für Aktiengesellschaften.

---

103 Der Aktienkurs enthält Informationen bezüglich der Erwartungen des Kapitalmarktes über alle zukünftigen, auf den heutigen Zeitpunkt diskontierten Zahlungen eines Unternehmens an seine Eigentümer. Dem Prinzipal signalisiert er, wie die Performance des Beteiligungsunternehmens und seiner Führungsriege langfristig vom Kapitalmarkt eingeschätzt wird.

In der Holding besteht außerdem die Gefahr des Hold Up durch ex ante vorhandene Hidden Intention-Informationsasymmetrien, die ex post zum Vorschein treten. Der Prinzipal wird in einer Hold Up-Situation das opportunistische Verhalten des Agenten zwar beobachten, aufgrund bestehender Abhängigkeiten, die beim Beenden der Agency-Beziehung erneut auftreten, jedoch nicht verhindern können. In der Holding besteht die Abhängigkeit vor allem darin, dass die Holdingmutter Beteiligungen an den Tochtergesellschaften eingeht. Sie tätigt damit irreversible Investitionen in Form von sunk costs. Durch den Verzicht auf ein eigenes operatives Geschäft ist sie darüber hinaus von den Erträgen der Tochtergesellschaften abhängig.[104] Wegen der getätigten Investitionen werden Beteiligungen an einer sich als unrentabel erweisenden Tochter oftmals zu lange gehalten, weil ein zu schnelles Wiederabstoßen des Unternehmens sich nachteilig auf den Gesamt-Unternehmenswert der Muttergesellschaft auswirken könnte.

Aus den Erkenntnissen der Principal-Agent-Theorie lässt sich schließlich folgern, dass die Holdingmutter vor dem Eingehen neuer institutioneller Beziehungen versuchen muss, die Hidden Characteristics-Informationsasymmetrien zu verringern. Dies ist besonders wichtig im Hinblick auf sunk costs und wegen der Interdependenz zur Hold Up-Problematik. Zum Screening kann die Holdingmutter in ihrer Funktion als Prinzipal z. B. Jahresabschlüsse, Umweltschutzgutachten und Berichte über Zukunftsprognosen verlangen, um sich einen Eindruck über die Qualität und damit über den zukünftigen strategischen Nutzen des institutionellen Agenten zu verschaffen. Die Informationsmaterialien sind genauestens zu prüfen, um ausgenutzte Bilanzierungsspielräume bei der Bewertung des Agenten, versteckte Mängel oder sonstige Unstimmigkeiten aufzudecken. Betriebsbesichtigungen und Beurteilungen vor Ort (z. B. Mitarbeiterbefragungen über deren Motivation, Begutachtung von Gebäuden und Maschinen) helfen zusätzlich, das Potential institutioneller Agenten zu beurteilen und so die ex ante bestehenden Hidden Characteristics-Informationsasymmetrien zu reduzieren. Im internationalen Kontext mag dies häufig sehr schwierig sein. Zusätzlich bietet sich hier für den Prinzipal ex ante die Vereinbarung von Garantien an. Diese bewirken nicht nur eine Absicherung gegen mögliche Verluste bei der ungünstigen Auswahl eines institutionellen Agenten. Aus agencytheoretischer Sichtweise sind sie der Self-Selection bzw. dem Signalling zuzuordnen. Sie führen dazu, dass es sich für einen qualitativ ungeeigneten institutionellen Agenten tendenziell nicht lohnt, die Principal-Agent-Beziehung überhaupt erst einzugehen. Garantien tragen dazu bei, sowohl die Adverse Selection-Problematik weiter abzubauen als auch die Hidden Intention-Informationsasymmetrie und damit die Gefahr des Hold Up zu reduzieren.

Die Holding erweist sich nur dann als eine effiziente Organisationsform, wenn die Vorteile, die aus der Marktnähe und Selbständigkeit der Tochtergesellschaften resultieren, die entstehenden Kontrollkosten innerhalb eines Konzerns übersteigen. Die Prinzipale müssen auf Dauer davon überzeugt sein, dass die aus der Verselbständigung und Spezialisierung der Tochtergesellschaften resultierenden Vorteile höher sind als die ent-

---

[104] Vgl. KELLER 1991, S. 1639.

stehenden Agency-Kosten.[105] Ziel der Holdingleitung wird es deshalb sein, Informationsasymmetrien abzubauen und die Interessen der Agenten denen des Prinzipals anzugleichen. Gleichzeitig muss die Holdingleitung darauf achten, dass die Autonomie der Tochtergesellschaften erhalten bleibt, um die Vorteile der Managementholding nicht zunichte zu machen. Sie wird bestrebt sein, das Spannungsverhältnis zwischen formaler Eigenständigkeit und konzernweiter Einflussnahme zu entschärfen. Geeignete Anreiz- und Sanktionssysteme auf der Ebene der Tochtergesellschaften unterstützen die gemeinsame Zielerreichung in Holdingstrukturen.

Internationalisierungstheorie
Bei einer Analyse der Internationalisierungstheorien finden sich Ansatzpunkte zur Beurteilung von Holdingstrukturen bereits in der **Theorie des monopolistischen Vorteils**. Die Holdingmutter betrachtet das Kontrollmotiv als zentrale Ursache für die Erklärung von Direktinvestitionen. Sie investiert Kapital in Beteiligungen mit dem Ziel, die unbeschränkte Kontrolle über die Tochtergesellschaften auszuüben und die Renten aus den unternehmensspezifischen Vorteilen abzuschöpfen. Die Holding verkörpert aus dieser Sicht die geeignete Organisationsstruktur, um monopolistische Vorteile in Form von ausländischen Direktinvestitionen zu realisieren. Der Zutritt zu bisher abgeschlossenen Märkten und lokalem Know how ist prinzipiell offen. Die Holdingstruktur macht das internationale Unternehmen zu einem "rent seeker" mit beträchtlichem Gewinnpotential.

Aus Sicht der **Theorie des oligopolistischen Verhaltens** kann vermutet werden, dass die Installierung einer Holdingstruktur bei einer nicht unbedeutenden Zahl von Unternehmen Ausdruck des "follow the leader"-Verhaltens ist. Diese Annahme stützt sich darauf, dass die Holding ein juristisch fundiertes Organisationsmodell darstellt und viele der Vorteile, die man mit dieser Strukturalternative zu realisieren versucht, eigentlich auch in Geschäftsbereichsorganisationen erzielbar wären. Viele Unternehmen haben die Holding eingeführt, obwohl keine *unbedingte* Notwendigkeit bestand, dieses Organisationskonzept zu wählen. Insofern ist es nicht verwunderlich, dass einige Unternehmen sich nach kurzer Zeit wieder von der Holdingstruktur verabschiedeten und zu Geschäftsbereichsorganisationen zurückkehrten.

Aus der Perspektive des **Eklektischen Paradigmas** eignet sich die Holding besonders dazu, Eigentums- und Internalisierungsvorteile durch einen Faktoreinsatz in autonomen Tochtergesellschaften im Ausland zu erzielen. Eine grenzüberschreitend tätige Holding nutzt internationale Standortvorteile, um wettbewerbsfähig zu bleiben. Die Vorteilhaftigkeit der Holdingstruktur ergibt sich aus dem Vergleich der zusätzlichen Erlöse des Auslandsengagements in den Tochtergesellschaften mit den dabei zusätzlich anfallenden Kommunikations- und Kontrollkosten.

---

105 Vgl. PICOT/DIETL/FRANCK 1997, S. 83.

5.3 Netzwerkstrukturen als Reaktion auf den globalen Wettbewerb

Mit dem Netzwerkbegriff verbinden sich zwei unterschiedliche Ausprägungen: *intra*organisatorische bzw. unternehmensinterne und *inter*organisatorische bzw. unternehmensübergreifende Netzwerke. Bei *intra*organisatorischen Netzwerken konzentrieren sich die Kooperationsaktivitäten auf die Beziehungen innerhalb einer Unternehmung zwischen der Unternehmenszentrale und den dezentralen Tochtergesellschaften. Als wichtigste Ausprägung dieses Strukturtyps im globalen Wettbewerb gilt das sogenannte transnationale Unternehmen. *Inter*organisatorische Netzwerke dagegen zeichnen sich durch eine über einzelne Unternehmen hinausgehende Zusammenarbeit mit externen Marktpartnern aus. Verschiedene, rechtlich selbständige Unternehmen kooperieren in einem oder mehreren Bereichen der Wertschöpfung, um gemeinsam Wettbewerbsvorteile zu realisieren. Entsprechend dieser Unterscheidung ist in der Literatur oft auch von *internen* und *externen* Netzwerken die Rede.

5.3.1 Intraorganisatorische Unternehmensnetzwerke

Die Entwicklung transnationaler Unternehmen hat ihren Ausgangspunkt in der Kritik an den drei klassischen Internationalisierungsstrategien: der internationalen, der multinationalen und der globalen Strategie.[106] BARTLETT/GHOSHAL argumentieren, dass diese Strategieoptionen für sich alleine nur partielle Gültigkeit besäßen.[107] Der Schwerpunkt der Strategien beruhe jeweils nur auf einzelnen strategischen Zielen und Quellen komparativer Wettbewerbsvorteile.[108] Agiere ein Unternehmen aber in einem hochkomplexen Umfeld, in welchem sowohl der Zwang zu einer lokalen Anpassung als auch zur globalen Integration bestehe, biete sich eine transnationale Strategie und mit ihr verbunden eine transnationale Organisation an.[109] Diese konzentriert sich darauf, multinationale

---

[106] Ein kritischer Vergleich der klassischen Internationalisierungsstrategien findet sich bei WELGE/HOLTBRÜGGE 2001, S. 132-135; WELGE 2000, S. 168, und GILBERT 1998, S. 28-36.

[107] Vgl. BARTLETT/GHOSHAL 1988.

[108] Vgl. BÄURLE/SCHMID 1994, S. 991.

[109] BARTLETT/GHOSHAL weisen darauf hin, dass die transnationale Lösung für international tätige Unternehmen nur dann eine sinnvolle Organisationsstruktur darstellt, wenn diese sich mit ihren Geschäftsaktivitäten auch in einem Umfeld bewegen, welches diese Organisationskomplexität erfordert. Vgl. BARTLETT/GHOSHAL 1988, S. 55-56. Die strategische Ausrichtung eines Unternehmens ist dabei vor allem von der Branche abhängig, in der es sich im Wettbewerb befindet. Die Anforderungen der jeweiligen Branche entscheiden maßgeblich darüber, ob ein Unternehmen sich international, multinational, global oder transnational aufstellen muss. Vgl. KUTSCHKER/SCHMID 2002, S. 283-286; SCHMID 2000, S. 28-32.

Flexibilität, globale Effizienz und weltweites Lernen gleichzeitig zu realisieren. Das entscheidende Merkmal ist dabei die Simultaneität der Zielverfolgung.[110]

- **Multinationale Flexibilität**: Auf unterschiedlichen Märkten gilt es entsprechend der jeweiligen lokalen Umstände, Marktnähe aufzubauen und aktiv an der Gestaltung des Wettbewerbsumfeldes teilzunehmen. Eine permanente Beobachtung einzelner Märkte und das Installieren von Frühwarnsystemen sind die Voraussetzungen für die erfolgreiche Entwicklung von marktgerechten Innovationen.[111]
- **Globale Effizienz**: Im Rahmen einer transnationalen Strategie streben Unternehmen danach, durch eine globale Integration ihrer Unternehmensaktivitäten Kostensenkungen durch economies of scale, Erfahrungskurveneffekte und/oder economies of scope zu erzielen.[112] Globale Effizienz wird in der Praxis vor allem durch die konsequente Standardisierung von Produkten und Prozessen erreicht.
- **Weltweite Lernfähigkeit**: Die dritte strategische Anforderung an transnationale Unternehmen liegt in der weltweiten Übertragung von konzerneigenem Wissen, auf welches alle Unternehmenseinheiten Zugriff haben. Wissen, das im Stammhaus oder in einer der Tochtergesellschaften gewonnen wurde, wird durch ein weltweites Kommunikationsnetzwerk im Unternehmen verbreitet. Die Ideen aus ausländischen Subeinheiten gelten als gleichwertig gegenüber denen aus der Zentrale, sofern sie den Unternehmenserfolg steigern.[113]

Zur Realisierung der strategischen Kompetenzen bedarf es einer adäquaten Organisationsstruktur. BARTLETT/GHOSHAL schlagen dafür das Modell eines **integrierten Netzwerkes** vor.[114] Angesichts der breiten Streuung von Ressourcen, Fähigkeiten und Kompetenzen werden transnationale Unternehmen dazu befähigt, sich Unterschiede in den Faktorkosten nutzbar zu machen oder auch den Zugang zu knappen Ressourcen sicherzustellen.[115] Die einzelnen Unternehmenseinheiten sind dezentralisiert, d. h. international weit verstreut, relativ unabhängig und auf bestimmte Aufgaben spezialisiert. Gewisse Ressourcen werden zentralisiert, um den Schutz sensiblen Know hows gewährleisten und Skalenerträge realisieren zu können, andere Verantwortungsbereiche werden hingegen Tochtergesellschaften im Ausland übertragen.[116] Die Unternehmenseinheiten spe-

---

[110] Zur Ausgestaltung transnationaler Unternehmen siehe insbesondere BARTLETT/GHOSHAL 1993; BARTLETT/GHOSHAL 1993a sowie BARTLETT/GHOSHAL 1990.

[111] Vgl. BARTLETT/GHOSHAL 1992a, S. 117-119.

[112] Während man unter economies of scale die Stückkostendegression pro Zeiteinheit durch die Realisierung großer Produktionszahlen versteht, bezeichnen economies of scope Verbundvorteile, die durch gemeinsame Lerneffekte sowie die Nutzung von Investitionen und Aufteilung der Kosten auf mehrere Produkte, Märkte und Geschäftsbereiche entstehen. Vgl. WELGE 2000, S. 171-173.

[113] Vgl. BARTLETT/GHOSHAL 1997, S. 108-109; BARTLETT/GHOSHAL 1992a, S. 277-278.

[114] Der Begriff des *integrierten Netzwerkes* bezieht sich in diesem Zusammenhang ausschließlich auf unternehmensinterne Netzwerkbeziehungen.

[115] Vgl. NOHRIA/BERKLEY 1994, S. 79-82; BARTLETT/GHOSHAL 1990, S. 118-119.

[116] Vgl. BARTLETT 1989, S. 441-452.

zialisieren sich auf Aktivitäten, für die sie eine besondere Kompetenz besitzen, und übernehmen für diese Bereiche die weltweite Entwicklungs- und Steuerungsverantwortung. Dieses Vorgehen verhindert, dass die Dezentralisierung zum Verlust von Effizienzvorteilen führt. Es kommt also weder zu einer reinen Zentralisierung noch zu einer generellen Dezentralisierung, vielmehr werden selektive Entscheidungen getroffen.[117] Bestimmte Tochtergesellschaften im transnationalen Organisationsmodell avancieren dadurch zu sogenannten "Centers of Excellence".[118] Abbildung 34 verdeutlicht den Aufbau eines transnationalen Organisationsmodells bzw. integrierten Netzwerks.

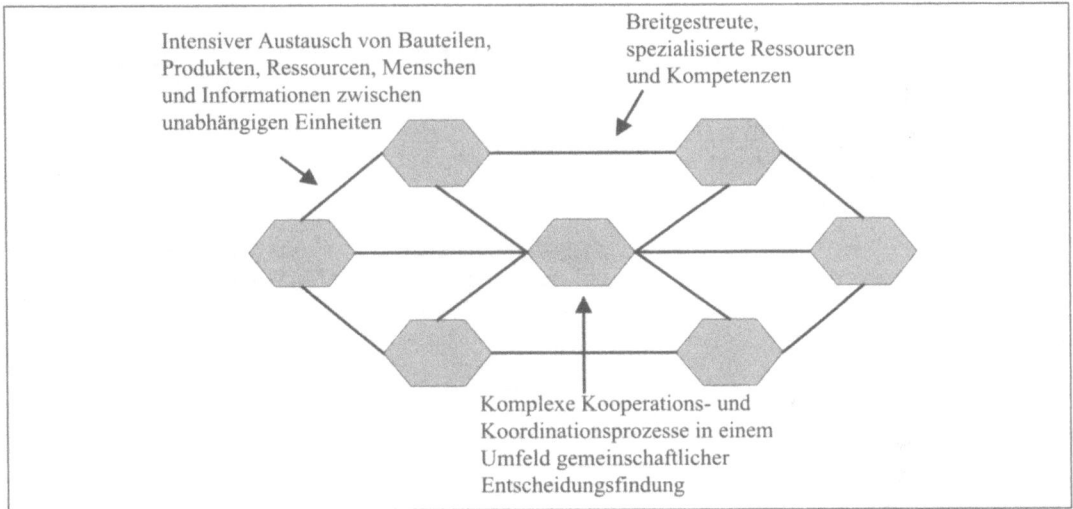

Abb. 34: Das transnationale Organisationsmodell nach BARTLETT/GHOSHAL; Quelle: BARTLETT/GHOSHAL 1992, S. 524

Ein transnationales Unternehmen weicht explizit vom Prinzip der Gleichbehandlung aller Tochtergesellschaften ab, da sich die operativen Einheiten hinsichtlich ihrer lokalen Märkte und Kompetenzen unterscheiden. Die Rolle der einzelnen Tochtergesellschaft ist erstens abhängig von der strategischen Bedeutung des betreffenden Auslandsmarktes für die Gesamtstrategie des Konzerns und zweitens vom Kompetenzniveau der jeweiligen Auslandsniederlassung.[119]

---

[117] Vgl. BARTLETT/GHOSHAL 1990, S. 84.
[118] Vgl. BARTLETT/GHOSHAL 1992a, S. 524. KUTSCHKER/SCHURIG/SCHMID diskutieren ausführlich die empirische Bedeutung von Centers of Excellence. Danach bilden Centers of Excellence einen weit verbreiteten Typus von Tochtergesellschaften. Die meisten von ihnen sind dabei auf die Funktionsbereiche Marketing, Produktion und/oder Entwicklung spezialisiert. Vgl. KUTSCHKER/SCHURIG/SCHMID 2001. Zu ähnlichen Ergebnissen vgl. WELGE/HOLTBRÜGGE 2001, S. 153.
[119] Vgl. dazu bereits BARTLETT/GHOSHAL 1987, S. 54-57.

JARILLO/MARTINEZ zeigen anhand der von BARTLETT/GHOSHAL eingeführten Differenzierung insgesamt vier unterschiedliche Rollen auf, die einzelnen Tochtergesellschaften zufallen können.[120] Abbildung 35 zeigt die Ausprägung der Rollen in einer Matrix. Während hochkompetente Filialen auf strategisch wichtigen Märkten die Rolle **strategischer Führer** bei der Entwicklung und weltweiten Umsetzung von Strategien übernehmen, beschränkt sich die Aufgabe anderer Gesellschaften auf die Ausführung der Entscheidungen der Zentrale.[121]

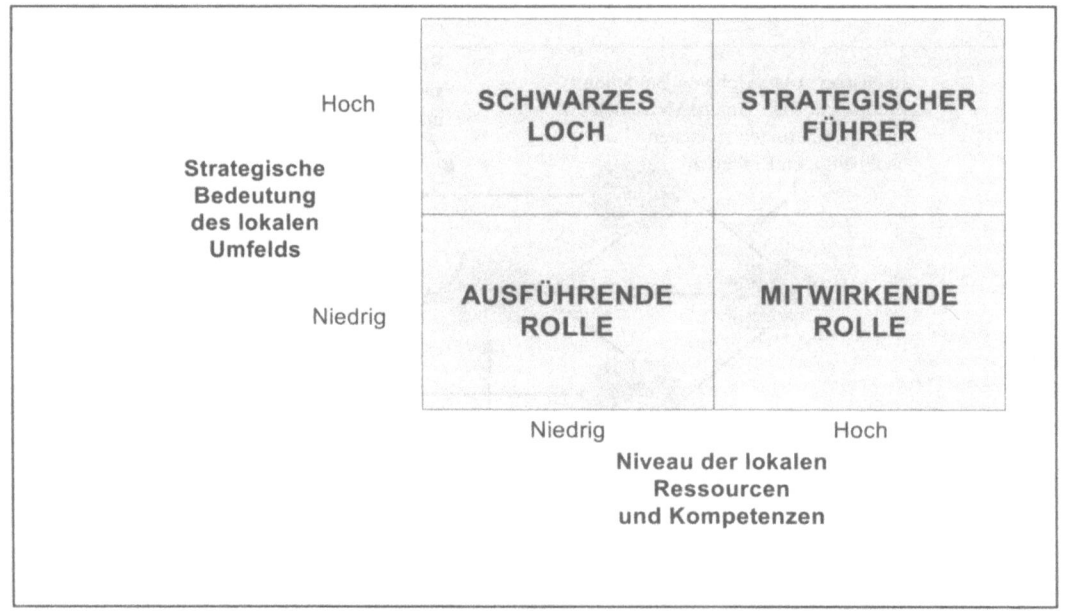

Abb. 35: Typische Rollen nationaler Einheiten des transnationalen Unternehmens; Quelle: BARTLETT/GHOSHAL 1992a, S. 639

Die Tochtergesellschaften mit **ausführender Rolle** tragen auch zur Steigerung der Wettbewerbsfähigkeit des Unternehmens bei, indem sie ökonomische Größenvorteile erzielen. Tochtergesellschaften, die auf weniger bedeutenden Märkten agieren, aber ein hohes Kompetenzniveau aufweisen, übernehmen eine **mitwirkende Rolle** bei der Realisierung strategischer Absichten.[122] Sie stellen ihre hochentwickelten Fähigkeiten (z. B. Forschungs- und Entwicklungs-Know how) unterstützend in den Dienst des Gesamtunternehmens. Die letzte von JARILLO/MARTINEZ identifizierte Position ist die des **schwarzen Loches**. Tochtergesellschaften in dieser Situation sind aufgrund ihres niedrigen Kompetenzniveaus in keiner Weise dazu in der Lage, zu einer Steigerung der

---

[120] Vgl. dazu die empirischen Befunde bei JARILLO/MARTINEZ 1990, S. 501-512.
[121] Vgl. BARTLETT/GHOSHAL 1992a, S. 639.
[122] Vgl. BARTLETT/GHOSHAL 1987, S. 56.

Wettbewerbsfähigkeit beizutragen, obwohl sie auf bedeutenden Märkten tätig sind.[123] Eine derartige Position ist für das transnationale Unternehmen nicht tragbar, da die lokale Präsenz auf solchen Märkten auf lange Sicht unverzichtbar für die Erhaltung der weltweiten Wettbewerbsfähigkeit ist. In einem solchen Fall bietet es sich an, den Markt nicht aufzugeben, sondern eine "sensorische" Präsenz aufzubauen, um am Wissenspotential des Marktes zu partizipieren. Ein oft gewählter Weg zur Erreichung dieses Zieles ist die Etablierung einer kleinen Niederlassung, die technische Neuerungen, Markttrends und Konkurrenten beobachtet.[124]

Aus der Spezialisierung der einzelnen Netzwerkeinheiten folgt zwangsläufig die Notwendigkeit einer weltweiten Zusammenarbeit, um die gemeinsame Nutzung von Informationen und eine länderübergreifende Abstimmung der Strategie sicherzustellen. Neben dem Vorteil einer hohen Marktnähe resultiert aus der transnationalen Orientierung jedoch gleichzeitig ein hoher Kosten- und Koordinationsaufwand. Deshalb schlagen BARTLETT/GHOSHAL vor, klassische Kontrollprozesse vermehrt durch international agierende "Management Groups" und eine freiwillige Kooperation zu ersetzen, die auf einer gemeinsamen Unternehmenskultur und Managementphilosophie beruhen.[125] Führungskräfte benötigen eine transnationale Management-Mentalität, um die Interdependenzen der im Prinzip gleichberechtigten Tochtergesellschaften zu koordinieren.[126] Die Muttergesellschaft legt in diesem Modell den Schwerpunkt weniger auf die Kontrolle der Tochtergesellschaften als vielmehr auf die Abstimmung der dezentral erbrachten Wertschöpfungsaktivitäten. Neben der formalen Organisationsstruktur, die BARTLETT/GHOSHAL als "Anatomie" des Unternehmens bezeichnen, gewinnen noch weitere Organisationsaspekte an Bedeutung: erstens die Entwicklung einer Organisationsphysiologie, die insbesondere auf das Informations- und Kommunikationssystem sowie die Konfiguration der Entscheidungsabläufe ausstrahlt, und zweitens die Organisationspsychologie, die sich mit Aspekten der Vision und der Unternehmenskultur beschäftigt.[127] Problematisch erscheint vor allem die Tatsache, dass in einem transnationalen Unternehmen eine Vielzahl unterschiedlicher Kulturmuster aufeinandertreffen: die jeweiligen Landeskulturen, die mehr oder weniger stark ausgeprägte Unternehmenskultur des transnationalen Unternehmens selbst und die in den einzelnen Tochtergesellschaften existierenden Subkulturen. Dem organisatorischen Netzwerk steht ein kulturelles Netz-

---

123 Vgl. JARILLO/MARTINEZ 1990, S. 502-505.
124 Vgl. BARTLETT/GHOSHAL 1992a, S. 641; BARTLETT/GHOSHAL 1987, S. 56-57.
125 Vgl. BÖTTCHER 1996a, S. 172-176; BARTLETT/GHOSHAL 1992a, S. 779-792.
126 BARTLETT/GHOSHAL betonen die Notwendigkeit der Entwicklung einer *transnationalen Management-Mentalität* für die Implementierung der transnationalen Strategie, ohne den Begriff jedoch näher zu erläutern. Vgl. BARTLETT/GHOSHAL 1995, S. 132-142; BARTLETT/ GHOSHAL 1993, S. 339-340; BARTLETT/GHOSHAL 1990, S. 88. In diesem Zusammenhang sei auf die Untersuchung von WOLF hingewiesen, nach der in personalpolitischer Hinsicht in der Praxis noch keine Rede von einer Netzwerkbildung in internationalen Unternehmen sein kann. Demnach besteht noch ein erheblicher Handlungsbedarf zur Implementierung transnationaler Ideen. Vgl. WOLF 1997.
127 Vgl. BARTLETT 1989, S. 455-459.

werk gegenüber, welches allerdings nur bedingt steuerbar ist.[128] Die genannten Vorzüge des transnationalen Organisationsmodells sind zugleich die Ursache für seine Schwächen.[129] Entscheidungshemmende Kompetenzüberschneidungen und der große Abstimmungsbedarf zwischen den zahlreichen spezialisierten Netzwerkeinheiten lösen im Unternehmen u. U. Fragmentierung und Richtungslosigkeit aus, die zu schwerwiegenden Konflikten führen können. Die weitgestreuten Unternehmenseinheiten und die in ihnen stattfindenden Innovations- und Lernprozesse erzeugen eine hohe organisatorische Komplexität. Das Management muss hier integrierend und vereinheitlichend tätig werden, damit die Organisation gleichzeitig weltweite Lernfähigkeit, lokale Marktnähe und globale Effizienz verwirklichen kann.[130] Abschließend bleibt festzuhalten, dass der transnationale Ansatz von BARTLETT/GHOSHAL insgesamt gesehen geeignet erscheint, um die Netzwerkproblematik international tätiger Unternehmen zu behandeln. Das Konzept konzentriert sich jedoch auf die *interne* Netzwerkperspektive und blendet die von uns im Folgenden diskutierte Problematik unternehmens*externer* Netzwerkbeziehungen weitgehend aus.

Exkurs: Schwedischer Netzwerkansatz

Ein mit dem transnationalen Ansatz verwandtes Konzept ist der **Schwedische Netzwerkansatz**. Er wird von Vertretern der STOCKHOLM SCHOOL OF ECONOMICS vertreten. Im Gegensatz zum transnationalen Modell existiert im sogenannten *Heterarchie-Modell* von HEDLUND/ROLANDER keine Unternehmenszentrale mehr, welche die internationalen Unternehmensaktivitäten zentral lenkt. Die Verantwortung für die Steuerung des Netzwerkes liegt gleichermaßen bei allen, nunmehr gleichberechtigten, Tochtergesellschaften. Im Heterarchie-Ansatz sind die Tochtergesellschaften nicht in eine starre Hierarchie und zentrale Machtstruktur eingebunden, sondern auf horizontaler Basis miteinander verbunden. Es entsteht eine Netzwerkstruktur mit mehreren Zentren, die durch eine starke Unternehmenskultur integriert wird. Das Heterarchie-Modell markiert eine zentrale Position im Schwedischen Netzwerkansatz, der die Beziehungen zwischen Akteuren, Ressourcen und Aktivitäten in den Mittelpunkt seiner Betrachtung stellt. Seine Wurzeln hat der Schwedische Netzwerkansatz in der Beschäftigung mit industriellen Netzwerken. Er unterscheidet sich von den in diesem Buch diskutierten Netzwerkansätzen aber insofern, als er *Märkte als Netzwerke* betrachtet. Dadurch entsteht eine völlig veränderte Netzwerkperspektive, die nicht nur über die in diesem Abschnitt angesprochenen intraorganisatorischen Netzwerke, sondern auch über die im Folgenden zu behandelnden interorganisatorischen Netzwerke hinaus geht.[131]

---

[128] Zur Steuerungsproblematik vgl. MÜLLER-STEWENS/LECHNER 2001, S. 239-240.
[129] Vgl. BARTLETT/GHOSHAL 1990, S. 91.
[130] Vgl. KUTSCHKER/SCHMID 2002, S. 288-289; BÖTTCHER 1996, S. 80-82; PERLITZ/DREGER/SCHRANK 1996, S. 280; BARTLETT/GHOSHAL 1990, S. 91-97.
[131] Zum Schwedischen Netzwerkansatz vgl. HÅKANSSON/SNEHOTA 1995; HEDLUND 1994; HEDLUND/KOGUT 1993 und HEDLUND/ROLANDER 1990. Zur kritischen Diskussion des Heterarchie-Ansatzes und einer Gegenüberstellung der Konzepte vgl. SCHOLZ 1997, S. 198-203, und BÖTTCHER 1996, S. 88.

5.3.2 Interorganisatorische Unternehmensnetzwerke

5.3.2.1 Begriffsbestimmung und Typen

Eine Organisationsform, wie sie interorganisatorische Unternehmensnetzwerke darstellen, ist gleichzeitig Ursache und Resultat der Veränderung gesamter Märkte und Branchenstrukturen. Wollen Unternehmen neue Strategien etablieren und auf Veränderungen der Umweltbedingungen adäquat reagieren, benötigen sie neue Strukturen, um ihre Wettbewerbsfähigkeit zu erhalten. Die betriebswirtschaftliche Literatur zur Netzwerkforschung befindet sich jedoch noch in einem relativ frühen Entwicklungsstadium. Viele Fragen der Gestaltung und Steuerung von Netzwerken sind noch offen. Auf der anderen Seite trifft man auf eine kaum noch überschaubare Vielzahl unterschiedlicher Netzwerkbegriffe und zum Teil inkommensurable Theorieperspektiven.[132]

In der deutschen Literatur befasste sich bislang vor allem SYDOW mit der Thematik interorganisatorischer Unternehmensnetzwerke.[133] Nach SYDOW stellt ein (interorganisatorisches) Unternehmensnetzwerk eine auf die Realisierung von Wettbewerbsvorteilen zielende, polyzentrische Organisationsform ökonomischer Aktivitäten dar. Polyzentrisch bedeutet dabei, dass es mehrere Aktions- und Führungszentren gibt, von denen keines in der Lage ist, das gesamte Netzwerk wesentlich zu prägen oder zu steuern.[134]
Ein Unternehmensnetzwerk zeichnet sich durch komplex-reziproke, eher kooperative denn kompetitive und relativ stabile Beziehungen zwischen rechtlich selbständigen, wirtschaftlich jedoch zumeist abhängigen Unternehmen aus.[135] Die Netzwerkbeziehungen überschreiten die Grenzen einzelner Unternehmen und sind so organisiert, dass sie intraorganisatorischen Beziehungen ähneln. Dennoch bleibt der "Market Test" zwischen den Netzwerkpartnern wirksam. Gegenstand des Organisationsmanagements ist bei Unternehmensnetzwerken also nicht mehr ausschließlich das einzelne Unternehmen, sondern das gesamte Netzwerkgeflecht, in welches es eingebunden ist.[136]

Ein Unternehmen kann mit ganzen Geschäftsbereichen, einzelnen Funktionsbereichen oder lediglich mit einzelnen Beziehungsmustern zu Systemlieferanten oder Schlüsselkunden (Key Customers) in (verschiedene) Netzwerke eingebunden sein. Dies ist vor allem in breit diversifizierten Konzernen häufig der Fall.[137] Von einem Unternehmensnetzwerk kann nach SYDOW erst dann gesprochen werden, wenn die kooperative

---

[132] Zur Verdeutlichung der herrschenden Begriffsvielfalt und -verwirrung hinsichtlich des Netzwerkbegriffs vgl. WINDELER 2001; GILBERT/METTEN 2001; PICOT/REICHWALD/WIGAND 2001; RENZ 1998 und WINDELER 1998.
[133] Siehe u. a. SYDOW 2001, 1998, 1996, 1995 und 1992. Wir verwenden im Folgenden die Begriffe Netzwerk und Unternehmensnetzwerk synonym.
[134] Zum Begriff des Polyzentrismus vgl. insbesondere KIRSCH 2001, S. 434-443.
[135] Vgl. MÜLLER-STEWENS/LECHNER 2001, S. 222-224; SYDOW 1992, S. 79.
[136] Vgl. SYDOW 2001, S. 280.
[137] Vgl. SYDOW 1992, S. 79-80.

Verbindung zwischen den Akteuren über *dyadische* Beziehungsmuster hinaus geht. Ein Netzwerk besteht insofern aus mindestens drei Partnern, die zusammen agieren, um auf internationaler Basis Wettbewerbsvorteile zu realisieren. Die zwischen den einzelnen Netzwerkunternehmen bestehenden Beziehungen sind meistens durch langfristige Verträge geregelt und personell sowie organisatorisch aufeinander abgestimmt. Außerdem basieren Netzwerke auf einer Austauschlogik, die auf bestimmten Gemeinsamkeiten und einer Kompatibilität von Zielen beruht. Sie orientiert sich an der Norm der Reziprozität und unterstellt eine "Social Embeddedness" der Netzwerkakteure.[138] Im Mittelpunkt steht also immer die i. d. R. auf Stabilität angelegte Zusammenarbeit und Integration ökonomischer Aktivitäten mit Partnern außerhalb der Unternehmens- und Landesgrenzen.[139]

Aufgrund der großen Zahl unterschiedlicher Netzwerkformen erscheint es sinnvoll, eine Abgrenzung unterschiedlicher **Typen von Netzwerken** zu vollziehen. Eine solche Typologisierung kann zum einen dabei helfen, empirische Ergebnisse der Netzwerkforschung bestimmten Netzwerktypen zuzuordnen und sie dadurch vergleichbarer zu machen. Zum anderen bietet sie Führungskräften eine grundlegende Orientierung und Ansatzpunkte zur differenzierten Reflexion und Gestaltung des jeweiligen Netzwerktypus. Die Optionen zur Typologisierung von Unternehmensnetzwerken sind nahezu unbegrenzt.[140] So unterscheidet man z. B. anhand der Kooperationsrichtung zwischen Netzwerken horizontaler Art, d. h. zwischen Unternehmen der gleichen Wirtschaftsstufe, vertikaler Art, d. h. zwischen Unternehmen aufeinanderfolgender Produktions- und Handelsstufen, und diagonaler Art, d. h. zwischen Unternehmen, die unterschiedlichen Branchen und/oder unterschiedlichen Wirtschaftsstufen angehören (die Kooperation führt somit zu einer Expansion in neue Produkt-Markt-Felder).[141] Bereits behandelt haben wir die grundlegende Unterscheidung im Hinblick auf interne und externe Netzwerke. Von Interesse kann auch sein, ob es sich bei einem Netzwerk um ein formales, d. h. vertraglich geregeltes, oder ein informales Netzwerk handelt.

Die im deutschen Sprachraum am häufigsten zitierte Klassifizierung orientiert sich an einer von SYDOW eingeführten Unterscheidung verschiedener Netzwerktypen nach der **Steuerungsform** (heterarchisch bzw. hierarchisch) und der zeitlichen **Stabilität** des Netzwerks (statisch bzw. dynamisch).[142]

---

138 Vgl. SYDOW 2001, S. 281. Der Begriff "Embeddedness" geht auf GRANOVETTER 1985 zurück und bedeutet soviel wie Einbettung bzw. Verwurzelung.
139 Vgl. JARILLO 1993, S. 97-123; SYDOW 1992, S. 79; THORELLI 1986, S. 37.
140 Ein Überblick findet sich bei SYDOW 1999, S. 284-286.
141 Anstelle des Begriffes diagonale Kooperation finden sich in der Literatur auch folgende Adjektive: anorganisch, konglomerat, gemischt gegliedert, branchenfremd, lateral, heterogen, diversifiziert. Vgl. PAUSENBERGER 1989, S. 622-623.
142 Vgl. SYDOW 1999, S. 284-287.

- **Steuerungsform**: Betrachtet man zunächst die Steuerungsform, so können Unternehmensnetzwerke zum einen eher heterarchische Strukturmerkmale im Sinne von HEDLUND/ROLANDER aufweisen.[143] Die Verantwortung für die Steuerung des Netzwerkes liegt in diesem Fall bei allen, mehr oder weniger gleichberechtigten, Netzwerkakteuren. In heterarchischen Netzwerken sind die Akteure nicht in eine starre Hierarchie und zentrale Machtstrukturen eingebunden, sondern auf horizontaler Basis miteinander verkoppelt. Zum anderen können Netzwerke stärker hierarchische Charakteristika aufweisen. Die Macht ist in diesen Netzwerken asymmetrisch zugunsten eines oder mehrerer Netzwerkakteure verteilt.
- **Stabilität**: Hinsichtlich der Stabilität existieren einerseits Netzwerke, die längerfristig und auf dauerhafte Beziehungen angelegt sind (z. B. stabile Just In Time-Kooperationen in der Automobilzulieferindustrie). Zum anderen existieren vielfältige Netzwerkbeziehungen, die sich kurzfristig nur auf einzelne Projekte beschränken und dadurch einen dynamischen Charakter entfalten (z. B. FuE-Projekte).

Obwohl die Kriterien Steuerungsform und Stabilität eigentlich nur als kontinuierliche Dimensionen aufzufassen sind, können sie zur Vereinfachung in eine Vierfelder-Matrix überführt werden. In dieser Matrix lassen sich dann die wichtigsten Netzwerktypen verorten und voneinander abgrenzen. Abbildung 36 verdeutlicht diesen Zusammenhang.

Im Einzelnen lassen sich vier interorganisatorische Netzwerktypen unterscheiden:

- **Regionale Netzwerke,**
- **Projektnetzwerke,**
- **Strategische Unternehmensnetzwerke,**
- **Virtuelle Unternehmensnetzwerke.**

Wir werden die einzelnen Netzwerktypen im Folgenden genauer vorstellen. Dabei gehen wir insbesondere auf strategische und virtuelle Unternehmensnetzwerke ein, da diese beiden Strukturtypen sowohl in der akademischen Diskussion als auch in der Praxis die größte Bedeutung haben. Zudem sei angemerkt, dass wir die Typologie von SYDOW im Hinblick auf die Positionierung der virtuellen Unternehmensnetzwerke in einer modifizierten Version darstellen. Aus diesem Grund haben wir die virtuellen Unternehmensnetzwerke in der Abbildung grau hervorgehoben. SYDOW verortete diesen Netzwerktypus ursprünglich genau in der Mitte der Matrix. Um sie von den anderen Netzwerktypen abzugrenzen, rückt er lediglich den verstärkten Einsatz interorganisationaler Informationssysteme in den Mittelpunkt der Betrachtung (z. B. auf der Basis von Intranet oder Internet).[144] Aus unserer Sicht ist diese Abgrenzung virtueller Unternehmensnetzwerke jedoch weder trennscharf noch umfassend genug. Insbesondere der oftmals heterarchische Charakter und die kürzere zeitliche Befristung der Zusammenarbeit, die in virtuellen Netzwerken dominieren, werden nicht deutlich genug herausgestellt.

---

[143] Vgl. HEDLUND 1994 und HEDLUND/ROLANDER 1990 sowie Abschnitt 5.3.1.
[144] Vgl. SYDOW 2001, S. 283; SYDOW 1999, S. 289.

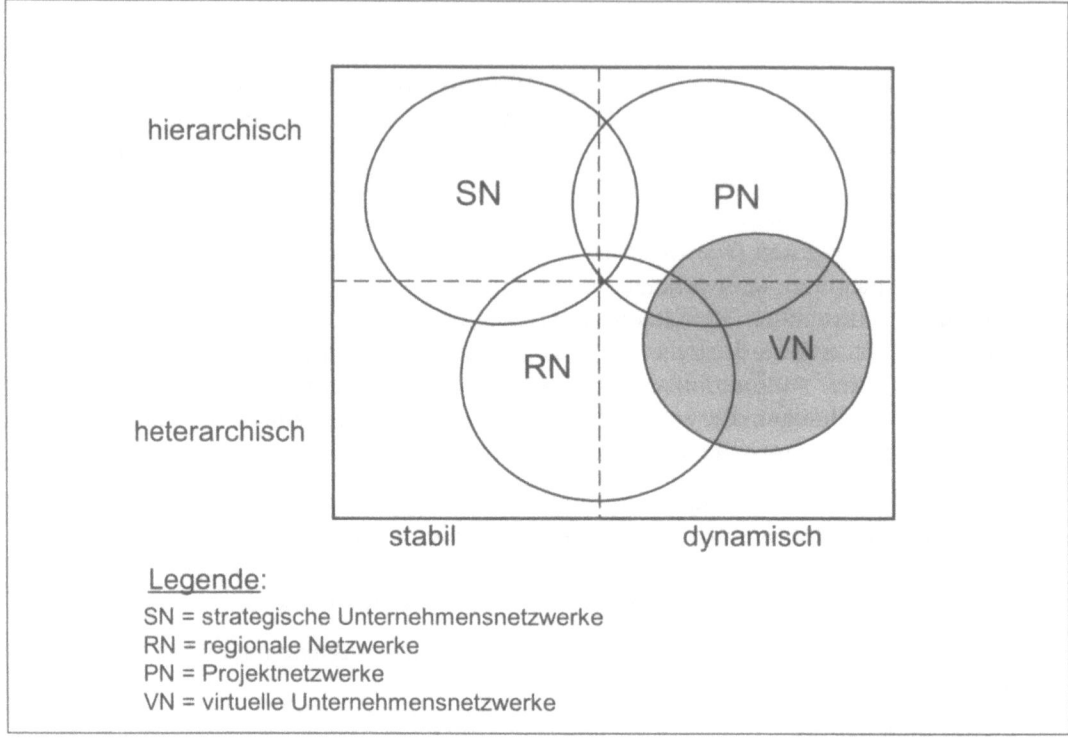

Abb. 36: Eine Typologie interorganisatorischer Netzwerke; Quelle: Eigene Darstellung in Anlehnung an SYDOW 1999, S. 287

5.3.2.2 Regionale Netzwerke

Gemäß ihrer Position in der Vierfelder-Matrix zeichnen sich regionale Netzwerke durch eine heterarchische Organisation aus, die vor allem aus der fehlenden Netzwerkführerschaft resultiert. Im Hinblick auf die Dimension der Steuerung weisen sie in ihrer Idealform folglich eine polyzentrische Struktur auf und sind selbstorganisierend. Die Beziehungen der Netzwerkakteure sind häufig informell und die meiste Zeit nur latent vorhanden. Sie werden je nach Bedarf durch Aktivierung bestimmter Netzwerkmitglieder aus der Region wieder belebt.[145] Kommt es zu einer Zusammenarbeit, kann diese über längere Zeit stabil sein, sie endet aber oftmals auch mit dem Projektabschluss. Im Hinblick auf die Dimension der Stabilität sind regionale Netzwerke deshalb zwischen den Polen stabil und dynamisch eingeordnet. Charakteristisch für diesen Netzwerktypus ist eine räumliche Agglomeration der dem Netzwerk angehörenden, meist kleineren und mittleren Unternehmen, weshalb er auch unter der Bezeichnung "industrial districts" oder "cluster" bekannt geworden ist.[146] Von anderen Netzwerktypen (insbesondere

---

[145] Vgl. HENZLER 2001, S. 127; PADBERG 2000, S. 171.
[146] Vgl. SYDOW 1995, S. 630; POWELL 1990, S. 309-314.

strategischen Netzwerken) grenzen sich regionale Netzwerke zudem durch eine größere Bedeutung von emergenten Strategien ab. Diese resultieren insbesondere daraus, dass es keinen fokalen Akteur gibt, der langfristig intendierte Strategien entwickelt.[147]

Als weitere wichtige Merkmale dieses Netzwerktyps galten – bis vor kurzem – vor allem der Einsatz flexibler Technologien in einer stark auftragsorientierten Produktion von Industrieprodukten und die Nutzung handwerklicher Qualifikationen. Inzwischen existieren regionale Netzwerke auch in Bereichen der wissensintensiven Produktion von Dienstleistungen, in deren Rahmen der Austausch von Informationen und Ideen entscheidend ist.[148] Die Dezentralisierung der Leistungserstellung wird durch den Einsatz unternehmensübergreifender Informationssysteme möglich. Vor diesem Hintergrund konzentrieren sich die Mitglieder eines regionalen Netzwerks auf ihre jeweiligen Kernkompetenzen und gliedern diejenigen Funktionen aus, die sie nicht unbedingt selber wahrnehmen müssen.[149] Die Rück-Integration der ausgegliederten Funktionen in den Leistungserstellungsprozess wird dann durch Kooperationen und nicht über den Markt sichergestellt. Die Kooperationen basieren häufig auf Face-to-Face-Kontakten, die den Gedankenaustausch erleichtern und ein innovatives Klima im regionalen Netzwerk fördern. Ziel dieser interorganisatorischen Differenzierung ist die Realisierung von Spezialisierungsvorteilen auf der Basis netzwerkinterner Arbeitsteilung.

Aus den konstituierenden Merkmalen regionaler Netzwerke folgt, dass die Kooperationspartner besser in der Lage sind, sich an neue Markterfordernisse anzupassen, ihre Kapazitätsauslastungen konstant zu halten und eine hohe Qualität ihrer Leistungen zu garantieren.[150] Neben diesen Vorteilen beinhalten regionale Netzwerke aber auch Nachteile. Aufgrund ihrer Polyzentriertheit und Offenheit sind sie nur bedingt steuerbar. Zudem weisen sie keine einheitliche Identität auf. Ihr strategisches Potential kann dadurch nicht immer optimal genutzt werden.[151]

Prototypische Beispiele regionaler Netzwerke finden sich in den USA im Silicon Valley (Mikroelektronik), Detroit (Automobilbau) und Los Angeles (Film- und Unterhaltungsindustrie) sowie der Region Emilia Romagna in Norditalien (Maschinenbau, Schuhe, Textilindustrie). In Deutschland gibt es sie beispielsweise in Baden-Württemberg (Automobilbau, Maschinenbau, elektrotechnische Industrie) und auf der Schwäbischen Alb.[152] Dort existieren regionale Netzwerke vor allem in der Textilindustrie, die sich durch eine große Zahl institutioneller Verbindungen zwischen einzelnen Unternehmen auszeichnen. Die einzelnen Textilproduzenten sind hochspezialisiert. Sie benötigen für

---

[147] Vgl. ZIMMER/ORTMANN 2001, S. 40-41.
[148] Vgl. dazu ausführlich HENZLER 2001, S. 127-134.
[149] Vgl. WILDEMANN 1999, S. 255.
[150] Vgl. WILDEMANN 1998, S. 94.
[151] Vgl. PADBERG 2000, S. 173.
[152] Eine vergleichende Darstellung der regionalen Netzwerke in Baden-Württemberg und der Emilia-Romagna findet sich bei COOKE/MORGAN 1994, S. 91-115. Vgl. außerdem PADBERG 2000, S. 171-172 und POWELL 1990, S. 310-314.

ihre Leistungserstellung eine kooperative und funktionierende Zusammenarbeit mit einer Vielzahl von (ebenfalls spezialisierten) Zulieferern. Schlüsseltechnologien werden gemeinsam entwickelt. Es bestehen zudem enge Verbindungen zu Forschungseinrichtungen, Unternehmensberatungen und Marketingagenturen in der Region. In der Praxis sind regionale Netzwerke oft in umfassendere strategische und virtuelle Unternehmensnetzwerke eingebettet. Die Netzwerkakteure gehören dann gleichzeitig verschiedenen Netzwerken an. Insbesondere kleine und mittlere Unternehmen weiten ihre traditionell eher regional ausgerichteten Kooperationsbeziehungen auch zunehmend international aus.[153]

5.3.2.3 Projektnetzwerke

Hauptunterscheidungsmerkmale von Projektnetzwerken gegenüber strategischen und regionalen Netzwerken sind ihre zeitliche Befristung und die hohe Fluktuation der Mitglieder, die das Netzwerk sehr dynamisch machen. Beispiele für diesen Netzwerktyp sind Großbaustellen sowie Film- und Fernsehproduktionen. Projektnetzwerke werden überwiegend von einem oder mehreren sogenannten fokalen Unternehmen bzw. Akteuren geführt. Auf unser Beispiel bezogen könnte dies ein Generalunternehmer in der Bauindustrie oder ein Produzent in der Fernsehindustrie sein. Das fokale Unternehmen hält die Beziehungen der Teilnehmer oftmals über das einzelne Projektende hinaus aufrecht. Die Beziehungsmuster bleiben dann (latent) bestehen und werden bei einem neuen Projekt revitalisiert.[154]

Durch die Notwendigkeit einer expliziten Netzwerkführerschaft erhalten Projektnetzwerke einen hierarchischen Charakter. Besonders Projektnetzwerke in der Fernsehindustrie erlangen eine immer stärkere Bedeutung. Fernsehserien werden vornehmlich arbeitsteilig von mehreren rechtlich unabhängigen Unternehmen bzw. Akteuren produziert, wobei die Auswahl der Projektteilnehmer (z. B. Produktionsgesellschaften, Sender, Stars, Handwerker) durch das fokale Unternehmen in den Mittelpunkt der Betrachtung rückt. Es stellt sich dabei vor allem die Frage, wie beispielsweise in der Fernsehindustrie, die durch Flüchtigkeit von Beziehungen charakterisiert ist, eine proaktive und stabile Zusammenarbeit zwischen Netzwerkakteuren gewährleistet werden kann.[155]

---

153 Vgl. BASSEN/BEHNAM/GILBERT 2001, S. 418-423; BEHNAM/GILBERT 2001, S. 106, und TÖDTLING 1994, S. 82.
154 Vgl. SYDOW 2001, S. 283.
155 Vgl. dazu ausführlich WINDELER/LUTZ/WIRTH 2000, S. 179-205; POWELL 1990, S. 308-309.

5.3.2.4 Strategische Unternehmensnetzwerke

Begriffsbestimmung und konstituierende Merkmale
Im Vergleich zu den anderen Netzwerktypen zeichnen sich strategische Netzwerke durch eine eher hierarchische Struktur aus, wobei die Zusammenarbeit der Netzwerkpartner stabil bzw. auf Dauer angelegt ist. Da strategische Netzwerke mit Abstand den größten Stellenwert in der Praxis einnehmen, kann man sie als dominante Form interorganisatorischer Netzwerke bezeichnen.[156] Es handelt sich hier um eine Sonderform, weil sie sich von anderen Netzwerktypen vor allem aufgrund der strategischen Führung durch eines oder mehrere **fokale Unternehmen** und durch ein stärker ausgeprägtes intentionales Handeln abgrenzen.[157] Die neben dem fokalen Akteur in das Netzwerk eingebundenen Mitglieder eines strategischen Unternehmensnetzwerks bezeichnet man als periphere (Netzwerk-)Akteure oder Netzwerkpartner.

Die strategische Führung durch das fokale Unternehmen, in der Literatur häufig als entscheidendes Merkmal zu dessen Abgrenzung angesehen, stellt eine Form der Metakoordination dar. Als strategisch bezeichnet man diesen Netzwerktypus immer dann, wenn die kooperative Zusammenarbeit für mindestens einige der beteiligten Netzwerkakteure eine strategische Bedeutung hat, d. h. die Beziehungen sind langfristiger Natur, sie stellen auf die Erzielung von Wettbewerbsvorteilen ab und beeinflussen entscheidend die Vermögens- und Ertragslage der Unternehmen.[158] Das ausgeprägt intentionale Handeln in strategischen Netzwerken zeigt sich in expliziten Zielformulierungen, einer formalen Struktur mit formaler Rollenverteilung und einer eigenen Netzwerkidentität. Letztere offenbart sich insbesondere dadurch, dass fokale Unternehmen oft Endprodukthersteller oder Handelsunternehmen mit bekannten Markennamen sind. Die Netzwerkakteure erbringen im Endmarkt eine gemeinsame Leistung und stehen zu anderen Unternehmen außerhalb des Netzwerkes in Konkurrenz. Aus Sicht des Kunden entsteht der Eindruck einer integrierten Einheit, die das von ihnen geforderte Leistungspaket oder Produkt anbietet.[159]

Ähnlich den oben geschilderten begrifflichen Problemen gilt auch hier, dass sich aufgrund des frühen Entwicklungsstadiums der Forschung zu strategischen Netzwerken bislang noch keine einheitliche Definition herausgebildet hat. Als erster hat JARILLO den folgenden Begriff des "strategic network" geprägt.

---

[156] Vgl. KRYSTEK/REDEL/REPPEGATHER 1997, S. 196.
[157] Analog finden sich in der Literatur folgende Bezeichnungen für das fokale Unternehmen: fokaler Akteur, broker, hub firm, Schaltbrettunternehmung, dominant partner, central controller, server, team leader oder strategic center. Vgl. dazu KRYSTEK/REDEL/REPPEGATHER 1997, S. 196. Auf die besondere Bedeutung eines fokalen Akteurs in Netzwerkkonstellationen wiesen MILES/SNOW bereits 1986 hin. In ihrem Modell des "Dynamic Network" betonen sie den hohen Stellenwert des "Brokers", der andere Netzwerkakteure auswählt und das Design des Netzwerks verantwortet. Vgl. MILES/SNOW 1986, S. 62-73.
[158] Vgl. WINKLER 1999, S. 27.
[159] Vgl. WILDEMANN 1997, S. 419.

„I see strategic networks as long-term, purposeful arrangements among distinct but related profit-organizations that allow those firms in them to gain or sustain a competitive advantage vis-à-vis their competitors outside the network."[160]

Diese Begriffsabgrenzung ist sicherlich noch zu allgemein gehalten und ebenfalls zur Beschreibung regionaler Netzwerke geeignet. Entscheidend ist jedoch, dass JARILLO bereits den intentionalen Charakter strategischer Netzwerke betont. Dieser drückt sich vor allem darin aus, dass ein strategisches Netzwerk von einem oder mehreren Netzwerkunternehmen strategisch geführt wird.

Eine umfassendere Begriffsabgrenzung strategischer Unternehmensnetzwerke kann man gewinnen, wenn man sich an der im deutschen Sprachraum weitgehend akzeptierten Sichtweise von SYDOW orientiert.

„Ein strategisches Netzwerk stellt eine auf die Realisierung von Wettbewerbsvorteilen zielende, polyzentrische, gleichwohl von einer oder mehreren Unternehmungen strategisch geführte Organisationsform ökonomischer Aktivitäten zwischen Markt und Hierarchie dar, die sich durch komplex-reziproke, eher kooperative denn kompetitive und relativ stabile Beziehungen zwischen rechtlich selbständigen, wirtschaftlich jedoch zumeist abhängigen Unternehmungen auszeichnet. Typischerweise tritt in dieser Organisationsform dezentraler Unternehmungsführung die Frage des Eigentums hinter der Frage der strategischen Steuerbarkeit der Netzwerkunternehmungen zurück."[161]

Wir wollen diese Abgrenzung dahingehend erweitern, dass es sich bei strategischen Netzwerken sowohl um *vertikale* und *horizontale* als auch um *diagonal* ausgerichtete Kooperationen handeln kann. In realen strategischen Netzwerken kommt es meist zu einer Kombination dieser Kooperationsmuster.

---

[160] JARILLO 1988, S. 33.
[161] SYDOW 1992, S. 82.

- **Vertikale Kooperation**: Bei einer vertikal ausgerichteten Zusammenarbeit kooperieren Unternehmen verschiedener Stufen des Wertschöpfungsprozesses mit dem Ziel, das Zuliefer-Abnehmer-Verhältnis zu optimieren. Die vertikale Dimension von Netzwerken beinhaltet z. B. Lieferbeziehungen, die früher reine Marktbeziehungen waren und heute vermehrt kooperative Züge enthalten. Als Beispiel für vertikale Netzwerkbeziehungen sei die Zusammenarbeit zwischen Zulieferern und Produzenten in der Automobilindustrie genannt. In diesem Bereich werden die traditionellen Beziehungen zwischen den Marktpartnern in Form von "Lieferverträgen" immer mehr durch intensive Kooperationsbeziehungen ersetzt, die nicht selten eine gemeinsame Produktentwicklung umfassen und z. T. zu einer vollständigen Verlagerung der Qualitätsverantwortung auf den Lieferanten führen.[162] Man bezeichnet vertikale strategische Netzwerke deshalb z. T. auch als Wertschöpfungspartnerschaften oder Wertschöpfungsnetzwerke.[163]
- **Horizontale Kooperation**: Horizontale Kooperationsbeziehungen werden gewöhnlich auf der gleichen Stufe des Wertschöpfungsprozesses aufgenommen. Oftmals findet in horizontalen strategischen Netzwerken eine Zusammenarbeit mit Konkurrenten statt, um gemeinsam strategische Ziele zu erreichen (z. B. gemeinsame Beschaffung).
- **Diagonale Kooperation**: Bei diagonalen Kooperationen erfolgt eine Zusammenarbeit meist nur in einzelnen, strategisch relevanten Funktionsbereichen. In diagonalen Netzwerkbeziehungen findet keine Substitution von traditionellen Marktbeziehungen statt. Die Kooperation betrifft vielmehr neue unternehmerische Bereiche, in denen bislang keine eigenen sinnvollen Geschäftsaktivitäten aufgebaut werden konnten und wo man auf Partner angewiesen ist.[164] Die Affinität des Stammgeschäfts ist im Vergleich zu vertikalen Kooperationen nur gering, und die Unternehmen sind sehr heterogen. Als Beispiele seien Markenkooperationen oder gemeinsame Werbekampagnen aufgeführt. Man bezeichnet diese Form der Zusammenarbeit oftmals auch als strategische Funktionspartnerschaften.

Abbildung 37 verdeutlicht, dass ein strategisches Netzwerk graphentheoretisch aus Knoten und Kanten besteht. Die Knoten stellen die Akteure dar, d. h. rechtlich selbständige und wirtschaftlich nahezu unabhängige Unternehmen, und die Kanten die Beziehungen zwischen diesen Akteuren.[165] In der Mitte des Graphen ist der fokale Akteur positioniert. Die Einbeziehung der Unternehmen in die Leistungserbringung des Netzwerks bewirkt eine Erweiterung der traditionellen Unternehmensgrenzen. Unternehmensnetzwerke werden deshalb auch als "grenzenlose Unternehmungen" bezeichnet.[166] Die Beziehungen zwischen den Netzwerkakteuren sind dabei nicht nur ökonomi-

---

162 Vgl. BINDER/LUX 1997, S. 497-509; HAUSSMANN 1997, S. 471-472.
163 Vgl. PADBERG 2000, S. 176.
164 Vgl. RALL 1997, S. 674.
165 Vgl. SYDOW 1992, S. 89.
166 Vgl. dazu insbesondere das Lehrbuch von PICOT/REICHWALD/WIGAND 2001 mit dem Titel "Die grenzenlose Unternehmung".

scher Natur (beispielsweise gemeinsame Kontrolle von Ressourcen), sondern auch sozialer Art (z. B. persönliche Kontakte und Vertrauen).

In der betrieblichen Praxis entstehen strategische Netzwerke durch die Verbindung mehrerer Unternehmen in Form von Kooperationsverträgen, langfristigen Lieferantenbeziehungen, Joint Ventures, Lizenz-, Franchising-, Technologie- oder Management-Verträgen und Marketingabkommen.[167] Kapitalverflechtungen zwischen den Akteuren stellen kein konstitutives Merkmal strategischer Netzwerke dar, finden aber dennoch häufig – in Form von Minderheitsbeteiligungen – statt.[168] Falls ein internationales Unternehmen nur begrenzte finanzielle Ressourcen besitzt und Erfahrungsdefizite auf bestimmten lokalen Märkten hat, gleichzeitig aber in allen Regionen präsent sein muss, bieten sich strategische Netzwerke als Alternative zu Direktinvestitionen an.[169]

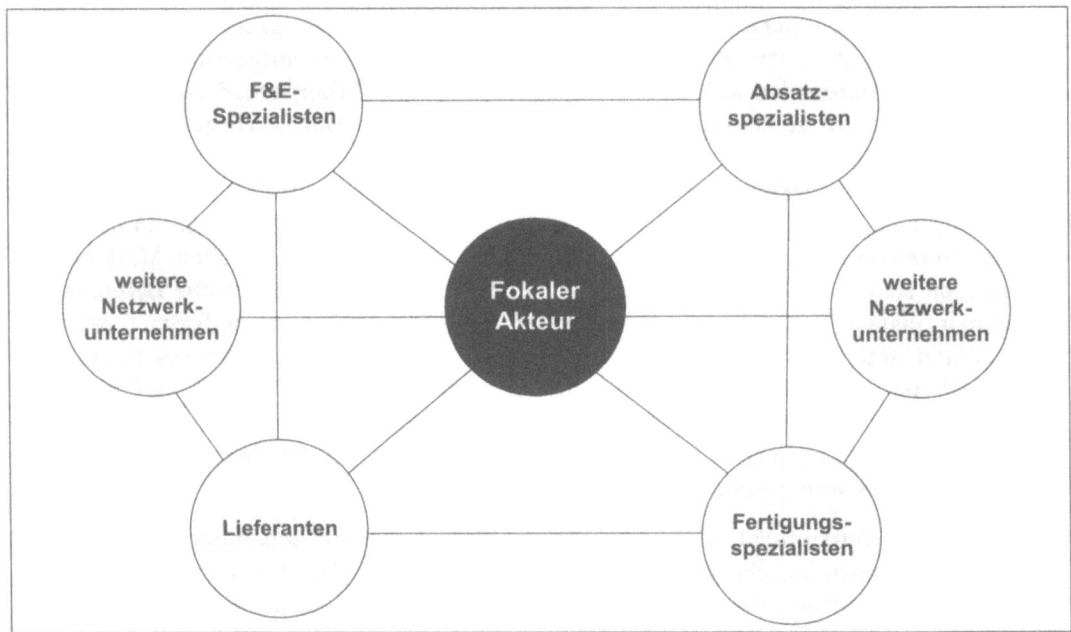

Abb. 37: Strategisches Netzwerk (Knoten und Kanten)

---

[167] Vgl. SYDOW 1992, S. 103-104.
[168] Vgl. KRYSTEK/REDEL/REPPEGATHER 1997, S. 198; SYDOW 1992, S. 87.
[169] Vgl. WELGE/AL-LAHAM 1997, S. 555; WEBER 1995, S. 240. In den letzten Jahren spiegelt sich diese Entwicklung in einer Zunahme von Netzwerkbeziehungen wider, die auf der Basis von Corporate Venture Capital entstehen. Große internationale Konzerne (z. B. DAIMLER-CHRYSLER VENTURE GMBH) beteiligen sich bei dieser Finanzierungsform an kleinen Start-up-Unternehmen, um Gewinnpotentiale aufzubauen. Neben der strategischen und operativen Beratung der Start-up-Unternehmen gewährt die Kapitalverflechtung den Jungunternehmen Zugang zum internationalen Netzwerk des Kapitalgebers. Vgl. TÜMPEN 2001, S. 94-102.

Aussagekräftige Studien zur empirischen Relevanz von strategischen Netzwerken sind bislang nur begrenzt verfügbar.[170] Dies liegt zunächst sicherlich an der unzureichenden Operationalisierung des Konzepts. Andererseits befindet sich die empirische Forschung im gesamten Netzwerkkontext noch in ihren Anfängen. In einer derartig frühen Phase des Forschungsprozesses erscheint es nicht ungewöhnlich, dass die meisten Forschungsaktivitäten sich auf die Erarbeitung theoretisch-konzeptioneller Ansätze konzentrieren, bevor im Anschluss daran empirische Daten gesammelt werden, um Hypothesen zu überprüfen.[171]

Trotz fehlender empirischer Studien lassen sich strategische Netzwerke und ihre fokalen Akteure in der Unternehmenspraxis relativ leicht identifizieren. In Tabelle 8 finden sich dazu einige Beispiele.

Branche	Fokale Akteure
Automobilhersteller	Toyota, Nissan, Mitsubishi, BMW, Mercedes, Smart (MCC)
Textil- und Sportartikelindustrie	Benetton, Boss, Joop, Schiesser, Adidas-Salomon, Puma, Nike, Reebok
Unterhaltungselektronik und Computer	Dell, Dual, EMI, Virgin, Acer, Ambra, Apple
Nahrungsmittel	Boston Beer Company, Super Bakery Inc., McDonald's, Burger King, Joey's Pizza, Eismann
Handel	Marks & Spencer, Ikea, Obi
Finanzdienstleistungen	MLP
Sonstige	General Electric, First Reisebüros, Foto Porst, Rosenbluth International Alliance, Fraport AG

Tab. 8: Beispiele für fokale Akteure in strategischen Unternehmensnetzwerken

---

[170] Hinweise geben GRANDKE 1999; SCHMIDT 1997 und SYDOW 1992.
[171] Vgl. PADBERG 2000, S. 181-182.

> **Exkurs: Strategische Netzwerke vs. Strategische Allianzen**
>
> Die Begriffe strategisches Netzwerk und strategische Allianz werden in der Literatur teilweise synonym verwendet. Dies erscheint nach der hier vertretenen Auffassung jedoch nicht korrekt.[172] Zunächst einmal ist festzustellen, dass strategische Netzwerke eine größere Reichweite haben, denn sie umfassen vertikale, diagonale *und* horizontale Kooperationsbeziehungen von Unternehmen. Strategische Allianzen dagegen beschränken sich in der Regel auf horizontale Kooperationen. Sie repräsentieren in diesem Fall lediglich eine Teilmenge strategischer Netzwerke. Zudem existieren weitere Unterscheidungsmerkmale: Strategische Netzwerke umschließen meist eine größere Partnerzahl (mindestens drei), während es sich bei strategischen Allianzen oftmals lediglich um dyadische Beziehungsmuster handelt. Netzwerke weisen außerdem eine größere Offenheit für neue Partner auf. Strategische Netzwerke sind zeitlich nicht befristet, was bei strategischen Allianzen häufig der Fall ist. Zudem existiert in strategischen Netzwerken neben der kooperativen Zusammenarbeit immer auch ein interner Wettbewerb, dies ist in strategischen Allianzen nicht der Fall.[173] Als Zwischenfazit bleibt festzuhalten, dass die hier getroffene Unterscheidung zwischen strategischen Netzwerken und strategischen Allianzen eine klare Linie aufweist, die in der Literatur so eindeutig kaum zu finden ist. Es herrscht vielmehr eine große Begriffsverwirrung vor, die bislang noch nicht befriedigend aufgelöst ist.[174]

Vor dem Hintergrund der begrifflichen Abgrenzung lassen sich die konstituierenden Merkmale dieses Netzwerktyps nun inhaltlich präzisieren und gleichzeitig erweitern.[175]

- **Konzentration auf Kernkompetenzen**: Die Kooperation in strategischen Unternehmensnetzwerken dient dazu, Aktivitäten verschiedener Stufen entlang der Wertschöpfungskette zu koordinieren. Sie ist nicht notwendigerweise auf einzelne Funktionsbereiche beschränkt, sondern kann sich im Extremfall auf alle ausweiten.[176] Dies führt zum wesentlichen Grundgedanken im strategischen Netzwerk: es wird dem fokalen Unternehmen (und den peripheren Akteuren) durch die Kooperation möglich, sich auf *Kernkompetenzen* bzw. auf das *Kerngeschäft* zu konzentrieren, was zu erheblichen Wettbewerbsvorteilen führen kann.[177] Hauptziel der Konzentration auf das Kerngeschäft ist es, Kosten zu senken, die Qualität zu steigern, flexibler zu werden und insgesamt gesehen die Wettbewerbsfähigkeit zu erhöhen.[178] Eng hiermit verbunden ist das sog. *Outsourcing*: Es bedeutet, dass Sach- oder Dienstleistungen,

---

[172] Zur Abgrenzung von strategischen Allianzen und strategischen Netzwerken vgl. GILBERT/METTEN 2001, S. 21-23; GIGER 2000, S. 191-194; PADBERG 2000, S. 175; WINKLER 1999, S. 62; BACKHAUS/MEYER 1993, S. 330-334.
[173] Vgl. BECK 1998, S. 271.
[174] Eine kritische Diskussion der Begriffe findet sich bei SJURTS 2000, S. 76-90.
[175] Vgl. zu der folgenden Klassifizierung GILBERT/METTEN 2001, S. 18-20 und WINKLER 1999, S. 28-59.
[176] Vgl. BACKHAUS/MEYER 1993, S. 333.
[177] Zu den Begriffen *Kernkompetenzen* und *Kerngeschäft* siehe Abschnitt 5.2.1.
[178] Vgl. WINKLER 1999, S. 28-31.

die bislang selbst ausgeführt wurden und i. d. R. nicht zu den originären Kernkompetenzen gehören, an externe Lieferanten abgegeben werden, die sich auf diese Aufgaben spezialisiert haben und aufgrund von Größendegressions- und Lernkurveneffekten meist kostengünstiger und in höherer Qualität produzieren.[179]

- **Kooperation zwischen selbständigen Unternehmen**: Unternehmensübergreifende kooperative Zusammenarbeit soll in einer komplexer werdenden und von Dynamik geprägten Umwelt "collaborative advantage" stiften.[180] PICOT/REICHWALD/WIGAND definieren *Kooperation* in diesem Kontext als eine *"...mittel- bis langfristig ausgelegte, [freiwillige, Anm. d. Verf.], vertraglich geregelte Zusammenarbeit rechtlich selbständiger Unternehmungen zur gemeinschaftlichen Erfüllung von Aufgaben."*[181] Bei strategischen Netzwerken handelt es sich um die spezielle Ausprägung einer Unternehmenskooperation von mehr als zwei rechtlich selbständigen, wirtschaftlich aber abhängigen Unternehmen, in der eine interne Koexistenz von Kooperation und Wettbewerb zwischen den Mitgliedern herrscht.[182] Die klassische Dichotomie zwischen Kooperation und Konkurrenz wird hier also aufgehoben. Für das strategische Netzwerk bedeutet die Kultivierung einer Konkurrenzatmosphäre ein Instrument zur Generierung und Aufrechterhaltung einer erhöhten Wettbewerbsfähigkeit, die zur Existenzsicherung des Gesamtnetzwerks beiträgt.[183] Konkurrenz im Netzwerk fördert den Zeit-, Kosten-, Qualitäts-, Innovations- und Lernwettbewerb zwischen den Partnern. Man bezeichnet die gleichzeitige Verbindung von Kooperation und Konkurrenz auch als "Koopkurrenz" bzw. "Coopetition". Insbesondere in hochkomplexen Umweltsituationen, in denen sich international tätige Unternehmen typischerweise bewegen, scheint die Coopetition oftmals die überlegene Strategie zu sein.[184] Die Koppelung kooperativer und kompetitiver Beziehungen in strategischen Netzwerken zeigt erneut, dass es in diesem Organisationstypus mehr um Fragen der strategischen Steuerbarkeit als um Fragen des Eigentums geht.[185]
- **Strategische Führung**: Durch das Merkmal der strategischen Führung grenzt sich das strategische Netzwerk klar von anderen Unternehmensnetzwerken ab. Das fokale Unternehmen übernimmt die Koordination und Kontrolle sowie die Erfüllung von strategischen Aufgaben, wie z. B. die Definition des Marktes, die Festlegung der Marktbearbeitungsstrategie sowie die Regelung der Interorganisationsbeziehungen. Das fokale Unternehmen ist außerdem der Initiator für den Aufbau und Erhalt des Netzwerks und koordiniert es nach dem win/win-Prinzip. Der fokale Akteur steuert

---

[179] SCHOLL vergleicht die Fertigungstiefe von FORD, die früher 100 % betragen hat (sogar Bäume, die nötig waren, um das Papier der Autohandbücher zu produzieren, wurden von Ford selber angebaut), mit der aktuellen Fertigungstiefe in der SMART-Fabrik von 8 %. Vgl. SCHOLL 2000.
[180] Vgl. SJURTS 2000, S. 51.
[181] PICOT/REICHWALD/WIGAND 2001, S. 304.
[182] Vgl. CHROBOK 1998, S. 242.
[183] Vgl. HIPPE 1997, S. 44-46.
[184] Zum Thema Coopetition vgl. insbesondere SJURTS 2000, S. 61-67.
[185] Vgl. SCHOLZ 1997, S. 146, und SYDOW 1992, S. 82.

das Netzwerk proaktiv. Er hat die Aufgabe, marktökonomische Anforderungen und technologische Optionen zu erkennen sowie zukünftige Wettbewerbspotentiale für die Netzwerkpartner zu identifizieren.[186]

- **Dezentrale Organisationsstruktur**: Organisationsstrukturen werden als dezentral bezeichnet, wenn untere Hierarchieebenen mit den für die Aufgabenerfüllung erforderlichen Entscheidungsspielräumen ausgestattet sind, Entscheidungen also dezentral auf der jeweils betroffenen Hierarchiestufe gefällt werden.[187] Dadurch entsteht eine polyzentrisch geprägte Struktur. SYDOW betont in diesem Zusammenhang, dass strategische Netzwerke keine Weiterentwicklung des dezentral geführten (Holding-)Konzerns darstellen, da dann der Tatbestand der einheitlichen Leitung erfüllt sein müsste. Dies ist nicht der Fall, da sich die strategische Leitung des fokalen Akteurs nicht auf Unternehmensaktivitäten jenseits der konkreten Kooperationsfelder bezieht.[188]

- **Hybride Koordinationsform**: Bei strategischen Netzwerken handelt es sich um eine hybride Koordinationsform *zwischen* Markt und Hierarchie. Strategische Netzwerke koordinieren sich sowohl über marktliche als auch über hierarchische Instrumente. Im Gegensatz zur rein marktlichen Koordination steht die Kooperation jedoch im Vordergrund.[189]

- **Koexistenz von Stabilität und Flexibilität**: Strategische Netzwerke sind durch Stabilität einerseits und Flexibilität andererseits gekennzeichnet. Letztere resultiert aus der Kooperation kleiner organisatorischer Einheiten (Unternehmen bzw. einzelne Funktionsbereiche), wodurch eine rasche Reaktion auf Nachfrageänderungen bzw. lokale Marktchancen und eine zeitnahe Innovation von Produkten möglich werden. Die erforderliche Stabilität wird durch langfristige, vertrauensvolle, vertraglich geregelte Geschäftsbeziehungen sowie personelle, technologische und sachmittelbezogene Verflechtungen hervorgerufen.[190]

- **Koexistenz von Autonomie und Interdependenz**: Da die in ein strategisches Netzwerk eingebundenen Unternehmen rechtlich und weitgehend auch wirtschaftlich selbständig sind, lassen sie sich nicht problemlos von formalen Weisungen einer anderen Organisation leiten.[191] Die Autonomie der Netzwerkmitglieder zeigt sich außerdem in der Freiwilligkeit der Zusammenarbeit, der ständig gegebenen Austrittsmöglichkeit (als permanentes Drohpotential) und den dezentralen Entscheidungsspielräumen.[192] Andererseits sind die vernetzten Unternehmen funktional interdependent und unterliegen gegenseitigen ökonomischen und moralischen Verpflich-

---

[186] Vgl. PADBERG 2000, S. 175-178.
[187] Vgl. KREIKEBAUM/BEHNAM/GILBERT 2001, S. 162-164.
[188] Vgl. Kapitel 5.4.
[189] Vgl. BACHMANN 2001, S. 337-338; SCHULTE-ZURHAUSEN 1999, S. 264. Von einigen Autoren werden Netzwerke sogar als eigenständige Form der Koordination *neben* Markt und Hierarchie betrachtet. Vgl. dazu insbesondere Powell 1990.
[190] Vgl. WINKLER 1999, S. 49-51.
[191] Vgl. STABER 2000, S. 65.
[192] Vgl. SIEBERT 1991, S. 295.

tungen. Dies gilt sowohl für die peripheren Netzwerkakteure, die vom fokalen Unternehmen hinsichtlich der Aufnahme ins Netzwerk, der Auftragsvergabe und der Zielvorgaben abhängig sind, als auch für das fokale Unternehmen selbst, welches von den Netzwerkpartnern im Hinblick auf die ordnungsgemäße Erstellung der Nicht-Kernaktivitäten abhängig ist.

■ **Hoher Stellenwert von Vertrauen**: Vertrauen stellt das heute wohl am häufigsten genannte Kennzeichen einer Koordination von und in Unternehmensnetzwerken dar. Dabei wird in aller Regel davon ausgegangen, dass sich Netzwerke gerade aufgrund dieses Merkmals als eigenständige Organisationsform ökonomischer Aktivitäten zwischen Markt und Hierarchie auszeichnen.[193] Nach unserem Begriffsverständnis verzichten Netzwerkunternehmen bei vertrauensbasiertem Kooperationsverhalten auf die zeit- und kostenintensive Absicherung von Gefahrenpotentialen bzw. auf explizite Schutzmaßnahmen gegen opportunistisches Verhalten der Transaktionspartner.[194] Der Grund dafür ist, dass sich Vertrauen letztlich immer auf die Erwartung kooperativen Verhaltens, sei es auch nur zur Vermeidung gegenseitiger Schädigung, bezieht. Durch die Verringerung des Kontrollaufwandes werden Einsparungen erzielt und Transaktionskosten reduziert, wodurch nachhaltige Wettbewerbsvorteile entstehen können.[195]

Es sei angemerkt, dass WILLIAMSON der Auffassung ist, dass ein Verzicht auf am Markt übliche opportunistische Verhaltensweisen höchstens bei einer kleinen Menge potentieller Geschäftspartner zu erwarten sei. Diese Voraussetzung ist in offenen Netzwerken mit marktähnlichen Ein- und Austrittsmöglichkeiten nicht unbedingt der Fall.[196] Folglich müsste das kooperative Verhalten innerhalb von Unternehmensnetzwerken auf überdurchschnittlich hohe Ein- und Austrittsbarrieren zurückzuführen sein.[197] Letztere entstehen bei Unternehmensnetzwerken aber gerade durch den inhärent hohen Grad an Vertrauen. Der riskante Vertrauensvorschuss und der langwierige Vertrauensaufbau stellen transaktionsspezifische Investitionen seitens des Vertrauensgebers dar, die bei Misserfolg der Kooperation bzw. bei Missbrauch des Vertrauens durch den Interaktionspartner als ‚sunk costs' unwiederbringlich verloren sind.[198] Da sich Vertrauen nur langsam entwickelt, stellen sich die Transaktionskostenvorteile eines solchen Kooperationsverhaltens auch erst langfristig ein.[199] In strategischen Netzwerken sind insofern langfristige Kooperationen zu etablieren, die beispielsweise durch gegenseitige, netzwerkspezifische Investitionen der Partner abgesichert werden. Zwei weitere strukturelle Bedingungen, die das Schaffen einer Vertrauensbasis im strategischen Netzwerk erleichtern können, sind die Homogenität

---

193 Vgl. SYDOW/WINDELER 2000, S. 13.
194 Vgl. GILBERT/METTEN 2001.
195 Vgl. GILBERT 1999, S. 30-34.
196 Vgl. WILLIAMSON 1985.
197 Vgl. SIEBERT 1991, S. 296-297.
198 Vgl. RIPPERGER 1998, S. 86 und SIEBERT 1991, S. 297.
199 Vgl. SIEBERT 1991, S. 297.

und die Zahl der Mitglieder: Je ähnlicher sich Ziele sowie Einstellungen kommen und je kleiner die Zahl der kooperierenden Unternehmen ist, desto wahrscheinlicher erscheint die Konstitution von Vertrauen.[200]

Tabelle 9 fasst die bisher beschriebenen Merkmale strategischer Netzwerke zusammen.

Merkmale strategischer Netzwerke
interorganisatorische Zusammenarbeit von Unternehmen
stark intentionales Handeln
vertikale, horizontale und/oder diagonale Kooperationsbeziehungen
mehr als zwei Partner sind durch Beziehungsstrukturen verbunden
Kapitalbeteiligungen können, müssen aber nicht stattfinden (Minderheitsbeteiligungen)
Konzentration auf Kernkompetenzen
Kooperation zwischen selbständigen Unternehmen, aber oftmals auch Coopetition
strategische Führung durch fokalen Akteur
dezentrale Organisationsstruktur
hybride Koordinationsform zwischen Markt und Hierarchie
Koexistenz von Stabilität und Flexibilität
Koexistenz von Autonomie und Interdependenz
hoher Stellenwert von Vertrauen

Tab. 9: Merkmale strategischer Netzwerke

---

[200] Zu Aufbau und Wirkung von Vertrauen in strategischen Unternehmensnetzwerken vgl. GILBERT/METTEN 2001.

Gegenstände der Netzwerkregulation
Die strategische Führung und Steuerung des Netzwerks erfolgt i. d. R. von einem oder mehreren fokalen Akteuren aus, die mehr Einfluss auf den Netzwerkkontext ausüben als andere Netzwerkunternehmen. Obwohl die Netzwerkpartner grundsätzlich selbständig bleiben, werden bestimmte Entscheidungsbefugnisse auf das fokale Unternehmen übertragen. In diesem Rahmen lassen sich insgesamt sechs verschiedene Führungsbereiche abgrenzen, die auch als **Gegenstände der Netzwerkregulation** bezeichnet werden können. Im Einzelnen handelt es sich um die Selektion, Allokation, Systemintegration, Positionskonfiguration, Grenzkonstitution und Evaluation der Netzwerkbeziehungen.[201]

Tabelle 10 gibt anhand von Beispielen einen Überblick über die verschiedenen Gegenstandsbereiche der Netzwerkregulation.

Die Anforderungen an die fokalen Unternehmen im Rahmen der Netzwerkregulation sind hoch. Als zentrale Leitstandorte nehmen sie Wertschöpfungs-, Innovations- und Vermarktungsaufgaben wahr und sind für die Koordination der weltweit verstreuten Standorte und die Organisation des Netzwerks verantwortlich. In diesem Zusammenhang müssen sie auch die Verbindung herstellen zwischen der Organisation der *internen* Netzwerke (Koordination des intraorganisatorischen Netzwerks) und der Organisation des *externen* Netzes (Koordination des interorganisatorischen Netzwerks).

Dabei ist vor allem zu berücksichtigen, wie stark fokale Unternehmen, Tochtergesellschaften und andere externe Netzwerkpartner

1. im jeweiligen lokalen Kontext (Gastland),
2. im internen Unternehmensnetzwerk und
3. im externen Netzwerk *verwurzelt* sind.

Je intensiver sich die Beziehungen der jeweiligen Akteure zueinander gestalten und je größer die Bedeutung der jeweiligen Netzwerkbeziehungen für ihr ökonomisches Kalkül ist, desto höher ist der sogenannte "**Grad der Verwurzelung**".[202] Der Grad der Verwurzelung gilt als Indikator im Rahmen der Netzwerkregulation, da er Anhaltspunkte für die Konfliktpotentiale im Netzwerk vermittelt und die Kooperationsbereitschaft und -fähigkeit möglicher Netzwerkpartner anzeigen kann.

---

[201] Die hier vorgestellte Klassifikation der Gegenstände der Netzwerkregulation in sechs Bereiche orientiert sich an einer von SYDOW/WINDELER vorgeschlagenen und später von WINDELER erweiterten Systematik. Vgl. dazu WINDELER 2001, S. 249-267, und SYDOW/WINDELER 1994, S. 4-5.

[202] Ein hoher Grad der Verwurzelung würde sich beispielsweise in einer über lange Zeit bestehenden Beziehung zweier Akteure mit großem Vertrauen zwischen den Partnern, einer Vielzahl positiver Erfahrungen, spezifischen Netzwerkinvestitionen und starker gegenseitiger Abhängigkeit ausdrücken.

Gegenstand der Netzwerkregulation	Aufgaben des fokalen Akteurs
Selektion	<ul><li>weltweite Selektion neuer Netzwerkpartner</li><li>Selektion von Kooperationsformen und -bereichen</li><li>Selektion kollektiver Strategien</li><li>Selektion lokaler Standorte</li></ul>
Allokation	<ul><li>weltweite Allokation von materiellen und immateriellen Ressourcen</li><li>Allokation vorhandenen Wissens</li><li>Gestaltung von Anreiz- und Sanktionsmechanismen</li><li>Allokation der Netzwerkerträge</li></ul>
Systemintegration	<ul><li>Initiierung und Ausgestaltung kollektiver Strategiefindungsprozesse</li><li>Gestaltung der Reziprozitäten zwischen den Netzwerkpartnern</li><li>Ausgestaltung von Entscheidungsprozessen</li><li>Koordination der weltweit erbrachten Leistungen</li><li>Ausgestaltung der netzwerkweiten Produktions-, Distributions- und Kommunikationsprozesse</li></ul>
Positionskonfiguration	<ul><li>gemeinsame Festlegung von Rechten, Pflichten und Zuständigkeiten der Netzwerkpartner</li><li>Identifikation der externen und internen Verwurzelung der Netzwerkakteure vor dem Hintergrund sämtlicher Kooperationsbeziehungen</li><li>Besetzung wichtiger Stellen im Netzwerk mit erfahrenen Führungskräften (Netzwerkkoordinatoren)</li></ul>
Grenzkonstitution	<ul><li>Beschränkung, Überwachung und Öffnung der Netzwerkgrenzen</li><li>Einflussnahme auf politisch-rechtliche Rahmenbedingungen</li><li>Gestaltung des Netzwerkauftritts gegenüber externen Dritten</li></ul>
Evaluation	<ul><li>Evaluierung der Beziehungszusammenhänge</li><li>Bewertung der Leistungsbeiträge der Netzwerkakteure</li><li>Ausgestaltung der Controlling-Systeme</li><li>Überwachung organisatorischer Veränderungsprozesse</li><li>Beurteilung rechtlicher und moralischer Konsequenzen der kollektiven Netzwerkhandlungen</li></ul>

Tab. 10: Gegenstandsbereiche der Netzwerkregulation

Ist die Tochtergesellschaft eines Unternehmens beispielsweise tief in einem externen Netzwerk verwurzelt, dann gilt sie in der Regel als weniger offen für Kontrollimpulse aus der Konzernspitze. Interessanterweise zeigen empirische Ergebnisse, dass die Verwurzelung von Tochtergesellschaften in internen Netzen (z. B. integriertes Netzwerk im Sinne von BARTLETT/GHOSHAL) oftmals wesentlich geringer ist, als die Verwurzelung in externen Netzwerken.[203]

Daraus ergeben sich folgenreiche Konsequenzen für die Netzwerkregulation: Im Rahmen des Internationalisierungsprozesses scheint die Entwicklung externer Unternehmensnetzwerke eine größere Bedeutung als die Entwicklung interner Netzwerke zu haben. Zudem muss im Rahmen der Netzwerkregulation beachtet werden, dass immer ein Wettbewerb zwischen externen und internen Netzwerken besteht, der vom Grad der Verwurzelung der jeweiligen Netzwerkakteure abhängt. Externe Netzwerkpartner nehmen entscheidenden Einfluss auf interne Netzwerkbeziehungen und umgekehrt. Eine erfolgversprechende Netzwerkregulation muss deshalb immer sowohl die externe als auch die interne Verwurzelung der Netzwerkakteure berücksichtigen und gegeneinander abwägen. Der fokale Akteur benötigt fundierte Kenntnisse über unterschiedliche Rollen und Grade der Verwurzelung der Netzwerkakteure, ansonsten kann er weder die internen noch die externen Netzwerkbeziehungen erfolgreich koordinieren. Die Allokation von Wissen (über Rollen und Verwurzelung) im Netzwerk rückt hier unmittelbar in den Vordergrund der Betrachtung. Je mehr Wissen der fokale Akteur über die Beziehungsstrukturen im Netzwerk hat, desto wahrscheinlicher erscheint es, dass er Handlungen einzelner Akteure richtig antizipieren und Beziehungszusammenhänge erfolgreich steuern kann.

Steuerungsimpulse des fokalen Unternehmens bleiben in ihrer Wirkung nicht auf dyadische Beziehungsmuster im Netzwerk beschränkt. Es ist ja gerade ein konstitutives Merkmal von Netzwerken, dass sie über Dyaden hinausreichen und ihre Handlungen immer auch Einfluss auf Dritte haben. Aus dieser einfachen Erkenntnis folgen allerdings große Probleme für die Netzwerkregulation: Da es für einen fokalen Akteur bereits schwierig ist, die Reaktionen von Kooperationspartnern in dyadischen Beziehungen zu antizipieren und zu beeinflussen, multipliziert sich diese Unsicherheit noch erheblich durch die Vielfalt der Kooperationsverbindungen in einem Netzwerk. Steuerungsimpulse entfalten in Netzwerken – neben beabsichtigten – immer auch unbeabsichtigte Folgen, die sich auf das gesamte Netzwerk ausbreiten können. Dieser unbeabsichtigten Handlungsfolgen muss sich der fokale Akteur stets bewusst sein. Sie machen z. B. die Entstehung emergenter Strategien im Netzwerk wahrscheinlich und zeigen, dass einer intendierten Netzwerkregulation in der betrieblichen Praxis stets auch Grenzen gesetzt sind.[204]

---

203 Vgl. RENZ 1998, S. 73-78.
204 Wir vertreten an dieser Stelle einen zurückhaltenden Standpunkt gegenüber der Möglichkeit einer bewussten und geplanten Steuerung organisatorischer Prozesse. Eine so verstandene Position bezeichnet man aus systemtheoretischer Sicht als "gemäßigt voluntaristisch".

Im Rahmen der Regulation interner und externer Netzwerkbeziehungen steuern die fokalen Akteure also die weltweite Erarbeitung sowie Abstimmung von Strategien zwischen den einzelnen Netzwerkpartnern, sie verantworten die Generierung von Synergien und lenken den Wissensaustausch zwischen den Standorten.[205] Jede Netzwerkbeziehung muss laufend kritisch bewertet werden. Nur ein ständiger Prozess von Verhandlungen und Absprachen innerhalb eines strategischen Netzwerkes garantiert dessen langfristigen Erfolg. Die Grenzen des Netzwerks müssen permanent an die sich verändernden ökonomischen und außerökonomischen Rahmenbedingungen angepasst werden. Nur so können Netzwerk und Netzwerkumwelt eine adäquate Komplexität aufweisen. Der Einfluss des fokalen Unternehmens richtet sich dabei vor allem auf die koordinierte Festlegung der Märkte, in denen das Netzwerk agiert, die gemeinsame Vision, die Marktbearbeitungsstrategien sowie Form und Inhalt interorganisatorischer Beziehungen.[206]

Koordinationsinstrumente in strategischen Netzwerken
Strategische Netzwerke unterscheiden sich von anderen Netzwerkstrukturen durch ein stärker ausgeprägtes intentionales Handeln, d. h. ein größeres Ausmaß an explizit formulierten Absichten und Zielen, eine stärker formale Struktur und eine eigene Identität der Netzwerkpartner.[207] Die Handlungskoordination erfolgt durch definierte Handlungsanweisungen, die hierarchischen Charakter aufweisen, in Verbindung mit expliziten marktlichen Steuerungsmedien (z. B. Preise), gestützt auf Vertrauen und gemeinsame kulturelle Werte. Eine einmal etablierte Netzwerkidentität erleichtert die interorganisatorische Kommunikation und erhöht die Chance auf die Umsetzung der im Netzwerk kollektiv erarbeiteten Strategien.[208] Ziel der Koordination wird es sein, den Koordinations- und Kontrollaufwand und folglich die Transaktionskosten möglichst gering zu halten, um den durch die höhere Flexibilität und Reaktionsschnelligkeit gewonnenen Wettbewerbsvorteil des Netzwerks nicht wieder zu verlieren.

Die in Tabelle 11 genannten Koordinationsinstrumente dienen der Koordination der verschiedenen Aktivitäten im Rahmen der Netzwerkregulation.

---

[205] Vgl. WEBER 1995, S. 238-239.
[206] Vgl. KRYSTEK/REDEL/REPPEGATHER 1997, S. 197; SYDOW 1995, S. 630.
[207] Vgl. VAN WELL 2001, S. 148.
[208] Vgl. SYDOW 1992, S. 82.

Personelle Koordinationsinstrumente	▪ verschachtelte Aufsichtsratmandate ▪ gegenseitiger internationaler Personalaustausch ▪ personale Kommunikationsnetzwerke, die einen informellen Informationsaustausch ermöglichen
Organisatorische Koordinationsinstrumente	▪ Erarbeitung einer netzwerkweiten Vision ▪ kooperative Formulierung kollektiver Strategien ▪ Gestaltung hierarchiearmer Strukturen zur Erhöhung der Netzwerktransparenz ▪ Gewährung ausreichender unternehmerischer Freiheitsgrade für die einzelnen Netzwerkeinheiten ▪ Installation eines flexiblen Controlling-Systems ▪ Klare Aufgaben- und Kompetenzzuweisung an die einzelnen Netzwerkpartner und Abschluss eindeutiger Kooperationsverträge ▪ Steuerung des internen Wettbewerbs durch Orientierung an Marktpreisen ▪ Schaffen einer Vertrauensbasis im Netzwerk ▪ Aufbau symbolischer Reputationsinstrumente (z. B. eine Marke) ▪ Etablierung einer gemeinsamen Netzwerkkultur, an der sich die Netzwerkpartner orientieren können
Technische Koordinationsinstrumente	▪ aufeinander abgestimmte Managementsysteme ▪ gemeinsame Nutzung interorganisatorischer Informations- und Kommunikationssysteme

Tab. 11: Koordination der interorganisatorischen Beziehungen in strategischen Netzwerken

Interkulturelle Aspekte
Strategische Netzwerke sind eine Antwort auf die Kritik an der stark zentralistischen und ethnozentrischen Orientierung klassischer Organisationskonzepte (z. B. Produkt-Divisions-Organisation).[209] Mit der vorrangigen Betrachtung des Organisationsmanagements aus der Perspektive des Mutterlandes geht oftmals die unkritische Übertragung eigener kulturell geprägter Norm- und Wertvorstellungen einher. Der Transfer kultureller Maßstäbe des Stammlandes verfolgt das Ziel, Verhaltensrichtlinien im Rahmen der internationalen Unternehmenstätigkeit vorzugeben und Mitarbeiter sowie andere Anspruchsgruppen im In- und Ausland im Sinne der heimischen Kultur zu beeinflussen.

Eine rein ethnozentrische Haltung ist bei Unternehmen inzwischen zwar nur noch selten anzutreffen, da diese sich sonst dem Vorwurf des Kulturimperialismus in seiner schärfsten Form ausgesetzt sehen. Dennoch finden sich immer noch zahlreiche – vor allem

---

[209] Vgl. RENZ 1998, S. 60-61.

amerikanische – Unternehmen, die diese Handlungsorientierung zumindest ansatzweise verfolgen.[210]

Mit der Beteiligung an strategischen Netzwerken kann diesem Problem sinnvoll begegnet werden. Die Zusammenarbeit mit international verstreut angesiedelten Partnern, die in ihrer jeweiligen Kultur *verwurzelt* sind, führt zu einem **Kulturpluralismus**. In diesem Fall existieren die bestehenden Landes- und Unternehmenskulturen der einzelnen Netzwerkpartner nebeneinander weiter fort und treffen im Netzwerk aufeinander. In Konfliktsituationen sind auf lokaler Ebene sogenannte dezentrale Diskurse mit den Netzwerkpartnern möglich, die lokale Gegebenheiten stärker berücksichtigen können.[211]

Durch die kulturelle Vielfalt im internationalen Netzwerkkontext rückt die Frage des **"kulturellen Fits"** zwischen den einzelnen Netzwerkpartnern in den Vordergrund. Diese Übereinstimmung wird beispielsweise von der DEUTSCHEN LUFTHANSA als *der* kritische Erfolgsfaktor für das Funktionieren der Zusammenarbeit in der sogenannten "STAR ALLIANCE" genannt. Unter dem Namen STAR ALLIANCE hat die LUFTHANSA in den letzten Jahren mit einer Vielzahl von Partnern ein globales (strategisches) Netzwerk von Fluggesellschaften aufgebaut. Innerhalb des Netzwerks arbeiten bekannte Fluggesellschaften (u. a. UNITED AIRLINES, THAI AIRWAYS INTERNATIONAL, VARIG, AIR CANADA und SAS) in den verschiedensten Bereichen der Wertschöpfungskette zusammen, um den Kunden ein weltweites Netz an Transportdienstleistungen anbieten zu können.[212] Nur wenn zwischen den Allianzpartnern ein kultureller Fit besteht, d. h. Vertrauen statt Dominanz herrscht und weitgehend auf explizite Kontrollmechanismen verzichtet werden kann, versprechen Kooperationen wie die STAR ALLIANCE aus Sicht der DEUTSCHEN LUFTHANSA langfristig Erfolg. Da sich die Zusammenarbeit zwischen den Partnern zumeist nur auf Teile der Wertschöpfungskette beschränkt, generieren die unterschiedlichen Kulturmuster Konfliktpotentiale, die i. d. R. beherrschbar bleiben.[213]

Eine mögliche Reaktion stellt die **Kulturassimilation** dar. In diesem Fall würde eine Verschmelzung der Kulturen zwischen zwei oder mehreren Netzwerkpartnern angestrebt, in deren Rahmen sich die positiven Elemente der Ausgangskulturen zu einer neuen Kultur vereinigen. Dagegen kann es zum **Kulturwiderstand** kommen, wenn die bestehenden Kulturmuster der einzelnen Netzwerkpartner nicht miteinander verträglich sind und zu Schwierigkeiten bei der Zusammenarbeit führen. Kulturwiderstand führt in extremen Fällen sogar zu einem Scheitern der Netzwerkkooperation.

---

[210] Vgl. GILBERT 2001, S. 141-142; KREIKEBAUM/BEHNAM/GILBERT 2001 S. 113-114.
[211] Zur Ausgestaltung dezentraler Diskurse vgl. GILBERT/GRIMM 1999, S. 117-118.
[212] Vgl. MÜLLER-STEWENS/LECHNER 2001, S. 222-223.
[213] Zur Handhabung von Konflikten auf interkultureller Ebene vgl. ausführlich KREIKEBAUM/BEHNAM/GILBERT 2001 und GILBERT 1998.

Vorteile strategischer Netzwerke
Durch die Beteiligung an internationalen strategischen Netzwerken erlangen Unternehmen Zugang zu kostengünstigen Ressourcen, lokalen Märkten und Innovationen. Ein Unternehmensnetzwerk eröffnet die Chance, durch intensive Zusammenarbeit die Erfolgspotentiale der eigenen Ressourcen zu steigern und Wettbewerbsvorteile zu generieren. Die einzelnen Netzwerkeinheiten nehmen an ihren jeweiligen Standorten Wertschöpfungs-, Vermarktungs- oder Innovationsaufgaben wahr.[214] Die Reduzierung der "Time to the Market" stellt ein Hauptmotiv für internationale strategische Netzwerke dar, denn durch weltweit verstreut agierende Netzwerkpartner lassen sich Wettbewerbsvorteile flexibel und ohne Zeitverzögerung auf globaler Basis realisieren. Interaktive Lernprozesse zwischen den Netzwerkunternehmen erhöhen die Gewinnung und Nutzbarmachung lokalen Know hows und dessen netzwerkweite Anwendung. Eine Befragung von Führungskräften deutscher Großunternehmen stützt diese These. Ihrer Meinung nach ist die Erreichung "globaler Präsenz" das wesentliche Ziel bei der Beurteilung kooperativer Arrangements.[215] Aber auch im Mittelstand steigt die Bedeutung von Kooperationen. Über 64 % der mittelständischen Unternehmen nutzen internationale Kooperationen, um ihre Internationalisierung voranzutreiben.[216]

Strategische Netzwerke sind vor allem dann stabil, wenn zwischen den einzelnen Netzwerkeinheiten Komplementarität herrscht. Sich ergänzende Spezialkenntnisse und spezifische Wettbewerbsvorteile bilden die Basis für ein solides strategisches Netzwerk. Diese Eigenschaften sind wichtige Voraussetzungen für ein erfolgreiches Arbeiten auf den durch hohe Variabilität, Unsicherheit und Dynamik geprägten internationalen Märkten. Strategische Netzwerke erlauben die schnelle Umsetzung von Ideen, einen raschen Informationsaustausch und damit verbundene organisatorische Lernprozesse.[217] Die Erschließung ausländischer Märkte ist oft nur durch Kooperationsbeziehungen möglich, da einer alleinigen Betätigung in vielen Gastländern rechtliche und politische Beschränkungen entgegenstehen. Außerdem kommt es bei unternehmensübergreifenden Netzwerken zu einer Risikoreduzierung für die einzelnen Partner. Durch das Einbringen der individuellen Stärken in das Netzwerk sinkt i. d. R. die Wahrscheinlichkeit für das Scheitern eines Vorhabens insgesamt.[218]

Ein weiterer Vorteil der Netzwerkorganisation liegt in der Fähigkeit, sich Veränderungen von Umweltverhältnissen leichter anzupassen und diese im Interesse der Netzwerkpartner mitzugestalten.[219] Die strategische Flexibilität resultiert aus wenig spezifizierten (Kooperations-) Verträgen und der strukturell-kulturell losen Koppelung der Netzwerkpartner. Es bestehen nur geringe Ein- und Austrittsbarrieren für einzelne Netzwerkunter-

---

214 Vgl. WEBER 1995, S. 235-236; HINTERHUBER/LEVIN 1994, S. 46-47.
215 Vgl. BACKHAUS/PLINKE 1990, S. 31.
216 Vgl. in diesem Zusammenhang die empirischen Ergebnisse von BASSEN/BEHNAM/GILBERT 2001, S. 413-432.
217 Vgl. RALL 1997, S. 670.
218 Vgl. BÖRSIG/BAUMGARTEN 1997, S. 479.
219 Vgl. KRYSTEK/REDEL/REPPEGATHER 1997, S. 207.

nehmen, so dass Kooperationsbeziehungen bedarfsabhängig realisierbar und auch leicht modifizierbar sind.[220]

Die Reduzierung der Innovationszeiträume gilt als weiterer Vorteil, vor allem für Kooperationen im High-Tech-Sektor.[221] Kurze Entwicklungszeiten sind in strategischen Netzwerken das Ergebnis einer unternehmensübergreifenden Koordination von zusammenhängenden Einzelprozessen. Ursprünglich sequentiell ablaufende Forschungs- und Entwicklungsprozesse werden durch parallele Innovationsprozesse abgelöst.[222]

Durch die Spezialisierung und Konzentration der Netzwerkpartner auf ihre jeweiligen Kernkompetenzen wird es für sie leichter, frühzeitig neue Geschäftsfelder zu bearbeiten und dort Wettbewerbsvorteile zu erreichen. Zur Erzielung von Synergien sind Doppelarbeit zwischen den Kooperationspartnern zu vermeiden, Know how zu poolen, die Marktmacht auf den Beschaffungs- und Absatzmärkten zu erhöhen und das akquisitorische Potential zu steigern (z. B. durch einen Imagetransfer zwischen den Netzwerkunternehmen).[223]

Ein Beispiel für die Vorteilhaftigkeit strategischer Netzwerke bilden Fluggesellschaften und die von ihnen konfigurierten weltweiten strategischen Netzwerke. Die Vorteile der umfassenden Kooperationsbeziehungen in der STAR ALLIANCE resultieren u. a. aus

- der Zusammenarbeit im Marketingbereich (z. B. Code Sharing-Abkommen, abgestimmte Bonusprogramme, gemeinsame Vertriebsbüros und Werbung),
- einem verbesserten lokalen Marktzugang,
- der gemeinsamen Nutzung knapper Ressourcen (z. B. Lounges) und
- der Erzielung von Synergien im Beschaffungsbereich (z. B. Catering und Beschaffung von Ersatzteilen).[224]

---

[220] Vgl. SYDOW 1992, S. 115-116.
[221] Vgl. HAGEDOORN 1993, S. 371-385.
[222] Vgl. KRYSTEK/REDEL/REPPEGATHER 1997, S. 209.
[223] Vgl. KRYSTEK/REDEL/REPPEGATHER 1997, S. 212.
[224] Der Ergebnisbeitrag der STAR ALLIANCE wird bei der DEUTSCHEN LUFTHANSA allein für das Jahr 2001 auf einen Betrag in dreistelliger Millionenhöhe geschätzt.

Fazit

Als Ergebnis bleibt festzuhalten, dass durch die Konfiguration strategischer Netzwerke die Chancen auf Wettbewerbsvorteile merklich steigen. Aufgrund gemeinsamer Planungen und kollektiver Strategien entstehen lokale Kostenvorteile sowie Chancen zur lokalen Differenzierung durch die Netzwerkpartner. Durch vertikale, horizontale und/oder diagonale Kooperationen verschwimmen eindeutig definierte Unternehmensgrenzen. Besser als in rein hierarchischen oder rein marktlichen Organisationsformen erscheint die gleichzeitige Koordination der Aktivitäten sowohl über Marktmechanismen (vor allem den Preis) als auch über Vertrauen und Hierarchie möglich. Durch ein bestimmtes Maß an Redundanz und Koppelung zwischen den Netzwerkpartnern sind Strategiewechsel relativ unproblematisch vorzunehmen, wenn bestimmte Umweltentwicklungen dies erfordern.[225]

Die Zusammenarbeit in strategischen Netzwerken ist für die beteiligten Unternehmen allerdings auch mit Schwierigkeiten verbunden und weist eine Anzahl von Risiken auf. Zu nennen sind hier insbesondere Probleme im Zusammenhang mit dem nur schwer zu kontrollierenden Abfluss von Wissen an Netzwerkpartner. Ein Know how-Verlust kann langfristig zu Wettbewerbsnachteilen führen, wenn er von Netzwerkpartnern opportunistisch ausgenutzt wird. Außerdem begeben sich die kooperierenden Unternehmen in eine Abhängigkeitsposition. Vor allem in Kooperationsbeziehungen mit Kapitalbeteiligungen ist das Scheitern einer Zusammenarbeit häufig mit großen Verlusten für zumindest einen Netzwerkpartner verbunden. Problematisch erscheint auch die Analyse unterschiedlicher Grade der Verwurzelung der Netzwerkakteure in interne und externe Netzwerkbeziehungen. Die Koordination der Leistungserstellung in einem strategischen Netzwerk stellt einen komplexen Vorgang dar, der hohe Koordinationskosten verursacht, die im Einzelfall die Erträge aus der Netzwerkkooperation übersteigen können.

---

[225] Vgl. SYDOW 1995, S. 632.

5.3.2.5 Virtuelle Unternehmensnetzwerke

Begriffsbestimmung und konstituierende Merkmale
Verglichen mit der oben vorgestellten Netzwerktypologie, zeichnen sich virtuelle Unternehmensnetzwerke durch einen dynamischen Charakter und eine heterarchische Steuerungsform aus.[226] Anhand dieser Merkmale wird deutlich, dass sich virtuelle Netze von strategischen Netzwerken signifikant unterscheiden. Während die Zusammenarbeit in strategischen Netzwerken i. d. R. längerfristig angelegt ist und hierarchische Strukturelemente aufweist, sind die Kooperationsbeziehungen in virtuellen Unternehmen eher kurzfristiger Natur. Die Partner gehen bevorzugt zeitlich befristete Kooperationen ein.[227] Es bestehen zwar auch hier meist vertragliche Beziehungen, diese weisen aber eine geringere Sicherheit auf als in strategischen Netzwerken. Zudem kommt es sehr viel häufiger zu einem Partnerwechsel. In virtuellen Unternehmen wird ferner das Prinzip der Heterarchie stärker verwirklicht, d. h. die Partner arbeiten gleichberechtigt auf mehreren Ebenen und in mehreren Prozessketten zusammen.[228] Die Verantwortung für die Steuerung des Netzwerkes liegt in diesem Fall gemeinsam bei allen Netzwerkakteuren. Dennoch wird auch in virtuellen Netzwerken oftmals ein fokaler Akteur eingesetzt, der die Steuerung des Leistungserstellungsprozesses verantwortet. Seine Macht und Bedeutung sind aber geringer als in einem strategischen Netzwerk. Gemeinsam ist sowohl strategischen als auch virtuellen Unternehmensnetzwerken, dass sie keinen prinzipiell neuen Strukturtyp organisatorischer Gestaltung darstellen.[229]

Die Begriffe "virtuelle Unternehmensnetzwerke" und "virtuelles Unternehmen" werden in der Literatur nicht einheitlich abgegrenzt. Es findet sich im Gegenteil eine kontroverse Diskussion zu diesem Thema, die an dieser Stelle jedoch nicht nachvollzogen wird.[230]

Eine Annäherung an die Merkmale virtueller Unternehmensnetzwerke gelingt mittels einer etymologischen Analyse. Der Begriff "virtuell" stammt von dem lateinischen Wort "virtus" (Tugend, Mannhaftigkeit) ab und kann fachsprachlich mit "*der Anlage nach als Möglichkeit vorhanden, nicht wirklich, scheinbar*" übersetzt werden.[231] Virtualität ist folglich als Eigenschaft eines bestimmten Objektes zu interpretieren, die zwar nicht tatsächlich, aber der Möglichkeit nach vorhanden ist. Ein virtuelles Objekt verfügt demnach über bestimmte Merkmale, die nicht physisch vorhanden sein müssen, aber den-

---

[226] Wir verwenden die Begriffe "virtuelle Unternehmensnetzwerke" und "virtuelle Unternehmen" im Folgenden synonym.

[227] Die von uns vertretene Sichtweise, virtuelle Unternehmensnetzwerke vor allem durch die zeitliche Befristung abzugrenzen, nehmen auch MÜLLER-STEWENS/LECHNER in ihrem neuen Lehrbuch ein. Vgl. MÜLLER-STEWENS/LECHNER 2001, S. 340.

[228] Vgl. SCHOLZ 1997, S. 347.

[229] Vgl. BULLINGER/BRETTREICH-TEICHMANN/FRÖSCHLE 1995, S. 75.

[230] Der Begriff "virtuelles Unternehmen" wurde erstmals von MOWSHOWITZ verwendet und später von DAVIDOW/MALONE aufgegriffen. Vgl. DAVIDOW/MALONE 1992 und MOWSHOWITZ 1985. Ein tabellarischer Überblick zu den Begriffsumschreibungen ausgewählter Autoren findet sich bei WÜTHRICH/PHILLIP/FRENTZ 1997, S. 94-95.

[231] Vgl. PICOT/NEUBURGER 1997, S. 121-122.

noch leistungsfähig sind. Virtuelle Objekte existieren in vielen Bereichen, z. B. als virtuelle Realitäten und virtuelle Produkte.[232]

In der Informationstechnologie wurde der Begriff im Zusammenhang mit der scheinbaren Vergrößerung von Arbeitsspeichern durch die Auslagerung von Daten in periphere Speicher benutzt. Für den einzelnen Anwender war dieser Vorgang nicht erkenntlich. Er hatte den Eindruck, mit *einem* großen Speicher zu arbeiten. Dieser eine Speicher existierte aber nur scheinbar, mit anderen Worten virtuell. Übertragen auf die Netzwerkperspektive von Unternehmen, haben auch hier die Kunden den Eindruck, bestimmte Leistungen aus einer Hand zu erhalten, was jedoch nicht der Realität entspricht.[233]

Aus institutioneller Perspektive stellen virtuelle Unternehmen Netzwerkverbindungen zwischen Personen, Institutionen, einzelnen unternehmerischen Funktionsbereichen oder ganzen Unternehmen dar, die Ressourcen gemeinsam nutzen und durch eine temporäre Zusammenarbeit ein bestimmtes Kundenproblem zu lösen versuchen.[234] Durch Teilung und Koordination von Fertigkeiten, Kosten und Marktzugangsmöglichkeiten streben informationstechnologisch miteinander verbundene Parteien Wettbewerbsvorteile an.[235]

In virtuellen Unternehmen verzichtet man weitgehend auf die feste Institutionalisierung von zentralen Funktionen und die Etablierung hierarchischer Prinzipien.[236] Auf Basis einer gemeinsamen Geschäftsidee und einer ausgeprägten Vertrauenskultur sind virtuelle Unternehmen in der Lage, sich kurzfristig zusammenzuschließen und Zeitvorteile zu generieren.

Die Grundidee virtueller Unternehmen beruht auf einer "virtuellen" Erweiterung der unternehmerischen Kapazitäten, die durch den jederzeit möglichen und raschen Wechsel der virtuellen Partner erzielt wird.[237] Dies bewirkt eine sehr große organisatorische Flexibilität und kundenbezogene Anpassungsfähigkeit. Die virtuellen Unternehmensnetzwerke nutzen mögliche Synergiepotentiale in optimaler Weise.[238]

---

232   Vgl. MERTENS/FAISST 1997, S. 954; PICOT/NEUBURGER 1997, S. 122; SCHOLZ 1997, S. 320-322.
233   Vgl. MÜLLER-STEWENS/LECHNER 2001, S. 340.
234   Vgl. WÜTHRICH/PHILLIP/FRENTZ 1997, S. 46-48.
235   Vgl. SCHOLZ 1997, S. 365; PICOT/REICHWALD/WIGAND 2001, S. 429-431.
236   Vgl. KLEIN 1994, S. 309.
237   Vgl. SCHOLZ 1997, S. 347.
238   Vgl. SCHOLZ 1997, S. 366-367.

Virtuelle Unternehmensnetzwerke lassen sich konkret durch ihre Eigenschaften klassifizieren. Es sind folgende Merkmale zu unterscheiden.[239]

- **Entmaterialisierung**: In virtuellen Netzwerken ist der Leistungserstellungsprozess vorwiegend durch immaterielle Größen bestimmt. Sowohl die erstellten Leistungen (z. B. Dienstleistungen) als auch die eingesetzten Produktionsmittel (z. B. Information, Wissen und Kommunikation) sind überwiegend immaterieller Natur.
- **Delokalisierung**: Virtuelle Unternehmen unterliegen nicht mehr den strengen räumlichen Restriktionen wie herkömmliche Organisationen. Es spielt kaum eine Rolle, wo sich die einzelnen Leistungsträger befinden, da sie über Computernetze integriert sind. Durch den verstärkten Einsatz interorganisatorischer IuK, auf der Basis von Intranet oder Internet, vermindert sich die Abhängigkeit von geographischen Standorten und eröffnen sich große Potentiale für eine Internationalisierung von Leistungserstellungsprozessen. Der Datenaustausch zwischen den Netzwerkakteuren ist über weite Distanzen sowie unabhängig von kulturellen und technologischen Unterschieden schnell und kostengünstig möglich. Potentielle virtuelle Netzwerkmitglieder können über die ganze Welt verstreut sein. Dadurch lassen sich standortspezifische Vorteile ausnutzen.
- **Enttemporalisierung**: Dank der Entmaterialisierung ist es virtuellen Unternehmensnetzwerken auch möglich, sich zunehmend von zeitlichen Restriktionen freizumachen. Durch den hohen Grad an Immaterialität der Struktur können Kernkompetenzen sehr viel schneller zusammengebracht werden als in herkömmlichen Unternehmen. Infolge der informations- und kommunikationstechnologischen Entwicklungen ist es möglich, Wertschöpfungsprozesse rascher und verstärkt parallel durchzuführen. Virtuelle Unternehmen erlauben es, für einen einmaligen Wertschöpfungsprozess zusammenzuarbeiten. Insofern handelt es sich oftmals um befristete Aktivitäten zwischen einzelnen Unternehmen bzw. deren Funktionsbereichen.
- **Kompetenz- und Prozessorientierung**: Wenn sich Unternehmen verstärkt auf ihre Kernkompetenzen konzentrieren, verändert sich auch die Arbeitsteilung zwischen ihnen. Die Partner im virtuellen Netzwerk bringen nur ihre jeweiligen Kernkompetenzen in die Kooperation mit ein. Sie fertigen keine kompletten Produkte mehr, denn diese entstehen erst im Verbund. Die Wertschöpfung wird als ein Prozess betrachtet, dessen Teilprozesse sich auf einzelne Leistungsträger verteilen. Im Extremfall erfolgt eine vollständige Arbeitsteilung. Beim fokalen Akteur verbleibt einzig und alleine die Aufgabe der Koordination und informationstechnischen Unterstützung der peripheren Netzwerkakteure.
- **Ressourcenorientierung**: In virtuellen Unternehmensnetzwerken erfolgt meist keine direkte Beschaffung materieller Ressourcen, die für die Leistungserstellung notwendig sind. Nur die Verfügungsrechte über Ressourcen werden festgelegt und verteilt. Virtuelle Unternehmen arbeiten oftmals sogar ohne eigene Ressourcen, denn in Abhängigkeit vom zu lösenden Produktionsproblem variieren die Kooperationspartner und somit auch der Ressourcenbestand. Die hohe Immaterialität der Leistungserstel-

---

[239] Vgl. SCHOLZ 2000, S. 412-413; SIEBER 1999, S. 180-185; SYDOW 1999, S. 289, S. 38-53; BULLINGER/BRETTREICH-TEICHMANN/FRÖSCHLE 1995, S. 18-22; KLEIN 1994, S. 309-311.

lung ermöglicht es außerdem, materielle Ressourcenbewegungen an anderen Orten stattfinden zu lassen als am Sitz des fokalen Akteurs.

- **Individualisierung:** Der Trend weg von der Massenproduktion hin zur Lösung spezifischer Kundenprobleme wird als Individualisierung bezeichnet. Virtuelle Unternehmen entstehen häufig erst durch die Auftragserteilung des Kunden, der ein bestimmtes Bedürfnis entwickelt. Dem konkreten Bedarf nach einer spezifischen Leistung wird durch "maßgeschneiderte" Problemlösungen seitens des virtuellen Unternehmens entsprochen. In virtuellen Strukturen kommt es zudem zu einer Integration der Kunden in die Leistungserstellungsprozesse. Dies fördert die Individualisierung zusätzlich.

- **Modularisierung:** Die Grundelemente virtueller Unternehmen bilden kleine überschaubare Einheiten, die mit dezentralen Entscheidungskompetenzen und Ergebnisverantwortung ausgestattet sind. Die Koordination zwischen diesen Einheiten verläuft heterarchisch, um die Komplexität des Leistungserstellungsprozesses zu reduzieren und die Nähe zum Markt zu erhöhen.

Vertrauen als Gegenstand der virtuellen Netzwerkregulation

Das gegenseitige Vertrauen der Netzwerkpartner gilt in virtuellen Unternehmen als eine unabdingbare Voraussetzung für das Funktionieren der Kooperation. Da in virtuellen Netzen, im Vergleich zu strategischen Unternehmensnetzwerken, eine geringere formale Bindung zwischen den Netzwerkakteuren besteht, gewinnt das Vertrauen eine entscheidende Bedeutung. Es ist grundlegende Voraussetzung für die Bereitschaft, eigenes Know how in das spezifische Kooperationsprojekt einzubringen und beeinflusst den Willen, von anderen Mitgliedern zu lernen.[240] Vertrauen bezeichnet *das* Steuerungsinstrument, durch welches bei gegenseitigen Abhängigkeiten und wechselseitigem Risiko eine Kooperation auf interorganisatorischer Ebene überhaupt erst möglich wird, indem es das Kooperationsrisiko überbrückt und eine Art Kooperationsklima schafft.[241]

Im Gegensatz zu einer traditionell-bürokratischen "Misstrauensorganisation",[242] die sich durch eine monolithische Hierarchie, tiefgestaffelte Strukturen und eine Organisation nach Funktionen auszeichnet, bilden virtuelle Unternehmen "Vertrauensorganisationen" (vgl. Abb. 38).[243]

---

[240] Vgl. BRAUN 1997, S. 239.
[241] Neben dem Vertrauen sind die beschriebenen Aufgaben der Netzwerkregulation auch bei virtuellen Netzwerken von Bedeutung. Der fokale Akteur muss ebenfalls Selektion, Allokation, Systemintegration, Positionskonfiguration, Grenzkonstitution und Evaluation von Netzwerkbeziehungen betreiben. Vgl. Kapitel 5.3.2.4, S. 169-172.
[242] Vgl. BLEICHER 1982, S. 400-404.
[243] Vgl. KRYSTEK/REDEL/REPPEGATHER 1997, S. 366 und THEUVSEN 1995, S. 171-172. Zur Vertrauensorganisation siehe auch Kapitel 3.7, S. 88-92.

Die Vorteile einer Vertrauensorganisation ergeben sich in mehrfacher Hinsicht:[244]

- **Verbesserung der Kooperation:** Vertrauen bildet die grundlegende Voraussetzung für kooperative Beziehungen zwischen Unternehmen. Einander vertrauende Partner verhalten sich nicht opportunistisch, wie es z. B. im Gefangenen-Dilemma der Fall ist. Kooperative Beziehungen können dadurch Ergebnisverbesserungen für alle betroffenen Parteien in Form sogenannter win-win-Situationen generieren.
- **Komplexitätsreduktion:** Vertrauen ermöglicht eine Reduktion von Komplexität und unsicheren Erwartungen. Wer vertraut, wird bestimmte Risiken eingehen, obwohl er die wahren Absichten seines Gegenüber nie ganz erkennen bzw. nicht unmittelbar beobachten kann. Er ist sich dieses Risikos bewusst, geht aber davon aus, dass der subjektive Nutzen der Vertrauensgewährung den potentiellen Schaden bei Vertrauensverlust übersteigt. Bestimmte Entwicklungsmöglichkeiten in der Zusammenarbeit von Kooperationspartnern werden ausgeschlossen, indem man sich auf den anderen "verlässt". Vertrauen gründet sich auf eine Mischung aus Wissen und Nichtwissen und bleibt daher für den Akteur immer ein Wagnis.
- **Motivationswirkung:** Durch die vertrauensvolle Übergabe von Verantwortung an unterschiedliche Partner wird deren Motivation gestärkt. Sie tragen ein höheres Maß an direkter Ergebnisverantwortung und können ihren Beitrag zum Erfolg der virtuellen Kooperation besser beurteilen.
- **Verbesserung der Kommunikation:** Gegenseitiges Vertrauen in virtuellen Unternehmen erhöht die Bereitschaft, wichtige Daten und zur Leistungserstellung notwendiges Wissen weiterzugeben. Die Informationsfilterung und damit einhergehende Informationsasymmetrien verringern sich tendenziell.
- **Bessere Problemlösung in Gruppen:** Aus gegenseitigem Vertrauen resultiert eine größere Offenheit beim Austausch von Ideen und innovativen Lösungen. Die virtuellen Partner investieren in die gemeinsame Suche nach alternativen Handlungsmöglichkeiten.
- **Verringerung von Kosten:** Vertrauensvolle Beziehungen tragen direkt oder indirekt zur Verringerung externer Transaktionskosten (z. B. Anbahnungs-, Vereinbarungs- und Kontrollkosten) sowie interner Transaktionskosten (z. B. Koordinationskosten) bei.

Zusammenfassend ist hervorzuheben, dass das Vertrauen der virtuellen Partner einerseits für die Entstehung virtueller Kopperationen notwendig ist und viele Vorteile aufweist. Andererseits beinhaltet Vertrauen aber auch immer eine riskante Vorleistung, verbunden mit einer nicht unerheblichen Verlustgefahr.

---

[244] Vgl. THOMMEN, 2002, S. 277; LUHMANN 2001, S 23-32; GILBERT/METTEN 2001, S. 24-40; GILBERT 1999, S. 30-34; KRYSTEK/REDEL/REPPEGATHER 1997, S. 369-373.

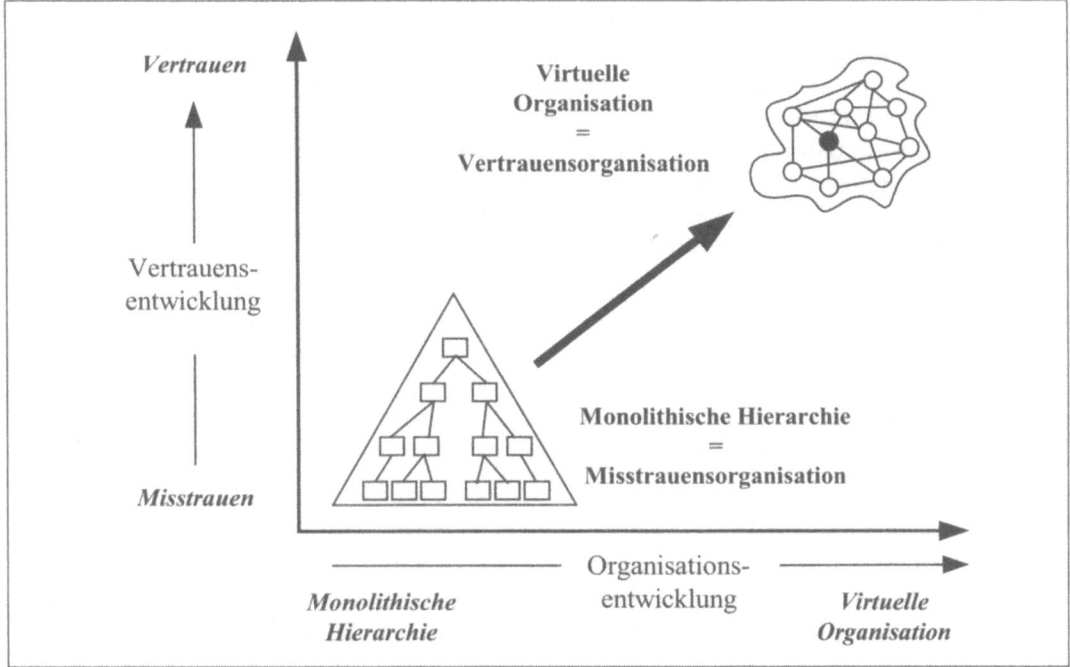

Abb. 38: Die Bedeutung von Vertrauen für die virtuelle Organisation; Quelle: KRYSTEK/REDEL/REPPEGATHER 1997, S. 366

Eine etablierte Vertrauensorganisation stellt zugleich eine lernende und flexible Organisation dar, in der sich die virtuellen Partner in hohem Maße selber organisieren. Dezentrale Einheiten sind stark vernetzt und verwirklichen eine organische und an Prozessen orientierte Organisation.[245] Man kann virtuelle Netzwerke deshalb auch als optionale Allianzen zur Koordination von Kernkompetenzen bezeichnen. Dank ihrer optimierten Wertschöpfung sind sie in der Lage, einen hohen Kundennutzen zu stiften und Marktleistungen besser, billiger, schneller und international kompetitiver anzubieten. Virtuelle Unternehmensnetzwerke lösen unternehmensinterne und -externe Grenzen auf. Für den Kunden ist häufig nicht mehr nachvollziehbar, welche Firmen im Einzelnen an der Leistungserstellung beteiligt waren.[246] Denn obwohl die erbrachten Leistungen wie "aus einer Hand" erscheinen, stellen sie in Wirklichkeit das Ergebnis eines Prozesses dar, an dem eine Vielzahl von unabhängigen virtuellen Partnern mitgewirkt hat.[247] Ein virtuelles Unternehmen besitzt daher auch keine eigene juristische Rechtsform oder gemeinsame Verwaltung.[248]

---

245 Vgl. MERTENS/FAISST 1997, S. 954-958; PICOT/NEUBURGER 1997, S. 126; RAFFEL 1997, S. 292.
246 Vgl. WÜTHRICH/PHILLIP/FRENTZ 1997, S. 95-96.
247 Vgl. KRYSTEK/REDEL/REPPEGATHER 1997, S. 4.
248 Vgl. SCHOLZ 1997, S. 365.

Internationale und interkulturelle Aspekte
Die Umfeldbedingungen international tätiger Unternehmen haben sich in den letzten Jahren dramatisch verändert. Neue strategische Herausforderungen resultieren aus einer Verkürzung der Produktlebenszyklen, steigenden Produktentwicklungskosten und der zunehmenden Globalisierung der Märkte. In diesem Spannungsfeld können insbesondere kleinere und mittlere Unternehmen, aber auch große multinationale Konzerne nur noch erfolgreich sein, wenn sie neuartige Formen der Kooperation eingehen. Leistungserstellungsprozesse werden deshalb immer weniger nach dem klassischen Prinzip sequentiell durchgeführt, sondern finden zeitgleich statt, um Entwicklungszeiten zu verkürzen und marktreife Produkte schneller zu entwickeln.[249] Alle für die Erstellung eines Produktes notwendigen internen Kompetenzen und Funktionen, aber auch die Lieferanten und andere wichtige Marktpartner müssen gleichzeitig in den Entwicklungs- und Leistungserstellungsprozess integriert werden. Das Konzept des virtuellen Unternehmens versucht, eine innovative Antwort auf diese neuen strategischen Herausforderungen zu finden.[250]

Zur Erschließung ausländischer Märkte eignen sich virtuelle Unternehmen deshalb in nahezu idealer Weise. In vielen Teilen der Welt ist eine eigene unternehmerische Betätigung aufgrund rechtlicher oder politischer Beschränkungen nicht möglich. Ein virtuelles Unternehmen überwindet diese Barrieren, denn es bildet keine eigene Rechtsform und kann durch die Nutzung der Informationstechnologie grenzüberschreitend koordiniert werden. Die virtuelle Zusammenarbeit verringert das Risiko eigener unternehmerischer Aktivitäten und erleichtert die Kooperation mit lokalen Partnern. Die Anpassung an landesspezifische Bedürfnisse von Kunden verbessert sich dank der weltweiten Präsenz auf wichtigen Schlüsselmärkten. Durch das Fehlen kapitalintensiver Investitionen in den einzelnen Gastländern sind Produktionsverlagerungen von einem Land in ein anderes leichter zu realisieren. Virtuelle Unternehmen ermöglichen außerdem die weltweite Nutzung spezieller Kompetenzzentren, indem sie den Zugang zu regionalen Netzwerken eröffnen. So können auch temporäre Kooperationen mit Universitäten oder Forschungszentren eingegangen werden, die zur Leistungserstellung bestimmter Produkte nötig sind.

Bei virtuellen Unternehmen spielt der kulturelle Faktor eine nicht zu unterschätzende Rolle. Dank der weniger intensiven Form der betrieblichen Zusammenarbeit ist die Gefahr aufeinanderprallender Unternehmenskulturen allerdings nicht so groß wie in strategischen Netzwerken. Durch die lose Koppelung sind die Geschäftspartner in virtuellen Unternehmen auf ein hohes Maß an gegenseitiger Kooperation sowie Vertrauen angewiesen, denn es fehlt an klaren organisatorischen Regelungen.

---

249 Vgl. MERTENS/FAISST 1997, S. 954-955.
250 Vgl. RAFFEL 1997, S. 290.

Der Umgang mit und die Akzeptanz von hierarchischen bzw. heterarchischen Strukturen ist laut HOFSTEDE in unterschiedlichen Kulturkreisen verschieden stark ausgeprägt. Virtuelle Unternehmen sind demnach nicht in allen Ländern problemlos realisierbar, weil die Menschen ein unterschiedlich ausgeprägtes Bedürfnis nach klarer organisatorischer Regelung und der Institutionalisierung von Hierarchien haben.[251] Vor allem in Ländern, die in HOFSTEDES Untersuchung ein hohes Maß an Machtdistanz aufweisen, stellen virtuelle Strukturen keine sinnvolle organisatorische Alternative dar. Als Beispiele seien Malaysia, Indonesien und die Türkei genannt.[252] Dagegen ist anzunehmen, dass virtuelle Unternehmen in Ländern mit einem geringen Maß an Machtdistanz auf breite Akzeptanz stoßen würden. Beispiele für solche Länder sind u. a. Österreich, Deutschland, Kanada und die USA. Menschen in diesen Ländern wünschen sich einen demokratischen Führungsstil, empfinden ein Bedürfnis nach Dezentralisierung und fühlen sich in heterarchischen Strukturen wohl.[253]

Als Musterbeispiel eines fokalen Akteurs, der ein internationales virtuelles Unternehmensnetzwerk koordiniert, gilt die Firma NINTENDO.[254] NINTENDO produziert Videospiele und war bereits in den 80er und 90er Jahren eines der erfolgreichsten Unternehmen in Japan. Das Unternehmen kreierte mit der Erfindung des GAMEBOY einen neuen Markt und dominierte diesen weit über 15 Jahre lang. Mit knapp 1.000 Mitarbeitern gelang es, einen weltweiten Marktanteil von 65 % zu realisieren, 3,2 Milliarden US $ umzusetzen und eine Umsatzrendite von 18 % zu erwirtschaften.[255] Wie war es einem so kleinen Unternehmen möglich, eine derartige Ertragskraft zu entwickeln? Die Antwort auf diese Frage liegt in der konsequenten Virtualisierung wesentlicher Wertschöpfungsschritte und der Etablierung weltweiter Kooperationsbeziehungen. NINTENDO unterhält keine konventionelle Marktforschung, keinen Kundendienst und verfügt über einen nur sehr geringen Anteil an eigenen Produktionsanlagen. Fast die gesamte Produktion wird auf Zulieferfirmen ausgelagert. Dadurch liegen die Herstellungskosten bei nur 6 % vom Umsatz. Insgesamt arbeitet NINTENDO mit mehr als 200 Partnerunternehmen zusammen, die die unterschiedlichsten Beiträge zur Wertschöpfung liefern. Aus taktischen Gründen zirkuliert der Bestand an Zulieferern in z. T. sehr kurzen Perioden. In der NINTENDO-Zentrale verbleiben nur einige Kernkompetenzen wie die Entwicklung neuer Spielideen und die Vertriebssteuerung. Der wichtigste Wettbewerbsvorteil dieses virtuellen Unternehmensnetzwerkes liegt in der Beschleunigung der Innovationszyklen. Trotz der Aufteilung des Wertschöpfungsprozesses beträgt die Entwicklungsdauer für ein neues Spiel nicht selten weniger als eine Woche. Die kürzeste Entwicklungszeit für ein neues Spiel betrug einmal sogar nur zwei Tage. NINTENDO bietet ein gutes Beispiel, wie durch virtuelle Kooperationsbeziehungen win-win-Situationen geschaffen werden können, die durch Vertrauen und gemeinsame Profitabilität aufrechterhalten werden.

---

[251] Vgl. HOFSTEDE 1997, S. 211-214.
[252] Vgl. HOFSTEDE 1993, S. 40.
[253] Vgl. HOFSTEDE 1997, S. 31-46.
[254] Vgl. zu diesem Fallbeispiel WÜTHRICH/PHILLIP/FRENTZ 1997, S. 134-144.
[255] Vgl. WÜTHRICH/PHILLIP/FRENTZ 1997, S. 135.

Grenzen virtueller Unternehmensnetzwerke

Ein gravierendes Problem virtueller Unternehmensnetzwerke liegt darin, dass der persönliche Kontakt der Menschen untereinander weitgehend verloren geht. Die Isolierung der einzelnen Netzwerkmitglieder kann zu Demotivation und weniger kreativen Lösungen führen. Die Arbeit in einem virtuellen Netzwerk setzt deshalb ein hohes Maß an Disziplin, gegenseitigem Vertrauen und Selbstbewusstsein der einzelnen Mitarbeiter voraus.[256] Die engen computergestützten Vernetzungen zwischen den Kooperationspartnern rücken das Problem des Umgangs mit vertraulichen Informationen in den Vordergrund. Es ist eine offene Frage, wie die virtuellen Partner vertrauliche Daten (z. B. FuE-Ergebnisse, Personaldaten) schützen und gegen eventuellen Missbrauch sichern können. Problematisch erscheint in diesem Kontext, dass ein Vertrauensverhältnis in kooperativen Netzwerkbeziehungen im Prinzip um so stabiler ist, je häufiger die Transaktionspartner erfolgreich zusammengearbeitet haben. Virtuelle Unternehmensnetzwerke charakterisieren sich aber gerade durch häufig wechselnde Kooperationsbeziehungen verschiedener Partner. Das notwendige Vertrauenspotential stellt deshalb eine conditio sine qua non dieser Organisationsform dar. Es kann jedoch nicht davon ausgegangen werden, dass alle potentiellen virtuellen Kooperationspartner das in sie gesetzte Vertrauen auch erfüllen. Es wird immer wieder Personen und Unternehmen geben, die eine virtuelle Kooperation abbrechen oder zur Disposition stellen, weil sie ihre Erwartungen nicht erfüllt und sich von den Netzwerkpartnern übervorteilt sehen. Misstrauen führt in der betrieblichen Praxis zu rigiden Kontrollmechanismen, die dem Prinzip der Vertrauensorganisation zuwider laufen. Kontrollmaßnahmen sollen dazu beitragen, Fehler zu verhindern, Täuschungen aus dem Weg zu gehen, Risiken zu senken und persönliche Enttäuschungen zu vermeiden.

Auf interkultureller Ebene manifestiert sich Misstrauen in der von HOFSTEDE untersuchten Dimension der Unsicherheitsvermeidung.[257] Danach besteht in Ländern mit einer starken Ausprägung von Unsicherheitsvermeidung die Tendenz, explizite Kontrollmechanismen einzusetzen und (Vertrauens-)Risiken nicht zu akzeptieren. Außerdem erscheinen grundlegende Merkmale virtueller Unternehmen wie uneindeutige Situationen und nichthierarchische Strukturen problematisch für die Menschen. Als Beispiele werden hier Japan, Frankreich und Belgien genannt.[258] Die Umsetzung virtueller Unternehmensstrukturen ist in solchen Ländern zumindest als problematisch zu beurteilen.

Daraus folgt: Die ökonomische Vorteilhaftigkeit eines virtuellen Netzwerks muss sowohl aufgrund der direkten Kosten und Leistungen der Wertschöpfungsaktivitäten als auch anhand der anfallenden Transaktionskosten (z. B. Suchkosten zur Lokalisierung neuer virtueller Kooperationspartner und Mittel für vertrauensbildende Maßnahmen) beurteilt werden. Längerfristige Kooperationsbeziehungen würden die Erfolgswahrschein-

---

256 Vgl. BRAUN 1997, S. 239.
257 Vgl. HOFSTEDE 1993, S. 129-133.
258 Vgl. HOFSTEDE 1997, S. 168-171; HOFSTEDE 1993, S. 133.

lichkeit einer virtuellen Zusammenarbeit erhöhen und den Aufbau von Vertrauen ermöglichen.[259]

Ein weiteres Problem virtueller Unternehmensnetzwerke stellt die Haftung dar. Streng genommen besitzen diese keine eigene Rechtsform und können allenfalls in Form einer Gesellschaft des bürgerlichen Rechts (GbR) oder Partnerschaft geführt werden.[260] Offen bleibt hier die Verantwortlichkeit für Managementfehler oder für die Erstattung von Schadensersatz. Im Sinne des BGB trüge jeder Gesellschafter eines virtuellen Unternehmens als Gesamtschuldner Verantwortung. Dass alle Gesellschafter mit ihrem gesamten Privatvermögen für Ansprüche an das virtuelle Unternehmensnetzwerk gerade stehen müssten, dürfte die Bereitschaft zur Teilnahme an einem virtuellen Unternehmen eher verringern.[261] Derartige Haftungsfragen sind jedoch für mögliche Kunden von großer Bedeutung. Im internationalen Kontext verschärft sich dieses Problem noch zusätzlich, da es keine einheitliche supranationale Rahmenordnung gibt. Ohne eine genaue Klärung der rechtlichen Rahmenbedingungen wird es allerdings nicht einfach sein, Kunden von der Seriosität eines virtuellen Unternehmens zu überzeugen. In der Praxis wird es im Allgemeinen der fokale Akteur sein, der als Vertreter des Netzwerks nach außen in Erscheinung tritt und die Haftung übernimmt.

Problematisch in virtuellen Netzen erscheint schließlich auch die Entscheidung über die Gewinnverwendung. Diese ist nicht eindeutig rechtlich geregelt und darum zum Gegenstand vertraglicher oder vertrauensbasierter Vereinbarungen zu machen.[262]

Virtuelle Unternehmen setzen sich über raum-zeitliche, fachliche und technische Grenzen hinweg. Diese Leistungsfähigkeit unterliegt allerdings Beschränkungen. Zunächst sind dies die Grenzen der technischen Infrastruktur. Technische Probleme bei der Datenübertragung und Inkompatibilitäten von Softwareprogrammen können die Zusammenarbeit zwischen Partnern erheblich behindern.[263]

Auf internationaler Ebene kommen in dieser Hinsicht noch weitere Probleme hinzu, wenn virtuelle Netzwerke durch ihre grenzüberschreitende Datenübertragung mit nationalen Datenschutzgesetzen in Konflikt geraten.[264] Zudem hat bisher nur eine Minderheit der Weltbevölkerung Zugang zu den technischen Errungenschaften unserer Informationsgesellschaft.[265]

---

[259] Vgl. GILBERT 1999, S. 32-34.
[260] Vgl. MERTENS/FAISST 1997, S. 966; SCHOLZ 1994, S. 2932.
[261] Vgl. SCHOLZ 1997, S. 368-369.
[262] Vgl. SCHOLZ 1997, S. 369.
[263] Vgl. PICOT/NEUBURGER 1997, S. 135-136.
[264] Vgl. MERTENS/FAISST 1997, S. 966.
[265] Vgl. WÜTHRICH/PHILLIP/FRENTZ 1997, S. 19. 1996 waren es erst 2 %.

Weitere Schwierigkeiten im Hinblick auf die Leistungsfähigkeit virtueller Unternehmensnetzwerke sind durch Merkmale des menschlichen Verhaltens bedingt. Informationsdefizite und opportunistisches Verhalten können beispielsweise zu einem Scheitern der virtuellen Zusammenarbeit führen.[266] Kooperationen in virtuellen Unternehmen können auch am sog. "not invented here-Syndrom" scheitern, wenn es dem fokalen Akteur nicht gelingt, Akzeptanz für fremde Ideen zu schaffen. Menschen hegen außerdem häufig Vorbehalte gegen die Auflösung von Strukturen, die ihnen ein gewisses Maß an Stabilität und Sicherheit garantieren. Solche Virtualisierungsbarrieren lassen sich nur durch eine proaktive Kommunikation des Virtualisierungsbedarfs und eine frühzeitige Auseinandersetzung mit den mentalen Widerständen der Betroffenen überwinden.[267]

5.3.3 Implikationen aus der Organisationsökonomik und der Internationalisierungstheorie[268]

Organisationsökonomik

Lange Zeit galten die Koordinationsformen Markt und Hierarchie als die einzigen Optionen einer Koordination. Diese Sichtweise wurde schließlich auch von WILLIAMSON selbst revidiert.[269] Die Markt-Hierarchie-Dichotomie erfasst nicht vollständig die ökonomische Wirklichkeit. Dennoch divergieren die Auffassungen darüber, in welchem Verhältnis Netzwerke zu Markt und Hierarchie stehen.[270] Die umfangreiche Debatte über die Stellung des Netzwerks in Bezug auf Markt und Hierarchie soll an dieser Stelle nicht wiedergegeben werden.[271] Die in der Literatur zumeist präferierte Position wird als *intermediär* bezeichnet. Diesem Verständnis entsprechend bilden Markt und Hierarchie Endpunkte eines breiten Spektrums sozioökonomischer Institutionen. Netzwerke werden gemäß dem von COASE geprägten Markt-Hierarchie-Paradigma als eine hybride Koordinationsform *zwischen* Markt und Hierarchie betrachtet.[272] Nach SYDOW benutzen unterschiedliche Institutionen ähnliche Koordinationsinstrumente, jedoch in anderer Ausprägung und Kombination.[273] Aus der Sicht der Organisationsökonomik vereinigen

---

[266] Vgl. PICOT/NEUBURGER 1997, S. 136.
[267] Vgl. SCHOLZ 1997, S. 397-398.
[268] An dieser Stelle liegt der Schwerpunkt der Betrachtung auf der Analyse der Zusammenhänge *externer* Netzwerke und der Organisationsökonomik sowie der Internationalisierungstheorie. *Interne* Netzwerkstrukturen (transnationale Unternehmen) bleiben hier unberücksichtigt.
[269] WILLIAMSON formuliert pointiert, „*[that he is] 'now persuaded that transactions in the middle range are much more common' [then he previously recognized]*." WILLIAMSON 1985, S. 83.
[270] Vgl. RENZ 1998, S. 9.
[271] Eine ausführliche Diskussion findet sich bei RENZ 1998.
[272] Vgl. COASE 1937, S. 386-405.
[273] Vgl. SYDOW 1992, S. 100.

Netzwerke Merkmale hierarchischer *und* marktlicher Transaktionslösungen. Sie weisen somit unterschiedliche Bindungsintensitäten auf.[274]

Die Netzwerkorganisation verknüpft die Koordination über den Markt und die Hierarchie auf intelligente Art und Weise miteinander. Der Grad der wirtschaftlichen Eigenständigkeit der Netzwerkpartner wird durch die vielfältigen Netzwerkbeziehungen zwar teilweise eingeschränkt, die rechtliche Selbständigkeit der einzelnen Partner bleibt aber in der Regel unberührt.[275] Die einzelnen Netzwerkunternehmen behalten ihre Eigenständigkeit bei und können im Prinzip ihre Transaktionspartner selber wählen.[276] Abbildung 39 verdeutlicht den beschriebenen Zusammenhang am Beispiel strategischer Netzwerke. Es wird verständlich, dass Unternehmensnetzwerke eine Organisationsform darstellen, die *zwischen* Markt und Hierarchie anzusiedeln ist.

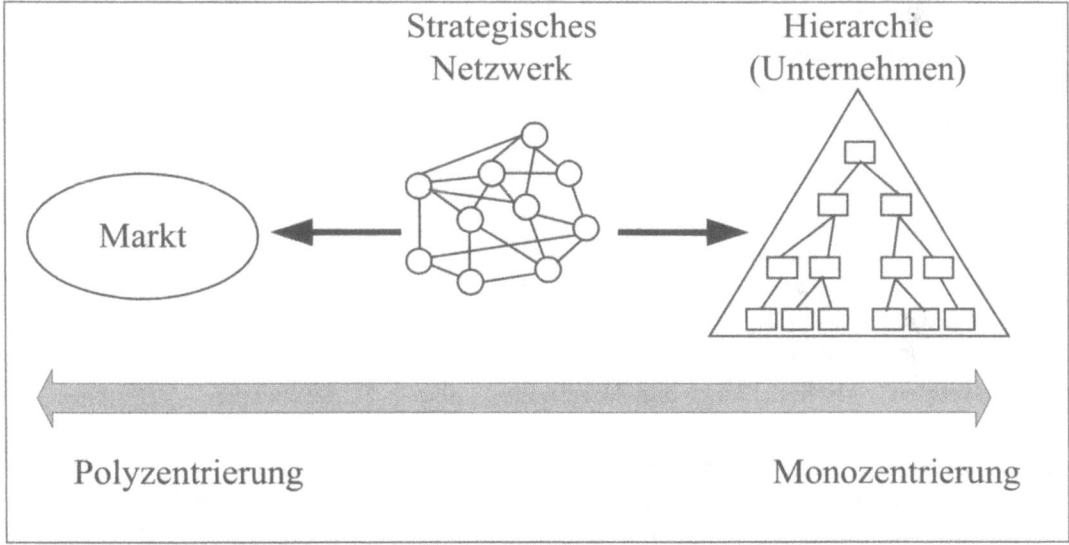

Abb. 39: Intermediäre Position strategischer Netzwerke zwischen Markt und Hierarchie; Quelle: KRYSTEK/REDEL/REPPEGATHER 1997, S. 203

Transaktionskostentheoretisch können aus den Beziehungen zwischen den Netzwerkpartnern Kostenvorteile im Vergleich zu einem vertikal integrierten Unternehmen (Hierarchie) entstehen. Im Netzwerk sind beispielsweise Kontrollkosten einzusparen, die im Unternehmen sonst anfallen. Außerdem ist eine Kooperationsentscheidung im Prinzip reversibel. Ein dezentral organisiertes System wie ein Netzwerk weist ferner eine grö-

---

[274] Vgl. GIGER 2000, S. 191.
[275] Vgl. SYDOW 1995, S. 630.
[276] Vgl. PICOT/DIETL/FRANCK 1997, 150.

ßere Umweltsensibilität als eine Hierarchie auf. Damit verbindet sich eine verbesserte Anpassungsfähigkeit an die Umwelt, die transaktionskostensenkend wirkt.[277]

Gegenüber einer marktlichen Lösung entstehen in Netzwerken, aufgrund der kooperativen Abstimmung der Partner, geringere Transaktionskosten bei der Suche und Auswahl von Lieferanten und Abnehmern. Ferner ergeben sich Kosteneinsparungen bei der Anbahnung, Aushandlung und Kontrolle von Verträgen, weil die Beziehungen der Netzwerkpartner durch ein hohes Maß an Vertrauen und dichte Informationsströme gekennzeichnet sind.[278] Da sich Vertrauen nur langsam entwickelt, stellen sich die Transaktionskostenvorteile des vertrauensgestützten Kooperationsverhaltens allerdings erst langfristig ein. Institutionenökonomisch lassen sich der riskante Vertrauensvorschuss und der langwierige Vertrauensaufbau in Netzwerken als transaktionsspezifische Investitionen interpretieren, die bei Misserfolg der Kooperation bzw. bei Missbrauch des Vertrauens als sunk costs unwiederbringlich verloren sind.

Auch wenn die anfallenden Anbahnungs-, Vereinbarungs-, Kontroll- und Anpassungskosten nicht eindeutig prognostizierbar sind, lassen sich aus institutionenöknomischer Perspektive folgende Schlussfolgerungen im Hinblick auf die Wahl der Koordinationsform ziehen: Ist die Komplexität und Unsicherheit der Transaktion besonders hoch, die Zahl der verfügbaren Transaktionspartner besonders klein und müssen zudem noch hohe transaktionsspezifische Investitionen getätigt werden, kommt es zum sog. *Marktversagen,* welches die interne Leistungserstellung (Hierarchie) begünstigt. Treffen die genannten Bedingungen aber nicht in dem beschriebenen Maße zu, dann ist der Abwicklung der Transaktion über den Markt der Vorzug zu geben (*Hierarchieversagen*). Handelt es sich schließlich um Transaktionen mit mittlerer Spezifität, so bieten Organisationsformen zwischen Markt und Hierarchie – also z. B. Netzwerke – Effizienzvorteile.

Hervorzuheben ist, dass die Netzwerkpartner sich nicht nur aufgrund von Externalisierungsvorteilen für die Netzwerklösung entscheiden. Vielmehr wird eine vollständige hierarchische Strukturlösung (z. B. Akquisition) oftmals von vornherein nicht in Betracht gezogen, weil man sich von Netzwerklösungen auf lange Sicht mehr organisatorische Flexibilität verspricht. In netzwerkartigen Strukturen kann der Transfer von wettbewerbsrelevantem Know how (z. B. in Form spezifischer Forschungs- und Entwicklungskenntnisse) besser bewältigt werden als über rein marktliche Transaktionen. Die Kontrolle der Wissensnutzung fällt bei assoziierten Netzwerkpartnern leichter als diejenige über den Markt. Sie ist mit einer größeren Sicherheit möglich und bewirkt auch die schnellere Abwicklung von Innovationen.[279]

Den Transaktionsvorteilen stehen jedoch konkrete Transaktionskostennachteile gegenüber. In der Aufbauphase des Netzwerkes fallen beispielsweise Anbahnungskosten der Kooperation an, die durch die Beschaffung von Informationen über potentielle Kopera-

---

277 Vgl. GIGER 2000, S. 194.
278 Vgl. SYDOW 1992, S. 141.
279 Vgl. SYDOW 1992, S. 141.

tionspartner und deren offene und verdeckte Ziele bestimmt sind. Weitere Kosten entstehen während der laufenden Koordination des Netzwerkes.[280] Mit wachsender Dauer und Zahl der Kooperationsbeziehungen ist davon auszugehen, dass Konflikte mit den Partnerunternehmen zunehmen. Beispielsweise wird die Autorität des fokalen Unternehmens von einzelnen Netzwerkunternehmen mehr und mehr in Frage gestellt, da diese im Laufe der Zeit Know how-Zuwächse verzeichnen. Schließlich entstehen beim Scheitern eines Netzwerkarrangements für jene Partnerunternehmen hohe sunk costs, die spezifische Sach- und Humankapitalinvestitionen getätigt haben.[281]

Betrachtet man Unternehmensnetzwerke aus der Sicht der **Principal-Agent-Theorie,** so sind der fokale Akteur als Prinzipal und die peripheren Akteure als Agenten zu interpretieren. Der Prinzipal gewinnt eine Vielzahl von zusätzlichen Optionen, um seine hierarchische Organisationsform mit marktlichen Elementen anzureichern.[282] Risikoscheue Prinzipale werden vermutlich eher dazu neigen, bestimmte Funktionen zu externalisieren, um eine Teilung des unternehmerischen Risikos zu erzielen. In der Praxis resultieren aus diesem Bestreben Kooperationen zwischen verschiedenen High Tech-Unternehmen im Forschungs- und Entwicklungsbereich.[283] Als problematisch erweisen sich die in strategischen Netzwerken vorhandenen Informationsasymmetrien zwischen Prinzipalen und Agenten. Das fokale Unternehmen besitzt nur eine begrenzte Kenntnis über mögliche Handlungsalternativen und tatsächliche Leistungen der Agenten. Diese werden darum ihre Kooperationsbeiträge eventuell reduzieren, um ihre Kosten zu senken und persönliche Interessen zu verfolgen. Zur Begrenzung des Kooperationsrisikos bedarf es in strategischen Netzwerken eines ausgereiften Anreiz- und Sanktionsinstrumentariums.

Die Besonderheit virtueller Unternehmensnetzwerke besteht darin, dass die Beziehungen der Partner untereinander oft quasi hierarchiefrei sind. Strenggenommen handelt es sich also nicht um Principal-Agent-Beziehungen, sondern um Agency-Beziehungen im weiteren Sinne. Die Steuerung der virtuellen Partner erfolgt vor allem durch Vertrauen. Gegenseitiges Vertrauen trägt dazu bei, die Agency-Kosten erheblich zu senken. Vertrauen reduziert "Reibungsverluste" zwischen Prinzipalen und Agenten und erhöht die ökonomische Effizienz ihrer Zusammenarbeit. Problematisch erscheint demgegenüber die asymmetrische Informationsverteilung zwischen den virtuellen Partnern. Die gemeinsame Leistungserstellung macht es schwierig, die individuellen Beiträge der einzelnen Partner zu messen, und es kann zu Konflikten über die Verteilung der Ergebnisse kommen. Opportunistisches Verhalten einzelner Mitglieder des Netzwerks ist dann nicht mehr auszuschließen.

---

280 Vgl. KRYSTEK/REDEL/REPPEGATHER 1997, S. 237.
281 Vgl. KRYSTEK/REDEL/REPPEGATHER 1997, S. 238.
282 Vgl. SYDOW 1992, S. 172.
283 Vgl. KRYSTEK/REDEL/REPPEGATHER 1997, S. 221.

Unter dem Blickwinkel der **Property-Rights-Theorie** werden Kooperationsverträge immer unvollständig bleiben (müssen), um Vertragskosten zu reduzieren und der nicht prognostizierbaren zukünftigen Entwicklung Rechnung zu tragen.[284] Oftmals wird man sogar nur mündliche Vereinbarungen über die Zusammenarbeit im Netzwerk treffen. Unvollständige vertragliche Beziehungen erleichtern notwendige Anpassungen von Netzwerkstrukturen und -strategien an marktliche Veränderungen. Im Gegensatz zu einer hierarchischen Lösung im Unternehmen bieten Netzwerke den beteiligten Partnern die Möglichkeit zum Austritt, und erzeugen damit ein permanentes Sanktionspotential.[285] Die Androhung, einen Partner vom Netzwerk auszuschließen, bietet sich vor allem dann an, wenn Vertragsbeziehungen opportunistisch ausgenutzt werden. Gleichzeitig besteht in strategischen Netzwerken auch stets die Option, neue Mitglieder aufzunehmen und eine Coopetition anzuregen. Kein Partner kann sich deshalb auf Dauer opportunistisch verhalten, ohne mit Sanktionen rechnen zu müssen. Daraus resultiert eine quasi-institutionalisierte Sicherstellung marktlicher Effizienz im gesamten Netzwerkverbund.

Zusammenfassend ist festzuhalten, dass in Unternehmensnetzwerken der Nutzen der einzelnen Kooperationspartner durchaus gesteigert werden kann. Es kommt tendenziell zu einer Reduzierung der Transaktionskosten im Rahmen der Informations-, Verhandlungs- und Vertragskosten. Allerdings besteht permanent die Gefahr des sog. "Shirkings" (Drückebergerei bei der Leistungserstellung), die nur schwer kalkulierbar ist.

Internationalisierungstheorie
Im Unterschied zu Holdingstrukturen kommt es in interorganisatorischen Netzwerken nur selten zu internationalen Kapitalbewegungen in Form einer Direktinvestition. Es ist ja gerade ein konstitutives Merkmal von Netzwerken, dass sie nicht auf Kapitalbeteiligungen basieren, allenfalls kommt es zu Minderheitsbeteiligungen. Die **Theorie des monopolistischen Vorteils** lässt sich deshalb nur in Ansätzen auf Organisationsprobleme in Netzwerken anwenden. Netzwerke bilden unter Berücksichtigung des Kontrollmotivs nicht in jedem Fall die geeignete Option zur Internationalisierung. Strebt ein international tätiges Unternehmen die vollständige Abschöpfung von Renten aus unternehmensspezifischen Vorteilen an, ist dies in Netzwerken nicht immer gewährleistet. Gefährdet sind vor allem Wettbewerbsvorteile, die auf imitierbarem Know how beruhen, da ungeschütztes Wissen den Charakter eines quasi öffentlichen Guts hat und leicht an Netzwerkpartner abfließen kann.

Aus der Sicht des **Produktlebenszykluskonzeptes** lassen sich kaum eindeutige Aussagen zur Gestaltung von Netzwerkstrukturen ableiten.[286] Lediglich die im Lebenszyklusmodell beschriebenen Phasen der oligopolistischen Entwicklungssequenz erlauben Rückschlüsse auf das Internationalisierungsverhalten von Unternehmen. Viele Industrie- und Dienstleistungsbereiche haben sich in den letzten Jahren zu reifen Oligopolen ent-

---

284 Vgl. KRYSTEK/REDEL/REPPEGATHER 1997, S. 204.
285 Vgl. SIEBERT 1991, S. 295.
286 Vgl. SCHMIDT-BUCHHOLZ/SCHMID/KUTSCHKER 2001.

wickelt, in deren Rahmen Kooperationen mit grenzüberschreitenden Kreuzinvestitionen stattfinden. Zahlreiche strategische Netzwerke weisen bereits solche Merkmale auf.

Die **Theorie des oligopolistischen Verhaltens** findet sich im Netzwerkkontext bestätigt. Als Beispiel wurde hier auf die Kooperation der DEUTSCHEN LUFTHANSA AG im Rahmen der STAR ALLIANCE hingewiesen. Das internationale Kooperationsengagement der LUFTHANSA und ihrer Partner kann eindeutig als Ausdruck eines oligopolistischen Parallelverhaltens interpretiert werden. Zur langfristigen Sicherung von Wettbewerbsvorteilen auf internationaler Ebene und zur Vermeidung ruinöser Konkurrenz folgt die LUFTHANSA dem weltweiten Trend zur Bildung strategischer Allianzen in der Luftverkehrsbranche. In Zukunft ist zu erwarten, dass der Wettbewerb zwischen den einzelnen Luftverkehrsunternehmen weiter zurückgeht und sich immer stärker in Richtung einer Konkurrenz von wenigen (strategischen) Netzwerken entwickeln wird.

Auch aus der **Internalisierungstheorie** heraus sind nur wenig substantielle Schlüsse im Hinblick auf die Entwicklung von Unternehmensnetzwerken möglich. Die Voraussetzung für eine Internalisierung setzt klare Unternehmensgrenzen voraus, die bei Unternehmensnetzwerken nicht gegeben sind. Während Kapitalbeteiligungen in strategischen Netzwerken noch häufig vorkommen (z. B. Joint Venture), verzichten virtuelle Unternehmen vollständig auf Direktinvestitionen.

Aus der Perspektive des **Eklektischen Paradigmas** sind ebenfalls kaum weitere Erkenntnisse für die Netzwerkdiskussion abzuleiten. Da es sich bei dem Konzept von DUNNING um eine Zusammenfassung der Internationalisierungstheorien handelt, sei auf die o. g. Schlussfolgerungen verwiesen.

5.4 Zum Verhältnis von Netzwerken und Holding-Konzernen

Nach Betrachtung der unterschiedlichen Strukturoptionen für internationale Unternehmen wollen wir abschließend untersuchen, in welchem Verhältnis Holdingstrukturen internationaler Unternehmen und Netzwerkstrukturen zueinander stehen. Beide Konzepte haben zwar unmittelbar miteinander zu tun, sind aber dennoch voneinander verschieden. Die genauere Unterscheidung beider Strukturtypen setzt zunächst voraus, dass eine *Grenze* angegeben werden kann, die ein Unternehmen bzw. einen Konzern von einem Unternehmensnetzwerk unterscheidet.

Die Grenze eines Konzerns definiert sich durch das Vorliegen eines Beherrschungsvertrags und sonstiger (gesellschaftsrechtlicher) Verträge zwischen den Unternehmen, die dem Konzern angehören und von der Holding geführt werden. Zwischen Netzwerkpartnern bestehen dagegen keine Beherrschungsverträge, sondern Kooperationsverträge sowie schuldrechtliche Verträge über Lieferungen und Leistungen. Infolge dessen gilt ein Unternehmensnetzwerk aus juristischer Perspektive auch nicht als Konzern, denn Konzerne lassen sich eindeutig durch die *einheitliche Leitung* bestimmen.[287] Diese geht von der Holdingmutter aus, sie beruht auf Beherrschungsverträgen und ermöglicht die hierarchische Durchsetzungsmöglichkeit von Entscheidungen in einem Konzern. Präziser gefasst, besteht für die Holdingmutter sogar die Pflicht zur Konzernleitung. Die rechtsverbindlichen Weisungen dürfen von den Tochtergesellschaften nur im Ausnahmefall zurückgewiesen werden.[288]

Zwar werden auch Unternehmensnetzwerke von fokalen Akteuren geleitet bzw. *strategisch geführt*. Im Vergleich zum Konzern ist die Leitungsfunktion allerdings eingeschränkt, denn der fokale Akteur hat allenfalls hierarchie-ähnliche Optionen, Entscheidungen durchzusetzen. Von einer einheitlichen Leitung kann im Netzwerk auch deshalb nicht die Rede sein, weil die Netzwerkführung nicht gesellschaftsrechtlich gestützt wird. Dies ist selbst in engen Just In Time-Zulieferbeziehungen und den damit oftmals verbundenen wirtschaftlichen Abhängigkeiten nicht der Fall. Zudem beschränken sich Aktivitäten in Netzwerken typischerweise nur auf einige wenige Unternehmensfunktionen oder Wertschöpfungsbereiche. Konzerne sind dagegen letztlich als *eine* Unternehmung aufzufassen. Die einheitliche Leitung kann bzw. muss alle Unternehmensaktivitäten der Tochtergesellschaften umfassen.[289]

---

[287] Vgl. SYDOW 2001, S. 283-285.

[288] Ausnahmen liegen dann vor, wenn die Anweisungen der Konzernmutter offensichtlich nicht aus dem Interesse des Konzerns begründet sind. Die Tochtergesellschaften haben in diesem Falle nicht nur die Rechtmäßigkeit, sondern auch die Zweckmäßigkeit von Weisungen der Mutter zu überprüfen. Vgl. dazu HUNGENBERG 1995, S. 133-137.

[289] Vgl. SYDOW 2001, S. 275-287.

In der rechtlichen Struktur eines Konzerns spiegelt sich auch deutlich das Beteiligungsinteresse der Holding wider (zumeist geht es um Mehrheitsbeteiligungen), welches ein Hauptmotiv der Konzernbildung darstellt. Damit verbunden ist die vollständige Einschränkung der autonomen Exit-Option für Tochtergesellschaften. Diese können einen Konzern nicht verlassen, wenn sie dies wünschen, weil sie durch Beherrschungsverträge gebunden und dadurch von der Muttergesellschaft abhängig sind. In Netzwerken existieren dagegen allenfalls Minderheitsbeteiligungen zwischen den Kooperationspartnern. Sie begründen aber im Regelfall kein Abhängigkeitsverhältnis im Sinne des § 17 AktG.[290] Zudem stehen in Netzwerken auch nicht Beteiligungsinteressen, sondern strategische Kalküle im Mittelpunkt ökonomischer Überlegungen. Die Akteure verfolgen andere Ziele (z. B. Generierung von Synergiepotentialen, gemeinsame Produktentwicklung). Aus dem Kooperationsstatus von Netzwerken folgt, dass den Akteuren immer eine (aus strategischen Gründen eventuell eingeschränkte) Exit-Option offen steht.

Die folgende Tabelle fasst die Unterschiede zwischen (Holding)-Konzernen und Netzwerken vereinfachend zusammen.

Merkmale von (Holding-)Konzernen	Merkmale von Netzwerken
einheitliche Leitung des Konzerns nach AktG	strategische Führung durch fokale Akteure
gesetzliche Pflicht zur Konzernleitung	keine gesetzliche Pflicht zur Steuerung eines Netzwerks
hierarchische Durchsetzungsmöglichkeiten von Entscheidungen (kraft Gesetz)	allenfalls hierarchie-ähnliche Durchsetzungsmöglichkeiten von Entscheidungen
Beteiligungsinteresse, häufig Mehrheitsbeteiligungen	meist kein Beteiligungsinteresse, allenfalls Minderheitsbeteiligungen
keine autonome Exit-Option für Tochtergesellschaften	eingeschränkte Exit-Option für Netzwerkpartner
Einbeziehen aller Unternehmensaktivitäten unter einheitliche Leitung	Einbeziehung einzelner Unternehmensaktivitäten in das Netzwerk
Hierarchie-interner, allenfalls marktähnlicher Wettbewerb im Konzern	regulierter Marktwettbewerb im Netzwerk bzw. Coopetition

Tab. 12: Unterschiede zwischen (Holding-)Konzernen und Netzwerken; Quelle: Eigene Darstellung in Anlehnung an SYDOW 2001, S. 284.

---

[290] Vgl. SYDOW 2001, S. 287.

Eine enge Beziehung zwischen Holding und Netzwerk besteht vor allem deshalb, weil viele Unternehmen, die in Netzwerken auf *strategischer* Ebene zusammenarbeiten, aus *rechtlicher Sicht* in Form von Holdingorganisationen strukturiert sind und somit Konzernen angehören. Dabei ist es sicherlich nicht die Ausnahme, sondern eher die Regel, dass in einem Netzwerk eine Vielzahl von Partnern kooperieren, die unterschiedlichen Konzernen angehören. Dies liegt vor allem daran, dass in den letzten Jahren eine Vielzahl von Unternehmensdivisionen rechtlich verselbständigt wurden und dadurch die Anzahl der Konzerne zunahm. Die rechtliche Verselbständigung von Unternehmen wird sogar explizit damit begründet, dass einzelne Tochtergesellschaften kooperationsfähiger seien als unselbständige strategische Geschäftseinheiten.[291]

Zusammenfassend bleibt festzuhalten, dass ein Konzern aus betriebswirtschaftlicher Sicht *ein* Unternehmen darstellt und kein Netzwerk von Unternehmen. Zwar könnte ein Konzern wie ein Unternehmensnetzwerk – insbesondere wie ein strategisches Netzwerk – geführt werden. In der Praxis ist dies aber kaum zu erwarten, da ein wesentlicher Zweck der Konzernbildung ja gerade in der einheitlichen Leitung liegt. Entscheidungen werden zwar auch in Konzernen dezentralisiert. Die Dezentralisierung geht aber nicht soweit, dass den Töchtern gewährte Entscheidungsspielräume durch die Mutter nicht mehr zurückgenommen werden könnten. Dies ist in Netzwerken aber gerade nicht der Fall. Der fokale Akteur steuert ein dezentrales Netzwerk. Entscheidungsspielräume peripherer Akteure kann er nur durch entsprechend begründete Verhandlungen wieder einschränken.

---

[291] Vgl. BÜHNER 1987, S. 40-49.

6. Die Implementierung einer Reorganisation in international tätigen Unternehmen

6.1 Ausgangspunkt des Implementierungsprozesses

Implementierungsprozesse beanspruchen einen gewissen Zeitraum, sie verursachen nicht unerhebliche Kosten und sie bedingen ein hohes Maß an Professionalität. Eine noch so „moderne" Organisationsform kann scheitern, wenn sie nicht sorgfältig vorbereitet und durchgeführt wird. In zeitlicher Hinsicht geht es darum, den zweckmäßigen Termin für die Einführung und Dauer der Restrukturierungsprozesse festzulegen, und zwar in Abhängigkeit von den zur Verfügung stehenden Kapazitäten der beteiligten Entscheidungsträger. Für die Zeitpunktbestimmung sind vor allem strategische Gesichtspunkte maßgeblich, z. B. die Frage, ob das Unternehmen mit der Reorganisation einen Vorsprung vor den Konkurrenten erreichen kann. Die Länge des Substitutionsprozesses wird zu einer wichtigen Determinante der Implementierungskosten. Art und Umfang der Reorganisationskosten werden durch die notwendige Abstimmung mit allen beteiligten und betroffenen Stellen bestimmt. Die Transaktionskosten steigen tendenziell an, wenn die Weiterentwicklung der bestehenden Organisationsstruktur einen hohen Neuheitsgrad besitzt und tief in das vorhandene Unternehmensgefüge eingreift. Je umfassender das „realignment" ist, desto mehr nehmen auch die offenen und latenten Widerstände auf allen Entscheidungsebenen zu. Deren Überwindung setzt ein hohes Maß an Professionalität der Organisationsexperten voraus.

Umfang und Eindringtiefe der Reorganisation hängen von dem Fit zwischen der Unternehmensorganisation und den Umweltbedingungen ab. Dabei lassen sich vier Situationen unterscheiden:[1]

1. **Harmonie und Kontinuität der Implementierung.** Bei einer vorhersehbaren Zukunft in Form einer evolutionären Weiterentwicklung des gegenwärtigen Status kann sich das Unternehmen inkremental anpassen.

2. **Vorübergehende Störung des Gleichgewichts zwischen den gegenwärtigen und zukünftigen Umweltbedingungen.** Auf eine solche Diskontinuität kann sich das Unternehmen dank eines vorhandenen Flexibilitätsgrades einstellen.

---

[1] Vgl. ALLAIRE/FIRSIROTU 1985, S. 19-24.

3. **Reorientierung und Transformation.** Die im zweiten Fall bestehende Diskontinuität kann zu einem erheblichen „misfit" zwischen dem Zukunftsbild und der Organisation führen und eine zumindest partielle Umstrukturierung auslösen. Dies war u. a. der Fall bei GENERAL ELECTRIC, PHILIP MORRIS, SINGER und PILLSBURY.

4. **Turnaround und Revitalisierung.** Die Unternehmensorganisation ist weder auf die gegenwärtigen Umweltbedingungen eingestellt noch der zukünftigen Entwicklung gegenüber gewappnet. In diesem Fall stellt eine vollständige Neuorientierung der Organisation die einzige Möglichkeit des Überlebens dar. Als Beispiele dafür werden u. a. CONTINENTAL CORPORATION, CORNING GLASS, GOODYEAR, J. C. PENNEY und WESTINGHOUSE angeführt.

Die vollständige Umorientierung eines internationalen Unternehmens im Sinne eines „corporate renewal" bedingt umfassendere und tiefgreifendere Implementierungsaktivitäten als die kontinuierliche Anpassung der bestehenden organisatorischen Regelungen. Die Wiederbelebung des Unternehmens durch einen grundlegenden organisatorischen Wandel stellt jedoch häufig die entscheidende Voraussetzung für ein langfristiges Überleben unter internationalen Wettbewerbsbedingungen dar. Sie bedingt eine Implementierungsstrategie, die dem nachstehenden „kritischen Pfad" folgt:[2]

1. Mobilisierung der Veränderungsenergie bei allen Beteiligten durch eine gemeinsame Diagnose der Änderungsnotwendigkeit.

2. Entwurf einer aufgabenbezogenen Vision des Änderungsprozesses.

3. Erreichen eines Konsenses über die Notwendigkeit der Implementierung zum gegenwärtigen Zeitpunkt.

4. Überzeugung aller Bereiche des Unternehmens, dass die Reorganisation nicht vom Top-Management anzuordnen ist, sondern gemeinschaftlich bewältigt werden muss.

5. Konsolidierung der Veränderung durch Institutionalisierung neuer Systeme und Strukturen.

6. Kontinuierliche Überwachung und strategische Begleitung des Revitalisierungsprozesses.

Die Implementierung wird hier als ein Prozess verstanden, der zusammengefasst folgende Elemente beinhaltet: die Formulierung einer Strategie für den organisatorischen Wandel aufgrund einer umfassenden Diagnose des Status quo und einer realistischen Vision des angestrebten Zustandes, die Durchsetzung der Reorganisation als gemeinsam zu bewältigende Aufgabe des gesamten Managements und dessen permanente, interaktive Kontrolle.

---

[2] Belegt wird dieser Ablauf durch empirische Untersuchungen in den USA. Siehe dazu im einzelnen BEER/EISENSTAT/SPECTOR 1990, S. 67-109.

6.2 Die Durchsetzung einer Reorganisation als Führungsaufgabe

Das Gelingen des Reorganisationsprozesses hängt wesentlich von der fachlichen und sozialen Kompetenz sowie dem persönlichen Commitment der Führungskräfte ab. Die Manager müssen die Fähigkeit und Bereitschaft besitzen, sowohl eine evolutorische Entwicklung als auch eine tiefgreifende Umstrukturierung in pragmatischer Weise voranzutreiben.[3] Nach KIRSCH gehört dazu die Bereitschaft, selbstkritisch die eigenen Visionen zu verändern, Sensibilität für die Interessen und Bedürfnisse der anderen Akteure zu zeigen sowie Lernfähigkeit vorzuleben.[4] Der Manager ist hier in vier Rollen gefordert: als Designer, als Networker, als Visionär und als Coach.[5] Es sind aber nicht nur die Führungskräfte, deren Einstellung und Verhaltensweisen einen entscheidenden Einfluss auf die Effizienz der Implementierung ausüben. Vielmehr kommt es auch auf die Partizipationsmöglichkeiten an, die den Betroffenen eingeräumt werden.[6]

Besondere Anforderungen kommen auf die transnationalen Unternehmen zu. Sie sehen sich dem Risiko ausgesetzt, globalen Strategien der dritten Generation mit Organisationsstrukturen der zweiten Generation und Führungskräften der ersten (Nachkriegs-) Generation begegnen zu müssen.[7] Für die Bewältigung dieser komplexen und gleichzeitig subtilen Aufgabe sind die Funktionen und Rollen des Managements neu zu ordnen. Gefordert ist die Übernahme zusätzlicher Verantwortlichkeiten auf den folgenden Ebenen:

- Top-Management,
- weltweite Funktionsbereichsleiter und
- unterstützend tätige Landesleiter in den verschiedenen Regionen.

Das **Top-Management** kann den veränderten Anforderungen eines transnationalen Unternehmens nur gerecht werden, wenn es drei Implementierungsaufgaben wahrnimmt: die strategische Ausrichtung des weltweiten Geschäfts, die Rolle des Architekten bei der Ressourcenallokation zur Absicherung der globalen Strategien und die Funktion einer grenzüberschreitenden Koordinierung der interdependenten Logistikaktivitäten, insbesondere die weltweite Abstimmung von Beschaffungs- und Vertriebsentscheidungen.

---

3   Siehe dazu das Beispiel der DEUTSCHEN LUFTHANSA AG bei LANGE 1998, S. 149-159.
4   Vgl. KIRSCH 1990.
5   Vgl. PICOT/REICHWALD/WIGAND 2001, S. 466-468. Zu den verschiedenen Phasen der Internationalisierung vgl. KUTSCHKER/BÄURLE/SCHMID 1997, S. 113-117.
6   Vgl. PICOT/DIETL/FRANCK 1997, S. 339-342.
7   Sie dazu und zum Folgenden BARTLETT/GHOSHAL 1992a, S. 780-792.

Die **Funktionsbereichsleiter** in transnationalen Unternehmen sind gezwungen, sich aus ihrer bisherigen Rolle als zweitrangige Stäbe zu lösen und ihre Spezialkenntnisse grenzüberschreitend anzuwenden. Im Einzelnen heißt dies, Spezialwissen weltweit zu erwerben, sensibel auf neue Signale zu reagieren und diese an die jeweiligen Entscheidungsträger zu übermitteln, wobei auch informelle Informationskanäle zu nutzen sind. Eine weitere Aufgabe besteht darin, neue Ideen quer über die Bereichsgrenzen hinweg zu transferieren, um das sog. "Not invented here-Syndrom" aufzubrechen und "best practices" im Methoden- und Verfahrensbereich durchzusetzen. Von seiner zentralen Position aus kann der Funktionsmanager transnationale Innovationen durchsetzen und globale Produktideen verwirklichen, die von den unterschiedlichen Centers of Excellence ausgehen.

Die **Landesleiter** stehen in ihrer Eigenschaft als bikulturelle Dolmetscher an vorderster Stelle des Implementierungsprozesses, im Schnittpunkt zwischen der Landeskultur einerseits und der Unternehmenskultur andererseits. Sie sind gehalten, die strategischen Vorgaben und die Reorganisationsvorschläge in der ausländischen Niederlassung durchzusetzen. Dazu genügt es nicht, als eine Art intelligente Mailbox zu agieren, vielmehr darf das Top-Management nicht im Unklaren gelassen werden über potentielle Umsetzungsschwierigkeiten und interkulturelle Kommunikationsprobleme. Als Anwalt der nationalen und lokalen Interessen übernimmt der Landesleiter eine wichtige Rolle sowohl bei der Entwicklung geeigneter Strategien und Strukturen als auch bei deren Implementierung in vorderster Linie.

Reorganisationsprozesse schließen auch im internationalen Bereich die betroffenen Arbeitnehmer und deren Vertreter ein. Im Unterschied zur gesetzlichen Regelung der Mitbestimmung in Deutschland bieten die Arbeitgeber-Arbeitnehmerbeziehungen im Gastland in der Regel einen wesentlich größeren Gestaltungsrahmen für das Personalmanagement und neue Formen der Kooperation mit der Arbeitnehmerseite.[8] Dieser Spielraum an Flexibilität kann für die erfolgreiche Durchführung von Restrukturierungsmaßnahmen genutzt werden.

6.3 Interkulturelle Aspekte der Implementierung

Eine gegebene Konfiguration von Organisationselementen beinhaltet stets auch eine kulturelle Vorprägung derjenigen Personen, die mit dieser Organisationsstruktur umgehen und von ihr betroffen sind. Das für die Organisationsgestaltung verantwortliche Management muss sich deshalb persönlich mit den kulturellen Auswirkungen unterschiedlicher Organisationsstrukturen befassen und diese als Voraussetzungen bei der Implementierung berücksichtigen. Die zunehmende Globalisierung zwingt die Unternehmensführung immer stärker dazu, bei der Etablierung einer internationalen Organi-

---

[8] Siehe dazu im Einzelnen SCHERM 1995, S. 306-337.

sationsstruktur diejenigen Kommunikationsbarrieren zu beachten, die sich beim Zusammentreffen mit Angehörigen fremder Kulturen ergeben.[9] Die Reduzierung von möglichen Kommunikationsstörungen stellt sich als ein wichtiger Erfolgsfaktor im internationalen Management dar. Im wesentlichen handelt es sich um Störungen durch die Negierung kultureller Unterschiede zwischen dem Stammhausland und den Gastländern, kulturspezifische Wahrnehmungsfilter, ein Denken in Stereotypen und eine ethnozentrische Überheblichkeit.[10]

Bei der Implementierung einer neuen Organisation in Unternehmen mit einer starken Unternehmenskultur bestehen grundsätzlich vier mögliche Verhaltensmuster: Die Führungskräfte können sich den kulturellen Werten des Gastlandes vollständig anpassen, diese halbherzig befolgen, verdeckt nicht befolgen und schließlich offen von diesen kulturellen Normen abweichen.[11] Dieser Ansatz geht davon aus, dass zwischen der Unternehmenskultur und der nationalen bzw. regionalen Kultur entscheidende Unterschiede bestehen und die Unternehmenskultur leichter beeinflusst werden kann als die nationale Kultur.[12] Je nach Orientierung des Führungsverhaltens und dessen Anpassung an die dominante Kultur ergeben sich die folgenden Optionen (vgl. Abb. 40):

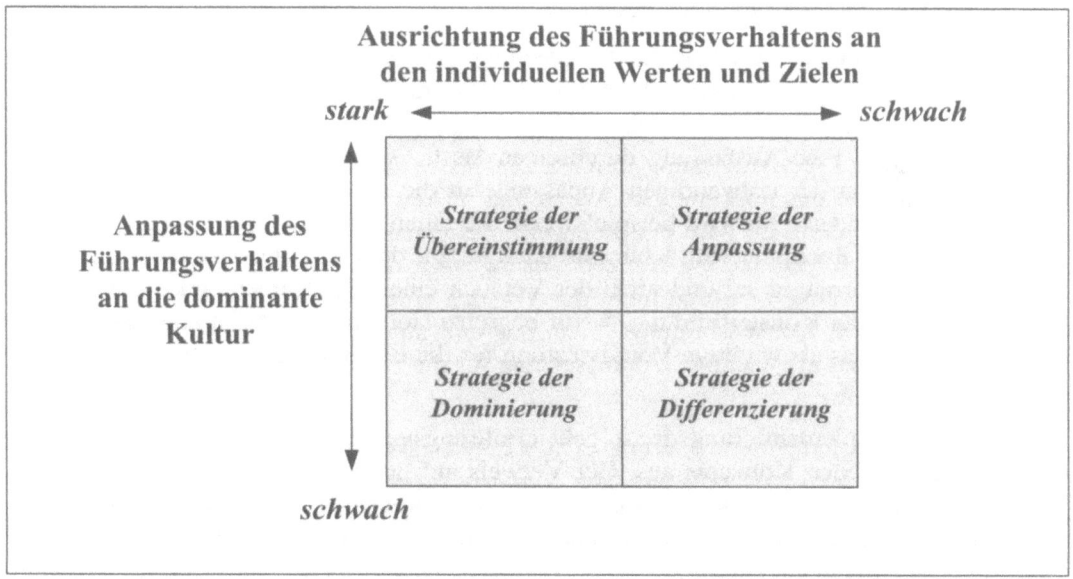

Abb. 40: Möglichkeiten der Positionierung und Ausrichtung des Führungsverhaltens in Abhängigkeit von der dominanten Kultur, individuellen Einstellungen und Zielen; Quelle: PFOHL/BUSE 1997, S. 270

---

9   Sie dazu die ausführliche Darstellung bei DÜLFER 2001.
10 Vgl. HENTZE/KAMMEL 1994, S. 268.
11 Vgl. FACKELDEY 1996, S. 87.
12 Vgl. HOFSTEDE 1997.

Betrachtet man die unterschiedlichen Anpassungsstrategien, so lassen sich verallgemeinernd folgende Aussagen im Hinblick auf die Effizienz einer Reorganisation treffen:[13]

- Bei der **Strategie der Übereinstimmung** passen sich die Manager an die dominante Kultur ihrer Region an. Dadurch wird eine Integration in die Umwelt erleichtert, ebenso verbessert sich die Beziehung gegenüber denjenigen Personen, die diese Werte teilen. Eine ethnozentrische Grundhaltung kann dagegen die Implementierung erschweren.
- Die **Strategie der Anpassung** erweist sich als eine Chance der Integration und Konfliktvermeidung. Allerdings können dadurch innovative Konzepte unterdrückt und notwendige Veränderungen behindert werden.
- Bei der **Strategie der Dominierung** weicht der Manager bewusst von der vorherrschenden Kultur ab und gestaltet sein Umfeld überwiegend nach eigenen Vorstellungen. Diese Vorgehensweise bedingt unter Umständen zusätzliche Implementierungsanstrengungen und Transaktionskosten.
- Für die **Strategie der Differenzierung** ist bezeichnend, dass die Entscheidungen des Managements vor allem an den Werten und Einstellungen der Mitarbeiter ausgerichtet sind. Dadurch kann sich der Einführungsprozess zwar verlangsamen, langfristig wird er aber an Effektivität gewinnen.

Bei den Beziehungen zwischen der Unternehmenskultur und den Gastlandkulturen in unterschiedlichen Regionen steht die mögliche Übertragung und Nutzung von Transfervorteilen im Vordergrund. Es ist eine offene Frage, ob sich die Culture Bound-These oder die Culture Free-Auffassung durchsetzen lässt. Dahinter stehen unterschiedliche Auffassungen von der notwendigen Anpassung an die situativen Bedingungen in den einzelnen Gastländern. So wird beispielsweise der einen radikalen Turnaround fordernden Version des Reengineering-Konzepts nachgesagt, dass hier die Struktur- und Systemdimension vorrangig sei und nicht der Versuch einer behutsamen, sukzessiven Implementierung oder Konsensbildung.[14] Nur begrenzt steuerbar erscheint auch das kulturelle Netzwerk, das als wichtige Voraussetzung für die Einführung eines transnationalen Unternehmens gilt.

Ein gewisser Implementierungsdruck geht erfahrungsgemäß von den nachgewiesenen Erfolgen eines neuen Konzepts aus. Der Verweis auf positive Erfahrungen stellt einen wichtigen Faktor dar, um die Effizienz der Implementierung zu erhöhen. Auftretende Widerstände können mit diesem Argument jedenfalls besser überwunden werden als ohne eine solche Erfolgswirkung.

---

[13] Vgl. PFOHL/BUSE 1997, S. 272-273.
[14] Vgl. dazu im Einzelnen MACHARZINA 1999, S. 773-779.

Unternehmenskulturelle Aspekte treten bei allen Änderungsstrategien in Erscheinung, wenn auch in unterschiedlicher Gewichtung. Die größte Gefahr einer Unternehmenskultur besteht darin, die Führungskräfte gegenüber der Notwendigkeit einer Reorganisation dadurch zu immunisieren, dass die schwachen Signale einer Bedrohung nicht ernst genommen werden. Für alle radikal-tiefgreifenden Strukturveränderungen gilt, dass die kulturellen Aspekte tendenziell zugunsten der strukturellen vernachlässigt werden.[15] Interkulturelle Ausbildungsprogramme können dazu beitragen, das Management auf diese besonderen Herausforderungen im internationalen Bereich künftig besser vorzubereiten.[16]

6.4 Die Bewältigung von Koordinationsproblemen

Moderne Organisationsformen wie die oben dargestellten implizieren größere Koordinationsprobleme als traditionelle Organisationsmodelle, weil der Autonomiegrad der einzelnen Entscheidungsträger bzw. Einheiten tendenziell zunimmt. Die ungenügende Abstimmung von Entscheidungen zwischen voneinander unabhängigen Funktionsbereichen oder Gruppen stellt eine typische Barriere bei der Lösung von Implementierungsproblemen dar. Mangelhafte Koordination der eine Reorganisation vorbereitenden Prozesse und Stellen bezeichnet deshalb ein Meta-Koordinationsproblem. Mit anderen Worten: Die Koordination innerhalb der Organisationsstruktur bildet ihrerseits ein Problem der vertikalen und horizontalen Abstimmung, das durch organisatorische Gestaltungsmaßnahmen gelöst werden muss. Diese Aufgabe umfasst unterschiedliche Prozesse der Information und Kommunikation. Damit wird der Grad an interner Abstimmung selbst zum Kriterium einer effizienten Implementierung.

Koordinationsprobleme entstehen durch die Notwendigkeit einer arbeitsteiligen Struktur der Wirtschaft. Sie können im Wesentlichen durch Informations- und Kommunikationsaktivitäten bewältigt werden und umfassen deshalb auch deren Rationalisierung.[17] Die mit einer arbeitsteiligen Produktion verbundenen Koordinationsaufgaben gewinnen in jüngster Zeit an Gewicht, weil deren Kosten unter den veränderten Umweltbedingungen des Weltmarktes rapide angestiegen sind. In Abhängigkeit von der Spezifität der Aufgabe und deren Veränderlichkeit bieten sich grundsätzlich vier verschiedene Koordinationstypen an (vgl. Abb. 41).

---

15 Vgl. dazu ALLAIRE/FIRSIROTU 1985, S. 24.
16 Siehe dazu ausführlich SCHERM 1995, S. 238-251.
17 Vgl. PICOT/REICHWALDT 1994, S. 550-555.

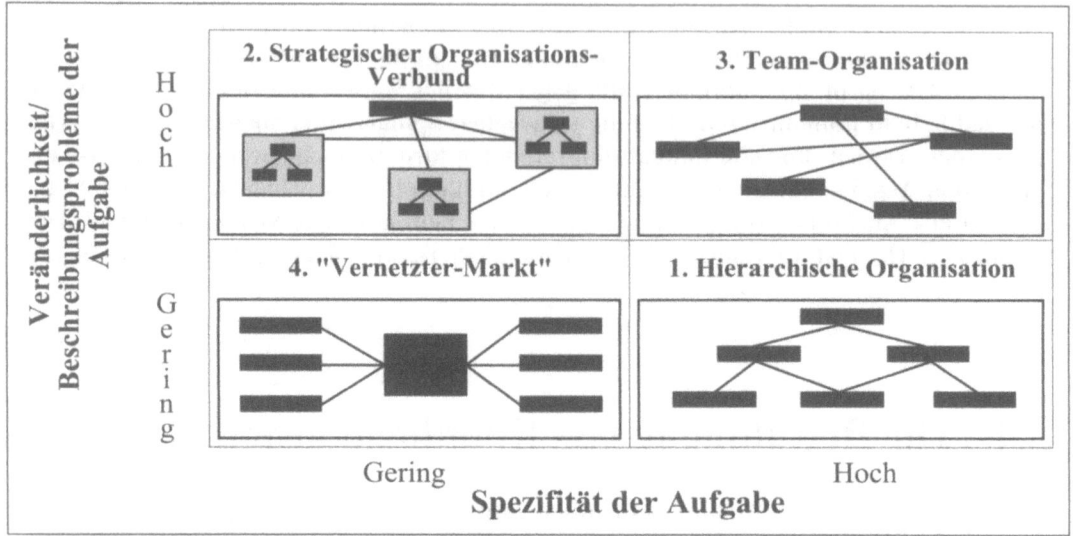

Abb. 41: Vier Typen von Koordinationsformen; Quelle: PICOT/REICHWALD 1994, S. 552

Ein **vernetzter Markt** gilt als das geeignete Instrument für die Koordination von Standardleistungen, die unter geringer Unsicherheit erbracht werden.[18] **Hierarchische Organisationen** konzentrieren sich auf spezifische Abläufe unter stabilen Umfeldbedingungen. Ein **strategischer Organisationsverbund** bewältigt unspezifische Transaktionen unter einem hohen Maß an Unsicherheit (z. B. als Wertschöpfungspartnerschaften). Für sehr spezifische und stark veränderliche Aufgaben bietet sich die **Team-Organisation** oder der „Clan" an, weil hier die bürokratischen Regelungen durch einen grundsätzlichen Wertekonsens ersetzt werden.

Jede Implementierung verursacht Transaktionskosten. Diese entstehen insbesondere für die sogenannten hybriden Organisationsformen (Kooperationen). Sie sind abhängig von dem Grad an Spezifität, d. h. dem Umfang, in dem benötigte Komponenten oder Dienstleistungen in spezifischer Weise auf die Wünsche des Kunden zugeschnitten werden müssen. Abbildung 42 zeigt den Zusammenhang zwischen Transaktionskosten, Spezifitätsgrad und Koordinationsform (vgl. dazu auch Abb. 10, S. 33).

Eine Koordinationsform mittleren Grades wird gewählt, wenn spezifische Leistungen erbracht werden müssen, die zwischen stark ausgeprägter Spezialisierung und einer Standardaufgabe stehen. Diese sind allerdings mit vergleichsweise hohen internen Koordinations- und Opportunitätskosten verbunden und werden deshalb häufig an Dritte übertragen. Damit kann ein Teil der Implementierungsaufgaben und -kosten nach außen transferiert werden. Hybride Kooperationsstrukturen schützen vor gegenseitiger opportunistischer Ausbeutung und ermöglichen gleichzeitig die Verständigung auf gemeinsame Werte wie Fairness und Flexibilität angesichts von größeren Veränderungen.

---

[18] Vgl. WILLIAMSON 1985, S. 56-60 und WILLIAMSON 1975.

Die Bewältigung von Koordinationsproblemen

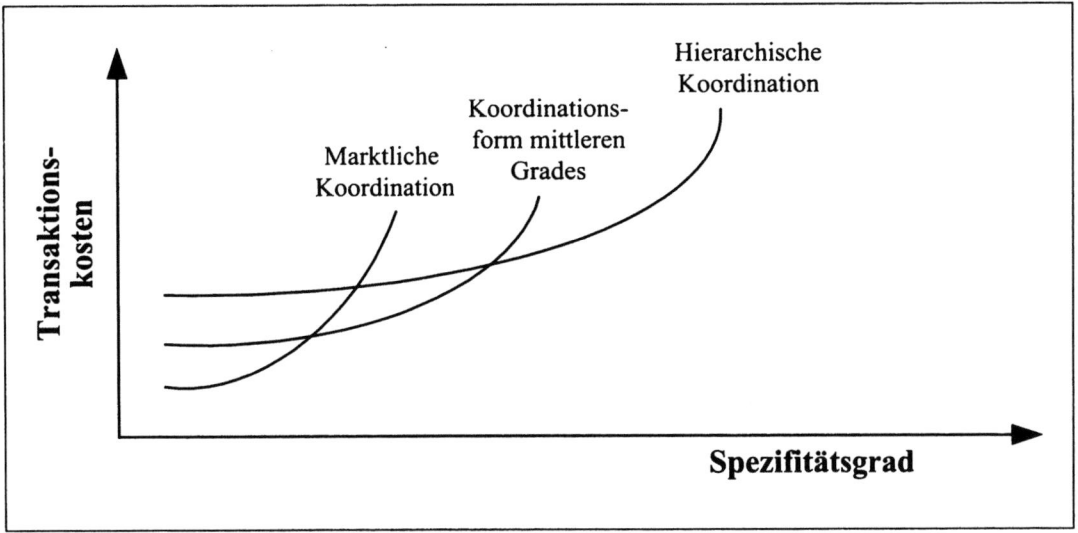

Abb. 42: Zusammenhang zwischen Transaktionskosten, Spezifitätsgrad und Koordinationsform; Quelle: PICOT 1993, S. 732

Implementierungskosten dienen der Anbahnung, Vereinbarung und teilweise auch der Durchführung von internen oder externen Transaktionen. Der Umgang mit Organisationsproblemen in der Praxis zeigt, dass die IuK-Technologien häufig als eine Art neutraler Mittler fungieren. Durch deren Einsatz können unterschiedliche Interessen verschiedener Abteilungen leichter auf ihren eigentlichen Grund zurückgeführt und dadurch auch besser einander angeglichen werden.

IuK-Technologien wirken positiv auf den Verhandlungsprozess ein, indem sie den Datenaustausch erleichtern, die Managementinformation verbessern und auch über größere räumliche Distanzen hinweg flexible Absprachen ermöglichen. Sie reduzieren folglich die fixen und variablen Implementierungskosten. Unter ökonomischer Perspektive ist es wichtig, diejenige Organisationsform auszuwählen, welche die in der gegebenen Situation niedrigsten Koordinations- und Motivationskosten hervorruft. Die Koordinations- und Motivationskosten sind eine Funktion von Situation und Organisationsform.[19]

---

[19] Vgl. dazu PICOT/DIETL/FRANCK 1997, S. 324.

6.5 Einführung und Weiterentwicklung neuer Organisationsstrukturen

Umfang und Intensität der Implementierungsaktivitäten werden von der angestrebten Organisationsform bzw. Konfiguration bestimmt. Falls die ins Auge gefasste Strukturvariante ein hohes Maß an organisatorischem Fit zwischen Strategie, Struktur und Umwelt verspricht, trifft die Implementierung insgesamt auf ein günstiges Klima. Ist die neue „governance structure" dagegen noch im Experimentierstadium oder liegen gar widersprüchliche Aussagen über deren adäquate Komplexität vor, wird der Implementierungsprozess tendenziell erschwert. Zu vermuten ist also beispielsweise eine positive Korrelation zwischen der Effizienz der Implementierungsmaßnahmen und einer Organisationsstruktur, die sich durch das Fehlen bürokratischer Zwänge und einen optimalen Komplexitätsgrad auszeichnet.

Welche Implementierungsprobleme sich in der Organisationspraxis ergeben und wie sie gelöst werden können, sei am Beispiel der oben dargestellten neuen Organisationsstrukturen verdeutlicht.

Holdingstrukturen
Holdingstrukturen verstehen sich als Varianten der Konzernorganisation. Die Implementierungsprobleme sind hier folglich innerhalb eines relativ übersichtlichen und in sich geschlossenen Rahmens zu lösen.

Bei der Managementholding bleiben die organisatorischen Subeinheiten rechtlich selbständige Teilbereichsunternehmen. Das Gesamtunternehmen verspricht sich davon eine höhere Innovationswirkung und Flexibilität, als sie durch die reine Geschäftsbereichsorganisation erreicht wird. Die Managementholding besteht ähnlich wie eine Geschäftsbereichsorganisation aus einzelnen Sparten und Zentralbereichen, welche Dienstleistungs- und Führungsfunktionen für die Tochterunternehmen übertragen bekommen, interne Koordinationsprobleme lösen müssen und das Gesamtunternehmen nach außen hin repräsentieren. Die strategische Managementholding belässt in sehr viel höherem Maße Entscheidungskompetenzen bei den operativen Einheiten als die operative Managementholding. Die Widerstände gegenüber deren Implementierung sind deshalb im Fall der strategischen Managementholding als relativ geringer einzuschätzen, bedingt durch eine höhere Motivationswirkung und sonstige Incentives der dezentralen Einheiten.

Wegen der operativen Autonomie der Teilbereiche müssen die Implementierungsprobleme gemeinsam mit den Subeinheiten bewältigt werden. Eine Umgründung des Konzerns und Neueinführung des Holding-Konzepts stößt häufig auf Schwierigkeiten, denn die Verlagerung des operativen Geschäfts auf die Tochterunternehmen führt zu Zielkonflikten mit der Dachholding und zu Informationsasymmetrien. Als Lösungsansätze bieten sich eine partizipative Koordination und Kontrolle, finanzielle Anreize seitens der Obergesellschaft sowie die Beteiligung der Tochtergesellschaften an strategischen Entscheidungen der Holding an. Aufgrund der vorliegenden Erfahrungen bietet sich auch die Hinzuziehung von externen Beratern an. Große internationale Unternehmen bedienen sich ferner unabhängiger Zwischengesellschaften, die Koordinationsfunktionen von Teilgesellschaften übernehmen und welche zwischen die Obergesellschaft und die Subunternehmen eingeschaltet sind.

Netzwerkstrukturen
Die oben getroffene Unterscheidung zwischen internen Netzwerken (z. B. transnationalen Unternehmen) und externen Netzwerken beeinflusst auch die Implementierungsprobleme. Im Unterschied zu hierarchisch strukturierten Konfigurationen steht bei **internen Netzwerken** die flexible Abstimmung zwischen selbständigen Einheiten (Tochtergesellschaften, Personen, Gruppen) im Vordergrund, die durch gemeinsame Werte verbunden sind. Bei den intensiven horizontalen und vertikalen Beziehungen zwischen den Netzwerkmitgliedern in einem transnationalen Unternehmen überwiegen die persönlichen Bindungen und eine partnerschaftliche Gruppenstruktur von untereinander gleichrangigen Fachleuten.[20] Innerhalb dieses Netzwerks können für eine begrenzte Zeit Arbeitsgruppen für spezielle Projektaufgaben gebildet werden. Interne Netzwerke sind gekennzeichnet durch vereinfachte, innovative Organisationsstrukturen und eine kommunikationstechnische Vernetzung von Teileinheiten.[21]

Für die Implementierung interner Netzwerke ist es entscheidend, ob sie die vorhandene Organisationskonfiguration nur ergänzen oder aber eine grundlegende Reorganisation bezwecken. Eine Überlagerung der bestehenden Konfiguration ist im allgemeinen ohne größere Probleme einzuführen. Allerdings können bestimmte Barrieren durch eine unklare Situation oder konfligierende Prioritäten vorhanden sein, z. B. bei ungenügender Abstimmung zwischen der bestehenden Ein- oder Mehrlinienstruktur und den Netzwerkgruppen oder bei fehlender Kommunikationsbereitschaft der Führungskräfte. Wird dagegen die Veränderung der gesamten Organisationsstruktur durch Neueinführung einer Netzwerkkonfiguration angestrebt, sind größere Widerstände zu überwinden.

Externe Netzwerke gelangen meist erst durch eine längerfristige Nutzung von Spezialisierungsvorteilen und Investitionen zum erstrebten Ziel. Die Vorteile sind um so stärker ausgeprägt, je kleiner das Geschäftssegment ist, auf das sich jedes Netzwerkunternehmen konzentriert. Allerdings nehmen damit auch die Abstimmungsprobleme und Koordinationskosten zu.[22] Weltweite Informations- und Kommunikationssysteme bieten sich als ein wichtiges Instrument zur Senkung der Implementierungskosten an.

Die zu lösenden Implementierungsprobleme sind im Prinzip vor allem bei strategischen Netzwerken größer als bei den oben geschilderten internen Strukturen. Ihre Bewältigung kann mit erheblichen Transaktionskosten verbunden sein. Verträge müssen angebahnt

---

20   Vgl. MUELLER 1986, S. 46.
21   Vgl. MACHARZINA 1999, S. 404.
22   Vgl. PICOT/DIETL/FRANCK 1997, S. 148.

und geschlossen werden, zwischen den Netzwerkpartnern sind intensive persönliche Kontakte aufzubauen und entsprechende Abmachungen zu treffen, um die Einhaltung der geschlossenen Verträge zu überwachen.

Die Probleme können nach den Erfahrungen aus der Praxis durch den Einsatz von multifunktionalen und multikulturellen Arbeitsgruppen gelöst werden. Am Beispiel der STAR ALLIANCE der DEUTSCHEN LUFTHANSA lässt sich zeigen, dass diese Teams sowohl permanent tätig sein als auch ad hoc zur Bewältigung von Sonderaufgaben gebildet werden können. Sogenannte „General Committees" der STAR ALLIANCE befassen sich z. B. ständig mit Fragen der Produktentwicklung, der Sicherheit, der Technik, des Catering und des Einkaufs, um gemeinschaftlich Synergien in der Wertschöpfungskette zu nutzen. Realisiert werden die einzelnen Maßnahmen durch funktionsbezogene Centers of Competence. Als wichtige Voraussetzung für das Gelingen des Implementierungsprozesses wird das Erleben der Kooperation als persönliche Chance der Mitarbeiter angesehen.

Die Implementierungsprobleme vergrößern sich, wenn bei einer Vielzahl von Abhängigkeitsbeziehungen die unternehmensübergreifenden Koordinationsaufgaben durch eine spezialisierte Zentralstelle erfüllt werden. Diese nimmt gegenüber den Netzwerkpartnern die Position eines Prinzipals ein (fokaler Akteur). Sie muss dafür sorgen, dass die agency costs minimiert und die Informationen symmetrisch an die Agenten weitergegeben werden. Die zusätzlichen Implementierungsaufgaben bestehen in diesem Falle darin, die sogenannte Schaltbrettunternehmung auch gegen den Widerstand einzelner Kooperationspartner durchzusetzen und mit dem geeigneten Personal auszustatten, eventuelles Misstrauen abzubauen sowie Bedenken gegenüber den übergeordneten Zentralfunktionen dieser Koordinationsinstanz auszuräumen. Die Widerstände wachsen tendenziell mit der Erweiterung der Kompetenzen des zentralen Koordinationsorgans, da diese Maßnahme als Beschneidung der eigenen Funktionen und Befugnisse verstanden wird. Sie reduzieren sich dagegen nach den bisherigen Erfahrungen, wenn die Schaltstelle innerhalb eines Unternehmensverbundes gebildet wird.[23]

---

23 Siehe dazu die Beispiele von BENETTON und dem amerikanischen Spielwarenproduzenten LEWIS GALOOB TOYS INC. bei PICOT/DIETL/FRANCK 1997, S. 150-152.

Virtuelle Unternehmensnetzwerke

Virtuelle Unternehmensnetzwerke bezeichnen temporäre Kooperationsstrukturen von unabhängigen Unternehmen, bei denen die Produzenten zusammen mit den Lieferanten und Wettbewerbern sowie den Kunden gemeinsam Märkte erschließen, fehlende Kompetenzen ergänzen oder sich bestimmte Kosten teilen. Dieses Beziehungsgeflecht wird durch konkrete Maßnahmen aufgefüllt. Dabei unterbleibt jeder Versuch einer auf Dauer angelegten Strukturierung von organisatorischen Regelungen. An deren Stelle tritt eine Problemzentrierung in Form von „Scheinstrukturen". Organisatorische Funktionen wie die Abstimmung von Aktivitäten werden zwar erfüllt, ohne dass diese jedoch auch physisch vorhanden sind.[24]

Da die Einführung einer virtuellen Organisation die Interaktionspartner nur auf Zeit und zur Verfolgung ihrer speziellen Interessen zusammenbindet, verlieren die herkömmlichen Muster der organisatorischen Gestaltung ebenso an Gewicht wie die damit verbundenen Implementierungsaktivitäten. An die Stelle einer umfangreichen Ist-Analyse mit nachfolgendem Sollvorschlag für eine Reorganisation tritt die spontane Entscheidung der Interessenten, gemeinsam ein bestimmtes Teilziel zu erreichen.[25]

Die Fokussierung auf ein gemeinsames Prozessverständnis bedingt, dass die klassische Trennung zwischen Aufbau- und Ablauforganisation durch eine ausschließlich auf die Organisationsveränderungen konzentrierte Aktivität der Geschäftspartner substituiert wird. Damit verringern sich zugleich die erforderlichen Transaktionskosten für die Implementierung. Zugleich steigen aber die Anforderungen an alle Beteiligten, initiativ und kreativ tätig zu werden. Ferner entfällt die Trennung zwischen den an der Vorbereitung einer Reorganisation Beteiligten und den die Restrukturierung ausführenden Personen. Die Entscheider sind also identisch mit den Implementierern. Sie verstehen sich als Moderatoren bzw. Katalysatoren und setzen selbst die Prozesse in Gang, die sie gemeinsam vorbereitet haben.

In virtuellen Organisationen nutzt man intensiv neue Informations- und Kommunikationstechnologien, Expertensysteme und Gruppenentscheidungsstrukturen. Die Implementierungsprobleme reduzieren sich deshalb, weil jeder Entscheidungsträger ad hoc mit jeder anderen Einheit kommunizieren kann. Alle organisatorischen Aufgaben werden im Wege eines konsequenten Outsourcing solchen Netzwerkpartnern überlassen, die diese effizienter bewältigen können als andere Einheiten. Selbst Planungsaktivitäten können stark reduziert und arbeitsteilig erfolgen. Verglichen mit Netzwerk- und Holdingunternehmen wird der Einführungs- und Weiterentwicklungsprozess entsprechend dem hohen Maß an struktureller Variabilität einer virtuellen Organisation leichter durchzusetzen sein. Allerdings steht die umfassende Bewährungsprobe der virtuellen Organisation noch aus. Verwirklicht wurde bisher in der Praxis insbesondere die Trennung von Strukturen und Prozessen. Weitgehend ungeklärt sind noch die rechtlichen Fragen der Haftung und Verantwortung der Entscheidungsträger.

---

24   Vgl. MACHARZINA 1999, S. 408-410.
25   Vgl. PICOT/REICHWALDT 1994, S. 547-570.

Literaturverzeichnis

Aharoni, Y.: The Foreign Direct Investment Decision Process, Boston (Mass.) 1966.

Aharoni, Y.: On the Definition of the Multinational Corporation, in: Quarterly Review of Economics and Business, Vol. 11 (1971), No. 3, pp. 27-37.

Ahn, H./Dyckhoff, H.: Organisatorische Effektivität und Effizienz, in: Wirtschaftswissenschaftliches Studium, Jg. 26 (1997), Nr. 1, S. 2-6.

Albach, H.: Die internationale Unternehmung als Gegenstand betriebswirtschaftlicher Forschung, in: Zeitschrift für Betriebswirtschaft, Jg. 51 (1981), Ergänzungsheft 1/81, S. 13-24.

Albach, H.: Management of Structural Change – Contributions to Modern Management, in: Zeitschrift für Betriebswirtschaft, Jg. 65 (1995), Ergänzungsheft 4/95, S. 7-8 (Editorial).

Albach, H.: Gutenberg und die Zukunft der Betriebswirtschaftslehre, Discussion Paper FS IV 97 – 16, Wissenschaftszentrum Berlin, Berlin 1997.

Alchian, A. A./Demsetz, H.: Production, Information Costs, and Economic Organization, in: The American Economic Review, Vol. 62 (1972), No. 5, pp. 777-795.

Alchian, A. A./Woodward, S.: Reflections on the Theories of the Firm, in: Journal of Institutional and Theoretical Economics, Vol. 143 (1987), pp. 110-136.

Aliber, R. Z.: A Theory of Direct Foreign Investment, in: Kindleberger, C. P. (Ed.): The International Corporation, Cambridge (Mass.) – London 1970, pp. 17-34.

Aliber, R. Z.: The Multinational Paradigm, Cambridge (Mass.) – London 1993.

Allaire, Y./Firsirotu, I.: How to Implement Radical Strategies in Large Organizations, in: Sloan Management Review, Vol. 26 (1985), No. 3, pp. 19-34.

Andersen, O.: On the Internationalization Process of Firms: A Critical Analysis, in: Journal of International Business Studies, Vol. 24 (1993), No. 2, pp. 209-231.

Anesini, S.: Die Holding als Instrument der Führung in konzernierten Unternehmen, Bamberg 1991.

Antes, R.: Präventiver Umweltschutz und seine Organisation in Unternehmen, Wiesbaden 1996.

Bachmann, R.: Trust, Power and Control in Trans-Organizational Relations, in: Organization Studies, Vol. 22 (2001), No. 2, pp. 337-365.

Backhaus, K./Meyer, M.: Strategische Allianzen und strategische Netzwerke, in: Wirtschaftswissenschaftliches Studium, Jg. 22 (1993), Nr. 7, S. 330-334.

Backhaus, K./Plinke, W.: Strategische Allianzen als Antwort auf veränderte Wettbewerbsstrukturen?, in: Backhaus, K./Plinke, K. (Hrsg.): Zeitschrift für betriebswirtschaftliche Forschung, Sonderheft Nr. 27, 1990, S. 21-33.

Bain, J. S.: Barriers to New Competition. Their Character and Consequences in Manufacturing Industries, Cambridge (Mass.) 1956.

Balcet, G.: International Relocation Strategies of Italian Firms, in: Buckley, P. J./Mucchielli, J.-L. (Eds.): Multinational Firms and International Relocation, Cheltenham – Brookfield 1997, pp. 71-89.

Bamberg, G./Coenenberg, A. G.: Betriebswirtschaftliche Entscheidungslehre, 10. Aufl., München 2000.

Barnard, C. I.: The Functions of the Executive, Cambridge (Mass.) 1938.

Bartlett, C. A.: Building and Managing the Transnational: The New Organizational Challenge, in: Porter, M. E. (Ed.): Competition in Global Industries, Boston (Mass.) 1986, pp. 367-401.

Bartlett, C. A.: Aufbau und Management der transnationalen Unternehmung: Die neue organisatorische Herausforderung, in: Porter, M. E. (Hrsg.): Globaler Wettbewerb, Wiesbaden 1989, S. 425-464.

Bartlett, C. A./Ghoshal, S.: Arbeitsteilung bei der Globalisierung, in: Harvard manager, Jg. 8 (1987), Nr. 2, S. 49-59.

Bartlett, C. A./Ghoshal, S.: Organizing for Worldwide Effectiveness: The Transnational Solution, in: California Management Review, Vol. 31 (1988), No. 1, pp. 54-74.

Bartlett, C. A./Ghoshal, S.: Internationale Unternehmensführung: Innovation, globale Effizienz, differenziertes Marketing, Frankfurt am Main – New York 1990.

Bartlett, C. A./Ghoshal, S.: Tap Your Subsidiary for Global Reach, in: Bartlett, C. A./Ghoshal, S. (Eds.): Transnational Management. Text, Cases, and Readings in Cross-Border Management, Boston (Mass.) 1992, pp. 635-644.

Bartlett, C. A./Ghoshal, S. (Eds.): Transnational Management. Text, Cases, and Readings in Cross-Border Management, Boston (Mass.) 1992 (hier zitiert als Bartlett/Ghoshal 1992a).

Bartlett, C. A./Ghoshal, S.: Managing across Borders: New Organizational Responses, in: Hedlund, G. (Ed.): Organization of Transnational Corporations, New York 1993, pp. 326-342.

Bartlett, C. A./Ghoshal, S.: Managing across Borders: New Strategic Requirements, in: Hedlund, G. (Ed.): Organization of Transnational Corporations, New York 1993, pp. 309-325 (hier zitiert als Bartlett/Ghoshal 1993a).

Bartlett, C. A./Ghoshal, S.: Changing the Role of Top Management: Beyond Systems to People, in: Harvard Business Review, Vol. 73 (1995), No. 3, pp. 132-142.

Bartlett, C. A./Ghoshal, S.: The Evolution of the Transnational, in: Islam, I./Shepherd, W. (Eds.): Current Issues in International Business, Cheltenham – Lyme 1997, pp. 108-131.

Bassen, A./Behnam, M./Gilbert, D. U.: Internationalisierung des Mittelstands. Ergebnisse einer empirischen Studie zum Internationalisierungsverhalten deutscher mittelständischer Unternehmen, in: Zeitschrift für Betriebswirtschaft, Jg. 71 (2001), Nr. 4, S. 413-432.

Bäurle, I./Schmid, S.: Die Transnationale Organisation, in: Das Wirtschaftsstudium, Jg. 23 (1994), Nr. 12, S. 991-993.

Beck, T. C.: Coopetition bei der Netzwerkorganisation, in: Zeitschrift für Organisation, Jg. 67 (1998), Nr. 5, S. 271-276.

Beer, M./Eisenstat, R. A./Spector, B.: The Critical Path to Corporate Renewal, Cambridge (Mass.) 1990.

Beer, M./Eisenstat, R./Spector, B.: Why Change Programs Don't Produce Change, in: Harvard Business Review, Vol. 68 (1990), No. 6, pp. 158-166.

Behnam, M./Gilbert, D. U.: Internationalization Strategies of Medium-Sized German Companies: An Empirical Survey, in: Journal of International Business and Economy, Vol. 2 (2001), No. 1, pp. 95-109.

Benkenstein, M./Henke, N.: Der Grad vertikaler Integration als strategisches Entscheidungsproblem, in: Die Betriebswirtschaft, Jg. 53 (1993), Nr. 1, S. 77-91.

Bernhardt, W./Witt, P.: Holding-Modelle und Holding-Moden, in: Zeitschrift für Betriebswirtschaft, Jg. 65 (1995), Nr. 12, S. 1341-1364.

Binder, H./Lux, J.: Bedeutung und Methoden einer bewußten Partnerwahl im Rahmen der Erfolgssicherung von Kooperationen, in: Macharzina, K./Oesterle, M.-J. (Hrsg.): Handbuch Internationales Management. Grundlagen – Instrumente – Perspektiven, Wiesbaden 1997, S. 497-509.

Bleicher, K.: Vom Ende der Mißtrauensorganisation, in: Office Management, Jg. 30 (1982), Nr. 4, S. 400-404.

Bleicher, K.: Organisation. Strategien – Strukturen – Kulturen, 2. Aufl., Wiesbaden 1991.

Bleicher, K.: Konzernorganisation, in: Frese, E. (Hrsg.): Handwörterbuch der Organisation, 3. Aufl., Stuttgart 1992, Sp. 1151-1164.

Bleicher, K.: Normatives Management. Politik, Verfassung und Philosophie des Unternehmens, Frankfurt am Main – New York 1994.

Blödorn, N.: Die Organisation der Multinationalen Unternehmung, in: Schoppe, S. G. (Hrsg.): Kompendium der internationalen Betriebswirtschaftslehre, 4. Aufl., München – Wien 1998, S. 281-294.

Booz Allen & Hamilton/Büro für Technikfolgen-Abschätzung beim Deutschen Bundestag (Hrsg.): Zukunft Multimedia. Grundlagen, Märkte und Perspektiven in Deutschland. Institut für Medienentwicklung und Kommunikation, Frankfurt am Main 1996.

Borner, S.: Internationalization of Industry. An Assessment in the Light of a Small Open Economy (Switzerland), Berlin et al. 1986.

Borrmann, W. A.: Erfolgsfaktoren für die Globalisierung von Unternehmen. Ergebnisse einer Studie von A. T. Kearney, in: Macharzina, K./Oesterle, M.-J. (Hrsg.): Handbuch Internationales Management. Grundlagen – Instrumente – Perspektiven, Wiesbaden 1997, S. 809-823.

Börsig, C./Baumgarten, C.: Grundlagen des internationalen Kooperationsmanagements, in: Macharzina, K./Oesterle, M.-J. (Hrsg.): Handbuch Internationales Management. Grundlagen – Instrumente – Perspektiven, Wiesbaden 1997, S. 475-495.

Böttcher, R.: Global Network Management. Context – Decision Making – Coordination, Wiesbaden 1996.

Böttcher, R.: Organisatorische Steuerung globaler Geschäftseinheiten, in: Engelhard, J. (Hrsg.): Strategische Führung internationaler Unternehmen. Paradoxien, Strategien und Erfahrungen, Wiesbaden 1996, S. 161-178 (hier zitiert als Böttcher 1996a).

Braun, V.: Strukturen und Funktionsweise eines Virtuellen Unternehmens. Das Beispiel EuroPart EWIV, in: Zeitschrift Führung + Organisation, Jg. 66 (1997), Nr. 4, S. 238-241.

Bronder, C./Pritzl, R.: Leitfaden für strategische Allianzen, in: Harvard manager, Jg. 13 (1991), Nr. 1, S. 44-53.

Brown, W. B.: Islands of Conscious Power: MNCs In the Theory of the Firm, in: MSU Business Topics, Vol. 24 (1976), pp. 37-45.

Bruhn, M./Homburg, C. (Hrsg.): Handbuch Kundenbindungsmanagement, Wiesbaden 1998.

Buckley, P. J.: Alternative Theories of the Multinational Enterprise. University of Reading Discussion Papers in International Investment and Business Studies, No. 23, Reading 1975.

Buckley, P. J.: A Critical Review of Theories of the Multinational Enterprise, in: Außenwirtschaft, Jg. 36 (1981), Nr. 1, S. 70-87.

Buckley, P. J.: The Limits of Explanation: Testing the Internalization Theory of the Multinational Enterprise, in: Journal of International Business Studies, Vol. 19 (1988), No. 2, pp. 181-193.

Buckley, P. J.: The Multinational Enterprise. Theory and Applications, Houndmills – Basingstoke – London 1989.

Buckley, P. J.: Problems and Developments in the Core Theory of International Business, in: Buckley, P. J. (Ed.): Studies in International Business, New York 1992, pp. 3-12.

Buckley, P. J./Casson, M.: The Future of the Multinational Enterprise, London – Basingstoke 1976.

Bühner, R.: Management-Holding, in: Die Betriebswirtschaft, 47. Jg. (1987), Nr. 1, S. 40-49.

Bühner, R.: Management-Holding. Ein Erfahrungsbericht, in: Die Betriebswirtschaft, Jg. 51 (1991), Nr. 2, S. 141-151.

Bühner, R.: Management-Holding: Unternehmensstruktur der Zukunft, 2. Aufl., Landsberg/Lech 1992.

Bühner, R.: Reaktionen des Aktienmarktes auf die Einführung von Management-Holdings, in: Zeitschrift für Betriebswirtschaft, Jg. 66 (1996), Nr. 1, S. 5-27.

Bühner, R.: Gestaltung von Konzernzentralen. Die Benchmarking-Studie, Wiesbaden 1996 (hier zitiert als Bühner 1996a).

Bullinger, H.-J./Brettreich-Teichmann, W./Fröschle, H.-P.: Das virtuelle Unternehmen. Koordination zwischen Markt und Hierarchie, in: Office Management, Jg. 43 (1995), Nr. 12, S. 18-22.

Bullinger, H.-J./Roos, A./Wiedmann, G.: Amerikanisches Business Reengineering oder japanisches Lean Management?, in: Office Management, Jg. 42 (1994), Nr. 7-8, S. 14-20.

Burns, T./Stalker, G. M.: The Management of Innovation, London 1961.

Calof, J. L./Beamish, P. W.: Adapting to Foreign Markets: Explaining Internationalization, in: International Business Review, Vol. 4 (1995), No. 2, pp. 115-131.

Cantwell, J.: A Survey of the Theories of International Production, in: Pitelis, C. N./Sugden, R. (Eds.): The Nature of the Transnational Firm, London – New York 1991, pp. 16-63.

Casson, M.: A Long-run Theory of the Multinational Enterprise. University of Reading Discussion Papers in International Investment and Business Studies, No. 22, Reading 1975.

Casson, M.: Alternatives to the Multinational Enterprise, London – Basingstoke 1979.

Casson, M.: The Economics of Business Culture. Game Theory, Transaction Costs, and Economic Performance, Oxford 1994.

Casson, M.: Enterprise and Competitiveness. A Systems View of International Business, Oxford 1995 (zitiert als Casson 1995a).

Casson, M.: The Organization of International Business. Studies in the Economics of Trust, Vol. 2, Aldershot – Brookfield 1995 (zitiert als Casson 1995b).

Casson, M./Loveridge, R./Singh, S.: The Ties that Bond?, in: Islam, I./Shepherd, W. (Eds.): Current Issues in International Business, Cheltenham – Lyme 1997, pp. 167-195.

Caves, R. E.: International Corporations: The Industrial Economics of Foreign Investment, in: Economica, Vol. 38 (1971), No. 149, pp. 1-27.

Caves, R. E.: Multinational Enterprise and Economic Analysis, Cambridge et al. 1982.

Caves, R. E.: Multinational Enterprise and Economic Analysis, 2nd edit., Cambridge et al. 1996.

Caves, R. E./Porter, M. E.: From Entry Barriers to Mobility Barriers: Conjectural Decisions and Contrived Deterrence to New Competition, in: The Quarterly Journal of Economics, Vol. 91 (1977), No. 2, pp. 241-261.

Cavusgil, S. T.: On the Internationalisation Process of Firms, in: European Research, Vol. 8 (1980), No. 6, pp. 273-281.

Chandler, A. D., Jr.: Strategy and Structure – Chapters in the History of the Industrial Enterprise, Cambridge (Mass.) 1962.

Chandler, A. D., Jr.: The Evolution of Modern Global Competition, in: Porter, M. E. (Ed.): Competition in Global Industries, Boston 1986, pp. 405-448.

Cheung, S. N. S.: The Contractual Nature of the Firm, in: The Journal of Law & Economics, Vol. 26 (1983), No. 1, pp. 1-21.

Chrobok, R.: zfo-Stichwort Netzwerk, in: Zeitschrift für Organisation, Jg. 67 (1998), Nr. 4, S. 242-243.

Clee, G. H./di Scipio, A.: Creating a World Enterprise, in: Harvard Business Review, Vol. 37 (1959), No. 6, pp. 77-89.

Coase, R. H.: The Nature of the Firm, in: Economica, Vol. 4 (1937), pp. 386-405.

Coase, R. H.: The Problem of Social Cost, in: The Journal of Law & Economics, Vol. 3 (1960), pp. 1-44.

Coase, R. H.: The New Institutional Economics, in: Journal of Institutional and Theoretical Economics, Jg. 140 (1984), S. 229-231.

Coase, R. H.: The Nature of the Firm: Origin, in: Williamson, O. E./Winter, S. G. (Eds.): The Nature of the Firm, New York 1991, pp. 34-47.

Coase, R. H.: Essays on Economics and Economists, Chicago – London 1995.

Commons, J. R.: Institutional Economics, in: The American Economic Review, Vol. 21 (1931), No. 4, pp. 648-657.

Cooke, P./Morgan, K.: Growth Regions under Duress: Renewal Strategies in Baden Württemberg and Emila-Romagna, in: Amin, A./Thrift, N. (Eds.): Globalization, Institutions, and Regional Development in Europe, Oxford 1994, pp. 91-117.

Cox, H.: The Evolution of International Business Enterprise, in: John, R. (Ed.): Global Business Strategy, London et al. 1997, pp. 9-46.

Cyert, R. M./March, J. G.: Eine verhaltenswissenschaftliche Theorie der Unternehmung, 2. Aufl., Stuttgart 1995.

Czinkota, M. R./Ronkainen, I. A./Moffett, M. H.: International Business, 3rd edit., Fort Worth (TX) et al. 1994.

Das, G.: Local Memoirs of a Global Manager, in: Harvard Business Review, Vol. 71 (1993), No. 2, pp. 38-47.

Davidow, W. H./Malone, M. S.: The Virtual Corporation: Structuring and Revitalizing the Corporation for the 21st Century, New York 1992.

Demsetz, H.: Toward a Theory of Property Rights, in: The American Economic Review, Vol. 57 (1967), No. 2, pp. 347-359.

Denis, J.-L./Lamothe, L./Langley, A.: The Dynamics of Collective Leadership and Strategic Change in Pluralistic Organizations, in: Academy of Management Journal, Vol. 44 (2001), No. 4, pp. 809-837.

Dicken, P.: Global Shift. The Internationalization of Economic Activity, 2nd edit., London 1992.

Donaldson, L.: For Positivist Organization Theory. Proving the Hard Core, London – Thousand Oaks – New Delhi 1996.

Dülfer, E.: Internationales Management in unterschiedlichen Kulturbereichen, 6. Aufl., München – Wien 2001.

Dunning, J. H.: The Multinational Enterprise: The Background, in: Dunning, J. H. (Ed.): The Multinational Enterprise, New York – Washington (D. C.) 1971, pp. 15-48.

Dunning, J. H.: The Determinants of International Production, in: Oxford Economic Papers, Vol. 25 (1973), No. 3, pp. 289-336.

Dunning, J. H.: Trade, Location of Economic Activity and the MNE: A Search for an Eclectic Approach, in: Ohlin, B./Hesselborn, P.-O./Wijkman, P. M. (Eds.): The International Allocation of Economic Activity. Proceedings of a Nobel Symposium held at Stockholm, London – Basingstoke 1977, pp. 395-431.

Dunning, J. H.: Explaining Changing Patterns of International Production: In Defence of the Eclectic Theory, in: Oxford Bulletin of Economics and Statistics, Vol. 41 (1979), No. 4, pp. 269-295.

Dunning, J. H.: International Production and the Multinational Enterprise, Boston (Mass.) – Sydney 1981.

Dunning, J. H.: Explaining International Production, London et al. 1988.

Dunning, J. H.: The Eclectic Paradigm of International Production: A Personal Perspective, in: Pitelis, C. N./Sugden, R. (Eds.): The Nature of the Transnational Firm, London – New York 1991, pp. 117-136.

Dunning, J. H.: Multinational Enterprises and the Global Economy, Wokingham et al. 1992.

Dunning, J. H.: Alliance Capitalism and Global Business, London – New York 1997.

Dunning, J. H./Rugman, A. M.: The Influence of Hymer's Dissertation on the Theory of Foreign Direct Investment, in: The American Economic Review, Vol. 75 (1985), No. 2, pp. 228-232.

Duques, R./Gaske, P.: The „Big" Organization of the Future, in: Hesselbein, F./Goldsmith, M./Beckhard, R. (Eds.): The Organization of the Future, San Francisco 1997, pp. 32-42.

Egelhoff, W. G.: Strategy and Structure in Multinational Corporations: A Revision of the Stopford and Wells Model, in: Strategic Management Journal, Vol. 9 (1988), No. 1, pp. 1-14.

Eisenhardt, K. M.: Agency Theory: An Assessment and Review, in: Academy of Management Review, Vol. 14 (1989), No. 1, pp. 57-74.

Enderwick, P.: Labour and the Theory of the Multinational Corporation, in: Industrial Relations Journal, Vol. 13 (1982), No. 2, pp. 32-43.

Engels, M.: Unternehmen im Unternehmen, in: Zeitschrift Führung + Organisation, Jg. 66 (1997), Nr. 4, S. 218-222.

Ethier, W. J.: The Multinational Firm, in: The Quarterly Journal of Economics, Vol. 101 (1986), No. 4, pp. 805-833.

Fackeldey, E.: Le Management Interculturel de la P.M.E.: Contribution à une Etude Comparée en Europe, Montpellier 1996.

Fayerweather, J.: Begriff der Internationalen Unternehmung, in: Macharzina, K./Welge, M. K. (Hrsg.): Handwörterbuch Export und Internationale Unternehmung, Stuttgart 1989, Sp. 926-948.

Feldmann, H.: Eine institutionalistische Revolution?: Zur dogmenhistorischen Bedeutung der modernen Institutionenökonomik, Berlin 1995.

Fina, E./Rugman, A. M.: A Test of Internalization Theory and Internationalization Theory: The Upjohn Company, in: Management International Review, Vol. 36 (1996), No. 3, pp. 199-213.

Fleenor, D.: The Coming and Going of the Global Corporation, in: The Columbia Journal of World Business, Vol. 28 (1993), No. 4, pp. 6-16.

v. Foerster, H.: Das Konstruieren einer Wirklichkeit, in: Watzlawick, P. (Hrsg.): Die erfundene Wirklichkeit. Wie wissen wir, was wir zu wissen glauben?, Beiträge zum Konstruktivismus, 8. Aufl., München – Zürich 1994, S. 39-60.

Franck, E.: Die ökonomischen Institutionen der Teamsportindustrie. Eine Organisationsbetrachtung, Wiesbaden 1995.

Franko, L.: The European Multinationals, New York 1976.

Frese, E.: Internationalisierungsstrategie und Organisationsstruktur, in: Schiemenz, B./Wurl, H.-J. (Hrsg.): Internationales Management ,Wiesbaden 1994, S. 4-20.

Frese, E.: Grundlagen der Organisation. Konzept – Prinzipien – Strukturen, 8. Aufl., Wiesbaden 2000.

Frese, E./Blies, E.: Konsequenzen der Internationalisierung für die Organisation und Management der Muttergesellschaft, in: Macharzina, K./Oesterle, M.-J. (Hrsg.): Handbuch Internationales Management. Grundlagen – Instrumente – Perspektiven, Wiesbaden 1997, S. 287-306.

Frese, E./v. Werder, A.: Organisation als strategischer Wettbewerbsfaktor – Organisationstheoretische Analyse gegenwärtiger Umstrukturierungen, in: Frese, E./Maly, W. (Hrsg.): Organisationsstrategien zur Sicherung der Wettbewerbsfähigkeit: Lösungen deutscher Unternehmen, Zeitschrift für betriebswirtschaftliche Forschung, Sonderheft 33, Düsseldorf 1994, S. 1-27.

Fukuyama, F.: Konfuzius und Marktwirtschaft. Der Konflikt der Kulturen, München 1995.

Furubotn, E. G./Pejovich, S.: Property Rights and Economic Theory: A Survey of Recent Literature, in: Journal of Economic Literature, Vol. 10 (1972), No. 4, pp. 1137-1162.

Gerum, E.: Property Rights, in: Frese, E. (Hrsg.): Handwörterbuch der Organisation, 3. Aufl., Stuttgart 1992, Sp. 2116-2127.

Gerybadze, A./Meyer-Krahmer, F./Reger, G.: Globales Management von Forschung und Innovation, Stuttgart 1997.

Ghoshal, S./Nohria, N.: Horses for Courses: Organizational Forms for Multinational Corporations, in: Sloan Management Review, Vol. 34 (1993), No. 2, pp. 23-35.

Giddy, I. H.: The Demise of the Product Cycle Model in International Business Theory, in: The Columbia Journal of World Business, Vol. 13 (1978), No. 1, pp. 90-97.

Giesberg, G.: Volkswagen ist Daimler dicht auf den Fersen, in: Frankfurter Allgemeine Zeitung vom 8. Juli 1997, Nr. 155, S. B 1.

Giger, H.: Strategische Allianzen und kooperative Strategien, in: Welge, M. K./Al-Laham, A./Kajüter, P. (Hrsg.): Praxis des Strategischen Managements. Konzepte – Erfahrungen – Perspektiven, Wiesbaden 2000, S. 191-204.

Gilbert, D. U.: Konfliktmanagement in international tätigen Unternehmen. Ein diskursethischer Ansatz zur Regelung von Konflikten im interkulturellen Management, Sternenfels – Berlin 1998.

Gilbert, D. U.: Vertrauen in virtuellen Unternehmen. Die Bedeutung von Vertrauen für die erfolgreiche Zusammenarbeit in virtuellen Unternehmen, in: io management, Jg. 68 (1999), Nr. 12, S. 30-34.

Gilbert, D. U.: Social Accountability 8000. Ein praktikables Instrument zur Implementierung von Unternehmensethik in international tätigen Unternehmen?, in: Zeitschrift für Wirtschafts- und Unternehmensethik, Jg. 2 (2001), Nr. 2, S. 123-148.

Gilbert, D. U./Grimm, U.: Die Entscheidungsethik und ihre Anwendung in international tätigen Unternehmen, in: Wagner, G. R. (Hrsg.): Unternehmensführung, Ethik und Umwelt, Wiesbaden 1999, S. 95-125.

Gilbert, D. U./Metten, T.: Vertrauen als Medium der Steuerung in strategischen Unternehmensnetzwerken. Arbeitsbericht Nr. 2, Institut für Internationale Unternehmensführung (IIU) an der EUROPEAN BUSINESS SCHOOL, Oestrich-Winkel 2001.

Gilbert, D. U./Würthner, C.: Die Eignung der Diskursethik zur Handhabung von Konflikten in international tätigen Unternehmen, Arbeitspapier des Lehrstuhls für Internationales Management an der EUROPEAN BUSINESS SCHOOL Nr. 02/95, Oestrich-Winkel 1995.

v. Glasersfeld, E.: Einführung in den radikalen Konstruktivismus, in: Watzlawick, P. (Hrsg.): Die erfundene Wirklichkeit. Wie wissen wir, was wir zu wissen glauben?, Beiträge zum Konstruktivismus, 8. Aufl., München – Zürich 1994, S. 16-38.

Goldman, S. L./Nagel, R. N./Preiss, K.: Agile Competitors and Virtual Organizations. Strategies for Enriching the Customer, New York et al. 1995.

Gomez, P.: Neue Trends in der Konzernorganisation, in: Zeitschrift Führung + Organisation, Jg. 61 (1992), Nr. 3, S. 166-172.

Graham, E. M.: Transatlantic Investment by Multinational Firms: A Rivalistic Phenomenon?, in: Journal of Post Keynesian Economics, Vol. 1 (1978), No. 1, pp. 82-99.

Graham, E. M.: The Theory of the Firm, in: Buckley, P. J. (Ed.): New Directions in International Business. Research Priorities for the 1990s, Aldershot 1992, pp. 72-80.

Graham, E. M.: US Direct Investment Abroad and US Exports in the Manufacturing Sector: Some Empirical Results Based on Cross-sectional Analysis, in: Buckley, P. J./Mucchielli, J.-L. (Eds.): Multinational Firms and International Relocation, Cheltenham – Brookfield 1997, pp. 90-102.

Grandke, S.: Strategische Netzwerke in der Bekleidungsindustrie, Wiesbaden 1999.

Granovetter, M.: Economic Action and Social Structure: The Problem of Embeddedness, in: American Journal of Sociology, Vol. 91 (1985), No. 3, pp. 481-510.

Grosse, R. E./Behrman, J. N.: Theory in International Business, in: Transnational Corporations, Vol. 1 (1992), No. 1, pp. 93-126.

Guillen, M. F.: The Age of Eclecticism: Current Organizational Trends and the Evolution of Managerial Models, in: Sloan Management Review, Vol. 36 (1994), No. 1, pp. 75-86.

Gümbel, R.: Handel, Markt und Ökonomik, Wiesbaden 1985.

Gutenberg, E.: Grundlagen der Betriebswirtschaftslehre, Band 1: Die Produktion, 24. Aufl., Berlin u. a. 1983.

Hagedoorn, J.: Understanding the Rationale of Strategic Technology Partnering: Interorganizational Modes of Cooperation and Sectoral Difference, in: Strategic Management Journal, Vol. 14 (1993), No. 5, pp. 371-385.

Håkansson, H./Snehota, I. (Hrsg.): Developing Relationships in Business Networks, London – New York 1995.

Hamprecht, M.: Controlling von Konzernplanungssystemen. Theoretische Ableitung und betriebliche Realität führungsstrukturabhängiger Ausprägungsmuster, Wiesbaden 1996.

Hart, O.: An Economist's Perspective on the Theory of the Firm, in: Williamson, O. E. (Ed.): Organization Theory. From Chester Barnard to the Present and Beyond, New York – Oxford 1990, pp. 154-171.

Haussmann, H.: Vor- und Nachteile der Kooperation gegenüber anderen Internationalisierungsformen, in: Macharzina, K./Oesterle, M.-J. (Hrsg.): Handbuch Internationales Management. Grundlagen – Instrumente – Perspektiven, Wiesbaden 1997, S. 459-474.

Hedlund, H. G.: A Model of Knowledge Management and the N-Form Corporation, in: Strategic Management Journal, Vol. 15 (1994), pp. 73-90.

Hedlund, H. G./Kogut B.: Managing the MNC: The End of the Missionary Era, in: Hedlund, G. (Ed.): Organization of Transnational Corporations, New York 1993, pp. 343-358.

Hedlund, H. G./Rolander, D.: Action in Heterarchies. New Approaches to Managing the MNC, in: Bartlett, C. A./Doz, Y./Hedlund, H. G. (Eds.): Managing the Global Firm, London – New York 1990, pp. 15-46.

Helfat, C. E./Teece, D. J.: Vertical Integration and Risk Reduction, in: Journal of Law, Economics, and Organisation, Vol. 3 (1987), No. 1, pp. 47-67.

Hennart, J.-F.: A Theory of Multinational Enterprise, Ann Arbor (MI) 1982.

Hennart, J.-F.: What is Internalization?, in: Weltwirtschaftliches Archiv, 1986, S. 791-804.

Hennart, J.-F.: The Transaction Cost Theory of the Multinational Enterprise, in: Pitelis, C. N./Sugden, R. (Eds.): The Nature of the Transnational Firm, London – New York 1991, pp. 81-116.

Hentze, J./Kammel, A.: Erfolgsfaktoren im internationalen Management. Zur Bedeutung der interkulturellen Personalführung in der multinationalen Unternehmung, in: Die Unternehmung, 48. Jg. (1994), S. 265-275.

Henzler, H. A.: Die Globalisierung von Unternehmen im internationalen Vergleich, in: Zeitschrift für Betriebswirtschaft, Jg. 62 (1992), Ergänzungsheft 2/92, S. 83-95.

Henzler, H. A.: Keimzellen des Fortschritts. Zum Zusammenspiel von Unternehmensgründungen und Gründungsclustern, in: Sadowski, D. (Hrsg.): Entrepreneurial Spirits, Wiesbaden 2001, S. 123-136.

Henzler, H./Rall, W.: Management-Holding: Leistungsfähige Strukturalternative, aber kein Allheilmittel. Kommentar zum Beitrag von Rolf Bühner: „Management-Holding", in: Die Betriebswirtschaft, Jg. 47 (1987), Nr. 2, S. 229-232.

Hinterhuber, H. H.: Globalisierung der Märkte und Internationalisierungsprozesse, in: Hammer, R. M. u. a. (Hrsg.): Strategisches Management global, Wiesbaden 1992, S. 151-183.

Hinterhuber, H. H./Levin, B.: Strategic Networks – The Organization of the Future, in: Long Range Planning, Vol. 27 (1994), No. 3, pp. 43-53.

Hinterhuber, H. H./Mathives, T.: Die Management-Holding und die nicht-delegierbaren Aufgaben der Zentrale, in: Wagner, G. R. (Hrsg.): Unternehmensführung, Ethik und Umwelt, Wiesbaden 1999, S. 454-488.

Hippe, A.: Interdependenzen von Strategie und Controlling in Unternehmensnetzwerken, Wiesbaden 1997.

Hirsch, S.: An International Trade and Investment Theory of the Firm, in: Oxford Economic Papers, New Series, Vol. 28 (1976), No. 2, pp. 258-270.

Hitomi, K.: Issues in Japanese manufacturing and management, in: Technovation, Vol. 12 (1992), No. 3, pp 177-189.

Hofbauer, W.: Organisationskultur und Unternehmensstrategie. Eine systemtheoretisch-kybernetische Analyse, München – Mering 1991.

Hoffmann, Friedrich: Konzernorganisationsformen, in: Wirtschaftswissenschaftliches Studium, Jg. 21 (1992), Heft 11, S. 552-556.

Hofstede, G.: Interkulturelle Zusammenarbeit. Kulturen – Organisationen – Management, Wiesbaden 1993.

Hofstede, G.: The Business of International Business is Culture, in: International Business Review, Vol. 3 (1994), No. 1, pp. 1-14.

Hofstede, G.: Lokales Denken, globales Handeln. Kulturen, Zusammenarbeit und Management, München 1997.

Holland, J.: International Financial Management, 2nd edit., Oxford – Cambridge (Mass.) 1993.

Horaguchi, H./Toyne, B.: Setting the Record Straight: Hymer, Internalization Theory and Transaction Cost Economics, in: Journal of International Business Studies, Vol. 21 (1990), No. 3, pp. 487-494.

Hu, Y.-S.: The International Transferability of the Firm's Advantages, in: California Management Review, Vol. 37 (1995), No. 4, pp. 73-88.

Hungenberg, H.: Die Aufgaben der Zentrale, in: Zeitschrift Führung + Organisation, Jg. 61 (1992), Nr. 6, S. 341-354.

Hungenberg, H.: Zentralisation und Dezentralisation – Strategische Entscheidungsverteilung in Konzernen, Wiesbaden 1995.

Hymer, S.: La Grande „Corporation" Multinationale. Analyse de certaines raisons qui poussent à l'intégration internationale des affaires, in: Revue Economique, Vol. 19 (1968), No. 6, pp. 949-973.

Hymer, S.: The Efficiency (Contradictions) of Multinational Corporations, in: The American Economic Review, Vol. 60 (1970), No. 2, pp. 441-448.

Hymer, S.: The International Operations of National Firms: A Study of Direct Foreign Investment, Cambridge (Mass.) – London 1976.

Ietto-Gillies, G.: International Production. Trends, Theories, Effects, Cambridge – Oxford – Cambridge (Mass.) 1992.

IMF: Final Report of the Working Party on the Statistical Discrepancy in World Current Account Balances, September 1987, Washington (D. C.) 1987.

IMF: Report on the Measurement of International Capital Flows, Washington (D. C.) 1992.

IMF: Balance of Payments Manual, 5th edit., Washington (D. C.) 1993.

Itaki, M.: A Critical Assessment of the Eclectic Theory of the Multinational Enterprise, in: Journal of International Business Studies, Vol. 22 (1991), No. 3, pp. 445-460.

Jahnke, R.: Wirtschaftlichkeitsaspekte interkultureller Kommunikation. Interkulturelle Kommunikation in internationalen Unternehmen unter besonderer Berücksichtigung von Führungskräften, Sternenfels – Berlin 1996.

Jarillo, J. C.: On Strategic Networks, in: Strategic Management Journal, Vol. 9 (1988), No. 1, pp. 31-41.

Jarillo, J. C.: Strategic Networks. Creating the Borderless Organization, Oxford 1993.

Jarillo, C./Martinez, J.: Different Roles for Subsidiaries: The Case of Multinational Corporations in Spain, in: Strategic Management Journal, Vol. 11 (1990), No. 7, pp. 501-512.

Jensen, M. C./Meckling, W. H.: Theory of the Firm: Managerial Behavior, Agency Costs and Ownership Structure, in: Journal of Financial Economics, Vol. 3 (1976), pp. 305-360.

Johanson, J./Mattsson, L.-G.: Internationalisation in Industrial Systems. A Network Approach, in: Casson, M. (Ed.): Multinational Corporations, Aldershot 1990, pp. 445-472.

Johanson, J./Vahlne, J.-E.: The Internationalization Process of the Firm – A Model of Knowledge Development and Increasing Foreign Market Commitments, in: Journal of International Business Studies, Vol. 8 (1977), No. 1, S. 23-32.

Johanson, J./Wiedersheim-Paul, F.: The Internationalization of the Firm – Four Swedish Cases, in: Journal of Management Studies, Vol. 7 (1975), No. 3, pp. 305-322.

John, R.: International Organizational Structure, in: John, R. (Ed.): Global Business Strategy, London et al. 1997, pp. 273-300.

Johnson, H. G.: The Efficiency and Welfare Implications of the International Corporation, in: Kindleberger, C. P. (Ed.): The International Corporation, Cambridge (Mass.) – London 1970, pp. 35-56.

Jones, G. R./Hill, C. W. L.: Transaction Cost Analysis of Strategy-Structure Choice, in: Strategic Management Journal, Vol. 9 (1988), pp. 159-172.

Kaas, K.-P./Fischer, M.: Der Transaktionskostenansatz, in: Das Wirtschaftsstudium, Jg. 22 (1993), Nr. 8-9, S. 686-693.

Kaldor, N.: The Equilibrium of the Firm, in: The Economic Journal, Vol. 44 (1934), pp. 60-76.

Kappich, L.: Theorie der internationalen Unternehmenstätigkeit. Betrachtung der Grundformen des internationalen Engagements aus koordinationstheoretischer Perspektive, München 1989.

Kaufmann, F.: Internationalisierung mittelständischer Unternehmen, in: Die Unternehmung, Jg. 49 (1995), Nr. 3, S. 201-213.

Keller, T.: Die Einrichtung einer Holding: Bisherige Erfahrungen und neuere Entwicklungen, in: Der Betrieb, Jg. 44 (1991), Nr. 32, S. 1633-1639.

Keller, T.: Unternehmensführung mit Holdingkonzepten, Köln 1993.

Keller, T.: Holding-Controlling, in: Schulte, C. (Hrsg.): Lexikon des Controlling, München – Wien 1996, S. 318-322.

Keller, T.: Holdingkonzepte als organisatorische Lösungen bei hohem Internationalisierungsgrad, in: Macharzina, K./Oesterle, M.-J. (Hrsg.): Handbuch Internationales Management. Grundlagen – Instrumente – Perspektiven, Wiesbaden 1997, S. 705-729.

Khandwalla, P. N.: The Design of Organizations, New York et al. 1977.

Kieser, A.: Der Situative Ansatz, in: Kieser, A. (Hrsg.): Organisationstheorien, 4. Aufl., Stuttgart – Berlin – Köln 2001, S. 169-198.

Kieser, A./Kubicek, H.: Organisation, 3. Aufl., Berlin – New York 1992.

Kindleberger, C. P.: American Business Abroad. Six Lectures on Direct Investment, New Haven (CT) – London 1969.

Kirsch, W.: Unternehmenspolitik und strategische Unternehmensführung, München 1990.

Kirsch, W.: Die Führung von Unternehmen, München 2001.

Klein, B./Crawford, R. G./Alchian, A. A.: Vertical Integration, Appropriable Rents, and the Competitive Contracting Process, in: The Journal of Law & Economics, Vol. 21 (1978), pp. 297-326.

Klein, S.: Virtuelle Organisation, in: Wirtschaftswissenschaftliches Studium, Jg. 23 (1994), Nr. 6, S. 309-311.

Klimmer, M./Lay, G.: Lean Production: Ein Begriff wird zum Mythos, in: Die Betriebswirtschaft, Jg. 54 (1994), Nr. 6, S. 817-835.

Knickerbocker, F. T.: Oligopolistic Reaction and Multinational Enterprise, Boston (Mass.) 1973.

Knight, F. H.: Anthropology and Economics, in: The Journal of Political Economy, Vol. 49 (1941), No. 1, pp. 247-268.

Kreikebaum, H.: Umweltgerechte Produktion. Integrierter Umweltschutz als Aufgabe der Unternehmensführung im Industriebetrieb, Wiesbaden 1992.

Kreikebaum, H.: Anforderungen an die Strategische Unternehmensplanung international tätiger Unternehmen durch die Zunahme ethischer Konflikte, in: EUROPEAN BUSINESS SCHOOL (Hrsg.): Erfahrung – Bewegung – Strategie, Wiesbaden 1996, S. 374-397.

Kreikebaum, H.: Multinationale Unternehmen. Grenzenlos aktiv, in: UNIMagazin, Jg. 21 (1997), Nr. 6, S. 30-33.

Kreikebaum, H.: Strategische Unternehmensplanung, 6. Aufl., Stuttgart – Berlin – Köln 1997 (hier zitiert als Kreikebaum 1997a).

Kreikebaum, H./Behnam, M./Gilbert, D. U.: Management ethischer Konflikte in international tätigen Unternehmen, Wiesbaden 2001.

Kreuter, A./Solbach, B.: Die rechtliche Verselbständigung von Profit-Centern. Ergebnisse einer empirischen Untersuchung, in: Zeitschrift Führung + Organisation, Jg. 66 (1997), Nr. 4, S. 224-230.

Krugman, P. R./Obstfeld, M.: International Economics. Theory and Policy, 4th edit., Reading (Mass.) et al. 1997.

Krystek, U./Redel, W./Reppegather, S.: Grundzüge virtueller Organisationen. Elemente und Erfolgsfaktoren, Chancen und Risiken, Wiesbaden 1997.

Kuhn, K.: Führungsstrukturen von Großunternehmen, in: Zeitschrift für Betriebswirtschaft, Jg. 57 (1987), Nr. 5/6, S. 457-464.

Kumar, B.: Formen der Internationalen Unternehmenstätigkeit, in: Macharzina, K./Welge, M. K. (Hrsg.): Handwörterbuch Export und Internationale Unternehmung, Stuttgart 1989, Sp. 914-926.

Kunstmann, H. H.: Kommunikationsebenen in der lernenden Management-Holding, in: Zeitschrift Führung + Organisation, Jg. 65 (1996), Nr. 1, S. 38-44.

Kutschker, M./Bäurle, I./Schmid, S.: International Evolution, International Episodes, and International Epochs – Implications for Managing Internalization, in: Management International Review, Special Issue 1997/2, pp. 101-124.

Kutschker, M./Schurig, A./Schmid, S.: The Existence of Centers of Excellence in Multinational Corporations: Results from an International Research Project, Diskussionsbeiträge der Wirtschaftswissenschaftlichen Fakultät Ingolstadt, Nr. 154, Ingolstadt 2001.

Kutschker, M./Schmid, S.: Internationales Management, München – Wien 2002.

Kwon, Y.-C./Hu, M. Y.: Comparative Analysis of Export-oriented and Foreign Production-oriented Firms' Foreign Market Entry Decisions, in: Management International Review, Vol. 35 (1995), No. 4, pp. 325-336.

Lall, S.: Monopolistic Advantages and Foreign Involvement by U.S. Manufacturing Industry, in: Oxford Economic Papers, New Series, Vol. 32 (1980), No. 1, pp. 102-122.

Lambsdorff, O. G.: Zur Situation der Corporate Governance in Deutschland, in: Sadowski, D. (Hrsg.): Entrepreneurial Spirits, Wiesbaden 2001, S. 237-248.

Lange, H.: Restructuring and Mental Change, in: Lange, H./Löhr, A./Steinmann, H. (Eds.): Working Across Cultures. Ethical Perspectives for Intercultural Management, Dordrecht – Boston – London 1998, pp. 149-159.

Laux, H.: Grundfragen der Organisation: Delegation, Anreiz und Kontrolle, Berlin u. a. 1979.

Laux, H.: Entscheidungslogisch orientierte Organisationstheorie, in: Frese, E. (Hrsg.): Handwörterbuch der Organisation, 3. Aufl., Stuttgart 1992, Sp. 1733-1745.

Laux, H.: Entscheidungstheorie, 4. Aufl., Berlin u. a. 1998.

Laux, H./Liermann, F.: Grundlagen der Organisation. Die Steuerung als Grundproblem der Betriebswirtschaftslehre, 4. Aufl., Berlin u. a. 1997.

Lawrence, P. R./Lorsch, J. W.: Organization and Environment. Managing Differentiation and Integration, Boston (Mass.) 1967.

Levi, M. D.: International Finance. The Markets and Financial Management of Multinational Business, 2nd edit., New York et al. 1990.

Littich, W.: Holding, Wien 1993.

Luhmann, N.: Vertrauen: ein Mechanismus der Reduktion sozialer Komplexität, 4. Aufl., Stuttgart 2001.

Lutter, M.: Der Aufsichtsrat: Kontrolleur oder Mit-Unternehmer?, in: Sadowski, D. (Hrsg.): Entrepreneurial Spirits, Wiesbaden 2001, S. 225-235.

Macharzina, K.: Theorie der internationalen Unternehmenstätigkeit – Kritik und Ansätze einer integrativen Modellbildung, in: Lück, W./Trommsdorff, V. (Hrsg.): Internationalisierung der Unternehmung als Problem der Betriebswirtschaftslehre. Wissenschaftliche Tagung des Verbandes der Hochschullehrer für Betriebswirtschaft. Technische Universität Berlin 1982, Berlin 1982, S. 111-143.

Macharzina, K.: Organisation der internationalen Unternehmensaktivität, in: Kumar, B. N./Haussmann, H. (Hrsg.): Handbuch der Internationalen Unternehmenstätigkeit, München 1992, S. 591-607.

Macharzina, K.: Unternehmensführung – Das internationale Managementwissen – Konzepte – Methoden – Praxis, 3. Aufl., Wiesbaden 1999.

Macneil, I. R.: Contracts: Adjustment of Long-Term Economic Relations under Classical, Neoclassical, and Relational Contract Law, in: Northwestern University Law Review, Vol. 72 (1978), No. 6, pp. 854-905.

March, J. G./Simon, H. A.: Organizations, New York 1958.

Marcotty, A./Solbach, W.: Organisationsentwicklung in fremden Kulturen, in: Bergemann, N./Sourisseaux, A. (Hrsg.): Interkulturelles Management, Heidelberg 1992, S. 253-268.

Marschak, J.: Elements for a Theory of Teams, in: Management Science, Vol. 1 (1954/55), No. 2, pp. 127-137.

Marschak, J./Radner, R.: The Theory of Teams, New Haven 1972.

May, P.: Holding-Organisation, in: Zeitschrift Führung + Organisation, Jg. 66 (1997), Nr. 6, S. 374-375.

McManus, J.: The Theory of the International Firm, in: Paquet, G. (Ed.): The Multinational Firm and the Nation State, Don Mills (Ontario) – New York 1972, pp. 66-93.

Meffert, H.: Implementierungsprobleme globaler Strategien, in: Welge, M. K. (Hrsg.): Globales Management. Erfolgreiche Strategien für den Weltmarkt, Stuttgart 1990, S. 93-116.

Meissner, H. G./Gerber, S.: Die Auslandsinvestition als Entscheidungsproblem, in: Betriebswirtschaftliche Forschung und Praxis, Jg. 32 (1980), Nr. 3, S. 217-228.

Melin, L.: Internationalization as a Strategy Process, in: Strategic Management Journal, Vol. 13 (1992), pp. 99-118.

Mellewigt, T.: Konzernorganisation und Konzernführung. Eine empirische Untersuchung börsennotierter Konzerne, Frankfurt am Main u. a. 1995.

Mertens, P./Faisst, W.: Virtuelle Unternehmen. Einführung und Überblick, in: Hahn, D./Taylor, B. (Hrsg.): Strategische Unternehmensplanung – strategische Unternehmensführung: Stand und Entwicklungstendenzen, 7. Aufl., Heidelberg 1997, S. 953-968.

Meyer, S./Qu, T.: Place-specific Determinants of FDI: The Geographical Perspective, in: Green, M. B./McNaughton, R. B. (Eds.): The Location of Foreign Direct Investment. Geographic and Business Approaches, Aldershot et al. 1995, pp. 1-13.

Michaelis, E.: Organisation unternehmerischer Aufgaben – Transaktionskosten als Beurteilungskriterium, Frankfurt am Main – Bern – New York 1985.

Miles, R. E./Snow, C. C.: Organizations: New Concepts for New Forms, in: California Management Review, Vol. 28 (1986), No. 3, pp. 62-73.

Miles, R. E./Snow, C. C.: Causes of Failure in Network Organizations, in: California Management Review, Vol. 34 (1992), No. 4, pp. 53-72.

Milgrom, P./Roberts, J.: Economics, Organization, and Management, Englewood Cliffs (N. J.) 1992.

Mowshowitz, A.: Social Dimensions of Office Automation, in: Yovitz, M. (Ed.): Advances in Computers, o. O. 1985, pp. 335-404.

Moxon, R. W.: The Motivation for Investment in Offshore Plants: The Case of the U. S. Electronics Industry, in: Casson, M. (Ed.): Multinational Corporations, Aldershot 1990, pp. 373-388.

Mucchielli, J.-L./Saucier, P.: European Industrial Relocations in Low-wage Countries: Policy and Theory Debates, in: Buckley, P. J./Mucchielli, J.-L. (Eds.): Multinational Firms and International Relocation, Cheltenham – Brookfield 1997, pp. 5-33.

Mueller, R. K.: Betriebliche Netzwerke, Freiburg 1986.

Müller-Stewens, G./Lechner, C.: Strategisches Management. Wie strategische Initiativen zu Wandel führen, Stuttgart 2001.

Naumann, J. P.: Die Führungsorganisation der strategischen Holding, Aachen 1994.

zur Nedden, C.: Internationalisierung und Organisation: Konzepte für international tätige Unternehmen, Wiesbaden 1994.

Nohria, N./Berkley, J. D.: An Action Perspective: The Crux of the New Management, in: California Management Review, Vol. 36 (1994), No. 4, pp. 70-92.

Nohria, N./Ghoshal, S.: The Differentiated Network. Organizing Multinational Corporations for Value Creation, San Francisco 1997.

o. V.: John Naisbitt: Globalisierung, Asien und Frauen sind die Trends, in: Frankfurter Allgemeine Zeitung vom 11. 10. 1997, S. 16.

Ordelheide, D.: Institutionelle Theorie und Unternehmung, in: Wittmann, Waldemar u. a. (Hrsg.): Handwörterbuch der Betriebswirtschaft, 5. Aufl., Stuttgart 1993, Sp. 1838-1855.

Osterloh, M.: Organisationstheorie und Transaktionskostentheorie: Kann der Transaktionskostenansatz die neoklassische Theorie der Firma mit der Organisationstheorie verbinden?, Lehrstuhl für Allgemeine Betriebswirtschaftslehre und Unternehmensführung der Universität Erlangen – Nürnberg, Prof. Dr. Horst Steinmann, Diskussionsbeiträge, Heft 40, Erlangen 1988.

Ott, J.: Theorien zur Entstehung der Institution „Holding" und zur Gestaltung ihrer Ordnungen, Berlin 1996.

Padberg, A.: Strategische Unternehmensnetzwerke versus Cross-border-Unternehmensakquisitionen. Analyse alternativer Markteintrittsformen, Wiesbaden 2000.

Pausenberger, E.: Zur Systematik von Unternehmenszusammenschlüssen, in: Das Wirtschaftsstudium, Jg. 18 (1989), Nr.11.

Pausenberger, E.: Alternative Internationalisierungsstrategien, in: Pausenberger, E. (Hrsg.): Internationalisierung von Unternehmungen. Strategien und Probleme ihrer Umsetzung, Stuttgart 1994, S. 1-30.

Pennings, J. M.: The Relevance of the Structural-Contingency Model for Organizational Effectiveness, in: Administrative Science Quarterly, Vol. 20 (1975), No. 3, pp. 393-410.

Perlitz, M.: Internationales Management, 4. Aufl., Stuttgart – Jena 2000.

Perlitz, M./Dreger, C./Schrank, R.: Die Übertragbarkeit des Transnationalen Unternehmensmodells auf die pharmazeutische Industrie, in: Zeitschrift Führung + Organisation, Jg. 65 (1996), Nr. 5, S. 275-281.

Perlmutter, H. V.: The Tortuous Evolution of the Multinational Corporation, in: The Columbia Journal of World Business, Vol. 1 (1969), pp. 9-18.

Pettigrew, A. M./Woodman, R. W./Cameron, K. S.: Studying Organizational Change and Development: Challenges for Future Research, in: Academy of Management Journal, Vol. 44 (2001), No. 4, pp. 697-713.

Pfohl, H. C./Buse, H. P.: Führung in kleinen und mittleren Unternehmen in Deutschland und Frankreich – Eine kulturvergleichende empirische Untersuchung, in: Engelhard, J.: Interkulturelles Management. Theoretische Fundierung und funktionsbereichsspezifische Konzepte, Wiesbaden 1997, S. 261-292.

Picot, A.: Ökonomische Theorien der Organisation – Ein Überblick über neuere Ansätze und deren betriebswirtschaftliches Anwendungspotential, in: Ordelheide, D./Rudolph, B./Büsselmann, E. (Hrsg.): Betriebswirtschaftslehre und Ökonomische Theorie, Stuttgart 1991, S. 143-170.

Picot, A.: Contingencies for the Emerge of Efficient Symbiotic Arrangements, in: Journal of Institutional and Theoretical Economics, Vol. 149 (1993), No. 4, pp. 731-740.

Picot, A./Dietl, H./Franck, E.: Organisation. Eine ökonomische Perspektive, Stuttgart 1997.

Picot, A./Neuburger, R.: Der Beitrag virtueller Unternehmen zur Marktorientierung, in: Bruhn, M./Steffenhagen, H. (Hrsg.): Marktorientierte Unternehmensführung. Reflexionen – Denkanstöße – Perspektiven, Festschrift für Heribert Meffert zum 60. Geburtstag, Wiesbaden 1997, S. 119-139.

Picot, A./Reichwald, R.: Auflösung der Unternehmung? Vom Einfluß der IuK-Technik auf Organisationsstrukturen und Kooperationsformen, in: Zeitschrift für Betriebswirtschaft, Jg. 64 (1994), Nr. 5, S. 547-570.

Picot, A./Reichwald, R./Wigand, R. T.: Die grenzenlose Unternehmung: Information, Organisation und Management, 4. Aufl., Wiesbaden 2001.

Pitelis, C. N./Sugden, R.: On the Theory of the Transnational Firm, in: Pitelis, C. N./Sugden, R. (Eds.): The Nature of the Transnational Firm, London – New York 1991, pp. 9-15.

Porter, M. E.: Wettbewerbsstrategie: Methoden zur Analyse von Branchen und Konkurrenten (Competitive Strategy), 10. Aufl., Frankfurt am Main – New York 1999.

Powell, W. W.: Neither market nor hierarchy. Network forms of organizations, in: Research in Organizational Behavior, Vol. 12 (1990), o. No., pp. 295-336.

Probst, G. J. B.: Organisation. Strukturen, Lenkungsinstrumente, Entwicklungsperspektiven, Landsberg/Lech 1992.

Pugh, D. S./Hickson, D. J.: Organizational Structure in its Context. The Aston Programme I, Westmead 1976.

Raffel, F.-C.: Organisationales Lernen in virtuellen Unternehmen, in: Dr. Wieselhuber & Partner (Hrsg.): Handbuch Lernende Organisation. Unternehmens- und Mitarbeiterpotentiale erfolgreich erschließen, Wiesbaden 1997, S. 289-295.

Ragazzi, G.: Theories of the Determinants of Direct Foreign Investment, in: International Monetary Fund Staff Papers, Vol. 20 (1973), No. 2, pp. 471-498.

Rall, W.: Der Netzwerkansatz als Alternative zum zentralen und hierarchisch gestützten Management der Mutter-Tochter-Beziehungen, in: Macharzina, K./Oesterle, M.-J. (Hrsg.): Handbuch Internationales Management. Grundlagen, Instrumente, Perspektiven, Wiesbaden 1997, S. 663-679.

Rappaport, A.: Shareholder Value. Wertsteigerung als Maßstab für die Unternehmensführung, Stuttgart 1995.

Reinhardt, G. O.: Flexible Fertigungssysteme (FFS) aus praxisbezogener und theoretischer Sicht, Sternenfels 2000.

Renz, T.: Management in internationalen Unternehmensnetzwerken, Wiesbaden 1998.

Ringsletter, M.: Konzernentwicklung. Rahmenkonzepte zu Strategien, Strukturen und Systemen, München 1995.

Rippberger, T.: Ökonomik des Vertrauens. Analyse eines Organisationsprinzips, Tübingen 1998.

Robinson, A.: The Problem of Management and the Size of Firms, in: The Economic Journal, Vol. 44 (1934), pp. 242-257.

von Rosenstiel, L.: Grundlagen der Organisationspsychologie – Basiswissen und Anwendungshinweise, 3. Aufl., Stuttgart 1992.

Rugman, A. M.: Motives for Foreign Investment: The Market Imperfections and Risk Diversification Hypotheses, in: Journal of World Trade Law, Vol. 9 (1975), No. 4, pp. 567-573.

Rugman, A. M.: Inside the Multinationals. The Economics of Internal Markets, New York 1981.

Rugman, A. M.: The Determinants of Intra- Mutual Invaders Industry Direct Foreign Investment, in: Erdilek, A. (Ed.): Multinationals as Intra-Industry Direct Foreign Investment, New York 1985, pp. 38-66.

Rugman, Alan M.: New Theories of the Multinational Enterprise: An Assessment of Internalization Theory, in: Bulletin of Economic Research, Vol. 38 (1986), No. 2, pp. 101-118.

Rugman, A. M./Lecraw, D. J./Booth, L. D.: International Business. Firm and Environment, New York et al. 1985.

Rühli, E.: Führungstechniken, in: Kieser, A./Reber, G./Wunderer, R. (Hrsg.): Handwörterbuch der Führung, 2. Aufl., Stuttgart 1995, Sp. 839-846.

Saitz, B./Braun, F. (Hrsg.): Das Kontroll- und Transparenzgesetz. Herausforderungen und Chancen für das Risikomanagement, Wiesbaden 1999.

Sazanami, Y./Ching, W. Y.: Strategies of Japanese Multinationals: Changes in the Locational Importance of Asia, the EC, and North America, in: Buckley, P. J./Mucchielli, J.-L. (Eds.): Multinational Firms and International Relocation, Cheltenham – Brookfield 1997, pp. 103-122.

Schauenberg, B./Schmidt, R. H.: Vorarbeiten zu einer Theorie der Unternehmung als Institution, in: Kappler, E. (Hrsg.): Rekonstruktion der Betriebswirtschaftslehre als ökonomische Theorie, Spardorf 1983, S. 247-276.

Schaumburg, H./Jesse, L.: Die internationale Holding aus steuerrechtlicher Sicht, in: Lutter, Marcus (Hrsg.): Holding-Handbuch: Recht, Management, Steuern, Köln 1995, S. 606-678.

Schenk, K.-E.: Internationale Kooperationen und Joint Ventures. Theoretische und strategische Grundlagen, in: Schoppe, S. G. (Hrsg.): Kompendium der Internationalen Betriebswirtschaftslehre, 2. Aufl., München – Wien 1992, S. 153-189.

Scherm, E.: Internationales Personalmanagement, München – Wien 1995.

Schmid, S.: Was versteht man eigentlich unter Globalisierung...? Ein kritischer Überblick über die Globalisierungsdiskussion, Diskussionsbeiträge der Wirtschaftswissenschaftlichen Fakultät Ingolstadt, Nr. 144, Ingolstadt 2000.

Schmidt, D. O.: Unternehmenskooperationen in Deutschland, Voraussetzungen und Verbreitungen, Wiesbaden 1997.

Schmidt, R. H.: Transaktionskostenorientierte Organisationstheorie, in: Frese, E. (Hrsg.): Handwörterbuch der Organisation, 3. Aufl., Stuttgart 1992, Sp. 1854-1865.

Schmidt, R. H.: Die Grenzen der (Theorie der) multinationalen Unternehmung, in: Bühner, R./Haase, K. D./Wilhelm, J. (Hrsg.): Die Dimensionierung des Unternehmens, Stuttgart 1995, S. 73-95.

Schmidt, R. H.: Corporate Governance: The Role of Other Constituencies, Johann Wolfgang Goethe-Universität Frankfurt am Main, Fachbereich Wirtschaftswissenschaften, Working Paper Series: Finance, No. 3, July 1997.

Schmidt-Buchholz, A./Schmid, S./Kutschker, M.: Extending Traditional Explanations of International Business Activities: Network Externalities and Economics of Scale, Diskussionsbeiträge der Wirtschaftswissenschaftlichen Fakultät Ingolstadt, Nr. 153, Ingolstadt 2001.

Schneider, D.: Die Unhaltbarkeit des Transaktionskostenansatzes für die „Markt oder Unternehmung"-Diskussion, in: Zeitschrift für Betriebswirtschaft, Jg. 55 (1985), Nr. 12, S. 1237-1254.

Schneider, D.: Betriebswirtschaftslehre, Band 3: Theorie der Unternehmung, München – Wien 1997.

Schober, F.: Interdependenzen von Unternehmensstrategien und Informations- und Kommunikationsstrategien – Eine Fallstudie zum Einsatz der Informations- und Kommunikationstechnik in 21 international tätigen Unternehmungen, in: Zeitschrift für Betriebswirtschaft, Jg. 66 (1996), Nr. 1, S. 29-48.

Scholl, J.: Outsourcing vs. Netzwerk; <http://www.unternehmensnetzwerke.de/wissen/artikel.php4>, Abrufdatum: 18.12.2000.

Scholz, C.: Virtuelle Unternehmen. Faszination mit (rechtlichen) Folgen, in: JUR, o. Jg. (1994), Nr. 11, S. 2927-2935.

Scholz, C.: Strategische Organisation – Prinzipien zur Vitalisierung und Virtualisierung, Landsberg/Lech 1997.

Scholz, C.: Virtualisierung als Strategie, in: Welge, M. K./Al-Laham, A./Kajüter, P. (Hrsg.): Praxis des Strategischen Managements. Konzepte – Erfahrungen – Perspektiven, Wiesbaden 2000, S. 407-424.

Schreyögg, G.: Die Theorie der Verfügungsrechte als allgemeine Organisationstheorie, in: Budäus, D./Gerum, E./Zimmermann, G. (Hrsg.): Betriebswirtschaftslehre und Theorie der Verfügungsrechte, Wiesbaden 1988, S. 149-170.

Schreyögg, G.: Organisation. Grundlagen moderner Organisationsgestaltung, 3. Aufl., Wiesbaden 1999.

Schulte-Zurhausen, M.: Organisation, 2. Aufl., München 1999.

Shapiro, A. C.: Multinational Financial Management, 4th edit., Boston (Mass.) et al. 1992.

Sieber, P.: Internet-Unterstützung Virtueller Unternehmen, in: Sydow, J. (Hrsg.): Management von Netzwerkorganisationen. Beiträge aus der Managementforschung, Wiesbaden 1999, S. 179-213.

Siebert, H.: Ökonomische Analyse von Unternehmensnetzwerken, in: Staehle, W. (Hrsg.): Managementforschung, Berlin – New York 1991, S. 291-311.

Siebert, H.: Außenwirtschaft, 7. Aufl., Stuttgart 2000.

Simon, H. A.: A Behavioral Model of Rational Choice, in: The Quarterly Journal of Economics, Vol. 69 (1955), pp. 99-118.

Simon, H. A.: Administrative Behavior. A Study of Decision-Making Processes in Administrative Organization, 3rd edit., New York – London 1976.

Simon, H.: Unternehmerische Führung und Globalisierung, in: Sadowski, D. (Hrsg.): Entrepreneurial Spirits, Wiesbaden 2001, S. 75-90.

Singh, A.: Global Economic Changes, Skills, and International Competitiveness, in: International Labour Review, Vol. 133 (1994), No. 2, pp. 167-183.

Sjurts, I.: Kollektive Unternehmensstrategie. Grundfragen einer Theorie kollektiven strategischen Handelns, Wiesbaden 2000.

Spremann, K.: Asymmetrische Information, in: Zeitschrift für Betriebswirtschaft, Jg. 60 (1990), S. 561-586.

Staehle, W. H.: Management. Eine verhaltenswissenschaftliche Perspektive, 8. Aufl., München 1999.

Staber, U.: Steuerung von Unternehmensnetzwerken: Organisationstheoretische Perspektiven und soziale Mechanismen, in: Sydow, J./Windeler, A. (Hrsg.): Steuerung von Netzwerken, Opladen 2000, S. 58-87.

Stein, I.: Die Theorien der Multinationalen Unternehmung, in: Schoppe, S. G. (Hrsg.): Kompendium der Internationalen Betriebswirtschaftslehre, 2. Aufl., München – Wien 1992, S. 49-151.

Steinmann, H./Schreyögg, G.: Management. Grundlagen der Unternehmensführung, Konzepte – Funktionen – Fallstudien, 5. Aufl., Wiesbaden 2000.

Stopford, J. M./Wells, L. T.: Managing the Multinational Enterprise. Organization of the Firm and Ownership of the Subsidiaries, New York 1972.

Sullivan, D./Bauerschmidt, A.: Incremental Internationalization: A Test of Johanson and Vahlne's Thesis, in: Management International Review, Vol. 30 (1990), No. 1, pp. 19-30.

Sydow, J.: Strategische Netzwerke. Evolution und Organisation, Wiesbaden 1992.

Sydow, J.: Netzwerkorganisation. Interne und externe Restrukturierung von Unternehmen, in: Wirtschaftswissenschaftliches Studium, 24. Jg. (1995), Nr. 12, S. 629-634.

Sydow, J.: Virtuelle Unternehmung: Erfolg als Vertrauensorganisation?, in: Office Management, 44. Jg. (1996), Nr. 7, S. 10-14.

Sydow, J.: Understanding the Constitution of Interorganizational Trust, in: Lane, C./Bachmann, R. (Eds.): Trust within and between organizations – Conceptual Issues and Empirical Applications, New York 1998, pp. 31-63.

Sydow, J.: Management von Netzwerkorganisationen. Zum Stand der Forschung, in: Sydow, J. (Hrsg.): Management von Netzwerkorganisationen. Beiträge aus der Managementforschung, Wiesbaden 1999, S. 279-314.

Sydow, J.: Zum Verhältnis von Netzwerken und Konzernen: Implikationen für das strategische Management, in: Ortmann, G./Sydow, J. (Hrsg.): Strategie und Strukturation. Strategisches Management von Unternehmen, Netzwerken und Konzernen, Wiesbaden 2001, S. 271-298.

Sydow, J./Windeler, A.: Über Netzwerke, virtuelle Integration und Interorganisationsbeziehungen, in: Sydow, J./Windeler, A. (Hrsg.): Management interorganisationaler Beziehungen. Vertrauen, Kontrolle und Informationstechnik, Opladen 1994, S. 1-21.

Sydow, J./Windeler, A.: Steuerung von und in Netzwerken – Perspektiven, Konzepte, vor allem aber offene Fragen, in: Sydow, J./Windeler, A. (Hrsg.): Steuerung von Netzwerken, Opladen 2000, S. 1-24.

Tapscott, D.: Die digitale Revolution. Verheißungen einer vernetzten Welt – die Folgen für Wirtschaft, Management und Gesellschaft, Wiesbaden 1996.

Tayeb, M.: Organizations and National Culture. A Comparative Analysis, London et al. 1988.

Taylor, F. W.: Shop Management, from Transactions of the American Society of Mechanical Engineers, Vol. 24 (1903), pp. 1337-1480.

Taylor, F. W.: The Principles of Scientific Management, New York 1911.

Teece, D. J.: The Multinational Corporation and the Resource Cost of International Technology Transfer, Cambridge (Mass.) 1976.

Teece, D. J.: The Multinational Enterprise: Market Failure and Market Power Considerations, in: Sloan Management Review, Vol. 22 (1981), No. 3, pp. 3-17.

Teece, D. J.: Technological and Organizational Factors in the Theory of the Multinational Enterprise, in: Casson, M. (Ed.): The Growth of International Business, Boston (Mass.) – Sydney 1983, pp. 51-62.

Teece, D. J.: Multinational Enterprise, Internal Governance, and Industrial Organization, in: The American Economic Review, Vol. 75 (1985), No. 2, pp. 233-238.

Teece, D. J.: Transaction Cost Economics and the Multinational Enterprise: An Assessment, in: Journal of Economic Behavior and Organization, Vol. 7 (1986), pp. 21-45.

Theisen. M. R.: Management-Holding, in: Die Betriebswirtschaft, 57. Jg. (1997), Nr. 3, S. 429-432.

Theuvsen, L.: Eigenverantwortliche Mitarbeiter: Von der Mißtrauens- zur Vertrauensorganisation, in: Frese, E. (Hrsg.): Dynamisierung der Organisation. Markt und Mitarbeiter als treibende Kräfte, Arbeitsbericht, Organisationsseminar, Universität zu Köln, Köln 1995, S. 160-207.

Theuvsen, L.: Interne Organisation und Transaktionskostenansatz, in: Zeitschrift für Betriebswirtschaft, Jg. 67 (1997), S. 971-996.

Thom, N.: Organisationsmanagement. Bewertung und Auswahl einer effizienten Organisationsform für Unternehmen, in: Hofmann, M./v. Rosenstiel, L. (Hrsg.): Funktionale Managementlehre, Berlin u. a. 1988, S. 322-352.

Thommen, J. P.: Management und Organisation: Konzepte, Instrumente, Umsetzung, Zürich, 2002.

Thorelli, H. B.: Networks: Between Markets and Hierarchies, in: Strategic Management Journal, Vol. 7 (1986), pp. 37-51.

Tietzel, M.: Die Ökonomie der Property-Rights. Ein Überblick, in: Zeitschrift für Wirtschaftspolitik, Jg. 30 (1981), Nr. 3, S. 207-243.

Tödtling, F.: The Uneven Landscape of Innovation Poles: Local Embeddedness and Global Networks, in: Amin, A./Thrift, N. (Eds.): Globalization, Institutions, and Regional Development in Europe, Oxford 1994, pp. 68-90.

Tümpen, M.: Corporate Venture Capital. Ein Instrument für eine erfolgreiche Partnerschaft von Großorganisationen und Start-up-Unternehmen, in: Sadowski, D. (Hrsg.): Entrepreneurial Spirits, Wiesbaden 2001, S. 91-102.

Türck, R.: Organisatorische Integration des Innovationsmanagements internationaler Unternehmen, in: Kutschker, M. (Hrsg.): Integration in der internationalen Unternehmung, Wiesbaden 1998, S. 207-237.

Vernon, R.: International Investment and International Trade in the Product Cycle, in: The Quarterly Journal of Economics, Vol. 80 (1966), pp. 190-207.

Vernon, R.: The Location of Economic Activity, in: Dunning, J. H. (Ed.): Economic Analysis and the Multinational Enterprise, London 1974, pp. 89-114.

Vernon, R.: Storm over the Multinationals. The Real Issues, Cambridge (Mass.) 1977.

Vernon, R.: The Product Cycle Hypothesis in a New International Environment, in: Oxford Bulletin of Economics and Statistics, Vol. 41 (1979), No. 4, pp. 255-267.

Vernon, R./Wells, L. T. Jr.: The Economic Environment of International Business, 5th edit., Englewood Cliffs (N. J.) 1991.

Watzlawick, P./Beavin, J. H./Jackson, D. D.: Menschliche Kommunikation: Formen, Störungen, Paradoxien, 8. Aufl., Bern – Stuttgart 1990.

Weber, J.: Modulare Organisationsstrukturen internationaler Unternehmensnetzwerke, Wiesbaden 1995.

Welge, M. K.: Management in deutschen multinationalen Unternehmungen: Ergebnisse einer empirischen Untersuchung, Stuttgart 1980.

Welge, M. K.: Transnationale Strategien, in: Welge, M. K./Al-Laham, A./Kajüter, P. (Hrsg.): Praxis des Strategischen Managements. Konzepte – Erfahrungen – Perspektiven, Wiesbaden 2000, S. 167-189.

Welge, M. K./Al-Laham, A.: Erscheinungsformen und betriebswirtschaftliche Relevanz von Strategischen Allianzen, in: Macharzina, K./Oesterle, M.-J. (Hrsg.): Handbuch Internationales Management. Grundlagen – Instrumente – Perspektiven, Wiesbaden 1997, S. 553-578.

Welge, M. K./Holtbrügge, D.: Internationales Management, 2. Aufl., Landsberg/Lech 2001.

Well, B. van: Ressourcenmanagement in strategischen Netzwerken, in: Hinterhuber, H. H./Al-Ani, A./Handlbauer, G. (Hrsg.): Das neue Strategische Management. Elemente und Perspektiven einer zukunftsorientierten Unternehmensführung, Wiesbaden 1996, S. 159-185.

Well, B. van: Ressourcenmanagement in strategischen Netzwerken, in: Ortmann, G./Sydow, J. (Hrsg.): Strategie und Strukturation. Strategisches Management von Unternehmen, Netzwerken und Konzernen, Wiesbaden 2001, S. 145-172.

Wenger, E./Terberger, E.: Die Beziehung zwischen Agent und Prinzipal als Baustein einer ökonomischen Theorie der Organisation, in: Wirtschaftswissenschaftliches Studium, Jg.17 (1988), Nr. 10, S. 506-514.

Wildemann, H.: Produktivitätsmanagement. Handbuch zur Einführung eines Produktivitätssteigerungsprogramms mit GENESIS, München 1996.

Wildemann, H.: Entwicklungsstrategien für Zulieferunternehmen, 3. Aufl., München 1996 (hier zitiert als Wildemann 1996a).

Wildemann, H.: Koordination von Unternehmensnetzwerken, in: Zeitschrift für Betriebswirtschaft, Jg. 67 (1997), Nr. 4, S. 417-439.

Wildemann, H.: Zulieferer: Im Netzwerk erfolgreich, in: Harvard Business Manager, Jg. 20 (1998), Nr. 4, S. 93-104.

Wildemann, H.: Entwicklungsnetzwerke als strategischer Erfolgsfaktor, in: Wagner, G. R. (Hrsg.): Unternehmensführung, Ethik und Umwelt, Wiesbaden 1999, S. 252-270.

Wilkins, M.: The Emergence of Multinational Enterprise: American Business Abroad from the Colonial Era to 1914, Cambridge (Mass.) 1970.

Williamson, O. E.: The Vertical Integration of Production: Market Failure Considerations, in: The American Economic Review, Vol. 61 (1971), No. 2, pp. 112-123.

Williamson, O. E.: Markets and Hierarchies. Analysis and Antitrust Implications, New York 1975.

Williamson, O. E.: The Modern Corporation: Origins, Evolution, Attributes, in: Journal of Economic Literature, Vol. 19 (1981), No. 4, pp. 1537-1568.

Williamson, O. E.: The Economic Institutions of Capitalism. Firms, Markets, Relational Contracting, New York et al. 1985.

Williamson, O. E.: Comparative Economic Organization. Vergleichende ökonomische Organisationstheorie: Die Analyse diskreter Strukturalternativen, in: Ordelheide, D./Rudolph, B./Büsselmann, E. (Hrsg.): Betriebswirtschaftslehre und Ökonomische Theorie, Stuttgart 1991, S. 13-49.

Williamson, O. E.: Transaktionskostenökonomik, 2. Aufl., Hamburg 1996.

Windeler, A.: Zum Begriff des Unternehmensnetzwerks – eine strukturationstheoretische Notiz, in: Heinze, R.G./Minssen, H. (Hrsg.): Regionale Netzwerke – Realität oder Fiktion? Diskussionspapier Nr. 98-4 der Fakultät für Sozialwissenschaft, Ruhr-Universität Bochum 1998, S. 18-32.

Windeler, A.: Unternehmungsnetzwerke. Konstitution und Strukturation, Wiesbaden 2001.

Windeler, A./Lutz, A./Wirth, C.: Netzwerksteuerung durch Selektion. Die Produktion von Fernsehserien in Projektnetzwerken, in: Sydow, J./Windeler, A. (Hrsg.): Steuerung von Netzwerken. Konzepte und Praktiken, Opladen – Wiesbaden 2000, S. 178-205.

Windsperger, J.: Transaktionskostenansatz der Entstehung der Unternehmensorganisation, Heidelberg 1996.

Winkler, G.: Koordination in strategischen Netzwerken, Wiesbaden 1999.

Wittlage, H.: Die Gestaltung der Organisationsstruktur internationaler Unternehmen – Kritische Analyse, alternativer Ansatz, in: Betriebswirtschaftliche Forschung und Praxis, 47. Jg. (1995), Nr. 3, S. 357-369.

Wolf, J.: Strategische Orientierungen und Koordination des Personalmanagements in internationalen Unternehmen, in: Die Betriebswirtschaft, Jg. 57 (1997), Nr. 3, S. 357-375.

Wolff, B.: Organisation durch Verträge, Wiesbaden 1994.

Wollnik, M.: Einflußgrößen der Organisation, in: Grochla, E. (Hrsg.): Handwörterbuch der Organisation, 2. Aufl., Stuttgart 1980, Sp. 592-613.

Womack, J. P./Jones, D. T./Roos, D.: The Machine that Changed the World, New York et al. 1990.

Womack, J. P./Jones, D. T./Roos, D.: Die zweite Revolution in der Automobilindustrie. Konsequenzen aus der weltweiten Studie des Massachusetts Institute of Technology, Frankfurt am Main – New York 1991.

Woodward, J.: Industrial Organization: Theory and Practice, London – New York – Toronto 1965.

Wüthrich, H. A./Philipp, A. F./Frentz, M. H.: Vorsprung durch Virtualisierung. Lernen von virtuellen Pionierunternehmen, Wiesbaden 1997.

Yamin, M.: A Reassessment of Hymer's Contribution to the Theory of the Transnational Corporation, in: Pitelis, C. N./Sugden, R. (Eds.): The Nature of the Transnational Firm, London – New York 1991, pp. 64-80.

Zäpfel, G.: Strategisches Produktions-Management, Berlin – New York 1989.

Zentes, J./Swoboda, B.: Grundbegriffe des Internationalen Managements, Stuttgart 1997.

Zimmer, M./Ortmann, G.: Strategisches Management, strukturationstheoretisch betrachtet, in: Ortmann, G./Sydow, J. (Hrsg.): Strategie und Strukturation. Strategisches Management von Unternehmen, Netzwerken und Konzernen, Wiesbaden 2001, S. 27-55.

Stichwortverzeichnis

A
Agency-Kosten 35, 38, 44, 146, 191
Anreiz-Beitrags-Theorie 19
Allianzen
- strategische 11, 22, 74, 164
- optionale 183

Außenhandelstheorie, klassische 47

B
Beteiligung 84, 125, 135, 144-145, 206-207

C
Center of Excellence 149, 200
Change Management 110

D
Dezentralisierung von Entscheidungsbefugnissen 129
Differenzierung 3
Direktinvestitionen 8-10, 47-56, 59-63, 69, 77-84, 192-193
- Begriff 6, 50
- horizontale 73, 85
- als Exportsubstitut 12
- Merkmale 6
- versus Export 12-14, 51-52
- versus Lizenzierung 51-53
Division
- Internationale 84-85, 117-118
- Gebiets- 118-119
- Produkt- 118-119

E
Effektivität
- Begriff 3
- Kriterien 3, 32

Effizienz 51-53, 56, 69-70, 91, 97
- Allokations- 36
- Begriff 3
- Kriterien 3
- Ressourcen- 27, 101
- Markt- 27, 101
- Organisatorische 41
- Prozess- 27, 101
- Koordinations- 101
- Globale 148, 152
Eklektisches Paradigma 76-83
Entscheidungstheorie, normative 26
Entscheidungszentralisierung 3,
Exporte 11-13, 87, 94
- Re- 82
Externe Effekte 37, 45
Externe Rahmenbedingungen 93-98

F
Faktorspezifität 31-32, 68
Fit 197
- bester 24
- organisatorischer 24, 123
- kultureller 174
Flexibilität
- evolutorische 81
- organisatorische 122-123, 142, 179, 190
- multinationale 148
- strategische 75, 127, 139, 175-176
Fokales Unternehmen 191, 158, 191
- Begriff 159
- Aufgaben 165-167, 169
Follow-the-leader-Verhalten 63

G

Globale Matrix 120-121
Globalisierung 90-91, 93, 98, 109-111, 116, 124, 184, 200
Governance Structure 42, 83, 88, 206

H

Handlungsrechte 36
Hidden Characteristics 34
Hidden Action 34
Hidden Intention 34
Holdingstrukturen 107, 124-146
- als organisatorisches Konzept 124-134
- Finanzholding 135-137, 140-142
- Strategische Managementholding 134, 136-139, 206
- Operative Managementholding 134, 139-141, 206
- Konfiguration 206-207
- Aufgaben 124
- Koordinationsinstrumente 131-132
- internationale 125

I

Implementierung 197-209
- Begriff 197
Industrial Organization-Theorie 47
Informationsasymmetrien 34-35, 44-45
Informations- und Kommunikationstechnologie 78-79
Institutionenökonomik, Neue 20, 28-39
Integration
- Begriff 4
- vertikal/horizontal 66, 70-71
- rückwärts/vorwärts 71, 85
Internalisierungstheorie 47, 49, 65-68, 74-75, 78, 85, 148
Internalisierungs-
- entscheidung 9, 10
- kosten 71
- Nettoeffekte 56

- vorteile 77-81
International tätige Unternehmen
- Definition 6-8
- Dimensionen 6-7
- Entwicklung von 113-116
- „global players" 7, 61, 84, 99
- Struktur-Stadien-Modell 116-122
Internationale Dezentralisierung 89-91
Internationale Marktlösung 87
Internationale Zentralisierung 88-89
Internationalisierung 8
- Kosten 45
- Konfrontationsräume 8
- Motive 9
- Formen 13, 32
- Prozess 2, 9, 11-12, 33, 53, 57, 60, 171
- Uppsala Internationalisierungsmodell 11
Internationalisierungsstrategien 99-101, 104
Internationalisierungstheorien 76
- Anforderungen 47-49
- Nutzenstiftung für ein Organisationsmanagement 1-2
- Implikationen 143-146

J

Joint Venture 11, 32, 33, 193

K

Komplexität 84, 96, 98
- situative 67
- adäquate 172, 206
Komplexitätsreduktion, Notwendigkeit zur 40
Kompatibilität 40
- Anforderungs- 40
- Anreiz- 40
- Informations- 40
- Kalkül- 40

Konfiguration 123, 125, 128, 132, 138, 151, 174-175, 177, 183
Konstruktivismus 20
Kontingenztheorie 22-25
KonTraG 127
Konzern 184, 206
Koordination 20, 65-68, 89, 96, 99, 101, 103
Kulturassimilation 174
Kulturpluralismus 174
Kulturräume 8
Kulturwiderstand 174

L

Landeskultur 25, 86-88, 98, 102, 123, 131-132, 151, 200
Lernfähigkeit
- weltweite 148

Lizenzierung 32, 47, 51-53, 78

M

Managementtechniken 105-108
- Lean Management 105-106
- Total Quality Management 107
- Business Reengineering 107-108

Misstrauensorganisation 88
Monopolistischer Vorteil 48, 50-54, 56-57, 83
- Theorie des 49-58, 146

Motivation 25-26
Motivationstheorie 19
Multinationale Unternehmen 54

N

Nachfragebedingungen, veränderte 93-94
Nationale Integration 73
Nationale Marktlösung 86
Neoklassik 19, 40
Neoinstitutionalistische Ansätze 20-21
- Annahmen 20
- Teiltheorien 21

Nettoeffekte der Internalisierung 69
Netzwerk
- intraorganisatorisches 13, 147-152
- interorganisatorisches 153-188
- integriertes 171

Netzwerkstrukturen 147-193
- Transnationales Unternehmen 55, 111, 147-148, 151, 188
- Strategische Netzwerke 159, 161-164, 166, 172-173, 175
- horizontale 161
- vertikale 161
- diagonale 161
- externe 154
- interne 147-152
- Regulation 168-172, 181

O

Oligopol 61, 64, 192
Opportunismus 31, 38
Organisation, Begriff der 3
Organisationsentscheidung 26
Organisationsgestaltung 23, 25, 44
- Differenzierung 3-4
- Integration 3-4

Organisationsmanagement
- Aufgaben 4
- Begründung eines 16, 109-111
- Definition 3
- Gestaltungsvariablen des 122
- institutionell 4
- instrumentell 4
- proaktives 24
- reaktives 24
- Ziel 5

Organisationstheorien 19-40
- entscheidungsorientierte 25-28
- interpretative 33
- Koordination 20
- Motivation 25-26

Organizational Failure Framework 31
Outsourcing 85, 106, 165, 209
- Begriff 14

P
Politikräume 8
politische-gesellschaftliche Veränderungen 93
Portfolioinvestitionen 44, 49-50, 56, 84
Principal-Agent-Theorie 1, 34-35, 144-146
Produktlebenszyklus 48
- Konzept 48-49, 58-62, 84, 192
Property-Rights-Theorie 36-37
Property Rights, Klassifikation 36

R
Rationalität, begrenzt 19, 31, 38, 67

S
Situativer Ansatz (s. auch Kontingenztheorie) 22-25
Spieltheorie 48, 64
Strategische Netzwerke 22, 159-177
- Definition 159
- Merkmale 159-160
Structure follows Strategy 84, 122-123
Struktur-Stadien-Modell 117-118, 120
Strukturmodelle
- eindimensional 4
- zweidimensional 4

T
Teamtheorie 19
Theorie
- der Direktinvestitionen 47
- des monopolistischen Vorteils 49-58,
- des oligopolistischen Verhaltens 63-64, 76, 84, 146, 193
Transaktionen 28-33
- Atmosphäre 32
- Begriff 28-29
- Formen 29
- Frequenz 32
- externe 28

- Häufigkeit 32
- Unsicherheit 32
- unternehmensinterne 28
- Objekte 29
- Partner 29, 31
Transaktionskosten 31-34, 36-39
- Determinanten 26-27
- externe 37-38, 57, 67, 69
- interne 37-38, 57, 67
- Klassifikation 25
- Problematik der Operationalisierung 25
Transaktionskostentheorie 21, 28-33, 41, 43, 49, 143
Transaktionsmapping 41
Transnationales Unternehmen 55, 110, 147-149, 151, 188

U
Umweltveränderungen, ökologische 94
Unsicherheit 16, 29, 31-32, 44, 50, 99, 102, 115, 173, 175, 190, 204
Unternehmenskultur 26, 68, 85-89, 96, 98, 101-103, 131-133, 137, 139, 141, 151-152, 174, 200-203
- pluralistische 132
- universelle 132
- synergetische 132

V
Verfügungsrechte 37-38, 45
Vertragsarten 21-22
- klassisch
- neoklassisch
- relational
Vertragstheorie 21-22
Vertrauensbasis 86-88, 91, 167, 173, 208
Vertrauensgrad 88
Vertrauensorganisation 88, 104, 182
Virtuelle Unternehmensnetzwerke 69, 155, 158, 178-188, 209

- Begriff 178-179
- Merkmale 180-181
- Konfiguration 183
- Grenzen 187-188
- Implikationen 188-193

Vorteile
- Eigentums- 76-82, 91
- Internalisierungs- 67, 76, 78-79
- monopolistische 146
- Standort- 77-82
- Wettbewerbs- 56, 60, 91-92

W

Währungsräume 8
Wettbewerbsräume 8

Management/Unternehmensführung/Organisation

Gabler Wirtschafts-Lexikon
15., vollst. überarb. u. akt. Aufl.
2000. XX, 3.642 S.
Geb. € 174,00
ISBN 3-409-32998-6

**Gabler Wirtschafts-Lexikon
Taschenbuchausgabe**
15., vollst. überarb. u. akt.
Aufl. 2001. XX, 3642 S.,
Br. € 89,00
ISBN 3-409-30388-X

**Gabler Wirtschafts-Lexikon
CD-ROM**
15., vollst. überarb. u. akt.
Aufl. 2001. XX, 3642 S.
Br. € 89,00
ISBN 3-409-49926-1

Wolfgang Korndörfer
Unternehmensführungslehre
Einführung - Entscheidungslogik -
Soziale Komponenten
9., akt. Aufl. 1999. 311 S.
Br. € 42,00
ISBN 3-409-38172-4

Hartmut Kreikebaum/
Dirk Ulrich Gilbert/Glenn O. Reinhardt
**Organisationsmanagement
internationaler Unternehmen**
Grundlagen und moderne
Netzwerkstrukturen
2., vollst. überarb. u. erw. Aufl. 2002.
XVI, 243 S. mit 42 Abb., 12 Tab.
Br. € 25,90
ISBN 3-409-23147-1

Klaus Macharzina
Unternehmensführung
Das internationale Managementwissen
Konzepte - Methoden - Praxis
3., akt. und erw. Aufl. 1999.
XXXVIII, 922 S. mit 250 Abb.
Geb. € 49,00
ISBN 3-409-43150-0

Klaus Macharzina/
Michael-Jörg Oesterle (Hrsg.)
Handbuch Internationales Management
Grundlagen - Instrumente - Perspektiven
2., überarb. u. erw. Aufl. 2002. ca. 1100 S.
Geb. ca. € 124,00
ISBN 3-409-22184-0

Klaus North
**Wissensorientierte
Unternehmensführung**
Wertschöpfung durch Wissen
2., akt. u. erw. Aufl. 1999. XIV, 290 S.
Br. € 32,00
ISBN 3-409-23029-7

Arnold Picot/Ralf Reichwald/
Rolf T. Wigand
Die grenzenlose Unternehmung
Information, Organisation und Management. Lehrbuch zur Unternehmensführung
im Informationszeitalter
4., vollst. überarb. und erw. Aufl. 2001.
XXII, 634 S.
Geb. € 37,00
ISBN 3-409-42214-5

Georg Schreyögg
Organisation
Grundlagen moderner Organisationsgestaltung. Mit Fallstudien
3., überarb. u. erw. Aufl. 1999.
XVI, 626 S. mit 103 Abb.
Br. € 36,00
ISBN 3-409-37729-8

Horst Steinmann/Georg Schreyögg
Management
Grundlagen der Unternehmensführung
Konzepte - Funktionen - Fallstudien
5., überarb. Aufl. 2000. XVIII, 766 S.
Geb. € 44,50
ISBN 3-409-53312-5

Änderungen vorbehalten Stand: März 2002
Gabler Verlag · Abraham-Lincoln-Str. 46 · 65189 Wiesbaden · www.gabler.de

MIX
Papier aus verantwortungsvollen Quellen
Paper from responsible sources
FSC® C105338

If you have any concerns about our products,
you can contact us on
ProductSafety@springernature.com

In case Publisher is established outside the EU,
the EU authorized representative is:
**Springer Nature Customer Service Center GmbH
Europaplatz 3, 69115 Heidelberg, Germany**

Printed by Libri Plureos GmbH
in Hamburg, Germany